2009년 국제공자문화절 무용 〈공자〉 개막공연을 본 뒤 임학선 교수에게 드리는 7언율시 4수

조영광趙榮光 / 중국 절강공상대학 교수

之一

大化精氣聚尼山　큰 교화의 정기가 니구산에 모이더니
日月光明二千年　해와 달처럼 이천 년을 비추었네
禮用和貴義世界　예의 쓰임은 화가 귀한 의리의 세계에서
德鄰不孤仁結緣　덕은 외롭지 않아 반드시 이웃이 있나니 사랑으로 인연을 맺었네
六百年史成均館　육백 년 역사의 성균관은
儒教精神一肩擔　유교 정신을 한 어깨로 떠메었도다
而今普世說孔子　지금 온 세상에 공자를 말하는 이는
歡欣鼓舞林鶴璇　기뻐서 춤추는 임학선일세

之二

大樂大舞華盛邦　대악과 대무가 화려하고 성한 나라이니
古檀四千一脈揚　옛 단군 사천 년 역사의 한 줄기를 드날렸도다
成均館學表孔子　성균관의 학문은 공자를 표장하나니
和諧世界瞻東方　화합된 세계가 동방을 바라보네
儒教三韓深府藏　삼한은 유교를 집집마다 깊이 간직하였나니
道厄四海是聖疆　도가 재앙을 만난 세상에서 바로 성스러운 강토일세
南子夫人縱有情　남자 부인은 제멋대로 정을 두었지만
魯國終是父母鄉　노나라는 종내 부모의 고향이로다

之三

華國最是妙文章　중국은 문명이 가장 오묘한데
舞蹈意蘊綿延長　무도의 뜻은 온축되어 길이 이어지네
葛天八闋操牛尾　갈천씨의 팔결은 소꼬리를 잡았는데
孔子五幕何煌煌　공자 다섯 막은 어찌 그리 찬란한가?
成均翟籥斐儒象　성균관의 약적은 선비의 기상이 빛나고
大化精氣回蕩腸　큰 교화의 정기(공부자의 가르침)가 돌아와 뱃속에 흘러넘치네
玆後案頭讀論語　이후로 책상머리에서 논어를 읽을 때면
耳中廻響林鶴唱　귓속에 숲에 사는 학의 울음소리가 메아리치리

之四

石破天驚峙亞東　뜻밖의 일에 세상 사람들이 깜짝 놀라듯이 동아시아에 우뚝하니
掌聲雷動賀成功　박수 소리 우레같이 성공을 축하하네
磅礴大氣蕩宇宙　합일된 큰 기운은 우주에 흘러넘치고
金聲玉振古今通　성인의 법도에 맞는 위의는 고금에 통했도다
九天不足言厚重　하늘의 두터움과 무게는 말로 하기 어렵고
三光永光總新鮮　일월성신은 영원히 비추나 모두 신선하네
心中常駐孔夫子　마음속에는 항상 공부자가 머무르고
眼前經常林鶴璇　눈앞에는 늘 임학선이 있도다

임학선의 〈인다리〉와 〈날개옷〉 소묘 /김영태

날개옷
창무춤터 1987

인다리
문예회관대극장 1985

〈위대한 스승 공자〉 아르코예술극장 대극장 2012

임학선 춤 50년 작품집

임학선 춤평론

굿에서 태극, 그리고 문묘일무

임 학 선 엮음

임학선 춤 50년 작품집

임학선 춤평론

굿에서 태극, 그리고 문묘일무

임 학 선 엮음

저자 서문

나에게, 춤은 수신修身이다

무용가를 꿈꾸었던 학창시절을 지나 안무가와 춤지도자로 활동해온 지난 시간을 돌이켜보니 나에게 춤은 '수신'의 과정이었다.

나 자신의 창작세계를 펼치기 위해 지루하고 긴 시간을 일관된 신념으로 인내해야 했고, 미래의 주역이 될 제자 양성에도 긴 시간을 지켜보며 기다려야 했다. 춤작가 데뷔 20주년 공연 때 나는 "한참을 돌아 다시 제자리에 와 있다"라고 했다. 이후 늘 하던 일에 열중하며 지나간 15년 역시 또다시 한참을 지나 제자리에 와 있는 듯하다. 춤에 대한 끊임없는 탐구가 언제나 나를 그 자리를 맴돌게 만드는 것 같다.

생각해보면, 나의 안무 현장에는 늘 연구가 있었다. 작품 구상을 위해서 연구가 필요했고 그 연구는 창작의 기반이 되었다. 이렇듯 연구와 작품 창작은 나에겐 별개가 아니라 늘 하나였다. 무속의 '굿춤' 연구를 통해 춤어법과 표현기법을 찾을 수 있었고, '태극'구조로 형성되는 한국춤 연구를 통해 기본체계를 세울 수 있었으며, '문묘일무' 연구에 몰두하며 춤의 정신을 찾을 수 있었던 일, 특히 문묘일무 춤사위의 원형을 복원하는 것은 누군가 했어야 하는 일로 매우 의미 있는 일이었다. 내 자신의 춤어법과 표현기법, 기본체계, 춤철학을 구축할 수 있었던 것은 안무가로서 그저 감사할 따름이다.

'굿에서 태극, 그리고 문묘일무'는 바로 이 같은 과정에서 자연스럽게 지어진 나의 두 번째 안무론의 타이틀이다. 『여유와 극복의 춤새김질』에 발표된 첫 번째 안무론 '굿에서 태극에 이르기까지'의 연장선상에서 쓰게 된 두 번째 안무론은 문묘일무 연구와 콘텐츠 개발 프로젝트 〈위대한 스승 공자〉와 〈영웅 이순신〉의 작품 창출과정에서 쓰게 된 글이다.

'공자'가 인간사랑(仁)을 '예악禮樂'으로 실천했다면, '이순신'은 인간사랑의 구현을 위해 '신독愼獨'을 실천한 위인이다. 그런 의미에서 춤은 나에게 수신修身이었음을 깨닫게 된 것이다.

임학선 춤 50년을 맞아 크고 작은 국내외 활동을 정리하면서 적지 않은 아쉬움도 있지만 내 자신의 춤인생을 반추하는 이 시간들이 소중하게 느껴진다.

모두 4권의 책으로 엮게 된 그간의 활동은 『임학선 안무론』과 『임학선 안무노트 – 마음꽃』을 비롯하여, 평론가가 본 임학선의 춤을 기록한 글을 모아 『임학선 작가론』과 『임학선 춤평론』으로 각각 정리해보았다.

『임학선 안무론』은 춤을 만들게 한 나의 신념과 의지를 논한 글이다.

제1장에서 '굿에서 태극, 그리고 문묘일무'라는 나의 안무론과 그간의 안무 현장을 메모한 안무스케치, 제2장에서는 나의 창작 기반이 된 "굿·태극·문묘일무"의 연구 내용을, 제3장에서는 춤 현장을 기반으로 한 그간의 저서를 소개하는 것으로 구성하였다.

『임학선 안무노트 – 마음꽃』은 안무과정의 실체를 보여주는 일종의 예술노트이다. 작품을 구상하고 실제 안무에 임하기까지의 제작과정을 기록한 것이다. 안무를 위한 춤대본을 쓰고, 각각의 장면을 디자인하고, 그것을 토대로 안무해가는 과정을 보여준다.

『임학선 작가론』은 나의 예술세계를 비평적 관점에서 다각적으로 논한 글이다. 나의 춤활동 50년을 맞아 이상일, 김태원, 임태승, 장석용, 성기숙, 김기화, 박자은이 발표한 작가론을 비롯하여 춤작가 데뷔 30년 공연에 대한 김태원, 김경애, 이만주의 글, 그리고 김영태가 초창기 안무활동을 꼼꼼히 기록한 춤작가 데뷔 20년의 임학선론까지 모두 한데 모아보았다.

『임학선 춤평론』은 춤문화의 역사적 현장을 기록한 리뷰 형식의 글이다. 무용평론가들의 글을 비롯하여 인터뷰와 대담 등을 모아 그간의 활동을 주제별로 본 임학선의 춤과 국제무대를 통해 본 임학선의 춤으로 구분하여 엮어보았다.

그 시작은 2014년 이른 봄부터인 것으로 기억된다. 나의 첫 작품집인 『여유와 극복의 춤새김질』 이후 쌓여 있던 자료들과 50년 세월이 압축된 사진을 정리하는 동안 지난 과거는 새록새록 현실로 되살아나기 시작했고, 소소한 흔적들은 나를 어린

아이처럼 설레고 또 웃음 짓게 했다. 그러기를 꼬박 4년이 흘렀다.

작품집 네 권의 동시발간이라는 지난한 과정에도 불구하고, 이번에도 나를 지켜준 건 역시 제자들이 아닌가싶다. 교정을 맡아준 정향숙, 연보 정리의 노한나, 스캔을 열심히 받아준 박완주, 책의 디자인을 맡아준 이승은, 그리고 총 편집에 힘써준 박자은에게 각별한 고마움을 전한다.

무엇보다도 필자의 작품집이 성균관대학교 유가예술문화콘텐츠연구소 총서로 발간되는 것에 깊이 감사한다. 오늘이 있기까지 지속적으로 지원해주신 총장님 이하 학교 관계자와 출판부 여러분, 임학선 춤 50년 작가론과 공연리뷰를 남겨주신 평론가님들, 긴 세월 함께 하며 무대를 빛내준 자랑스러운 제자들, 그리고 사랑하는 가족과 남편에게도 따뜻한 고마움을 전하고 싶다.

성균관대학교 무용학과 문행석좌교수

임학선

차례

저자 서문 ········ 4

I. 주제별로 본 임학선의 춤

1. 무속 및 전통을 주제로 한 작품

소리사위·도르래 1981

새로운 한국무용 시대는 시작되었다 /채희완 ········ 22

한국무용의 재창조 훌륭히 /이순열 ········ 25

고시래 1981

제3회 대한민국무용제 〈고시래〉 /강이문 ········ 28

제3회 대한민국무용제 〈고시래〉 /김경옥 ········ 29

새다림 1983

제1회 한·일 창작무용제 〈새다림〉 /김영태 ········ 30

불림소리·지혼 1984

제1회 한국무용제전, 울려 퍼진 넋의 가락 /김경옥 ········ 32

진정한 한국춤의 해석 /강이문 ········ 35

제2회 한국무용제전, 국제무용의 날에 부쳐 〈불림소리〉 /수원대학교 신문 ········ 36

인다리 1985

제7회 대한민국무용제 〈인다리〉 /박용구 ········ 40

제7회 대한민국무용제 〈인다리〉 /이병옥 ········ 41

천도 1994

제4회 서울 ADF 개막제 〈천도〉 /김태원 ······ 42

2. 삶·사회·역사를 주제로 한 작품

우리, 둘 1986

임학선 임현선의 춤, 혈연의 정으로 호흡 맞춘 공연 〈우리, 둘〉 /이상일 ······ 48

자매일기 /김영태 ······ 52

일상적 소재로 엮은 깔끔한 무대 /김채현 ······ 54

임학선 임현선 자매의 공동작품 〈우리, 둘〉 /김채현 ······ 56

임학선 임현선의 춤, 무용 확산의 전제조건 /김채현 ······ 57

날개옷 1987

시인과 안무가의 만남 – 유안진과 임학선 /김영태 ······ 65

임학선 교수의 〈날개옷〉을 보고 /배윤경 ······ 67

정묘년이 춤계에 남긴 것 /김태원 ······ 70

달바래기 1987

제3회 한국무용제전 〈달바래기〉 /김영태 ······ 74

떠나는 배 1988

88서울올림픽 폐막식 〈떠나는 배〉 /임학선 ······ 75

민들레 왕국 1989

제5회 한국무용제전 〈민들레 왕국〉 /김태원 ······ 78

한국 창작무용 폭발적 장세 확인시켜 〈민들레 왕국〉 /이상일 ······ 81

8명의 중견 무용가들이 펼친 한국무용제전 〈민들레 왕국〉 /허영일 ······ 83

흰 새의 검은 노래 1991

제7회 한국무용제전 〈흰 새의 검은 노래〉 /김태원 85

임학선과 〈흰 새의 검은 노래〉 – 화제의 안무가 3인 中 /김태원 87

나무비 1992

제8회 한국무용제전 〈나무비〉 /김태원 90

마음꽃 1992

제14회 서울국제무용제를 보고 〈마음꽃〉 /이상일 93

〈마음꽃〉/김태원 95

제14회 서울무용제 〈마음꽃〉 /문애령 96

비무장지대에 서서… 1995

서울예술단 정기공연 〈비무장지대에 서서…〉 /김경애 98

잊혀진 땅 위의 풀잎들 /김영태 100

서정과 극의 조화 /이종호 103

단정하고 통일된 이미지 〈비무장지대에 서서…〉 /문애령 106

3. 고대사를 주제로 한 작품

고구려의 혼 1994

춤으로 살린 만주벌 옛 기상, 서울예술단 정기공연 〈고구려의 혼〉 /김채현 110

고구려의 열기, 2탄 무대 /객석 113

밝산 2000

안무와 신화세계가 하나 된 총체적 예술, 서울시무용단 정기공연 /이상일 115

한국무용의 극적 표현과 서정적 표현, 서울시무용단의 〈밝산〉 /이상일 117

한국적 신화성의 서사적 무대화 〈밝산〉 /김태원 120
역사적 시간 개념 바꾸기에 도전 /양혜숙 122
서울시무용단 〈밝산-그 영원한 생명의 터〉 /이병옥 124
협업작업의 필요성과 새로운 예술체험 〈밝산〉 /장광열 127
향로의 숨겨진 신화 살려내기, 서울시무용단의 〈밝산〉 공연 /이근수 133
고대 전쟁 장면-부채춤 등 현대적 변용 탁월 /성기숙 136
스펙터클과 간결미의 조화 /이종호 138
Presents Spectacle of Hormony /Lee Jong Ho 141
춤사위로 여는 동북아 창세신화 /박천규 146
태초에 우주는 이렇게 춤추었다 /김현정 148
태양신 '치우천황'이 춤춘다, 신화 복원한 창작품 〈밝산〉 /이형석 150
아득한 신화의 시대로… 〈밝산-그 영원한 생명의 터〉 /조선일보 152

4. 태극을 주제로 한 작품

태극구조기본춤 1998

무용 기본기법의 당위성과 임학선 춤의 태극구조 / 이상일 156
〈태극구조기본춤〉의 가치 /김태원 163
태극구조기본춤의 구조 /임학선 166
Movements of Korean traditional dance codified by local professor /Lee Jong Ho ... 175
Teachers At Home And Abroad /Dance Magazine(USA) 178

5. 문묘일무를 주제로 한 작품

위대한 스승 공자 2004

몸으로 전달되는 공자의 인仁 사상 /이기동 …… 182
미화를 억제한 제의적 무용 서사시 〈공자〉 /이상일 …… 184
이 시대 공자의 제례 /김영태 …… 187
새로운 신화성 모색과 불구不具의 이미지들 /김태원 …… 189
일무로 마감하는 제의적 서사무용시 /이상일 …… 193
인仁 사상과 공자의 재발견 /성기숙 …… 197
창작무용 〈공자〉 화제 속에 막 내려 /성대신문 …… 202
한국창작춤 〈공자〉 연합뉴스 인터뷰 /김경희 …… 204

임학선 춤작가 데뷔 30년 기념공연, 위대한 스승 공자 2008

The Great Teacher 공자의 탄생과 부활 /이상일 …… 207
The Great Teacher 공자, Another Great Teacher 임학선 교수님 /김한은 …… 210
감성으로 다가가는 유학, 〈The Great Teacher 공자〉/진가연 …… 214

영웅 이순신 2015

임학선의 현대무용 〈영웅 이순신〉과 일무 무무 양식의 활용 /이상일 …… 217
콘텐츠와 결합된 창작춤의 확장 /이만주 …… 222
한국춤의 군무형식 다시 보기 – 임학선 /박민경 …… 226
역동과 섬세함을 안은 무무武舞의 재탄생 /윤대성 …… 230
문무와 무무가 짝을 이루는 춤으로 한국 예술의 독창성과 우수성
알리고 싶었다 /이정후 …… 234

문·무·꿈·춤 2017

임학선댄스위 〈문·무·꿈·춤〉 공연의 의의 /이상일 …… 245
21세기 문화콘텐츠의 새 화두로 피어난 임학선의 문묘일무 프로젝트 /박자은 …… 248
문文의 역동성과 무武의 서정성, 그리고 그 스토리텔링 /김호연 …… 252

40년 춤인생의 내공이 드러난 무대 /최윤영 …… 256

6. 영상·무용 융복합작품

융·복합공연 Bird's Eye View 2011

〈버즈아이뷰〉 공존공영의 비상을 꾀하는 솔개의 몸짓 /장석용 …… 264

융·복합공연 Bird's Eye View 2012

〈Bird's Eye View〉/이상일 …… 267
임학선 안무의 〈버즈아이뷰, 鳥瞰圖〉 /장석용 …… 270

융·복합공연 Bird's Eye View 2013

임학선댄스위 융복합공연 〈버즈아이뷰〉의 이해 /이상일 …… 274
임학선댄스위 〈버즈아이뷰〉 미학의 눈으로 보기 /임태승 …… 279
춤·영상·음악의 완벽한 조화로 고품격 감동 안겨준 수작 /장석용 …… 284
영웅적 인내가 만들어낸 컨템포러리 댄스의 걸작 /장석용 …… 290
비움의 끝에서 완성된 직관적 메타포 〈버즈아이뷰〉 /박자은 …… 294
다른 차원의 세계로 들어서는 통로의 경계석 〈버즈아이뷰〉 /이상일 …… 311
새의 비상이 주제 같은 〈버즈아이뷰(鳥瞰圖)〉 /이상일 …… 314

융·복합공연 Bird's Eye View 2014

이데일리 문화대상 이 작품, 영상 만난 무용수 새처럼 날다 /김기화 …… 316
이데일리 문화대상 추천작, 무용 〈버즈아이뷰〉 /이윤정 …… 318

Ⅱ. 국제무대를 통해 본 임학선의 춤

1. 홍콩아시아예술제 1990

한국 무용가들이 구현한 순수예술 /톰 보레이크 ········ 324

한국 모던댄스의 개척자들 /존 탐슨 ········ 330

절제의 미로 한국적 특성 추구 /대릴 라이스, 격자, 당녕 ········ 339

홍콩아시아예술제, 공연장 메운 관객 열정에 부러움 /이대현 ········ 342

2. 서울예술단 국제교류 공연 1994~1995

베이징 공연, 학걸음 버들손이 우정을 전하다 /우해연 ········ 346

베이징 공연, 강렬한 민족적 정취 보여줘 /전정 ········ 349

춤으로 우정의 교량을 – 제3회 중국 국제민간예술제 /여서신 ········ 353

베니스 비엔날레 100주년 기념 한국관 개관 및 이탈리아 순회 공연 ········ 356

3. 서울시무용단 국제교류 공연 1999~2000

한국·브라질 수교 40주년 공연, 신명난 한국춤 남미를 달구다 /김자성 ········ 362

타이베이시 공연, 한국 창작무용의 충격과 민속무용의 신명 /이상일 ········ 370

4. 중국 국제공자문화절 2003~2009

중국 국제공자문화절 2003

화려한 춤사위로 다가온 공자 /이기동 ········ 376

춤이 있는 공자문화절 /권이혁 ········ 380

한국 창작무용 〈공자〉 /권이혁 ········ 382

공자 고향 사당에서 한국 창작무 공연 /이종호 384

중국 국제공자문화절 2004

임학선무용단, 중국 공자문화축제 개막공연 /김경희 388

한국전통춤으로 공자孔子 표현했다 /박석규 391

세계무대서 공자孔子로 승부-임학선 무용단 중국서 공연 /한국일보 393

임학선댄스위 중국 취푸 공자문화절 개막 공연, 우리 춤사위 공자를 깨우다 /임인택 395

혼란의 시대를 가르며 부활하는 〈공자〉의 휴머니즘적 접근 /김남수 398

중국 국제공자문화절 2009

공자에 대한 두 무용적 접근 /이상일 402

공자 고향서 창작무용 〈공자〉로 호평받은 임학선 교수 /장세정 408

중국인 감동시킨 한국인 창작무 〈공자〉 /김연정 411

中 공자문화절에 韓 무용단 공연… 외국 팀 첫 사례 /김연정 413

중국의 대륙적 규모에 비견되는 우리춤의 진정성에 긍지 있다 /이정후 415

취푸의 하늘 아래 펼쳐진 한국춤 〈공자〉와 무용담舞踊談을 추억하며 /송해룡 424

한국적 대중화를 모색해야 /옥예슬 431

5. 독일 프랑크푸르트 국제도서전 2005

무보집 펴낸 임학선 성대 교수 22일 독일 공연 /윤정국 436

그림으로 만나는 문묘일무 /김용래 438

6. 태국 람캄행 대왕의 날 공연 2005

태국서 한국전통춤 선보이는 임학선 성대 교수 /노현 442

7. 한·불 수교 120주년 기념 프랑스 파리 유네스코 공연 2006

임학선 무용단 창작무용 〈공자〉 파리 공연 /이준삼 …… 448

파리서 〈공자〉 공연한 임학선 교수 /이준삼 …… 450

세계무대에 선보인 한국무용 〈공자〉 /이준삼 …… 452

"한국춤사위 환상적", 임학선무용단 파리 공연 호평 /금동근 …… 455

"문묘일무 현대예술의 극치", 춤 〈공자〉 파리 유네스코 본부 감동시키다 /안현정 …… 456

세계를 감동시킨 한국의 몸짓 성균관대의 춤사위 /성균회보 …… 458

8. 프랑스 호아이오몽 문화재단 초청 문묘일무 워크숍 2006

동방 전통문화를 발굴하는 한국의 임학선무용단 /중국무도가협회 …… 462

동양의 미덕을 서양인의 마음에 심어준 여정 /박지선 …… 466

문묘일무 현대예술의 극치 /안현정 …… 476

9. 대만 석전대제 참가 및 〈공자〉 순회공연 2010

임학선댄스위 한국 창작무용 〈공자〉 합작 대만 남·북부 공연 /이기상 …… 480

한국 교수가 2000년 전 공자의 무舞를 깨웠다 /이경원 …… 486

〈공자〉로 한국 문화 세계에 알린다 /백진엽 …… 490

임학선 교수, 대만서 창작춤 〈공자〉 선보여 /임은진 …… 493

임학선 교수 창작무용 〈공자〉 대만서 선보인다 /안길수 …… 495

우리 일무 공연 대만을 매혹시켰다 /이홍익 …… 497

타이베이시 춘계 석전 기념 국제학회 문묘연 세계화, '성균관' 기여 커 /안현정 …… 500

10. 한·중 문화교류 베이징대 초청공연 2010

우리 학교 무용극으로 하나된 한·중 /윤이삭 ······ 504
중국에서 올린 한국의 〈공자〉 /정향숙 ······ 506

11. 한·중 수교 20주년 기념 문화교류 공연 2012

한·중 석전대제 중국 산둥대서 개최 /인교준 ······ 512
한국 무용가 임학선의 〈공자〉, 대학로에 서다 /김승현 ······ 514
임학선댄스위 〈위대한 스승 공자〉 /김태원 ······ 525
한국창작춤 안무가의 글로벌한 도전 〈공자〉 /김태원 ······ 527
임학선 안무의 위대한 스승 〈공자〉 공연 /장석용 ······ 531
공연장 속에서만 찾을 수 있는 즐거움을 느낀다 /김민경 ······ 534

12. 임학선댄스위 멕시코 '코리아 페스티벌' 2015

메트로폴리탄 씨어터, 3200명의 침묵과 환호 /김기화 ······ 538

13. 기타 국제교류 공연 및 학술활동 1991~2005

한·중 문화교류 베이징 민족문화궁 공연 1991 ······ 554
내몽고 호화호특 공연 및 학술세미나 1991 ······ 555
러시아 야쿠티아공화국 문화의 날 공연 및 학술세미나 1993 ······ 557
일본 아오모리시 100주년기념, 한·일 미래조류 공연 및 워크숍 1999 ······ 559
미국 사우스플로리다대학 〈태극구조기본춤〉 워크숍 2000 ······ 562
한·일 비교문화교류사업 2001~2004 ······ 565
독일 피나바우쉬 한국 임학선 문화교류사업 2002~2005 ······ 572

I. 주제별로 본 임학선의 춤

1. 무속 및 전통을 주제로 한 작품

소리 사위·도르래 1981

새로운 한국무용시대는 시작되었다

채희완 / 『춤』 1981. 5

오늘의 춤은 오늘의 춤다워야 한다. 이는 당연한 말이다. 오늘의 우리춤이란 오늘을 살고 있는 이 땅의 사람들의 문제를 유효적절한 우리의 육체언어로 표현해내는 것을 말한다. 곧 현대예술로서의 한국무용이어야겠다는 것이다. 현대 한국무용은 한국 현대무용사 및 나아가 한국 현대예술사 위에 자리를 잡아야한다.

이른바 한국무용이 오늘의 춤이 되기 위해서는 수많은 오늘을 언제까지라도 고통스럽게 보내야 하는 줄 알았다. 한국무용발표라 하면 으레 아련한 윤무 속에 선남선녀가 나와 잘 다듬어진 몸매로 사랑 놀음하는 것으로 지레 짐작한다. 불행히도 한국무용은 이러한 선입감을 어김없이 충족시켜주어서 이러한 전통은 뿌리 깊다. 전통적인 춤판이라고 하더라도 여흥적이거나 사교적인 회합이 아니면, 교양학습이나 고급스러운 취미활동의 장에서 크게 벗어나지 못했다.

1981년 4월 4일 창무회의 한국무용발표는 한국무용에 대한 그릇된 선입감을 깨뜨리면서 젊고도 신선한 충격을 주었다. 그것은 한국무용인으로서는 기존무용계와 비우호적인 일반인의 무용관을 향해 던진 하나의 용기 있는 도전이기까지 하였다.

작품 〈도르래〉는 만남과 헤어짐, 삶과 죽음이 인연의 끈에 의해 묶이고 풀어지고 또한 굴러가 하나의 굴레를 이루고, 또 그 굴레를 받아들임으로써 오히려 자유로운 어떤 경지를 보여준다. 그러한 경지는 음악과 춤이 '무엇이 무엇을 이끈다'라는 선후관계나 종속관념 없이 자유로운 불일치를 이루고 있는 진행방식에도 밑받침이 되고 있다. 커다란 굴레 속의 자유분방함은 속 깊은 정한이 단순한 눈물이 아님을, 윤회의 속박을 받아들임이 단순한 체념이 아님을, 절제와 유념이 단순한 도학이 아님을 뚜렷이 해준다. 격렬함을 속에 감추고 정화수 한 그릇에 온몸을 던지고선 잔잔히 날아오르는 한국적 심성을 일깨워준 수작이다.

이번 공연의 화제는 아무래도 〈소리 사위〉인 것 같다. 인쇄기계 소리, 기차 소리, 시계침 소리, 질주하는 차 소리, 물건 부서지는 소리 등 한마디로 소음에 지나지 않는 소리를 배움으로 하여 평상복을 입은 남자가 나와서는 춤이랄 것도, 마임이랄 것도 없는 일상적인 동작을 하면, 개조된 한복의 여자들이 이리저리 휩싸이며 쓰러지고 모이고 흩어지다가 종국에는 신문지 더미에 묻힌다. 인생살이의 구비길이랄까, 예술로의 험난한 길이랄까, 여하튼 문명사회의 상황 속에 파묻히는 현대인의 모습을 말해주는 것 같다. 동원된 음악(소리)이나 의상 및 조명 등의 무작위적인 일상적 처리 또한 이채롭지만, 무엇보다 문제성을 던지고 있는 것은 이른바 현대무용에서나 다룰 법한 '현대적 상황'을 한국무용으로서 그려내고 있다는 점이다.

한국무용은 이를테면 전통적인 한국인의 미의식이나 심성을 개발하는 데만

주력해온 나머지 현대생활인으로서의 한국인의 현실 같은 것은 다루지 않는 것이 상식이었다. 이러한 고정된 통념을 이 작품은 여지없이 파괴한다. 바야흐로 이 땅에서의 한국무용은 이 작품으로 새로운 전환기를 맞이하고 있다고 해도 좋을 것이다.

그리고 이러한 시도가 튼튼한 토대도 없이 그냥 유별나게 해보자 하는 정도의 것에 머무르고 있지 않다는 점이 앞의 순서로서 〈진주검무〉에서 보인 전통무용적 기량과 〈도르래〉에서 보인 한국적 심성 창조의 기량이 잘 말해준다. 더구나 이러한 표현 기량과 더불어 이 작품을 위해 회원 모두가 오랫동안 공동토론과 공동창작의 과정을 거쳐왔다는 점을 강조해야 할 것이다.

창무회의 이번 공연을 위시하여 위의 공연들은 우리춤이 가지고 있는 지각적 형태를 새로운 무용언어로서 개발하여 적절히 활용하려고 했다는 점에서 그 결과적 성과는 차치하더라도 오늘에 적합한 한국무용언어의 의미 창출 가능성을 터놓고 있다. 한국무용의 이러한 새로운 실험들은 한국무용의 현대예술성을 확보해줄 뿐만 아니라 우리춤의 원천을 재귀적으로 파헤치는 학구적 작업 그 자체이기도 하다.

그러나 무엇보다 중요한 것은 오늘의 한국무용이 오늘 이 땅의 숱한 문제 중에서 가장 핵심적인 대중의 삶의 문제를 회피하지 않는 데 있다. 어른이 만든 세련된 학예회 류의 기존 한국무용일랑 지난 과거의 한국무용사 속에서 흘러가 묻혀버리게 함으로써 새로운 한국무용 시대를 담당할 새로운 세력이 확고한 토대 위에서 활동하는 데 있다.

소리 사위·도르래 1981

한국무용의 재창조 훌륭히

이순열 / 『서울신문』 1981. 4. 9

제2회 창무회 한국무용발표회(1981년 4월 4일, 세종문화회관 소강당)는 약간의 충격과 함께 한국무용의 개념에 대해서 다시 한 번 생각해보아야 할 계기를 마련해주었다. 첫 번째 작품인 〈진주검무〉는 창무회가 아닌 가무희나 나무희? 또는 그 밖의 어느 무용단체에서도 할 수 있는 객석을 다소 피곤하게 하는 작품이었다. 이번 공연이 전통무용발표회도 아닌 데다 첫 작품으로 어울리는 신선함도 없었기 때문이다. 그런데 두 번째의 〈도르래〉에서 무대의 밀도는 별안간 짙어갔다. 모노크롬과도 같은 암영이 지배하는 조명 아래 '끊고 또 끊어도 끊이지 않는 끈'을 둘러싸고 끊이지 않으려는 집념과 끊으려는 의지가 갈등을 빚고 있었다. 그런 줄다리기 속에서 상징적인 그 탯줄이 늘어졌다, 죄어졌다 하면서 무대의 숨결은 사뭇 가빠졌다.

이 작품은 현대의식이라는 의상 속에 우리춤이 지니고 있는 고유의 맥락을 살려냈고, 하나의 초점으로 집중된 그들의 숨결이 무대공간을 팽팽하게 채워주면서 그것은 그대로 객석에 대한 강한 인력으로 작용했다. 그리고 무용음악에 정열을 기울여 온 김영동의 음악도 이 작품의 밀도를 높이는데 커다란 보탬이 되고 있다.

마지막의 〈소리 사위〉는 상당히 많은 사람을 당황하게 했을지도 모르는 작품이었다. 윤전기가 회전하는 요란한 리듬 속에 갖가지 소음이 뒤섞이면서도 '오네게르'의 〈퍼시픽 231〉의 긴장감보다 더욱 짙은 열기로 윤전기는 계속 회전한다. 그 속에서 단 한 사람의 남성 무용수는 일체의 무용동작을 배제한 채 방황하고 그 주변을 여성 무용수들이 어지럽게 오간다. 이 발표회가 '한국무용'으로 못을 박고 있는 터에 이것이 어떻게 한국무용이냐는 반발이 있음직하다. 그러나 한편으로는 그 참신한 착상과 우리 무용의 틀을 왜곡해서 한정시키고 있는 고정관념을 깨뜨리고 어디론가 날아오르려는 그 자세를 높이 평가하는 관객도 있었을 것이다. 그들이 표현하고 있는 것은 숨길 수 없는 우리의 현실, 오늘의 단면이었다.

최근의 몇몇 의욕적인 작품이 나오기까지 한국무용은 오랫동안 방향을 찾지 못한 채 방황을 거듭해왔고 바람직하지 못한 방향으로 표류해왔다. 그럴 바에야 창작무용을 중단하고 전통무용을 좀 더 다지면서 거기서 다시 출발해야겠다는 것이 필자의 주장이었다. 〈소리 사위〉의 뿌리가 충분히 깊게 뻗었고 어제와의 맥락이 고스란히 살아 있다고 할 수는 없어 우리의 토속적인 냄새가 좀 더 아쉬웠다.

그러기 위해서는 앞으로 더 많은 노력과 성찰이 필요할 것이다. 그러나 창작무용이 오늘의 무용이라면, 시대적인 요청과 생활 환경이 그 속에 반영된다는 것은 지극히 당연하고 창무회에서는 그 당연한 일을 해냈다. 당연한 것이기는 하지만 변화와 발전을 바라고 있는 사람에게조차 예상을 훨씬 앞질러 돌연변이처럼 등장했다.

창무회의 이번 공연은 오랜 흐름 속에 가시지 않고 이어져온, 그러나 지금은 그 맥락이 아슬아슬하게 끊어지려고 하는 우리의 얼과 숨결을 고스란히 간직한 채 우리가 살고 있는 시대와 환경 속에 우리가 어떤 몸짓을 할 수 있는가를 다시 한 번 생각하게 해주는 공연이었다.

고시래 1981

제3회 대한민국무용제 〈고시래〉

강이문 / 『춤』 1981. 11

1981년 10월 12일부터 22일까지 열린 제3회 대한민국무용제에 출품된 창무회 〈고시래〉(임학선 안무)를 통해 느낀 점은 일차적으로 투철한 실험 정신이요, 두 번째로는 예술을 사회·문화적 차원에서 다루려는 사상이다. 그래서 관념적이 아닌 실험을 통해서만이 시행착오를 스스로 수정해 나가려는 과학정신이 돋보이며 누구의 눈치에도 영합하지 않으려는 고집이 있다. 그것은 예술에 도전하는 지성적 구성원들의 이상과 품격 발현이기도 하다. 그러나 이 작품은 표현과 전달이라는 예술의 본성과 전통 계승이라는 창조의 방향에서 적지 않은 문제를 지니고 있다. 첫째, 표현의 주고나 편중은 전달이라는 객관성이 등한시되기 마련이다. 예컨대 시간(시계소리)도 기름(드럼통)도 황금(불상)도 돈도 돈이라는 간접표현이나 한 여인의 부적 몰락과 재기의 과정에서의 비약적 표상 등도 전달을 흐리게 하는 요인이 된 듯하다.

한편 돈의 부정적인 표상을 악의 현장과 외부의 비애로 대비시킨 것은 퍽 풍자적 효과를 얻었으나, 이렇게 복선에 의한 일면 구성보다는 돈의 속성과 마성을 다면화하는 내용 전개로 이끌어갔으면 하는 생각이 들었다.

아무튼 이 작품은 나름의 품격을 지니고 생각하는 작품이라는 점에서는 호감이 갔다. 다만 앞으로의 문제는 한국 민족무용의 전통성 파악과 창작 방향의 모색, 그리고 방법론에 대한 깊은 성찰이 있었으면 한다.

김경옥 / 『춤』 1981. 11

(전략) 임학선 안무의 〈고시래〉는 시류적인 주제를 다룬 금전만능주의 시대에 있어서의 하나의 비판정신에서 나온 작품이다. 그러한 분위기는 돈. 돈. 돈이라고 외치는 집단적인 함성에서 선명하게 나타나고 있다. 물론 엽전을 굴린다든가하는 대목에서는 너무나 직설적이었으나, 이번 출품작품 가운데서 유일한 문제작이었고 제작방법에 있어서도 무용계의 후진 양성을 탈피한 현대적 무대였다.

새다림 1983

제1회 한·일 창작무용제 〈새다림〉

김영태 / 『춤』 1983. 12

한일교류 창작무용제는 시간의 제약에 의해 짤막한 소품들이 무대에 올려졌다. 쇼지 히로시라는 안무가, 고이케 사치코라는 솔리스트를 우리는 기억해야 될 것이다.

고이케 사치코는 같은 안무가의 두 작품에 출연했다. 그는 40대가 지난 나이이지만 사춘기와 무르익은 성년의 유혹적인 비범 같은 은혜로운 지체를 보유하고 있었다. 그의 지체는 〈폭포〉라는 작품에서 나른한, 발정發情의 색소를 과시했는가 하면, 푸치니의 가극 한 대목은 그 색소를 색인하는 데 기여한다.

파도 소리의 효과음에 의한 〈겨울 자장가〉의 성년의 고뇌는 식어가는 빛의 아름다움을 남겼다.

임학선의 〈새다림〉은 부정不淨을 쫓는 굿거리이다. 이 굿의 예식은 마당굿의 첫거리가 떠오른다. 무대의 소도구는 한지韓紙로 일관되었는데 부정함을 쫓는 행위는 한지를 태워 재를 남기게 한다. 영생永生은 재를 남기고 다시 마중을 나가는 정신의 혼백예식의 결별과 함수관계를 지닌다.

〈새다림〉은 막막한 것에서 오는 어떤 빛의 열림으로 내게 감득되었다. 소복 차림의 저 영혼을 우리는 만져서는 안 된다. 근접할 수 없는 영생으로 가는 길에 나부끼는 것은 색 물들인 종이 휘장과 임학선이 절규 끝에 꽂는 기旗, 그리고 그 기를 모두 회수해서 불태우는 전송뿐이다. 임학선의 춤은 이 침묵을 두려움으로 남기지 못하고 마음의 얼을 침묵 속에 엮는다. 그 엮음은 마치 망망대해에 지는 빛살 같다.

불림소리·지혼 1984

제1회 한국무용제전, 울려 퍼진 넋의 가락

김경옥 / 수원대학교 신문 1984. 5. 25

한국무용연구회(회장 김매자) 산하 창무회 주체로 유네스코가 제정한 '국제무용의 날'을 우리나라에서 처음으로 기념하는 공연이 1984년 4월 22~23일(오후 4시 30분, 7시 30분) 문예회관(현 아르코예술극장) 대극장에서 열렸다. '국제무용의 날(International Dance)'은 유네스코가 1979년 혁신적인 프랑스 무용가 고 故장 조르주 노베르(1727~1810)를 기념하기 위해 그의 생일인 4월 29일로 제정한 것이었다. 본 대학의 무용과 임학선 교수가 회장인 창무회는 전통무용과 신무용의 틀을 과감히 벗어버리고 현대적인 창작 한국무용을 줄기차게 추구해온 선두주자라는 평을 받고 있다. '국제무용의 날' 첫 기념공연을 성공리에 마친 창무회의 〈불림소리〉, 〈하늘에 묻어버린〉, 〈터〉 3개의 작품에 대한 김경옥 씨의 평을 싣는다. (편집자 주)

어떤 평자들은 한국무용을 세계적인 예술학의 견지로 따져볼 때 수준이 한 차원 낮다고 경시한다. 사실 예술로서 발전된 클래식 발레나 컨템포러리와 비교해볼 때 어느 정도 수긍이 가기도 한다. 한국무용을 전공하는 무용가들은 그 고민을 덜기 위해서 모든 힘을 다하여 그런 입장에서 벗어나려고 애쓰고 있다.

이번에 국제무용의 날 기념으로 문예진흥원 대극장에서 지난 4월 22일, 23일 양일간에 걸쳐 공연을 가진 창무회의 무대도 그런 것이었다. 여기서 임학선 등은 현안의 과제를 상당히 풀어주었을 뿐 아니라 여태까지 한국의 고대민속극이 안고 있던 비예술성으로부터의 선탈과 전통무용의 예술적 승화작업에서도 진일보한 경지를 보여주었다.

임학선의 〈불림소리〉는 인간 의식의 내면에서 우러나오는 율려律呂를 감각적으로 육체언어화하는 데 큰 성공을 거두면서 무대에 형상화하는 데 성과를 보여주었다. 이것은 전통을 현대화하는 데 접근방법으로서도 바람직한 방법이었다. 우리의 고전정신과 고대무용에 배태되어 있는 미학적 요소를 형상화하는 일을 이루어놓았던 것이다. 한국무용이 항시 염려했던 대숙제를 풀었다고 할 것이다.

1930년대에 현대무용을 수련하던 몇몇 선각들은 그저 한국무용을 근대 무대화하는 데 급급한 나머지 형식적으로 우리춤을 무대화하는 작업에는 어느 정도 성공했으나, 실제 미학적인 면에서는 여러 가지 논란이 많았다. 이번에 공연을 가진 '창무회', 특히 임학선 씨는 그것을 보다 본질적으로 해결하는 실마리를 풀어 놓은 것이다.

〈하늘에 묻어버린〉(황인주 안무)과 〈터〉(이혜순 안무)도 다른 각도에서, 그러한 공동목표의 작업을 위해 귀납시키고 있다. 또 구성원들이 모두 이화여대 김매자 교수의 문하들이라는 동질성을 가지고 있어서 앙상블이 이루어졌으며, 남성 무용수들을 기용한 것은 믿음직스러웠다.

한국의 전통무용을 현대화하는 데 있어서 이러한 미학적 접근방법은 대단히 바람직한 일이다.

불림소리 1984

진정한 한국춤의 해석

강이문 / 창무회 제3호 1984

(전략) 〈불림소리〉(임학선 안무)는 정신적 심상집합心像集合에 의한 자화상적 작품으로, 전통적 소명감이라는 대중적 기반에 몰입한 자신의 착잡한 심상을 자문자답으로 전개하되 재치와 수법으로 형상화하고 있다.

도입부에서는 중후하고 주술적이며 생명력 있는 춤으로 심상의 갈등을 승화시키면서 여기에 소지와 오브제와 회전무대의 효과를 도입하여 세월의 흐름과 신념의 변화과정을 잘 나타내주었다. 발전부에서는 박진감 있게 실상과 상념의 대응을 실루엣과 조소적 수법과 조명의 명암처리 등으로 원근감과 환상성을 더해주었고, 종결부에서는 무한한 동경과 영롱한 꿈의 이미지를 잘 시사해주었다.

불림소리 · 지혼 1985

제2회 한국무용제전, 국제무용의 날에 부쳐 〈불림소리〉

수원대학교 신문 1985.5.21

불림소리 정신적 心象集合에 의한 자화상적 춤

무용의 발생은 지구상에 인간의 생활이 비롯되었을 때부터 시작되었다.

모든 예술이 원래 인간의 본능에서부터 발생하여 발전해온 것이지만, 그중에서도 특히 무용은 인간의 육체를 그 표현 재료로 담고 있는 가장 직접적인 본능의 표현이라고 할 수 있다.

원시인은 단순하여 희로애락의 감정을 직접적인 자신의 신체운동으로 나타내었다. 현대문명인처럼 복잡 미묘한 감정을 언어와 사상으로 표현할 줄 몰랐던 원시인들은 오직 본능 그대로 자기의 몸짓으로써 그 감정과 의지를 표현했던 것이다. 이러한 원시인들의 신체운동이 거듭 되풀이됨에 따라 일정한 율동적 형태를 낳게 되었다. 이 율동적 형태가 차츰 발전하여 무용화되고, 인간은 그 표현방법을 자연현상과 동물의 움직임에 많은 영향을 받았다. 즉 나뭇잎이 흩날리며 떨어지는 모양이라든가 학이 나는 모습, 파도가 크게 넘실대고 찰싹이는 모양 등은 다 자연의 무용인 것이다.

인간과 마찬가지로 동물들도 그 생명력의 약동에 따라 춤을 추는데 인간의 무용과 다른 점은 단편적이고 본능적인 표현인 데 반하여, 인간의 무용은 본능적인 춤을 정리하고 의식적으로 율동화하여 미적 요소를 가미해서 보다 높은 미의식과 미에 대한 동경을 지니고 무용을 통하여 예술적으로 발전시켜왔다.

음악과 시는 시간 속에 존재하고, 조각과 회화는 공간 속에 존재한다. 그러나 춤은 시간과 공간 속에 동시에 존재한다.

춤이 모든 예술의 어머니라고 불릴 수 있는 것은 공연예술로서의 무용이 갖는 총체연행성에 기인하는 것이며, 안무가의 연출적 기능이 중요시되는 것도 창작무용의 총체성에 연유하는 것이다.

최근 국제무용주간을 맞아 무용계는 한국무용제전, 무용단의 무용발표회 등으로 활발한 움직임을 보이고 있다. 본교 임학선(한국무용) 교수의 무용발표는 그동안 침체되었던 무용계에 큰 관심을 불러일으켰다. 따라서 이번에 공연한 〈불림소리〉와 〈지혼〉을 중심으로 그 의미를 되새겨보고자 한다.

1985년 4월 30일부터 5월 4일에 걸쳐 유네스코 제정 국제무용의 날 기념으로 문예회관 대극장에서 공연된 한국무용제전은 80년대 한국무용상을 정립한다는 주제 아래 1920년부터 1980년까지 시대별로 한국무용의 특징적인 작품을 재현해봄으로써 한국 전통무용에 대한 기존 연구와 예술성을 종합한 춤을 통한 60년의 역사를 조명하는 기회가 된 것 같다.

〈불림소리〉와 〈지혼〉은 한국의 고전무용이 안고 있던 비예술성으로부터 탈피와 전통무용의 예술적 승화작업에도 진일보한 경지에 도달하게 하였다.

〈불림소리〉(안무 임학선 교수)는 인간의 정신적 심상집합心象集合에 의한 자화상적 작품으로 전통적 소명감이라는 대중적 기반에 몰입한 자신의 착잡한 심상을 자문자답으로 형상화하고 있다.

인간 내면의 세계에 갈등을 가진 한 춤꾼이 자신의 춤의 혼을 위해 삶의 모든 것을 불사르고 종국에는 새로운 춤을 받아 솟아오르는 과정을 묘사한 작품으로 도입부에서는 주술적이며 생명력 있는 춤으로 심상의 갈등을 승화시켰으며, 발전부에서는 박진감 및 실상과 상념의 대응을 조소적 수법과 조명의 명암처리 등으로 원근감과 환상성을 더해주었고, 종결부에서는 무한한 동경과 영롱한 꿈의 이미지를 잘 시사해 주었다.

〈지혼〉은 지하세계 영혼의 춤을 그린 작품으로 인간이 알지 못하는 미지의 세계 모든 것이 잠들어 있는 땅에 대한 동경과 환상적인 영혼의 춤을 재현한 작품이다. (중략)

최근 무용계는 국제무용주간을 맞이하여 한국무용제전을 비롯한 무용발표회 등 활발한 움직임을 보이고 있다. 과거에 비해 공연장은 확대되었지만, 관객의 특정화, 지원비(문화행사)의 영세성 등의 문제점은 아직 숙제로 남아 있는 듯하다. 이러한 문제점은 비단 무용계뿐만 아니라 문화계 전반에 걸쳐 내재되어 있는 과제이다. 현대사회가 고도의 기술문명을 요하는 첨단 과학의 세계로 발돋움하고 있는 시점에서 인간의 정신문화는 이에 보조를 맞추지 못하고 정체된 상태에 놓여 있다.

이러한 문제는 특정 문화예술 단체의 노력만으로는 극복하기 어려운 과제이므로 범국민적으로 정책적 차원에서 문화육성책을 적극적으로 강구해야 할 것이다.

인다리 1985

제7회 대한민국무용제 〈인다리〉

박용구 / 『춤』 1985. 11

(전략) 무당이 되어야 할 운명의 여인이 이를 거부하면 인다리를 건너 황천으로 가야 한다고 들었다. 인생의 극적 요소로는 더할 나위 없이 적절한 소재이다. 삶과 죽음의 사이클에서 이처럼 심각한 모순이 있을 수 없고, 그 모순은 부조리의 고발이 될 수도 있고 종교적 신비체험을 우리에게 던져줄 수도 있다.

안무자 임학선은 우리춤의 상투적 무용언어를 높은 조형감각으로 꾀하면서 모순의 고발이나 신비체험보다는 정서적 감정에 호소하려고 한다.

히로인과 사나이의 짝춤은, 그래서 극적인 상황의 애절함을 떠난 하나의 에로스의 세계로 빠져들게 한다.

그러나 인생의 극적 요소로 작품 의도가 뚜렷했다면, 기승전결의 클라이맥스가 설정되어야 했고, 그 정점은 아마도 그녀의 손에 무당방울이 쥐어진 순간이었으리라.

그 심적인 광란상태가 춤으로 고조되지 않은 상황에서 그 뒤에 오는 심각한 고뇌는 춤추는 사람만의 것이 되고 만다. 보는 사람의 정서적 감정에 호소하는 힘을 잃고 지루함을 느끼게 한다.

극적 요소로 작품을 못 박지 못한 아쉬움은 이승에서뿐 아니라 저승에서도 보여준다. 새로 온 히로인의 원귀에 대해서 선배 격인 원귀들의 반응이 전혀 보이지 않는다. 아마도 〈인다리〉가 갖는 인생의 극적 요소가 좀 더 뚜렷이 살았더라면 창무회와 임학선의 대표작의 하나로 기록될 수 있는 작품이 아니었을까.

이병옥 / 문화예술 1985. 12

창무회의 〈인다리〉는 신들린 자가 신내림을 거부할 때 신령이 다른 생명을 희생시켜서라도 무당을 점거하는 다리를 놓는다는 무속의 소재이다. 이것은 안무자 임학선이 그동안 무속을 바탕으로 한 한국의 삶을 표현하면서 무속을 예술로 승화시키려는 남다른 노력의 소산으로 평가된다. 게다가 깔끔한 표현력과 매끈한 구성 그리고 무용수들의 뛰어난 기량을 바탕으로 클라이맥스까지 진행되는 동안 관객의 혼을 빨아들였으나 마지막 종결처리에서 차단된 것이 흠이었다.

천도 1994

제4회 서울 ADF 개막제 〈천도〉

김태원 / 『춤』 1994. 9

오늘날 현대춤의 이상과 기술은 현대춤만이 가진 유일한 전유물이 아니라 누구나 공유할 수 있는 것이 되어가고 있고, 실제 살아 있는 극장춤은 현대춤을 제외하고 얘기될 수는 없다. 현대춤이 이상으로 삼는 개인적 창의성(individual creativity)은 오늘날 모든 예술춤의 궁극적 목적이 되고 있다. 고전주의 미美의 규범에 오랫동안 젖은 발레도 오래전부터 현대춤이 구현한 그 정신을 받아들이고 있으며, 각 나라의 전통춤 혹은 종족춤(ethnic dance)도 전통의 보존이란 하나의 축을 지키면서, 동시에 현대춤의 자유스러움을 어느 정도 수용한다. 특히 한국의 창작춤꾼들이 흥미로워할 것 중의 하나는, 우리의 창작춤(나는 이것을 'New Creative Dance'로 번역할 것을 제안했다)은 현대춤의 시각에서는 더 이상 한국의 전통춤이나 인디언의 종족춤 같은 것이 아니라 한국식 현대춤의 한 유형으로 보이고 있다는 점이다. 진정한 현대춤은 개인적 창의성을 존중하면서 결코 남의 것을 모방만 하는 것이 아니라 할 때, 우리 창작춤의 발전 유형은 매우 특이하면서도 세계춤에 새로운 모델을 제시하고 있다고도 할 수 있다.

사석에서지만 ADF의 공동회장인 찰스 라인하르트와 그의 부인 스테파니 라인하르트와 만나 차를 마시면서 얘기하던 중, 당신은 지난해 듀크대학에서의 ADF에서 올려진 김삼진의 작품과 이번 알윈 니콜라이의 작품과 함께 공연된 서울예술단의 〈천도天道〉(임학선 안무)를 모두 어떤 춤으로 보는가라고 물었을 때 그는 거침없이 '한국의 현대춤'이라 얘기했고, 나는 그의 말에 평소 나의 생각을 담고 덧붙여 한국의 '뉴 크리에이티브 댄스'라 지칭하자, 그 부부는 거의 일치해 한국의 창작춤 활동은 세계 현대춤의 한 훌륭한 모델을 매우 일찍이 제시했다라는 긍정적이며 진지한 평가를 하기도 했다. 현대춤과 한국창작춤의 상호 연관 관계는 언젠가 누군가가 써야 할 훌륭한 논문 제목감이지만, 그 관계에서도 엿볼 수 있듯 현대춤은 독자적인 시대를 앞질러왔고, 시대의 욕구를 적극적으로 수용해왔던 예술춤이라 할 수 있을 것이다. (중략)

첫날 알윈 니콜라이의 작품과 함께 초빙되어 올려졌던 서울예술단의 〈처도〉는 다소 의외였지만, 전통적인 주제를 가지고도 강인하며 정리된 군무와 무용수들의 잘 훈련된 춤으로 인하여 우리의 직업예술단이 가고 있는 한 모습을 인상적으로 보여주었다.

특히 그날의 공연에서 적잖게 감동적이었던 것은 남수정의 솔로로서 천도(하늘길)를 인도하는 무녀였음직한 그녀의 춤은 침착함과 당당함, 양팔을 뻗어 신체를 곧추세우고 그 사이에서 경사지게 눕히는, 그러면서도 몸속으로 충전된 기를 가득 가두고 있는 절제와 당당함, 그리고 힘과 지극히 한국적인 아름다운 분위기를 뿜는 춤이었다. 춤의 연기력 측면에서, 국수호 안무의 〈명성황후〉 속 대원군 역을 맡았던 최현의 연기와 더불어 올 상반기 최고의 춤 연기였음직한 그녀의 춤은 절제와 강인함을 주축으로 하는 임학선춤(안무)의 한 결과였고, 또 직업춤꾼이 어떠한 수준에 도달해야만 하는가에 대한 큰 시사를 준 것이었다고 할 수 있다.

이젠 많이 가셨지만, 한국춤이 쓸데없는 교태미와 춤의 외형성을 무시하는 내적 미에 대한 지나친 존중이나 혹은 그 반대로 너무나 과장된 외적 형태를 현대성이란 잘못된 인식 속에서 취하는 것에 비해서, 남수정의 솔로는 안과 밖이 팽팽한 긴장을 이루는, 마치 얼음칼과 같은 '강인한 균형미'의 춤을 보여주었다.

안무자는 상상력과 구조의 집을 짓지만, 춤꾼은 보는 이의 가슴속으로 그(녀)의 춤의 섬뜩한/뜨거운 레일을 깔아놓아야 한다. 남수정의 솔로는 우리춤의 아름다움·절제·힘을 함께 공유하면서 보는 이의 가슴속에 참으로 드문 감탄을 불러일으켰다. 근래 보기 드문 경험이었다.

2. 삶·사회·역사를 주제로 한 작품

우리, 둘 1986

임학선 임현선의 춤
혈연의 정으로 호흡 맞춘 공연 〈우리, 둘〉

이상일 / 『월간조선』 1987. 1

임학선, 임현선 자매의 춤 〈우리, 둘〉(1986년 12월 19일, 문예회관 대극장)은 혈연의 정으로 호흡을 맞춘, 둘이 하나같은 조화의 춤판이었다.

그들의 춤을 보면서 형제자매의 인연인 인간이 그렇게 절묘하게 호흡을 맞출 수가 있다면 같은 인간의 인연인 남녀 부부의 인연, 우정의 인연이라고 해서 그만한 경지에 가지 못하라는 법이 없다는 것을 느끼게 된다.

그러나 그런 앙상블은 그리 쉽지 않다. 그렇게 호흡을 잘 맞출 수 있는 인연들이 우리 실제 사회에서 없는 것은 아닌데 무대 위에서 바늘에 실 가듯, 계곡에 물 흐르듯 전후 상하 가릴 것 없이 조화를 이루며 형상을 그려내는 인연들은 많지 않다. 그것은 아마도 임학선, 임현선 자매의 오랜 무용경력에 쌓인 기법의 세련미에서도 올 수 있고, 그들의 의식과 감각의 일치 그리고 손끝 하나의 놀림, 눈짓 하나의 미세한 전달력을 이심전심으로 주고받는 발신자이자 수신자의 역할이 빈틈없이 들어맞는 혈연의 정과 인연으로 해서 부담 없이 상호 교신될 수 있었기 때문이다.

이 두 자매는 먼저 그들이 이미 발표했던 〈산 자를 위한 방황〉, 〈인다리〉를 앞뒤로 해서 그 중심에 새로운 창작 작품인 〈우리, 둘〉을 선보이는 구성을 짰다. 〈산 자를 위한 방황〉은 제2회 한국무용제전에서 진도 씻김굿을 새로운 시각으로 재조명한 스산한 죽음과 저승사자의 부활을 통해 충격을 주었던 작품이고, 〈인다리〉 또한 무속적 소재를 바탕으로 제7회 대한민국무용제에 출품했던 것으로 이들 자매의 정신적 지향점을 분명히 하는 작품들이다.

안무는 언니인 임학선이 맡고 〈인다리〉에서는 동생인 임현선이 출연하였는데, 핵심 부분인 〈우리, 둘〉에서 이들 자매는 공연형식을 통해 그들의 이야기를 그들 나름의 무용언어로 표현한다. 그것은 어린 시절의 천진스러운 언니, 동생의 숨겨진 밀어의 표출이기도 하고 사춘기 소녀들의 꿈의 속삭임이기도 하며, 정다운 자매의 우정이기도 하면서 한편에서는 끈끈한 혈연의 정이 갖는 답답함, 역겨움, 대립이기도 하다.

그 숱한 인연의 줄을 상징하는 두 사람의 어울림은 그 특수성이 모든 인연들이 갖는 보편성과 일맥상통하기 때문에 그들 자매의 개인적 차원은 그들끼리의 밀어나 꿈의 속삭임에서 벗어나 일반적인 인연의 형상이 된다. 특히 어린 시절의 천진한 두 사람의 관계와 자라서 같은 길을 가는 대립의 두 관계는 그런 과정을 지나서 이제 성숙의 경지에 이르는 화합의 터전으로 그려진다. 어떻게 보면 너무 단순화되는 감도 없지 않지만, 그 혈연 사이에 극적인 긴장이 감돌아야 할 까닭이 없으므로 우리는 아주 자연스럽게 호흡을 맞추고 서로 보완해서 들고 나감에 밀물과 썰물처럼 어우러지는 고전적 아름다움만 만끽하면 된다. 두 자매의 춤은 전아典雅하게 다듬어져서 한국춤의 공연형식에 새로운 이정표를 마련하였다.

이러한 공연은 가까운 인연끼리 자력처럼 서로 끌어당기고 반발하고 다시 이끌리는 상호 교류로서 남남끼리의 교류에서는 느낄 수 없는 전율 같은 감흥을 줄 수도 있다. 어쩌면 그것은 무속 가운데서도 특히 죽은 자와 교신하는 영매의 세계에 매료된 듯한 이들 자매의 분위기와 연관될 수 있는 반면, 형제자매와 부부 인연 사이 같은 특수한 관계에서 방전되는 그런 어울림의 교시일 수도 있을 것이다.

따라서 임학선, 임현선 자매의 〈우리, 둘〉 공연은 춤의 형상화에 있어서 가까운 혈족의 앙상블에 대한 가능성을 예시하였다고 볼 수 있으며, 예술가 일가의 무용적 앙상블만이 아니라 노래와 연극과 춤의 교류 같은 차원 높은 가능성마저 생각케 하는 것이다. 그럴 경우에 분명히 부자, 모녀, 부부, 형제자매의 인연은 보다 끈끈한 것이고 답답할 것이고 어려울 것은 사실인데 그 한 단계를 극복한 다음에 이루어질 조화와 화합의 예술적 경지는 남다를 수 있지 않을까 싶다.

그런 의미에서 친족 집단적인 유랑 예능인들의 역사가 현대에 와서 너무 절단되어버린 사실을 아쉬워하는 우리는 그런 사실을 전통의 단절과 연계시킬 수 있는 것이다.

전통의 단절은 예술가 가계의 단절과 소질의 절단으로 이어진다. 일찍이 3대를 잇는 예술가 가계가 드문 우리의 실정이고 보면, 같은 길을 걷는 부전자전의 전통이 형제자매나 조카 등 친족 세대 간의 저변으로 확대되는 것이 바람직하다고 믿는 것이다. 그리하여 가계를 잇는 전통이 확립됨으로써 혈연의 소질과 제자 사이의 기량 경합 등이 한 예술 장르의 대통을 잇게 하고 전통의 권위를 더하게 하는, 그런 역사의 쌓임은 필연적인 작업이 된다.

여담이 되어버렸지만 임학선·임현선의 춤 〈우리, 둘〉을 보면서 형제자매의 공연이 단순한 공연이 아니라, 공연을 통한 핏줄의식의 확산과 혈연의 보다 잘 맞는 호흡의 일치가 단순한 공연보다 실질적으로 천부의 것, 그래서 근원적으로 오는 것이라면 혈연의 공연을 지원하는 것도 보다 양질의 예술을 기대하는 우리의 과제임을 지적하고 싶은 것이다.

이번 〈우리, 둘〉 공연에서 특히 부기해두어야 할 것은 두 자매의 의상 색감을 살려내기 위해서 각별히 배려한 변창순의 기여이다. 그것은 한국무용에서 의상의 색감이 비로소 창조적으로 무용 자체에 조화되는 계기를 마련한 것이다.

우리, 둘 1986
자매일기

김영태 / 『춤』 1987. 2

같은 길을 걷는 자매가 큰 무대를 마련했다. 두 작품은 구작이고, 자매가 춤춘 〈우리, 둘〉은 신작이다(12월 19일, 문예회관 대극장).

〈우리, 둘〉은 30대 중반을 넘기는 사매들의 자화상이라 볼 수 있다. 그들은 지난 세계, 현재, 미래 등을 거울 속에서 바라본다. 언니가 동생을, 동생이 언니를 다독인다. 서로를 일깨워주고, 서로가 힘을 북돋아주는 춤이다. 춤은 그들 자매에게 있어 무엇인가. 삶의 지고한 목표가 아닌가. 춤의 길은 험난해도 그 길은 아름답기 때문에 두 자매는 외곬으로 이 길을 걸어왔다.

임학선, 임현선이 춤춘 〈우리, 둘〉은 일체 과장이나 허세가 없어 보였다. 서로가 등을 밀어주고 격려한다. 가끔 한 사람이 토라지면 어김없이 화해한다. 두 마음이 만드는 한 마리 새가 된다.

임학선의 춤의 품위가 차갑게 빠졌다면, 임현선의 춤은 아직 언니를 따라잡지는 못하지만 그 춤사위는 그것대로 허허공간을 넘나든다. 그들 자매는 서로의 공통분모를 찾고 있다. 하늘도 하나요, 별도 하나요, 그들이 사는 구름 아래 집 한 칸도 하나이다. 일심동체, 그들은 춤 하나로 서로 묶이려 한다. 아니꼽고 서러운 것들이 많은 세상에 그들은 제 살점을 나눠주려 한다.

두 사람이 따뜻한 물줄기 같다. 그들은 〈우리, 둘〉에서 더러 쉬어가기도 하고, 이내 표표히 떠난다. 아직 절반을 산 그들 춤의 여정을 계속 지켜보고 싶다.

우리, 둘 1986

일상적 소재로 엮은 깔끔한 무대

김채현 / 『동아일보』 1986. 12. 22

임학선, 현선 자매의 춤공연(12월 19, 20일, 문예회관 대극장)은 무용가들의 의식이 성장하고 있음을 예시한 동시에 무용 소재의 확대라는 면에서 주목받았다. 김매자 교수(이화여대)가 선도하는 창무회의 중심회원들로서 쌓은 특성들(깔끔한 무대처리, 단정한 춤사위)이 전통무용의 기본기와 어울린 이번 공연은 한국의 무속과 결부된 전통적인 관념과 습속을 오늘의 시야에서 재연한 두 작품(내림굿과 얽힌 인다리 현상을 묘사한 〈인다리〉, 씻김굿을 통해 지하의 규율적인 세상을 그린 〈산자를 위한 방황〉)을 무대형식과 소재 구성에서 다시 다듬어 보여주었다. 이 두 작품은 샤먼적인 나름의 관점에서 극장식 무대에다 재구성하려 한 재창조적 의지를 역력하게 드러내었다. 그러나 심도 깊은 해석, 작품의 긴밀한 구성이 약했던 탓으로 강렬한 여운을 전달하기에는 어려움이 있었다.

이날 공연의 초점은 춤의 끈끈한 행로에서 서로 의지하는 동반자로 일하는 두 자매의 춤인생을 노래한 〈우리, 둘〉(19분간)이었다. 짙은 색채의 날염으로 처리된 홈드레스 차림새의 듀엣 작품은 새 창작품으로 두 자매가 자신의 인간적인 처지를 독특하게 형상화시켜 자신들의 춤세계를 일신하려는 강한 의도를 보여주었다. 이 창작품은 또 소재를 일상생활에서 찾음으로써 한국춤의 새 활로를 열어주었다는 의미도 높이 살 만하다.

같은 맥락에서 가야금과 기타가 조화스레 화합한 음악효과에 힘입어 이 작품은 한국무용과 현대무용 간의 벽을 교묘하게 무너뜨렸다. 그러나 소품의 규모로 진행된 이 작품은 모처럼의 호재를 십분 활용하지 않은 안타까움을 자아냈다. 더구나 두 자매 간에 빚어지는 인간적인 갈등, 번뇌, 사랑, 기쁨이 너무 춤의 세계에만 쏠리게 형상화되어 인간적인 공감대를 충분히 조성하지 않은 편이었다. 이 독특한 소재가 한결 일반화된 의미를 띠게끔 주제의 면에서, 규모의 면에서 다시 가다듬어질 것을 기다려본다.

우리, 둘 1986

임학선 임현선 자매의 공동작품 〈우리, 둘〉

김채현 / 『공간』 1987. 1

한국무용과 현대무용의 경계선 약화 현상의 맥락에서 임학선·임현선 자매의 공동작품인 〈우리, 둘〉은 한국무용이 현대적인 것에로 침투해 들어가는 경향을 대변하였다. 이 두 자매는 한국무용을 밑거름으로 삼으면서 새 시대의 춤을 표방하는 창무회의 핵심 맴버들로서 주로 무속 제의와 결부된 여러 소재를 구사하는데 주력해 왔으나(이번 공연에서 앞의 작품 외에 〈산 자를 위한 방황〉 〈인다리〉가 이런 범주에 속하고, 이와 함께 공연됐음)이 새 창작품 〈우리, 둘〉은 이 두 자매의 춤세계에 대한 기존의 통념이 전환되길 요구하였다. 무용하는 두 자매라는 퍽 희귀한 자신들의 처지를 소담하게 처리한 이 소품의 듀엣에서 그들은 갈등, 번뇌, 사랑, 기쁨을 진하게 형상화시키는 선에까지는 이르지 못하였다고 평가되지만, 노랑과 보라를 뒤섞은 나염으로 처리한 홈드레스와 가야금 및 기타를 구사해서 지은 아담한 음악은 이 작품이 전통의 통제력을 벗어나도록 하는데 크게 기여하였다.

우리, 둘 1986

임학선 임현선의 춤, 무용 확산의 전제조건

김채현 / 『춤』 1987. 2

자매가 춤인생을 함께한다는 것은 우리 사회의 통념으로 보아서 지극히 어려운 일이요, 그러므로 우선 희소하다. 근 20년간 춤의 동반자가 되어온 임학선·현선 자매의 공연〈우리, 둘〉(12월 19일, 20일, 문예회관 대극장)은 우선 그 특이한 소재를 통하여 사람들의 관심을 모았다. 그리고 이날의 공연은 이른바 한국무용과 이른바 현대무용의 경계가 약화되고 있던 1986년의 춤 경향을 드러내고, 한국무용이 현대적인 것(이것을 서구적인 것으로 이해하지 말고, 우리와 동시대적인 것으로 이해하길 바란다)에로 침투해 들어가는 추세를 대변하였다. 우리의 전통춤으로 기본기를 쌓은 그들의 이번 공연은 이미 발표된 것을 다시 가다듬은 두 작품(지하 망령들의 춤을 통해 지하세계의 엄격한 구속력을 그린 〈산 자를 위한 방황〉, 내림굿과 얽힌 인다리 현상을 해석한 〈인다리〉)과 신작(〈우리, 둘〉) 한 작품으로 이루어졌다.

〈산 자를 위한 방황〉(군무 16명 출연, 21분간)은 죽음에 대한 안무자이 독특한 시각을 드러낸다. 죽음의 공포나 서글픔은 간 데 없고 오히려 이승의 질서가 저승에도 연속되어 있다는 느낌, 혹은 저승의 질서가 이승에도 연속되어 있다는 느낌을 유발한다. 지성에 대한 인식은 사람마다 차이를 보이게 마련이다. 물론 한 문화권 내에서 통용되는 죽음관이 유력하게 작용하는 것은 부인할 필요도 없겠지만, 그러나 죽음에 대한 각자의 생각이 각자의 현실을 반영하는 면이 있음을 고려하면 관념상으로 죽음이 삶의 연속으로 파악됨은 그다지 무리가 아닐 것이다. 안무자는 저승이 자유의 천국이 아니라 속박의 체제임을 시사한다. 이 관념을 우리의 이동시켜 재해석하면 안무자의 현실 인식이 어떠한지 짐작되지 않을까? 1986년 4월 제2회 한국무용제전에 출품되었을 때와는 달리 장치 면에서 대대적인 덧붙임이 있었는데, 일반적으로 발레에 등장하다시피 무대 천장, 전면 부분에다 그런 장치를 늘어뜨려 깊은 맛을 돋우었다. 가면, 소복, 흰 색의 천으로 만든 수질(首絰, 상복을 입을 때 머리에 두르는 테), 요질(腰絰)을 걸친 지하의 영혼들이 갖가지 동작으로 지하세계의 본성을 드러내는데, 그 중에서도 가장 돋보인 것은 앞부분에서 무용수들이 각각 하얀 시각형의 천을 머리 위에서 아래로 길게 늘어뜨려 빠른 박자에 맞추어 집단적으로 흔들어 대는 것이었고 착상이 훌륭하였다고 생각된다. 소위 '관속의 춤'이라 이름 붙여진 이 춤이 암흑 속에서 파란색의 야광효과가 나는 천으로 펼쳐지는 것은 극장식 무대에서가 아니라면 도저히 불가능할 것이다. 춤이 진행됨에 있어 급전이나 기승전결은 드러나지 않았으며, 주인공도 없었다. 집단무로 일관하는 이 춤은 말하자면 지하세계의 그 누구도 가릴 것 없이 같은 처지를 피할 길 없다는 지하의 민주적 풍토를 그렸다고 지적해도 무방하다고 믿어진다. 그렇다면 앞서 안무자의 죽음에 대한 인식이 현실 의식과 일치된다고 언급된 것과 마찬가지로, 지하세계에 대한 인식에서 우리는 안무자의 또 다른 현실 의식을 유추해낼 수 있을 것이다(독자에 따라 이 점에 동의하지 않을 사람도 있겠지만, 다시 한 번 재고해주길 권고하고 싶다).

비극적이지도, 참혹스럽지도 않은 분위기에서 안무자가 일정한 패턴의 흥취를 추구하지 않은 것으로 보이고, 우리 무의식의 일부를 추적해 들어 간 것으로 생각된다. 그러므로 이 작품은 관객들에게 담담한 느낌을 제공할 뿐이다. 이런 분위기는 기존의 이른바 한국무용의 정형적인 분위기와는 색다르고 그렇다고 해서 고답적이지도 않다. 1986년 들어서 부쩍 두드러지는 경향, 곧 신무용 탈피 현상이 재차 입증된다. 이 작품이 위에서 거론된 두 가지 측면의 강점을 지닌 것으로 기대치 이상의 수확임은 확실하지만, 관객에 대한 어필의 강도가 더 높게 조성되었어야 했을 것이다.

〈인다리〉(군무 13명 출연, 36분간)는 1985년 대한민국무용제에 출품된 것을 무대장치와 작품 구성에서 수정하여 다시 올려진 작품이다. 무대장치가 전혀 없던 것을 이번에는 무대 왼쪽에 둥근 제단을 설치하고, 오른쪽 공중에는 강철 파이프로 나무의 가시살 같은 형상물을 얽어놓아 분위기를 일신한 면이 있었다. 또 안무 구성에서도 말의 형용을 한 5명의 무용수와 말미末尾에 무리들의 해방 과정을 새로이 추가하였다. 이 작품은 무속의 인다리 현상을 오늘의 선율과 장치를 동원하여 재현한 것으로, 처음 공연 때보다 훨씬 다이내믹하였다. 연한 황토색 변형 한복에다 무당의 전복을 변형한 것을 위에 걸친 여성 무용수들과 연한 황토색 변형 한복 차림의 남성 무용수들 5명이 펼친 작품 줄거리는 다음과 같다. 제단 위의 남녀 둘과 무대 위의 8명이 앉은 채로 느리게 적막을 깬다. 잠시 후 강한 철금 소리에 맞추어 8명이 퇴장하고, 제단 위의 둘이 가볍게 춤을 즐긴다. 다시 여덟 명이 재차 등장해서 모두 철금과 가야금의 흥겨운 가락에 맞추어 춤을 즐긴다. 이 부분까지는 세상의 안온한 흐름을 표시하며, 다음에 벌어질 숙명적 비극의 사건과 대조를 이루는 도입부에 해당된다. 작품 시작 6분이 지나 여성 하나만 남겨두고 나머지 무용수들이 모두 퇴장하며, 동시에 방울과 피리 음향이 뒤섞여 내림굿이 벌어지지 않을 수 없음을 암시한다. 여자는 자신을 주체할 수 없을 만큼 신들리고 이리저리 방황하다가 제단 위로 올라간다. 제단 위에서 여성이 계속 신들린 비정상적인 동작을 해대는 가운데, 강한 나팔 소리와 함께 말 차림을 한 남성들 5명이 등장해서 집단의 포악스러운 강제력을 상징하고 저주스러운 무당이 탄생하여야 함을 알린다. 남성 무용수들의 차림은 연극 〈에쿠우스〉에 등장하는 말을 연상시키며, 그들의 동작은 양팔을 추켜올린 연풍대가 주축을 이루었다. 무대를 휩쓴 말들이 사라지면 변형된 전복 차림을 한 여성들의 군무가 격렬한 음향에 따라 전개되다가 다시금 그들이 제단 위로 가서 점지받은 장래의 무당을 홀리고 집단 무의식舞儀式을 연출한다. 여성들이 모두 퇴장하면 신들린 강신무 혼자 남아 발광하듯 춤추지만, 저주받은 자기 신세를 자각한 반삭용인 듯하다. 이 강신무는 정말이지 신들린 면도 있지만 공동체의 강요에 의해 마지못해 그런 처지에 빠지게 되었다는 한탄의 일면도 지니고 있는데, 왜냐하면 그다음에 이어지는 부분에서 이 여성에 대해 남성들뿐만 아니라 여성들까지 폭력을 행사하는 장면이 3분간 지속되기 때문이다. 그러나 집단의 그런 행각을 안무자가 부정적으로 본다는 사실은 이후 그 남녀들이 모두 쓰러지고 인다리를 만드는 데서 드러난다. 그런데 이 순간은 또 굿에 함축된 일종의 신비체험으로 해석되어야 한다. 즉 신딸의 어떤 영험스러운 힘이 모두를 함몰시키고 새사람들로 부활시킬뿐더러 이미 신딸 자신은 일상계 내의 자기 과거에 종지부를 찍어 그런 영력을 발휘한다는 점이다.

그러므로 이 부분은 합리적인 사고로는 납득될 수 없는 부분이기도 하며, 무속 제의를 춤으로 형상화시키도록 하는 묘미가 이런 데서도 발견된다고 생각된다. 이 부활의 부분은 첫 공연 때는 그다지 부각되지 않았다. 이번 공연에서 안무자는 이 끝부분을 부활한 무용수들(신딸은 제외)이 다시 일어나 지그재그의 동작소를 통하여 무대 앞에서 뒤로 이동하고 제단 위로 올라가 둥근 춤대형을 어깨동무로 만들어 천장을 주시하는 것으로 마무리 지었다. 동시에 제단 위에 미리 설치된 전등들이 빛나면서 위로 추켜올려진 무용수들의 몸과 얼굴을 비추어 전진적인 분위기를 연출하는 효과도 있었다.

위의 두 작품은 모두 두 안무자 중에서 언니인 임학선이 지도하는 수원대학교 학생들로 진행되었다. 이제 최고 학년이 3학년이니 이날 작품 진행 수준으로 미루어 안무자의 역량과 (포괄적으로 보아) 지방 무용의 가능성이 한꺼번에 청신호를 울렸던 것이다(남자 무용수 3명은 재학생이 아니라 하더라도, 마찬가지로 지적된다). 그리고 무대연출과 장치가 전문인들에 의해 수행됨으로써 무대는 한결 안정감을 보였다. 아울러 극장식 무대에 근접하는 깔끔한 처리는 두 안무자가 그동안 수련한 창무회식 구성법을 크게 드러낸 것이라 해도 과언은 아닐 것이고, 새로운 한국무용 모색 작업들에 대해 하나의 입지점을 마련한 창무회 스타일이 창무회의 새로운 세대의 떠오름을 지난여름 윤덕경의 작품 〈가리마〉와 이번 공연에서 재확인해주었다. 말하자면 '창무회의 2세대'라 불릴 만한 사람들의 경향이 창무회 스타일의 굳힘과 확산으로 나타난 것이다. 소재 면에서도 〈가리마〉와 마찬가지로 창무회의 기존 소재에 맴돌지 않는 추세를 보이면서 자신들의 주변에서 찾고자 하는 의지가 뚜렷하고, 이는 지난가을 강미리의 〈투맥〉과 마복임의 〈숲속의 방〉에서도 짚어진 점이었다. 그러므로 이날의 공연 가운데 위의 두 작품이 심도 깊은 해석과 긴밀한 구성에 완전히 도달하지 않은 것은 안무자가 재검토해야 할 과제로 남게 되었지만, 한편으로는 안무자 스스로가 설정하는 '제2의 도약'을 모색하는 과정에서 파급된 부작용으로 진단되어도 무방할 것이다. 제2의 도약은 작품 〈우리, 둘〉에서 유추된다. 이날 공연의 표제도 〈우리, 둘〉이요, 이 표제하의 작품 하나도 제목이 〈우리, 둘〉이다. 그렇다면 이날 공연의 비중은 바로 이 작품에 높게 주어진 것임을 알 수 있고, 실제로 공연 안내서를 보아도 그러하다. 잠시 공연안내서에 기재된 두 안무자의 말을 옮겨본다. "오랜 소망이요, 바람이었던 〈우리, 둘〉의 이름으로 첫 발표회를 갖게 되어 기쁨과 보람으로 가슴이 부풀어 오릅니다. 언젠가는 이루어야 했던 집념과 의지였기에 이제 어둠의 장막을 거두고 현란한 빛을 몸 전체로 담뿍 맞아 안아 두근거리는 설렘과 두려움을 떨쳐봅니다…. 일찍부터 믿음과 사랑으로 우애가 각별했던 것이 결국 이렇게 오늘까지 한길을 달리도록 숙명 짓고 만 것 같습니다…. 비록 그 결과가 완벽함을 이루지 못했다 하더라도 항상 제2의 도약을 위한 디딤돌이 될 것을 바라왔으며 지금도 믿고 있습니다…."

작품 〈우리, 둘〉(임학선, 임현선 2명 출연, 19분간)은 일정한 줄거리를 갖지 않으며, 오로지 인간관계 중에서 특수한 사례 곧 자매관계를 인간적인 차원에서 추상적으로 형상화한 것이다. 한 부모에게서 이어받은 같은 핏줄이 그들을 하나의 영혼으로 묶으며, 이와 더불어 함께 성장해 나가는 과정에서 피하기 어려운 갈등과 번뇌가 인간적인 성숙을 떠받친다. 자연의 섭리 이외에 달리 설명할 길 없는 이런 자매 사이가 참 기쁨이 아니고 무엇이랴. 대충 이런 정서적인 줄거리를 가진 이 작품은 시종일관 가야금과 기타가 굿거리장단을 이리저리 바꾸어 나가면서 교묘히 배합되는 음향의 전개에 힘입은 바 컸다(신혜영이 작곡한 이 음악은 작곡가 소르의 〈모차르트 주제에 의한 변주곡〉을 연상시킨다). 무대장치는 전혀 없이 느리게 튕겨 나오는 음악이 희미하게 울려 퍼지면 어두운 조명 속에서 2명의 자매가 사이좋게 다소곳이 기대어 앉은 모습을 드러낸다. 잠시 후 한 사람이 기지개를 켜면 생명이 탄생한 듯함, 아니면 자매 사이를 깨닫기 시작한 듯함을 나타낸다. 그런 후에 다른 한 사람도 기지개를 켜면 음향이 본격적으로 울려 퍼지고 두 자매는 성장기 때의 우애스러움을 손을 맞잡거나, 어깨를 맞대거나, 마주 보거나, 서로의 허리를 잡고 돌거나 하는 동작으로 보여준다. 이러다가 약 8분 후에 처음으로 갈등관계가 빚어지지만 이것도 잠시이고 그들은 다시 화해한다. 이 갈등과 화해가 수차례 반복되다가 모두 지친 듯한 분위기가 이어지고, 그 무엇을 되새김질하고 또 그 무엇을 깨달은 듯한 자세를 취한다. 철이 들어서일까? 약 15분 후 무대 중앙에 마주 선 그들은 손을 길게 뻗쳐 손가락을 닿을락 말락 맞대고서 아래에서 위로 매우 서서히 들어 올린다. 긴장을 유발하는 이 부분은 이제 두 자매가 성장하여 독립된 개체로서 가정을 따로 가져야 하는 숙명을 상징한다고 생각된다. 약 2분간 이 동작이 펼쳐지고 나면 서로 상념에 잠긴 듯한 모습으로 떨어지고, 그런 뚝 떨어진 상태에서 느린 동작들을 아쉬운 듯 반복하는 것으로 작품은 마무리 지어진다. 아담하게 진행된 이 작품이 슬며시 제기하는 의의는 먼저 이른바 한국무용 분야의 소재 확대에 있다. 작품이 소품 규모라서 이 의의는 간과되기 십상이겠지만, 냉정히 따져보아 한국무용의 소재라 하면 통념적으로 옛것이거나 옛 냄새가 나는 고풍스러운 것이어야 한다는 생각이 배어 있는 형편에 비추어 그 의의를 조명받을 수 있을 것이다. 그리고 이 글의 서두에서도 언급되었다시피, 현실적인 것을 외골수적으로 좁게만 잡지 않는다면 현재의 나 또는 인간의 처지를 노래하는 데 이런 소재도 무방할 것이고, 더구나 설득력 있는 이야기는 우선 나 자신이 겪는 것에서 출발해야 옳은 순서일 것이다. 관념에만 치우치는 소재는 여간해서 감명을 주기 어렵고, 또 상당한 보행연습 후에 그런 관념성의 소재가 구체성을 띨 수 있을 것이다. 근대화 이후 한국의 무용은 이런 기본적인 단계를 생략한 채 오늘에 이르렀고, 지금도 이 점은 주시되지 않고 있는 듯한 인상을 준다. 사리가 이러하다면 이번 공연은 분명 호재를 포착하였음에도 충분히 살리지 않은 안타까움을 주었다고 믿어진다. 음악이나 의상(노랑, 보라, 파랑, 초록의 짙은 날염으로 처리된 홈드레스)에서 기존 한국무용의 정형을 탈피하고 소재를 일상계에서 찾은 것은 한국춤의 또 다른 새 길을 예시하였다는 평가를 받아야 한다. 그러나 일단 소품의 규모로 설정할 것이라면 주된 정서를 중심으로 작품 전개를 도모하는 편이 더 좋았을 거라는 것이 평자의 의견이다. 장편소설이나 대하드라마가 아니고서는 좀체 인간관계의 갖가지 속성을 진하게 드러내기 힘들다. 따라서 이번 작품의 주제 규모를 축소해서 집약적으로 형상화시킨 편이 관객과의 공감대 조성의 측면에서 더 효과적이었을 것이다. 이 작품은 어떤 긍정적인 조짐을 알려준 일방으로 만만찮은 과제를 던졌다.

날개옷 1987

시인과 안무가의 만남 – 유안진과 임학선

김영태 / 『춤』 1987. 2

창무회는 3월부터 시인과 춤의 만남을 시도하고 있다. 시인 유안진과 안무가 임학선의 첫 번째 작품은 〈날개옷〉(1987년 3월 13~15일 창무춤터)이다.

시 「날개옷」의 주제는 두 아이 손을 잡고 어디로 날고 싶은 중년의 애환을 담은 얘기이다. 이 시의 2연은 이렇게 묘사된다.

하늘 아래
하늘 위에
달나라 별나라로

유안진의 시에 나오는 철딱서니 없는 중년은 날개옷을 원한다. 날개옷은 실제 입을 수 있는 옷은 아니다. 시인의 상상력으로 하늘을 날 수 있는 옷이다. 임학선은 〈날개옷〉을 안무하면서 서성대는 중년 이미지를 하늘보다 지상에 역점을 두었다. 비현실적 공간을 임학선은 현실화한다. 두 아이를 거느린 임학선의 하늘 나들이는 의기소침한, 찌들린, 무력한 생활공간을 가능한 한 화사한 빛깔로 대치한다. 임학선이 무대 구석에서 자신을 성찰하는 과정은 불과 몇 초에 불과하다. 임학선이 아이들과 원무를 춤추는 것은 하늘에는 별이 있지만 지상에는 별(미래)을 볼 수 있는 창이 있고, 핏줄이 있어 그것으로 만족하기 때문이다.

시는, 내가 알기로는 상상력을 여는 문이고, 무용은 그 상상력을 수렴해서 몸으로 그 이미지를 표현한다. 〈날개옷〉은 그런 의미에서 열쇠 하나를 객석에 던진다. 그 열쇠는 한 아름다운 중년이 좌절하지 않은 깨끗한 그릇 같은 사는 얘기의 숨소리임이 드러난다.

날개옷 1987

임학선 교수의 〈날개옷〉을 보고

배윤경 / 수원대학교 신문 1987. 3. 31

무용은 인체의 아름다운 움직임으로 사상·감정을 표현하는 예술의 명칭이다. 오늘날 세계의 무용은 여러 가지로 변화되고 있으며 현대의 무용은 종합적 연출로 변모되어가고 있다. 대중도 다양성 없는 발레만으로는 만족하지 않고 있다. 따라서 그 나름대로의 독립성을 유지하면서 타 예술과의 빈번한 상호 교류를 가져 종합적이고도 다양성 있는 무용의 창조를 위해 연구 분야를 넓혀야 한다고 본다.

이러한 시대의 흐름에 대응하여 한국춤의 전통적 기법을 토대로 우리의 정서와 생활의식을 담은 무용의 정립과 대중화를 위한 시도들이 새롭게 나타나고 있다. 이러한 바탕에 힘입어 신촌의 '창무춤터'에서는 지난 1987년 3월 13일 제2회 '창무큰춤판'이라는 10개월간의 장기공연의 막을 올렸다. 한국 중진 무용가의 참여, 시인과 무용가의 만남, 외국 무용단체의 초청공연, 지방 무용의 서울교류공연 등으로 짜여진 창무큰춤판의 기획 의도에 따라 공연이 열리고 있는 창무춤터로 기자는 걸음을 옮겼다. 거리의 현란한 네온사인과 복잡한 인파와는 반대로 창무춤터 안은 아담하고 고요한 또 다른 소공간이었다.

첫 번째로 기획된 '시인과 무용가의 만남'이라는 특이한 시도가 있는 날이었다. 무용가가 특정 시인의 시로부터 이미지를 도입하여 그것을 작품화하여 공연한 예는 많이 있었다. 그러나 시인이 직접 참가하여 시의 발표 및 자신의 시에 대한 해석과 이미지를 부연 설명하고 거기에 무용가가 내린 시 해석과 무용가 나름대로의 독자적인 재조명으로 인한 춤사위의 조화가 이루어지기는 이번이 처음 있는 일이라 하겠다. 이 첫 번째 시도 작품인 〈날개옷〉은 임학선 교수(수원대)의 무용과 유안진 교수(서울대)의 시 작품으로, 전래설화 「선녀와 나무꾼」에 근원을 둔 쉽고도 평이한 소재로 다루어져 올려졌다.

이 작품은 현대를 사는 한 여인이 중년이 되면서 혈육에 얽매인 듯한 자기 자신의 모습과 평범하고 무의미한 생활에서 오는 허무의식과 패배감, 절망감으로부터 자유와 해방감을 누리고 싶어 하는 욕망에 빠진다. 꿈에서도 본 적이 없는 날개옷이 그리워서 마치 새가 된 듯한 착각 속에 빠지게 되고 그 환상에서 깨어났을 때 느끼는 고독과 갈등 속에서 끊임없이 방황하게 되는 내용이다. 이러한 중년 여성의 갈등은 특정인이 아니어도 필연적으로 한 번쯤은 부딪히게 되는 것으로 〈위기의 여자〉, 〈안개기둥〉 등 영화계의 활동에서도 다루어지고 있는 갈등이다. 시라는 언어의 춤세계에 무용이라는 동작의 춤세계가 조화되는 창조적 예술세계에서 작품 〈날개옷〉의 작가인 유안진 교수는 시의 주제가 춤으로 재 승화된 모습을 보고 싶다기보다는 시와 춤의 만남을 통하여 시의 발전 가능성을 탐색하고, 보다 나은 언어의 춤을 창조하며, 시와 춤의 만남을 통하여 제3의 새로운 예술 창조와 함께 시는 무용으로, 무용은 서로 다양한 예술의 심화와 발전을 위해 상호 도움을 주고받을 수 있어야 한다고 밝혔다.

또한 임학선 교수는 역시 시는 모든 내용을 함축하고 있는 짧은 내용으로 그것을 육체언어화시키는 데 독자적인 재조명이 필요하였다고 밝히고, 이번의 시도는 시와 춤의 만남이라는 새로운 예술적 장르를 여는 것은 물론 관객들과 공감대를 형성하며 함께 느끼는 작품이 되도록 하기 위해 이 자리를 마련했다고 말한다. 단순한 육체의 움직임보다 명암·색채 등에 의한 감각, 형체 등이 갖는 입체미의 이해와 리드미컬한 움직임의 구사에 의해서 이루어지는 무용은 항상 새롭게 창작되는 데 가치가 있다고 본다. 그러한 의미에서 이번 '창무큰춤판'의 기획 의도는 문학의 무용 참여 의식을 높이고, 무용가의 시에 대한 안목을 넓히며, 아직은 한정된 무용관객의 폭을 넓히고자 한 신선하고 기발한 창조적 발상으로 그 의의가 크다고 본다.

날개옷 1987

정묘년이 춤계에 남긴 것

김태원 / 『무용저널』 1987. 12

올해 1987년 2월부터 시작되었던 우리 창작춤의 흐름을 관찰하면 다음과 같은 세 가지 현상이 부각된다.

첫째는 춤의 확장을 꾀하는 작업으로 춤과 극劇, 때론 춤과 문학과의 결합이 자주 일어났고, 둘째는 춤기량의 디테일함이 많이 증가하였으며, 셋째는 특히 올해 후반기에 있었던 현상으로 춤꾼들 사이에서 춤언어에 대한 새로운 인식이 새롭게 싹트고 있었던 점이다.

첫 번째 경향을 나타내었던 작품으로 창무춤터의 '시와 무용과의 만남'에서 특히 임현선의 〈메아리 애가〉를 지적하고 싶고, 두 번째 경향이 크게 보였던 공연으로는 창무춤터의 '시와 무용과의 만남'에서 〈날개옷〉(임학선 안무), 〈메아리 애가〉 공연을 들어야겠다.

우선 그 첫 현상인 춤과 극의 결합은 종래의 무용극에서처럼 춤이 드라마를 융합시켜 끌어가는 것이 아니라 춤적 요소와 극적 요소가 대등한 관계로 혼합되는, 즉 그러한 극무용(무용극이라기보다는) 속에서 때론 어떤 장면은 연극과 같아 보이거나, 극적 움직임이나 극적 표현요소 또는 극적 형태의 심한 돌출 현상이 나타나는 경우를 일컫는다.

춤과 극적 요소들 때론 춤과 문학적 상상력과의 결합 임현선의 〈메아리 애가〉는 춤이 단순히 춘 춤과 달리 어떤 메시지나 이야기를 뚜렷이, 또는 막연하거나 추상적이 아닌 방식으로 전달해준다는 이점이 있다. 그러나 춤이 춤이어야 한다는 춤미학의 양보할 수 없는 잣대에 견주어볼 때 위험부담을 갖고 있는 것 또한 사실이다(즉 메시지나 연극성의 강조가 너무 춤을 위압하면 안 되니까).

이러할 때 '춤적 요소'는 '극의 요소'에 굴하지 않을 만큼의 진한 표현성을 가져야 할 것이며, 춤과 극이 결합된 전체적 공연은 이왕 극의 형태를 그 속에 포함했으므로 극이 요구하는 논리나 구조, 또 그 전개에 필요한 만큼의 충분한 공연의 시간 확보가 요구된다 할 것이다.

요약하자면, 그런 극무용의 양식 속에서는 극의 요소에 진정으로 강하게 대립될 만한 춤의 요소가 있을 때에만(그 춤움직임이 완전한 움직임의 구가 아니고 분절되어도 좋지만, 춤을 의식하고 지향하는 밀도는 진해야만 한다), 또 설득력 있는 구조와 적절한 공연의 길이가 확보되어 있을 때에만 조금이라도 연극이 아닌 춤의 시각에서 그 극무용을 생각할 수 있게 된다. 그렇지 않으면 그 극무용은 어설픈 연극 흉내를 내다가 끝마쳐버리거나, 설익은 예술적 야심의 제물이 되어버릴 것이다.

두 번째, 창작춤 계열에서 춤의 디테일 증가는 올해에 주목되어야 할 일의 하나라고 본다. 그것은 특히 대극장 공연이 아닌 소극장 공연에서 많이 이루어졌다고 보겠는데, 그 대표적인 것으로 나는 창무춤터의 '시와 무용과의 만남' 시리즈에서 보였던 임학선과 임현선 등의 공연을 들고 싶다.

춤의 디테일이라고 하면 결국 춤 테크닉이라든지, 춤공연에 임하는 성실성 내지 자세에서 비롯되고 있다고 보겠는데, 올해 창무춤터의 기획공연은 춤꾼이 시인과 만나 시의 텍스트를 한 줄 한 줄 분석하고, 그것에 대응할 만한 춤동작을 찾아내는 과정에서, 즉 시언어와 춤동작의 적극적인 부딪침에 의해 형성될 수 있었지 않나 싶다. 물론 여기에 소극장이란 특수 조건이 그런 디테일함을 더 드러내길 요구하고도 있기는 하지만.

〈날개옷〉(유안진 시)에서 임학선의 적절한 크기를 갖는 섬세하고 부드러운 팔 사위나 몸동작, 그리고 〈메아리 애가〉에서 임현선의 손끝의 튀김, 또 벽으로 메아리같이 잠겨들 때의 매우 느린 발 움직임 등이 그런 경우에 속할 것이다.

언젠가부터 우리는 자연스러움을 내세우며 듬성듬성한 춤움직임이나, 너풀너풀한 움직임들을 좋은 춤움직임으로 생각해온 감이 없지 않다. 그러나 선기소명, 장치, 의상과 어울려 종합적 공연 효과를 노려야 하는 춤공연에서는 활달함이나 자연스러움과는 다른 섬세함의 춤미학이 필요하게 된다. 또 반드시 그렇지는 않더라도, 춤기량의 정치함은 춤꾼의 춤에 대한 진지성이나 노력과 직결되는 부분이기 때문에 춤디테일의 획득은 춤꾼의 아주 자연스러운 임무이기도 하다. 결국, 춤공연의 완성도는 춤꾼들 자신이 나타내고자 하는 바를 얼마나 정밀하게 춤의 기량으로 뒷받침해줄 수 있느냐 하는 데 달렸다 보겠다.

춤디테일이란 춤꾼이 자신의 감정이나 사물에 대한 관심을 춤움직임으로 표출하려 할 때 그 감정이나 사물을 자신의 내부가 아닌 바깥에서 보고 묘사할 수 있는 대상으로 인식하면 보다 쉽게 획득할 수 있음을 제시해준다.

춤어휘란 한정된 양의 것이 아니라는 것, 그리고 그것은 작품의 주제전달 방식에 따라 또 공연자의 신체 조건에 따라 얼마든지 삽입·대체·변형할 수 있다는 인식은 진정한 의미에 있어 현대춤 사고, 혹은 춤동작 사고의 한 뿌리와 맞닿는 것을 뜻한다.

어떻게 좋은 춤언어를 발견·개발할 수 있을까? 또 그것들을 어떻게 자신들의 체형, 춤사고, 춤의 주제와 잘 어울려 독특한 미적 감각 및 춤의 진실성을 관객들에게 보여줄 수 있을까 하는 문제는 이제 우리춤꾼들이 적극 부딪쳐야 하는 문제가 되는 셈이다.

우리의 춤꾼들이 그 문제들을 극적 형태의 수용, 시 춤적 요소의 강화, 춤디테일의 확보, 춤언어에 대한 새 인식 및 그것의 개발을 적당히 피해가거나 망각해버릴 방법은 있을 것인가? 분명, 용기 있고 창조적인 춤꾼들은 그것들과 적극 마주 서서 그것들의 뿌리를 세차게 뒤흔들 수 있어야만 할 것이다.

달바래기 1987

제3회 한국무용제전 〈달바래기〉

김영태 / 『춤』 1987. 6

강강술래는 그 옛날 달 밝은 밤에 여자들이 연희하는 민속원무이고, 원무를 출 때 흥에 겨워 부르는 노래이기도 하다. 지난번 아시안게임 폐막식 때 강강술래는 국적을 초월해서 폐회식마당을 우의로 다지기도 했다. (중략)

〈달바래기〉는 임학선 안무빛깔이 도처에 묻어 있다. 그 빛깔을 쉬운 말로 풀면 정적 속에 베어 나는 감미로움 같은 것이다. 〈달바래기〉의 초반 삼삼오오 부채꼴 군무는 의상 배색도 그렇듯 연꽃 물결을 연상케 했다. 수면을 떨게 하는 큰 파문이랄까?

떠나는 배 1988

88서울올림픽 폐막식 〈떠나는 배〉

임학선 / 『여유와 극복의 춤새김질』 1999

〈떠나는 배〉는 잠실 주경기장에서 열린 88서울올림픽 폐회식의 피날레를 장식한 작품이다. 서울올림픽에 참가하여 우정을 나누었던 세계 각국 사람들이 이별의 아쉬움을 나누는 내용으로, 이별의 미학을 한국적 정서로 창조하여 참신한 감동을 안겨주었다.

세계인의 축제인 서울올림픽 개최는 체육인들뿐만 아니라 개폐회식 행사를 치른 참여자와 공연예술가들, 그리고 우리 국민 모두의 쾌거이며 더없는 경사였다. 서울올림픽 개폐회식 공연은 우리의 문화적, 예술적 역량을 한껏 과시하며 세계인의 이목을 집중시킨 행사였다. 나에게 주어진 폐회식 협동안무의 책임은 내 생애의 보람이었고 영광으로 아직도 흥분되는 경험이기도 하다.

폐회식은 우정–선수 입장–국기 게양–오작교, 다리 놓기, 빛과 소리(〈부채춤〉과 〈바라춤〉)–〈떠나는 배〉–폐회사–폐회 선언–공식 올림픽기 인도, 기인도무–올림픽기 하강 및 성화 소화–소원–안녕, 등불춤, 호돌이와 코비, 귀향의 순으로 진행되었다. 안무책임에는 김매자, 임학선, 윤덕경, 무용지도에는 임현선, 김영희, 강미리, 이노연, 한윤희, 출연에는 창무회, 이화여대, 수원대, 유도대, 선봉무용단 등 총 569명이 동원되었으며 의상은 정선이 맡았다.

〈떠나는 배〉의 이미지를 통해 이별의 아쉬움을 나누는 상징적 춤은 메인 스타디움에서만 추고 끝난 것이 아니라 폐회식의 마지막 순서인 '귀향'으로 연결된다. 이는 〈떠나는 배〉의 장면을 한강으로까지 연결하여 올림픽의 끝남과 서울을 떠나는 배를 영상으로 처리하여 공간 개념의 확장을 시도하였는데, 이 장면에서는 귀향길을 더욱 실감나게 하면서도 서울올림픽의 여운을 남기는 묘한 분위기로 연출되었다.

이별의 아쉬움은 우리의 전통 민요인 뱃노래를 기조로 하여 더욱더 실감나도록 하였다. 명창 김소희 씨를 비롯한 박계향, 신영희, 박소영, 이명희, 강종철, 은희진, 이정일, 강영주, 안숙선, 임향임 등의 명창들로 하여금 한국 고유의 판소리 〈심청가〉 중 뱃노래 가락을 여성 독창 또는 합창으로 하여 아쉬움의 이별을 극대화하고 석별의 순간을 애절하고 안타깝게 느껴지도록 하였다.

무대는 잠실 주경기장의 동북쪽에서 남서쪽으로 S자의 태극선으로 이어지는 오작교를 설치하여 운동장을 무대 개념의 형태로 변형시켜 다리 위에서 배가 떠나가는 장면이 연출되도록 하였다. 569명의 출연자들을 운동장의 트랙을 돌아 S자의 다리 위로 올라가도록 한 다음, 다시 운동장 트랙을 돌아 나가도록 하여 배가 떠나가는 장면을 연출하였다. 오작교가 설치된 무대는 조명을 이용하여 야광이 번쩍이는 환상적인 밤바다와 강물을 상징할 수 있도록 하였는데, 특히 밤에 이루어진 폐회식은 모든 행사가 끝난 후이기 때문에 승자와 패자의 구분 없이 모두가 하나임을 확인하고 이별의 아쉬움을 통해 다시 만날 날의 감동을 일으키도록 하였다.

바다 위를 둥둥 떠나가는 배는 전통 민속놀이나 제의에서 사용하던 대형기로 배의 돛을 상징하고, 긴 장삼 자락을 이용하여 바다를 표현하였다. 569명의 출연진 중 150명의 남성 무용수들은 직물적 배의 모형이 아닌 배의 돛을 상징한 높이 6미터 되는 한국의 농기(길고 다양한 크기의 깃발)로 배의 형체를 구성하고, 419명의 여성 무용수들은 푸른색 장삼 자락의 긴 소매 옷을 이용하여 바다의 물결과 노를 젓는 움직임으로 환상적인 이별 장면을 연출해냈다.

88서울올림픽의 끝남은 하늘 높이 치솟아 바람을 따라 자연스럽게 흔들리고 출렁거리는 대형 기의 깃발춤에 의해 서울을 떠나기 시작하여, 대형 기를 중심에 두고 그 주변에서 장삼 자락의 휘날림으로 다양한 바다 물결의 곡선을 만들어내며 우리 시야에서 점점 멀어져갔다.

민들레 왕국 1989

제5회 한국무용제전 〈민들레 왕국〉

김태원 / 『객석』 1989. 6

1989년 4월 28일부터 5월 4일까지 국제무용주간을 기념하기 위해 문예회관 대극장에서 열렸던 제5회 한국무용제전은 '일·삶·춤'이란 공동의 주제를 내걸고 국내 8개 장작춤단체와 2명의 해외 무용인이 참가한가운데 열렸다. 이것은 지난해 '춤과 제의祭儀'라는 주제를 갖고 열렸던 4회째 무용제전보다 국내 팀의 선별에 있어서는 어떤 신중성을 두었던 반면, 해외 춤꾼들의 초청에 있어서는 지나 반즈(미국), 가사이 아키라와 야마다 세츠코(일본), 그리고 크리스티앙 비고스와 앙리 마리 레노(프랑스)가 참가했던 지난 제전보다 규모를 갖추지 못했다. 그러나 이번 제전에 대한 전체적인 느낌은 국내 참가팀들끼리는 서울과 지방에 관계없이 비교적 고른 수준의 춤을 보여주었다는 것이고(부산의 최은희무용단과 청주의 새암무용단은 지역 무용단이다), 이어 1970년대 이후 전개되기 시작했던 한국창작춤이 이젠 그 주제나 기법에 있어 예술춤으로서 꽤 다양하게 전개되어가고 있다는 것이다. 이 점은, 이 제전이 일종의 페스티벌로서 좀 더 우리춤계를 위한 축제적 분위기를 조직적으로 조성하지는 못했다는 것, 또 참가팀들이 페스티벌의 공동의 주제와 상관없이 작품을 들고 나왔다는 부정적인 평가의 부분을 어느 정도 상쇄시켜주는 것이라 볼 수 있어야겠다.

이 제전에서 드러난 한국창작춤의 경향은 그 기법이나 주제 선택상 대개 세 가지로 잡아볼 수 있다. 첫째는 순수하고 서정적인 경향의 춤으로, 이것은 한국춤의 미적 포인트와 역동성을 강화시켜가는 흐름의 춤이고, 둘째는 한국의 정치, 역사, 사회의 구조에서부터 어떤 극적인 갈등과 현실적 문제점을 춤으로 상징화시키거나 표현하는 흐름의 춤이며, 셋째는 개인이나 집단의 심상에 앙금으로 남아 있는 신화나 제의적 세계관에 호소하고 기대는 춤의 흐름이 그것이다. (중략)

임학선의 〈민들레 왕국〉은 우리의 역사 속에서 경험되고 있는 외부로부터의 침략과 저항, 강탈과 유린의 문제를 춤으로 상징하거나 풍자하려 했다.

〈민들레 왕국〉에서 침략자는 붉은 옷을 입고 갈퀴와 같이 공기를 긁으며 사납게 움직여가는 남성으로, 반면 피침략자는 식물적 의지 하나로만 버텨가는 노란 옷의 민들레(여성 무용수들)로 상징되었다. 그러나 안무자는 그 두 힘의 역학관계에서 다양한 무형舞形을 전개시켜가면서, 그리고 첫 부분과 끝부분에서 매우 집중된 극장춤의 이미지를 구축해냄으로써 너무 명백한 대립이 줄 수 있는 싱거움을 이겨내려 했다.

공연 초반부, 마치 봄 대지의 지열地熱의 전파를 상징하는 듯한 여인의 중첩되는 팔들의 움직임, 그리고 끝 장면에서 시달리고 쓰러진 사체들 사이에서 하나 실같이 오르는 손가락의 움직임은 신비스러울 뿐만 아니라 최면적이기까지 하였다.

이에 덧붙여 주인공 민들레(임현선)의 다양한 얼굴 표정, 윤순자가 리드하는 윤무형(輪舞形)의 군무, 특히 남성 4인(김재득, 최태선, 정성훈, 강승구)에 의해 힘 있게 추어진 춤은 이 작품의 좋은 볼거리였다.

〈민들레 왕국〉은 극장춤으로 잘 짜여짐과 상징성을 노렸던 작품이었다.

민들레 왕국 1989

한국 창작무용 폭발적 장세 확인시켜 〈민들레 왕국〉

이상일 / 『음악동아』 1989. 6

한국무용제전, 현대춤작가 12인전

1989년 4월 28일부터 5월 4일까지 열린 '한국무용제전'은 다섯 번째 맞는 한국무용연구회의 춤잔치였고 5월 5일부터 5월 8일까지 한국현대춤협회가 마련한 '현대춤작가 12인전'은 동 협회의 세 번째 춤잔치이다….

'한국무용제전'에서는 좋은 의미에서거나 나쁜 의미에서거나 최은희무용단의 〈누이여 누이여〉와 임학선 무용단의 〈민들레 왕국〉이 화제를 모을 만하다. (중략)

임학선 무용단의 〈민들레 왕국〉은 전통무용의 기량으로 작품 만들어내기에 성공한 케이스였다. 의식이나 내용의 생경감이나 고답함보다 우선 무용작품은 무엇인가 말하려는 세계가 선명해야 한다는 것을 제시하면서 〈민들레 왕국〉은 민들레의 고난과 끈질긴 생명력의 표출에 형상력을 집중시키고 그 점에서 우리의 시선을 끌어갔던 것이다. '뿌리'에서 뻗어 오르는 생명력과 '꽃씨'로 흩어져 날아가는 자유와 해방에 이르기까지 손끝과 팔의 유연한 선 만들기는 아주 인상적이었다.

만약에 이 작품이 한 시간 길이로 늘어났으면 하나의 작품으로 성공할 수 있었을까. 분명히 그 대답은 부정적이다. 한국 창작무용이 무용극이 아닌 이상 '한국무용제전'의 〈민들레 왕국〉(28분)보다 더 압축한 '현대춤작가 12인전'의 〈민들레 왕국〉이 더 선명하고 좋았다는 관무 체험에서 나오는 말이다. 이 작품에서는 특히 남성 4인무의 위협적인 동작이 박진감 있게 펼쳐지고 무대 위에 전개되는 방위가 극적인 효과를 거두었다. (후략)

민들레 왕국 1989

8명의 중견 무용가들이 펼친 한국무용제전 〈민들레 왕국〉

허영일 / 『객석』 1989. 6

유네스코 산하기관인 ITI가 제정한 무용주간에 때맞추어 4월 28일부터 5월 4일까지 제5회 한국무용제전이 문예회관 대극장에서 열렸다. 이번 제전의 참가작들이 주제의 형상화에 있어 소제목과는 별도로 '일·삶·춤'이라는 공동주제를 취하여 일상적 현실과 예술로서의 무용과의 관계의 유기적 불가분성을 제시하려 한 기획적 의도는 예술의 사회적 기능에 대한 요구가 높아가는 세계적 추세에 비추어 바람직한 것이었다. (중략)

임학선 무용단의 〈민들레 왕국〉은 민들레의 끈질긴 생명력의 형상화를 통해 민중적 삶의 낙관적 전망이라는 보편적 주제를 제시한 작품으로, 소재 선택 및 전체적 구성미와 주제의 전개 면에서 비교적 처리 기법이 돋보인 수작이었다. 공간 활동과 함께 춤사위 등의 동작특성에 있어서 현대와 전통의 요소가 균형 있게 배합되었으며, 역동미와 함축미의 조화적 대비도 무난했다.

민중적 활력을 표현한 역동적 워킹과 어깨, 손목의 단위동작들도 충만한 내적 에너지를 전달했으며, 특히 누운 자세로 구성한 민들레의 중앙에서 하늘거리는 손동작에 스포트라이트를 집중하여 외부적 압제에도 굴하지 않고 재생, 부활하는 꽃의 이미지를 통해 민중적 관점에서의 진보적인 세계관을 전달한 끝 장면은 지속적인 희망의 가능성을 제시해주었다.

흰 새의 검은 노래 1991

제7회 한국무용제전 〈흰 새의 검은 노래〉

김태원 / 『춤』 1991. 1

임학선의 〈흰 새의 검은 노래〉는 걸프전의 참사와 그로 인한 걸프만의 오염을 창작춤으로 옮겨본 것이다. 임학선은 이미 1985년 〈인다리〉, 1989년 〈민들레 왕국〉을 통해 정갈하고 긴장성 있는 춤짓, 비교적 설득력 있는 춤의 전개를 보여왔는데 이 작품에서도 그런 그녀의 장점이 살아나고 있었다. 동생인 임현선을 내세워 검은 박스로 된 높은 구조물 위에서 날개를 퍼득이며 사라지고 가라앉아가는 새의 형상을 보여주고 난 후, 임학선은 검은 사막, 검은 드럼통, 연막, 붉은 점이 달린 줄을 이용해 오염되고 있거나 전화로 인한 환경과 생태계의 파괴, 문명과 자연의 대립감을 리얼하면서도 서정적으로 표현해내고 있었다. 김기화·정난숙·나경애 등의 여성 군무진은 연록색이나 연보랏빛의 의상으로 해변의 조류군鳥類群이나 해양의 이미지를, 김재득·정성훈·강승구·박종삼의 남성 무용수들은 전쟁을 꾀하며 환경을 파괴하는 세력을 상징했다.

전체적으로 춤의 동작이 좀 더 다양하고 필요할 땐 표현적이었으면 하는 아쉬움은 있었으나(춤의 제목도 다소 설명적이다), 2장 '검은 달의 바다'와 3장 '죽음의 바다'의 장면에 있어 효과적인 장면의 분위기 전환, 검은 드럼통을 이용한 다소 곡예적인 동작의 첨가(그들은 드럼통 위를 올라 등 뒤로 미끄러져 내렸다), 부표와 같은 기능을 하는 밧줄을 중심으로 남성 군무진과 여성 군무진의 대립되는 긴장된 춤은 그런 아쉬움을 상쇄하는 것이 있었을 뿐만 아니라, 대극장 무대를 나름대로 설득력 있으며 스펙터클하게 채워가는 안무의 기능을 발휘했던 부분이었다.

임학선은 현재보다 더 춤동작에 있어 다양성만 획득한다면 이미 중심이 탄탄히 다져져 있는 춤맵시, 시의적절하고 때론 깊은 주제성, 서정적이고 최면적이며 매혹적인 장면 전개와 상징성의 사용(〈인다리〉에서는 앉은 채 겹겹이 겹쳐진 댄서들의 신체가 일종의 인체의 교각을 형상화했고, 〈민들레 왕국〉에서는 땅의 표면을 뚫고 나오던 식물 같은 꿈틀대던 손가락의 움직임과 최면적인 얼굴 표정이 그런 기능을 했다)으로 한국창작춤의 창조성을 입증할 수 있는 견고한 버팀목이 될 것 같다. 그와 더불어 작업의 콤비가 되고 있는 동생 임현선의 연기력은 이미 상당히 임학선의 작업을 구체화시키는 도움을 주고 있지만 필요할 때에는 춤동작이 더 현대적·표현적이 되어도 될 듯싶다.

흰 새의 검은 노래 1991

임학선과 〈흰 새의 검은 노래〉 – 화제의 안무가 3인 中

김태원 / 『객석』 1991. 6

현실과 꿈 사이에서 퍼덕이는 새

대극장 춤공연에서 필요한 것은 보여줄 것을 제대로 보여주는 노력과 또 그것을 관객들에게 설득력 있게 제시하는 것이다. 보여줄 것을 제대로 보여준다는 것은 경우에 따라 춤이 필요로 하는 스펙터클함도 포함하고 있으며, 설득력 있게 제시하는 것이란 춤의 주제에 따른 선명한 전개와 그것을 표현해내는 모든 노력을 지칭한다.

그런 관점에서 보았을 때 창작춤 고유의 현실 반영적 주제를 다루면서(다소 단순화된 느낌이 없지 않지만) 비교적 명쾌한 춤 이미지와 동작으로 공연을 끌어간 임학선 안무의 〈흰 새의 검은 노래〉는 수작이었다.

창무회의 초창기 멤버이기도 한 임학선의 안무 작업은 근래에 들어 더욱 주목을 받고 있다. 그것은 그녀의 80년대 안무작인 〈인다리〉를 위시, 1989년 안무한 〈민들레 왕국〉 같은 작품들이 정갈하고 고도로 응축된 춤의 동작, 그리고 창작춤이 자칫 범하기 쉬운, 너무나 짙은 주관적 감정(이것은 전통에 대한 외경, 巫巫에 대한 경외심과 연관이 된다)에 춤이 함몰되는 것을 경계하는 그녀의 춤구성력 때문이다. 여기에 임현선의 연기력이 첨가되어 임학선, 임현선의 공동작업은 주제에서뿐만 아니라 그 구성이나 춤동작에 있어서도 비교적 관객이 쉽게 읽을 수 있는 '춤의 객관성'을 보여주었다.

걸프만 사태 때 보았던 텔레비전의 충격적인 영상, 기름에 의해 오염된 바다에서 온통 검은 기름투성이가 된 한 바닷새의 절망적 퍼득거림에서 영감을 받은 이 작품은 바다와 새의 이미지, 오염의 이미지를 비교적 쉽게, 그리고 성공적으로 전하고 있다.

1장 어머니의 바다, 2장 검은 달의 바다, 3장 죽음의 바다, 4장 아침의 바다로 구성된 이 작품은 흔히 창작춤에서 보는 3분법적 춤 전개법(탄생–생의 고투–제시적 환원 등)을 극복하고 있었고, 해변의 암벽을 상징하는 듯한 검은 직사각형의 수직적 물체, 샤막을 이용한 무대의 명암조명(검은 샤막이 쳐질 때면 갑자기 무대가 검은 오일에 오염되는 듯한 인상을 주었다), 그리고 검은 드럼통, 부표를 상징하는 듯한 감이 있는 밧줄, 연막을 이용해서 해변의 이미지와 해양을 검은 오일의 오염으로 몰아넣는 전환, 그 속에서 생명이 촌각에 몰리는 생물군의 존재를 바닷새의 이미지를 빌려 부각시키고 있다. 춤의 움직임과 관련해 이 작품은 〈인다리〉나 〈민들레 왕국〉에서처럼 고도로 응축된 시적인 신체 이미지(〈인다리〉의 경우에는 무릎을 꿇고 앉은 인체가 겹겹이 얽혀 이승과 저승을 연결 짓는 교각을 만들고, 〈민들레 왕국〉의 경우는 꼼지락거리는 손가락 움직임으로 지열 속에서 식물이 자라오르는 듯한 다소 최면적인 움직임을 보여준 것과 같은)의 구축은 없었지만, 대신 검은 수직형의 물체 위에서 손과 목의 움직임을 사용 끊임없이 새의 움직임을 표출해내고 있었던 임현선의 춤, 녹색과 연보랏빛의 물결과 같은 이미지를 자아냈던 군무진의 환상적 움직임, 그리고 3장에서 검은 드럼통이 수평으로 구르며 무용수들이 그 위를 굴러 등 뒤로 무대에 닿아 눕던 움직임들은 소도구와 신체의 움직임이 부드럽게 얽혀 이 작품의 창의성을 높여주었던 부분이다.

그리고 붉은 점막이 줄로 상징된 부표를 중심으로 김재득, 정성훈, 강승구, 박종삼 등 남성 춤꾼들의 큰 신체의 움직임과 그 반대 방향의 여성 군무진의 꿈틀대고 버둥거리는 움직임이 좋은 대조를 이루었고, 문명과 자연, 대륙과 해양, 공격하는 자와 피해자 간의 이원적 대립관계가 사실은 '하나의 끈'을 사이로 두고 꿈틀댔던 것은 오늘날 지구촌 위의 인간의 삶을 극명하게 상징하는 장면이었다.

좋은 안무자나 좋은 연기자란 대단히 심오한 주제를 다루거나, 알기 어려운 방식으로 춤을 전개하지 않는다. 더더구나 애매모호하게 춤의 주제나 동작을 얼버무리지도 않는다. 누구에게나 이해될 수 있는 주제나 소재를 가지고, 명징한 표현으로 관객들에게 다가가는 것이다.

임현선이 높은 검은 상자 위에서 부각시킨 새의 이미지는 구체적이면서 동시에 꿈을 주고 있다. 그 새는 이제 인간이 사는 해변으로 돌아가기에는 너무나 외롭고 고고해 보인다. 마치 한 줄기 빛의 기둥 속에 새가 있어 보인다. 임학선의 극장춤 연출은 그런 꿈의 포장과, 그 꿈을 시각적 이미지로 구체화시켜가는 설득력 있는 춤의 전개에 그 매력과 힘이 있다.

나무비 1992

제8회 한국무용제전 〈나무비〉

김태원 / 『춤』 1992. 5

'생명'을 주제로 내건 제8회 한국무용제전(한국무용연구회와 MBC 공동주최, 1992년 3월 26일~4월 3일, 호암아트홀)은 68개 한국춤 계열에서의 참가단체 외에 현대무용단인 툇마루와 동랑댄스앙상블, 그리고 전야제에 지난해 MBC 창작무용경연대회 입상자들인 이윤경, 최두혁, 안은미를 초대하면서 그 운영의 폭을 넓히려 했다. 동시에 한 춤단체에 1일 2회씩의 공연을 갖도록 해서, 총 페스티벌의 기간이 9일이 되는 장기공연 형식을 취했다. 여기서 파생되었던 문제는 연속된 춤의 행사가 다소 길다는 것이고, 우리의 기대와는 달리 한국춤 계열에서 참가했던 2개의 직업무용단인 서울시립과 인천시립의 관객 동원이 저조했다는 것이며, 주최 측의 그런 폭넓힘의 방향 설정이 충분한 설명이나 홍보를 갖지 않아 특히 지방에서 참가하고 싶은 한국춤단체들의 은근한 불평을 자아내었던 점들이었다. 나로서는 주최 측의 그런 방향 설정에 크게 동의하면서 2~3 단체가 더 끼어들 수 있는 무용제전의 확대가 필요하다고 보고, 1일에 두 단체의 공연을 합쳐 일종의 건전한 경쟁심을 촉발시키는 것도 좋을 듯싶었다. 동시에 1개 단체에 현재 400만 원 정도로 알려져 있는 지원비를 더 증액시켜 각 춤단체로 하여금 실질적인 작품 제작과 관객 확보에 도움이 될 수 있는 방안이 더 연구되어야 할 듯 싶다. 그리고 그와 함께 우리의 춤계로서는 이미 상당한 역사를 갖게 되는 이 무용제전이 단순히 한 춤 장르의 자축행사로만 끝나지 말고, 장르가 다른 춤들끼리 만날 수 있고, 또 공통의 주제나 관심 있는 미학적 형식에 서로 접근할 수 있는 장이 될 수 있도록 도와야만 할 것이다.

1991년 국립극장에서의 제7회 무용제전 때처럼 〈봄의 제전〉(국수호 안무), 〈그림자2〉(오은희 안무), 〈흰 새의 검은 노래〉(임학선 안무)와 같은 수작의 범주에 들어갈 수 있는 작품들이 즉각적으로 확실히 짚이지는 않았지만, 이번 제전에서 몇 개의 춤들은 오히려 시간이 갈수록 어떤 가치를 갖고 서서히 나타날 것 같은 느낌을 강하게 받았다.

이미 〈민들레 왕국〉, 〈흰 새의 검은 노래〉를 통해 중견 안무가로서의 역량을 다지고 있는 임학선은 정신대 이야기에서 소재를 얻어 작품을 만들었다. 슬라이드를 이용한 시각적 효과(경사지게 넘어지는 열녀문을 반복해서 보여준다)가 사실상 작품의 모든 내용을 설명하는 듯해서, 오히려 작품의 분위기를 너무 많이 설명하고 또 어느 정도 누르고 있었다(슬라이드가 제시하는 이미지는 김은희의 〈바람의 넋〉의 경우와 달랐다. 상징적이기보다는 표현적이고 설명적이라고 볼 수 있다). 그러나 나는 이번 경우에 〈민들레 왕국〉, 〈나무비〉에서 공통적으로 드러나고 있는 임학선 안무의 장점과 단점을 동시에 발견할 수 있었다. 그 장점은 〈민들레 왕국〉의 남성무나 특히 〈나무비〉의 끝 장면에서 드러나듯, 마사 그레이엄의 현대춤 못지않은 강인한 안무력—오히려 '남성적'이다라고 표현할 수 있을 정도—을 보여주고 있다는 것이고, 단점은 시작과 끝부분이 강하지만 그 중간의 전개 부분에 있어서 보다 변화 있는 춤의 구성력을 보여주지 못하고 있다는 점이다. 그곳에서 군무, 남녀 2인무 등의 구성이 사실상 미약하거나 형식적일 때가 많고, 이것은 대부분 강한 앞 장면 〈민들레 왕국〉이나 뒷 장면 〈나무비〉와 대조될 때가 많다. 또한 지나치게 시사적인데 소재를 얻어 그것을 설명하기보다는 한 번쯤 삭혀서 춤을 짜기를 권하고 싶다. 〈나무비〉에서 팔짱을 낀 듯, 허리를 껴안은 듯 무대를 ㄷ자와 같이 돌며 행진하는 듯한 여성무는 그레이엄의 〈원시의 신비(Primitive Mysterise)〉에서와 같은 강도의 단순하며 강하고 반동적인 힘을 지니고 있었다.

마음꽃 1992

제14회 서울국제무용제를 보고 〈마음꽃〉

이상일 / 『문화일보』 1992. 11. 6

이번 서울무용제는 한국무용 장르의 강세로 시작해 그 기세의 난류 속에 끝이 났다. 우선 대본심사에 나온 신청작부터 한국무용이 압도적으로 많았고, 그 결과 본선에 진출한 것은 한국무용 5, 발레 3, 현대무용 2편의 비율이었다. 이렇게 막이 오른 서울국제무용제(1992년 10월 7~28일, 문예회관 대극장)는 춤의 해의 가을답게 풍성함을 기대했지만 결과는 만족스럽다고 할 수는 없는 것 같다.

한국무용 장르의 강세는 전야제부터 〈명무전〉, 초청공연 〈벼〉, 〈광대의 꿈〉 등 한국무용 공연으로 기세를 올렸다. 공연평가 심사위위원에 당연직을 포함한 한국무용 원로들이 수적 우세를 점하고 마침내 한국무용인 〈회귀선〉을 정상에 올려 위세를 두드러지게 했다. (중략)

한국무용에서 두드러진 작품은 임학선 무용단의 〈마음꽃〉, 춤타래의 〈회귀선〉, 윤덕경무용단의 〈보이지 않는 문〉 등이다. 이은주무용단의 〈문〉은 뜻밖이 활기찬 움직임으로 시선을 끌었고, 이길주무용단의 〈마지막 황후는...〉은 역사의 무용적 센티멘털리즘으로 춤의 야담을 마련한 셈이다.

〈마음꽃〉은 세련되고 아름다운 작품이었으며 검은 의상에 들어올린 흰 발들의 군무가 만든 이미지는 창조적이었다. 그것은 〈보이지 않는 문〉이 표출해낸 거칠고 파격적인 춤에 대비된다. 이른바 한국 창작무용 계열인 이 두 무용단의 특징은 이야기 중심의 무용작품을 지양하고 이미지로서 이야기나 관념을 표현하는 점이다.

이에 비해 같은 창작무용이라도 계열이 약간 다른 〈회귀선〉의 경우 무겁고 경직된 관념에 짓눌린 춤사위들이 표현의 자유를 얻지 못한다. 그러나 이 작품이 92 서울국제무용제의 대상을 받았다. 그로써 국제적이지도 않은 서울국제무용제의 수준이 바로 한국무용의 수준임을 증명한 서울무용제는 15년의 연륜을 쌓았음에도 불구하고 평가심사 과정이 여전히 시비의 대상이라는 난제를 안고 있다. 한 번쯤 심사의 공정을 기하기 위해 전원 평론가들로 구성된 운영위원회와 심사위원회쯤을 구성해봄직하다.

마음꽃 1992

〈마음꽃〉

김태원 / 『춤』 1992. 12

임학선의 〈마음꽃〉은 사실상 그녀의 비교적 성공적인 안무작인 〈민들레 왕국〉의 좌우 바꿔치기와 같은 것이었다. 〈민들레 왕국〉에서 보였던 군무를 이용한 처음의 식물적, 또 최면적 이미지는 그 형태를 달리했지만 여전히 되풀이되었고, 남성무를 이용한 여성에 대한 억압적 이미지도 거의 그대로 되풂이되었다. 하나 다른 점이 있다면, 슬라이드를 이용한 문양과 같은 것을 통해 여성을 남성의 상대적 피억압체로 보는, 즉 2원항적 대립관계를 다소 지양하여 여성을 그 자체의 소우주로 조명해볼 때는 여성 주체적 시각을 가졌다는 것이 다를 뿐이다. 국악 및 신시사이저를 혼합하려 한 신혜영의 음악은 다소 감상적이고 애상적으로 흐르긴 했지만 감동을 주는 부분을 갖고 있었다. 체선體線을 죽이는, 다소 부풀어 오른 듯한 의상의 여성적 장식성은 차후 다른 식으로 변하는 것이 좋을 듯싶다.

마음꽃 1992

제14회 서울무용제 〈마음꽃〉

문애령 / 『무용예술』 1992. 12

(전략) '인내의 미학'을 강조한 임학선 무용단의 〈마음꽃〉은 예쁜 춤과 고통스러운 춤을 양립시킨 작품이다. 임학선의 작품에는 항상 명확한 기-승-전-결이 있다. 이번 작품을 보면서 느낀 것도 야무진 며느리의 인상이었다. 한국춤의 극화 과정에서 보이는 재치 있는 장면 구성과 진지한 움직임의 연구가 병행되는 동안 한 점 빈틈이 없기 때문이다. 즉 구속 안에서의 창작을 어느 한쪽으로도 기울지 않게 진행시키는 능력을 보여준다.

주인공인 한 여인에게 일어날 수 있는 사건들을 소재로 한 이 작품은 신방을 꾸민 신부, 시집살이의 험난함, 인내로 피어난 마음꽃을 연결시킨다. 부드러운 실과 천에 강한 바늘이 꽂혀 마음속에 피어나는 꽃이야말로 한국 여인이 사는 모습이라는 것이 안무자의 생각이다. 그래서 '자신의 삶을 지키려는 씨줄과 타인에 의해 삶이 지배되는 날줄'이 만드는 매듭이, 고통과 그 매듭을 풀어내는 '어머니'의 숨결이 이 작품의 주체가 되는 셈이다.

한국 전통의 틀을 고수하면서 새로운 기교를 시도한 〈마음꽃〉에는 환난을 감지케 하는 천의 회전과 군무진의 움직임을 통한 강한 암시력이 담겨 있었다. 이러한 움직임에 대한 연구는 모든 안무자가 염두에 두어야 할 좋은 본보기였다. 주역을 맡은 임현선은 여러 분위기에서의 춤을 무난히 이끌어 연기상을 수상했다. (후략)

비무장지대에 서서… 1995

서울예술단 정기공연 〈비무장지대에 서서…〉

김경애 / 『춤』 1996. 1

서울예술단이 오랜만에 춤작품을 공연했다(1995년 11월 29~30일, 문예회관 대극장). 뮤지컬을 본체로 하는 이 예술단은 내가 알기로 매년 연말 순수무용작품 대작을 올리고 있다. 금년 작품은 박희준 극본, 임학선 안무였다. 이 작품의 특성은 한마디로 집단무이다. 안무자와 연출자는 공히 풀잎의 시선을 따라 비무장지대를 여행하는 과정을 만들었다고 말한다. 이 말을 그대로 해석하면 출연 무용수들의 군무는 풀잎의 춤이다. 안무자는 풀잎에 정서이입을 해서 오늘의 비무장지대의 의미, 현실을 형상화한 것이다. 같은 맥락에서 이 작품은 임학선의 다른 안무작 〈민들레 왕국〉을 떠올리게 한다. 민들레의 꽃잎을 통해 현실을 표현했었다.

이 풀잎들의 춤은 여섯 장면으로 되어 있다. 무대는 비스듬히 아주 완만한 경사로 뒤쪽을 올렸고 회갈색이 주조를 이룬다. 움직임은 임학선 작품의 개성인 듯 그린 곡선으로 역시 완만하다. 첫 장은 소박한 풀잎들의 춤, 그저 자연의 일부인 이들이 바람 부는 대로 천진난만하게 움직인다. 자연 속 낯선 소재의 등장, 그 경이감과 호기심, 동경이 한꺼번에 몰려든다. 우리의 눈으로 보면 분단된 현실이다. 감시자를 피하려는 풀잎들의 춤, 마침내 혼란이 겹겹이 되는 춤은 거칠고 긴장되어 있다. 그리고 다시 돌아오는 풀잎들의 일상… 자연은 그대로 있고, 작품은 뚜렷한 기승전결을 이룬다. 작품 제목 〈비무장지대에 서서…〉라는 무거운 주제를 서정적으로 시작했으면서도 할 말을 다했다는 것이 특이하다. 매끄스러운 진행과 무리 없는 춤으로 임학선의 작품 특징을 잘 살린 수작이었다.

비무장지대에 서서… 1995

잊혀진 땅 위의 풀잎들

김영태 / 『춤』 1996. 1

서울예술단 25회 정기공연(11월 29~30일, 문예회관 대극장)은 임학선 안무, 김석만 연출의 〈비무장지대에 서서…〉이다.

남과 북의 이념이 첨예하게 대립되고 있는 군사경계선 비무장지대는 지금 황폐화되어가고 있다. 남북 간의 보이지 않는 힘의 대치와 함께, 우리는 북쪽에 대해 상호 만남과 교류를 제시하지만 저들은 냉담하다. 남북 간 회의도 생트집으로 끝나기 일쑤이다. 비무장지대는 그러므로 위장된 평화 속에 풀들만 자라고 있다.

〈비무장지대에 서서…〉에서 관객들이 공감할 수 있는 3개의 풍경은 버려진 땅에 자라나고 둔덕이 진 경사 무대에서 구르는 풀잎들(인체), 변주가 약한 게 흠이지만 분단의 현실을 통탄하며 풀잎들로 하여금 비극의 현장을 각성케 하는 신혜영의 음악, 남수정의 솔로가 돋보이는데 이번 신작에서 예술단 신인들을 과감하게 기용한 임학선의 현장 재현이다.

비무장지대에는 흩날리는 풀잎들만 있는 게 아니다. 철책으로 의인화된 남성들의 춤(6인무)이 있고, 풀잎들과 합세한 그들의 함성이 있다. 비무장지대에는 헐어버리지 못하는 남과 북 대결의 긴장, 자연의 적막감이 물 밑으로 흐르듯 버려진 땅의 몸부림이 있다. 현장을 여러 번 답사한 임학선의 풀잎 이미지는,

> 풀이 눕는다
> 비를 몰아오는 동풍에 나부껴
> 풀은 눕고
> 드디어 울었다
> 날이 흐려서 더 울다가
> 다시 누웠다
>
> 바람보다 늦게 누워도
> 바람보다 먼저 일어나고
> 바람보다 늦게 울어도
> 바람보다 먼저 웃는다

라는 김수영의 시 「풀」처럼 누워 있던 풀잎들이 노란 수건을 휘날리며 바람보다 먼저 일어나고 바람보다 먼저 웃을 때(미래의 땅을 향한 축복), 춤 후반 풀잎들이 자신들을 불태우는 몹신(타고 남은 재는 다음 세대를 위한 비료이다)은 '춤의 함성'답다.

〈비무장지대에 서서…〉는 김석만의 말대로 '자연 속에 감추어진 힘'을 역사적 현실을 직시하는 살덩어리로 그 아픔을 한 번 '만져보는' 잊혀진 땅의 육성이었다. 풀잎들(12인무) 위로 하염없이 하염없이 눈이 내리지 않던가.

비무장지대에 서서… 1995

서정과 극의 조화

이종호 / 『무용예술』 1996. 1~2

서울예술단(이사장 김상식) 25회 정기공연으로 치러진 임학선 안무 〈비무장지대에 서서…〉(11월 29~30일, 문예회관 대극장)는 한 공연물로서의 성과를 논하기에 앞서, 우선 새로운 형태(새로운 형태나 양식이라고 하기에는 무리가 있지만)의 무용무대를 시도했다는 점에서 눈길을 끌었다. 비무장지대의 의미를 거기에 존재하는 풀잎들의 시선(결국은 인간의 시선)을 통해 확인하고 규정하려 했던 이 작품은 처음과 끝이 있는 구체적인 이야기 줄거리를 깔지 않았다는 점에서 흔히 무용극이라 불리는 것들과는 성격이 다르다. 그보다는 정서적인 측면이 강하지만, 그렇다고 해서 순전히 감정의 굴곡만을 따라다니는 춤은 결코 아니다.

여섯 장면으로 나누어 비무장지대라는 특수한 공간에 대해 분명 끊임없이 말하고 있기 때문이다. 장면들은 필연적인 인과율로 서로 맺어지기보다는 반쯤은 옴니버스 형식을 취하면서 편안하게 각자 다른 느낌과 양태를 풀어간다. 이렇듯 서정적인 분위기를 유지하면서도 전체적으로 일관된 세계를 맴돌고 어루만지며 내면의 드라마를 전개하려 한 이 작품에 달리 붙여줄 명칭은 아직 마땅하지 않다. 일단 '서정극무용'이라고 조어造語해보면 어떨까. 물론 이는 하나의 새로운 양식이나 형태를 지칭하는 용어로는 부적합하며, 앞으로 이런 투의 작품들이 계속 나와 하나의 독특한 무리를 이루어줄지도 미지수이다. 하지만 적어도 〈비무장지대에 서서…〉와 같은 작품의 특징을 규정하기에는 시험적으로나마 쓸모 있을지 모른다.

여기에 출연하는 무용수 스물여덟은 모두 풀잎이다. 따로 주역 없이 군무의 흐름을 중심으로 진행되는 이 작품에서 그들은 양옆과 뒤쪽으로 비스듬히 올라간 회색 바닥, 희미하게 철조망이 그려진 반투명 뒷막을 배경으로(연출 김석만) 특수공간의 제한성을 강조하면서 그 안에서 일어나는 갖가지 국면과 심리상태에 처한 풀잎들의 몸짓을 그려낸다. 춤동작들은 장면에 따라 변화는 있어도 결국은 전편을 통해 풀잎 몸짓의 바리에이션이며 화합과 축복을 상징하는 끝 장면에서 처음이자 마지막으로 풀잎의 이미지에 질적인 변화가 가해진다. 넓은 원 조명 속에서 천천히 흔들리는 군무(바람에 흔들리는 풀잎들의 움직임), 쳐든 팔과 꺾인 손목의 각도 변화로 표현되는 풀잎들의 몸짓에서 보이듯 손과 팔은 시종일관 중요한 역할을 한다. 그런가 하면 밑동이나 뿌리의 동작을 표현하기 위해서는 두 다리를 외향시킨 상태에서 무릎을 반쯤 구부리고 좌우로 흔들기도 하고, 공포나 악몽의 장면은 몸 전체의 뒤틀림이나 쓰러짐으로 표현하면서 좀 더 큰 동작을 쓰기도 하는데, 전반적으로 통일된 군무의 리듬감 있고 신속한 흐름이 한국춤의 부드러운 맛과 결합해 무리 없는 진행감을 준다. 자연 자체로서의 풀잎들, 남북 분단으로 인해 이 자연 공간의 의미마저 변하는 과정, 대립과 반목으로 빚어지는 공포감과 혼란, 다시 자신을 되돌아보며 역사의 질곡에서 벗어나려는 조용한 결의와 미래지향적 화합의 장면들이 비교적 이해하기 편한 손쉬운 동작들로 구성돼 지루한 감을 주지 않는 것도 안무상의 배려라면 배려이다. 타악과 인성人聲을 자주 쓰면서도 상단 부분을 신시사이저에 의존한 홍동기와 신혜영의 음악은 가끔 춤과 멀어질 때도 있지만 종종 재치 있는 리듬으로 신선한 의외성을 돌출시킨다. 의상의 이미현은 안감은 소창, 겉은 명주실크로 처리하면서 남자 의상에는 가장자리에 얇은 망사를 덧대 풀의 질감을 살렸으나 엷은 녹색은 조명에 제대로 살아나지 못하는 아쉬움을 남겼다.

특이한 주제는 물론, 시각의 새로움이나 양식의 남다름에서도 의욕적인 시도라고 해야 할 이 작품은 그러나 전체적으로 다소 성급하게 만들어진 듯한 인상을 남겨서, 충분한 시간을 갖고 다시 한 번 차분히 가다듬을 필요를 느끼게 한다. 풀잎의 움직임만으로 짜인 한 시간짜리 공연물로서는 관객의 시선을 계속 붙들어둔 것만으로도 일정한 요구 수준을 충족시킨 셈이지만, 기왕이면 좀 더 다양한 춤사위를 삽입해보는 재미와 느낌의 폭을 증대시켰으면 좋겠고 세부적인 장면 처리도 좀 더 섬세하게 손질할 필요가 있겠다. 어느 정도 무용극의 구조를 차용하면서도 무용극이 아니기 위해서는 결국 춤의 흐름에 다채로운 변화를 가하는 길이 최상의 방법인 것으로 판단되기 때문이다.

비무장지대에 서서… 1995

단정하고 통일된 이미지 〈비무장지대에 서서…〉

문애령 / 『무용예술』 1996. 1~2

안무자 임학선의 「비무장지대로 향한 긴 여행」이라는 글 중에 철새들과 풀잎들이라는 대목이 눈길을 끈다. 한국춤이 자연의 모습을 이처럼 서정적으로 그려낼 수 있음을 일찍이 알지 못한 것이 새삼스럽다. 새로움을 만들어내는 능력은 아주 사소한 발견에서 시작된다는 사실을 〈비무장지대에 서서…〉(11월 29~30일, 문예회관 대극장)가 공연되는 동안 또 한 번 생각하게 되는데 바로 이 매력이 예술행위가 반복되는 원동력이 아닌가 싶다.

이번 무대는 서정적 환상이 부각되면서 바람에 날리는 풀잎들만 무성한 비무장지대의 풍경을 그려냈다. 풀잎들의 이동을 보면서 관객은 나름대로의 사건을 그 안에 집어넣어볼 수 있어 편안하고 가끔 의미 있는 상념에도 빠져들 여유를 느낀다. 이 분위기는 총체적인 무대행위의 조화로 이뤄졌는데 풀잎 같은 춤사위, 바람 같은 의상, 언덕 같은 무대, 공허한 외침 같은 음악이 '상념'을 유발할 정도로 조화를 이뤄낸 보기 드문 경우였다. 풀잎들은 한들거리는 팔의 춤사위와 빠르고 가벼운 발걸음을 연결시켜 치마꼬리를 날리며 경사진 무대를 종횡무진 한다. 이러한 판타지는 그 배경이 비무장지대였기에 보다 명확하고 절실하게 다가왔다. 얇은 천으로 뒷부분을 늘어뜨린 이미현의 의상이나 무대 오른쪽의 입구를 경사지게 꾸민 손호성의 미술을 통해 춤무대를 위한 타 장르의 연계적 중요성이 부각된 흔치 않은 무대였다. 다만 중반에 삽입된 정형적 구도(남성들의 등장)의 의미는 이 자유로움에 역행하는 이상의 효과를 보지 못해 모처럼의 아름다운 판타지가 단절되는 아쉬움을 초래했다.

서울예술단의 체제에 대해 아는 바는 없지만 이번 공연을 통해 본 무용단의 수준은 순수 직업무용단을 능가하는 것이었다. 고른 기량과 세련된 매무새를 갖춘 단원들의 춤사위가 단정하고 깨끗하게 풀잎의 이미지를 만들어갔다. 한국춤 기교로 이처럼 군더더기 없이 통일된 화려한 이미지를 보리라고는 예상하지 못했던 만큼 〈비무장지대에 서서…〉가 던진 의미는 신선한 아름다움으로 남아 있다.

3. 고대사를 주제로 한 작품

고구려의 혼 1994

춤으로 살린 만주벌 옛 기상, 서울예술단 정기공연 〈고구려의 혼〉

김채현 / 『문화일보』 1994. 12. 10

우리의 고대사가 진취적인 기상과 웅혼한 스케일로 현실 속에 되살아나고 있다. 1994년 올해 들어서만도 고구려벽화전 등이 열렸고, 국립무용단의 〈무천舞天의 아침〉(11월 23~30일, 국립극장)과 서울예술단의 〈고구려의 혼〉(12월 6~8일, 문예회관)이 공연됐다. 우연의 일치로 비슷한 시기에 유사한 테마를 택한 두 공연은 앞으로 민족예술 정서의 시간대와 공감대를 북방 고대사로까지 넓히는 시도가 거듭될 것이라는 예감마저 던진다.

〈무천의 아침〉은 북방 고구려계 제천의식을 소재로 고대국가 발생과 전개를 묘사하는 신화적인 상상력을 발휘한다. 이 같은 상상력에다 고구려와 중국의 대전쟁이라는 구체적 사실史實을 결합한 〈고구려의 혼〉은 신화를 역사의 현장으로 끌어들였다. 두 작품 모두 고구려 벽화에서 많은 소재를 구했다. 길쌈놀이, 놋다리밟기, 승무, 무속춤뿐만 아니라 그간 간간이 춤화가 시도된 무예, 기마자세, 수렵, 씨름 행위 등 고유의 움직임 재료들도 대폭 정리, 활용하는 충실한 태도를 보였다. 이 같은 측면은 특히 고구려라는 상징체에 대한 전폭적인 동경을 반영한다. 그리고 이 '무조건적인 동경'이 작품성 있는 공연예술로 탄생하는 데 오히려 장애요인이 될 수도 있는 것이었다.

〈무천의 아침〉이 제의祭儀 재현에 힘을 기울였다면, 〈고구려의 혼〉은 고구려 문화를 그 자체로만 파악하지 않는다. 예를 들어 무용총의 춤 모양새, 당대에 있었을 법한 생활 동작들을 후대의 춤동작과 함께 무대화시켰다. 한국 문화의 원형에 대해 접근하는 추세를 대변하고 있는 셈이다. 그럼으로써 굳이 고구려 시대의 움직임이 아니더라도 무예처럼 민족 전래의 동작 재료들이 재조명되는 효과를 보고, 나아가 춤의 여성 취향 극복도 기대한다. 무용극의 짜임새를 취한 〈고구려의 혼〉에서 고구려 벽화를 묘사한 장치와 수많은 집단무는 역시 서울예술단이 추구해온 스펙터클한 영상미가 주도적인 미적 범주임을 나타낸다. 그런 영상미가 고구려에 대한 표상과 어우러질 가능성은 매우 높았다.

그러나 중극장 무대 규모의 물리적 조건 속에서 소화되기에는 많은 제약이 뒤따랐다. 가령 전쟁 전에 사기를 충전케 하는 북과 바라 대형이 나타낸 장엄한 효과가 계속해서 유지되지 않았다. 그것은 협소한 공간 조건 탓도 많았다.

정확히 지적한다면 장치를 대폭 간소하게 하는 장면에서 춤동작에 더 많은 공간을 마련해두는 것이 중극장 무대에서의 무용극 취지에 상응하는 전략인 것이다. 사냥 제의, 무당 기원무, 채찍춤, 무용총 재현무 등이 지나치게 길었던 점이나 춤들이 다양하게 등장했던 데 비해 주제를 향해 나아가는 통일성에서 미흡했던 점도 고구려에 대한 동경을 객관화하지 않은 탓이다.

다시 말해 무용극이라면 파노라마 차원의 친절한 전시보다 춤, 그리고 극을 집약하는 서술구조를 우선 고려할 필요가 있는 것이다.

고구려의 혼 1994

고구려의 열기, 2탄 무대

『객석』 1995. 1

김용범의 대본은 〈고구려의 불꽃〉 외 3부작(박명숙 안무)을 남겼고 서울예술단 21회 공연 〈고구려의 혼〉으로 이어지고 있다(12월 6~8일, 문예회관 대극장). 며칠 전 막을 내린 국립무용단의 〈무천의 아침〉 등 가히 고구려 봄이라 할 만하다. 신라, 백제, 고구려 3국 중에서 그동안 등한시되었던 대륙의 왕국 고구려의 재조명은 주몽의 탄생 설화로, 하늘에 드리는 제사로, 이번의 임학선 안무에서 보듯 옛 우리의 영토였던 북방민족의 웅비雄飛와 기상으로 나타난다.

'천 년 전설의 시간 여행'이란 이종덕 서울예술단 단장의 머리말에서 무용극이 가지는 이야기 줄거리와 전개방식을 지양하고 미적 영상과 조화, 옛 선인의 이상을 무대에 풀어놓았다고 했듯이 극적 주제의식이나 극적 호흡이 없는 것은 〈무천의 아침〉이나 〈고구려의 혼〉이나 다를 게 없다. 그런 면에서 박명숙의 3부작은 역사 속에 드라마를 주입시킨 경우이다.

2막 8장으로 안무된 〈고구려의 혼〉에서 벽화 그림의 장면 전환은 상징적 색채로서 춤의 조화가 신선했다는 것을 들 수 있다. 붙박인 무대미술이 아니라 퇴색하고 산화된 찢어진 고분벽화를 재현하였으며 이동하는 '병풍무대'는 다각적인 실험이었다. 신선희의 노고가 눈에 띄었다. '시간여행'이란 말로 대의가 드러났듯이 춤에 앞서 벽화의 스펙터클은 잊혀져가는 우리 문화의 자산임을 증명했다.

천 년의 잠을 깨는 현장은 신성한 서수序數 신금들의 상징체계, 민족의 정기를 대변하는 대화합의 구장수 부인으로 남수정이 출연한다. 2막에서 추는 남수정의 솔로는 어떤 역경에도 좌절하지 않고 결연한 의지를 보여주는 운명적 생모의 춤인데 고참 단원인 그의 이력에 미치지 못했다. 수나라 장수 정종시가 맡은 역을 소화했으며 달의 신으로 나오는 정혜는 해의 신과 어울릴 때 많은 춤사위 중에서 말 꼬랑지를 땅에 치고 추는 말춤은 축제의 조련의식답다. 무영도 여인무, 신선무, 행렬춤, 축제무가 펼쳐진다. 축제무를 추는 김수진의 예비 재목감 눈에 중국 군악대 등장도 이채롭다. 그러나 김용범의 고구려 찬가를 노래로 부르는 상식적인 처리는 안이하다. 노래 말고 우리 고유의 창唱이 있고 구음口音이 있지 않은가. 최현의 춤에서 만났던 이동규의 시창詩唱이 찬가를 대신했더라면. (중략) 임학선은 이번 작업에서 중국 민속춤을 참고하되 우리적인 양식의 동선 개발에 치중했다.

밝산 2000
안무와 신화세계가 하나 된 총체적 예술, 서울시무용단 정기공연

이상일 /『세계일보』 2000.11.17

서울시무용단의 2000년 정기공연 〈밝산〉은 총체예술적이다. 시가 있고 가무와 함께 현란한 조명효과가 무대 설치와 더불어 세종문화회관 대극장을 신화의 숨소리로 가득 메운다.

단군신화를 더 거슬러 오르면 우리 민족의 탄생설화는 마고신화에 이르고 마고는 궁희, 소희와 함께 삼신사상으로 태양의 아들 치우천황을 낳는다. 삼신은 고구려 벽화의 사신도(바람, 구름, 번개, 비)를 낳고 치우는 태양화로 상징되어 있다.

무용극 〈밝산〉의 안무 포인트는 세 가지이다. 첫째는 상징의 무용적 표출이다. 둘째는 무용적 형상과 장치 효능이다. 그리고 셋째로 신화적·사상적 지향성이 두드러진다. 주제는 물론 그 신화적·사상적 수렴이다. '밝산'이라는 이상향은 우리 민족이 지향하는 빛의 근원에 대한 회귀를 나타낸다. 신화의 시조 박혁거세나 백두산의 신화적·사상적 귀결점은 모두 '밝다'는 빛의 근원에 있고, 그런 소박한 설화적 모티브는 현대 정치사에서도 태양의 아들 운운하는 슬로건으로 재현된다.

빛의 아들 치우천황은 태양화로 꽃핀다. 따라서 무대에는 해꽃의 문양이 난무하다 잎이 되고 지고 한다. 무대조명이 태양화를 효과적으로 살려내기 위하여 10개의 문양을 하나로 통일시키며 조화를 부린다. 이러한 조명효과에 이어 문명을 상징하는 바퀴 장치가 자연과 평화의 이상향을 유린한다. 치우천황과 황제헌원의 싸움은 우주와 세계의 환란이다.

상징과 장치 효능을 빼고 나면 무용적 형상이라는 이 공연의 핵심이 남는다. 그 핵심은 실낙원을 그리는 한 여인의 통곡과 제불의식으로 추슬러지고 붉은 부채를 든 무당들의 부적춤으로 생명의 축제를 기약하게 만든다.

일곱 파트로 구성된 이 작품의 흐름은 유연하다. 극적 구성의 하이라이트는 상징의 중첩으로 전시되는 전반부의 형상보다 치우와 헌원의 수레바퀴 상징의 효과적 운용에 있다 할 것이다. 두 남성 무용수의 대결구도와 쌍방의 집단군무의 연출적 등·퇴장이 그다음의 솔로(독무)와 팽팽한 긴장으로 연결되어 있고 단오축제의 부채군무가 대미를 장식한다.

세종문화회관(총감독 이종덕)이 재단법인으로 새 출발하면서 무용예술로 승부를 건 총체예술적 공연 〈밝산〉(10~11일, 세종문화회관 대극장)은 그 신화적 장엄함, 화려한 색상과 조명 그리고 빛의 근원과 생명의 기원을 찾는 무용적 형상으로 한국 창작무용의 한 방향을 제시했다. 그 방향은 동시에 제3대 단장 임학선의 서울시무용단 작품세계의 차별화 선언이기도 하다.

밝산 2000

한국무용의 극적 표현과 서정적 표현, 서울시무용단의 〈밝산〉

이상일 / 『몸』 2000. 12

무용공연이 끝나고 나서도 인광燐光처럼 남는 이미지가 있으면 그 작품은 성공적이라 말할 수 있다. 어느 한 장면이 강력한 인상으로 다가와 끝내 잊혀지지 않는 그림으로 영롱해지면 그 무용작품은 살아 있는 생명을 얻는다.

시도 그렇게 한 구절이 입에 회자되고, 소설이나 회화나 음악도 전체로서 살아남기보다 어느 한 부분이 작품 전체에 생기를 돌게 한다. 연극의 어느 한 절규 장면, 무용의 어느 한 극적 공연 혹은 어느 한 서정적 침묵도 우리를 전율케 하는 이미지로 남는다.

한국무용, 그것이 창작무용이거나 현대무용이거나 간에 한국무용이라면 한국적인 극적 양식과 서정적 표현이 전제되어 우리를 사로잡는다. 그리고 그 한국적 특수성의 표현방식은 국제적 평가를 얻는 보편성을 얻으며 이미지로 정립된다. 쉽사리 잊혀지는 무용공연에서는 한 가닥 생명줄처럼 이미지의 조성이 필요해진다.

세종문화회관(총감독 이종덕)이 재단법인으로 새로 출범하면서 무용예술로 변화의 시범을 보이고 새 무용단장(임학선)의 컬러를 선보인 〈밝산〉(11월 10~11일)의 이미지 가운데 가장 강력한 부분은 5장 '통곡'의 독무였다. 동시에 울음을 굿으로 추스르는 제불의식도 연계작용을 한다. 이 의식은 '생명의 축제'로 이어져 단오 풍습의 벽사 성격을 띤 붉은 부채의 군무로 특이한 무당춤판을 형성하면서 붉음, 밝음으로 이어지는 활성의 이미지를 만들어낸다.

그러고 보면 단군신화를 거슬러 올라가는 마고 치우신화의 삼신(마고, 궁희, 소희)과 고구려 고분벽화의 사신도에서 따낸 자연의 의인화(바람, 구름, 번개, 비) 그리고 마침내 치우천황의 탄생을 상징하는 태양화의 조명효과라든지 치우가 다스리는 밝산의 신선세계는 어쩌면 무용적으로 너무 인위적인지 모른다. 그런 까닭에 안무자 임학선은 작품 〈밝산〉의 드라마를 황제헌원과의 싸움으로 설정하고 '환란'에서 문명과 전쟁을 상징하는 거대한 수레바퀴를 종횡으로 구사하며 장엄한 신화극을 총체형식으로 다듬어내는 것이다.

'태양화'가 별자리를 조합한 햇꽃의 조명 영상이라면, 수레바퀴로 유린되는 우리의 이상향 밝산은 '환란'이라는 역사의 리얼리티를 수반하고 있다. 따라서 치우(김재득)과 헌원(한수문)의 남성 대무는 그들을 호위하는 집단군무의 진퇴와 함께 가장 극적인 측면을 부각시킨다.

신화의 상징과 리얼리티의 기반을 위하여 안무는 한민족의 신화적 내력을 상징하는 태양화사피는 이상향을 밝산으로 설정하기 위하여 마고신화의 삼신을 탄생시키고 작품의 주제인 광명의 신·치우황제를 둘러싼 일월성신의 별자리들과 태양화의 영상조명으로 상징을 삼는다. 여기까지는 신화의 진행과정이고, 치우천황이 다스리는 밝산은 영원한 생명의 땅이자 국보 287호 백제 대향로(금동 용봉 봉래산 향로)가 담고 있는 동양적 신선세계, 우리의 이상향으로 설정된다.

이런 상지의 제시는 시각적인 효과를 위하여 빛과 소리로 통제되고, 특히 조명효과의 선행조건, 의상의 상징성과 춤사위의 제재조건에 따라 무용적인 활력이 제한될 수밖에 없다. 특히 문명과 역사와 전쟁이 함축되는 수레바퀴는 그것이 거대하고 위압적일수록 헌원황제의 힘을 더 드러내고 그렇게 유린되는 우리의 이상향 밝산의 파괴 장면은 처절하다. 그 압도적 힘 앞에 마술 같은 인간의 존재는 미미해지고 그런 만큼 치우와 헌원의 대무나 두 집단의 진퇴가 강력할수록 파괴에 무력한 인간의 신화적 상징과 리얼리티는 비극적이다.

그럴 때 '환란'의 극적 표현 다음에 오는 통곡의 서정적 표현이 아주 효과적으로 기능한다.

안무 포인트는 첫째, 동양적 이상향의 재현과 치우로 대변되는 태양화의 상징. 그것은 밝은 개념이다. 둘째는 문명과 역사의 수레바퀴로 이루어진 자연과 평화의 파괴. 그것은 어두운 관념이다. 그렇게 마지막으로 잃어버린 낙원 때문에 우는 통곡과 회환과 생명의 축제를 소망하는 붉은 부채의 부적춤으로 무용공연은 비로소 그 진가를 발휘한다.

일곱 파트로 구성된 〈밝산〉은 우리 민족의 대서사시를 무용언어로 풀어가면서 '빛과 소리'에 춤사위를 더하는 총체예술적 수법을 동원함으로써 조명 등 무대기술 부분의 비중이 높아지고(조명 민경수, 디자인 진영진) 그만큼 무대미술(장치디자인 손관우 등)의 협력으로 세종문화회관 대극장의 공간을 꽉 채운 무대였다고 말할 수 있다.

밝산 2000

한국적 신화성의 서사적 무대화 〈밝산〉

김태원 / 『대한매일』 2000. 11. 18

무릇 직업예술단체의 활동은 두 가지 사항을 동시에 만족시켜야 한다. 하나는 나름대로의 예술성이고, 다른 하나는 대중과의 교감 내지 친화성이다. 전자만 살고 후자가 죽을 때는 예술은 없고 고립과 아집에 빠져들며, 그 반대일 경우에는 값싼 대중성의 면모만 부각하게 된다. 그런 점에서 봤을 때 독립적인 재단법인으로 출발한 서울시무용단(단장 임학선)의 첫 창작공연 〈밝산〉(11월 10~11일, 세종문화회관, 대극장)은 이 춤단체를 둘러싼 그간의 부정적 우려를 씻고, 의욕적인 공연으로 그 두 요소 간의 인상적인 접합을 보여주었다.

사실 이번 공연이 다룬 소재, 즉 우리 민족역사의 형성을 단군 이전으로 보면서, 거기에 어려 있는 신화—이른바 우리 삶의 잊혀진 이상향이라 할 수 있는 밝산(밝은 산)과 씨름왕으로 알려진 치우천황과 관련되는—를 춤으로 형상화하는 문제는 결코 쉽게 성공할 수 있는 것은 아니었다.

공연은 관객에게 낯선 그 소재를 무대 양옆의 스크린을 이용해 요령 있게 문자로 설명해가면서 압축된 일곱 가지 장면으로 그것을 처리해줬다. 깊고 높은 어둠 속에서 삼신三神이 등장하는 신비스러운 장면에서부터 치우천황과 그의 적 황제헌원과의 폭력적인 갈등, 그것을 아파하는 비애의 춤, 그런 모든 것을 종식시키려는 생명의 축제 등이 그 속에 삽입되었다.

이 중 안무자 임학선의 정갈하고 감각적인 예술성이 보여졌던 부분은 두 번째 장면인 치우의 탄생과 관련된 별들의 춤(군무)과 여섯 번째 장면인 '붉은 부적의 춤'이었다. '별들의 춤'은 여성 춤꾼들이 군더더기 없는 깔끔한 신체(특히 상체) 선을 보여주면서 시적이고도 정리된 대열무를 보여줬고, '붉은 부적의 춤'은 화사한 붉은 톤의 의상(디자인 진영진)과 소도구인 부채가 특이한 방식으로 어울려 들었다. 그리고 댄서들은 바닥에 앉은 채 부채로 바닥을 딱딱 때리기도 했다.

반대로 첫날 공연에서 아쉬웠던 것은 치우와 헌원의 남성적 투쟁무와 장해숙이 춘 비애무(솔로)였다. 이 부분에서는 보다 극적이며 서정적일 수 있는 춤의 특성 부각이 부족했다. 그러나 크게 봐서 공연 〈밝산〉은 한국의 역사와 한국인 됨의 근원성을 춤으로 가치 있게 물으면서, 안무·소재(대본 박희준)·무대 간의 조화된 춤의 종합성을 지향해간 성공적 공연이라 할 수 있다. 춤의 주제가 민족문화의 뿌리를 조명하고 공연의 규모가 크기 때문에, 이 공연은 유니버설발레단의 〈심청〉과 더불어 좀 더 진지할 수 있는 남북 문화교류용 무대물의 하나로 적극 추천될 만하다.

밝산 2000

역사적 시간 개념 바꾸기에 도전

양혜숙 / 『스포츠투데이』 2000. 11. 16

서울시무용단 〈밝산〉 연극적 호흡·박력 돋보여

21세기는 언어를 통한 의사소통의 시대이기보다는 몸짓과 소리를 통해 인류를 하나로 묶는 음악의 시대, 무용의 시대라고 할 수 있다.

음악과 무용은 종래의 장르 개념으로는 담을 수 없는 새로운 구성과 호흡법을 통해 무대와 관객이 새로운 방식으로 교감케 할 것이다. 또한 인류를 지식과 합리주의의 무거운 안개 속에서 해방시켜 인류의 또 다른 능력인 감성과 직관에 호소하는 공연예술의 방식을 찾아갈 것이다.

그러나 말처럼 새로운 길을 찾기란 결코 쉽지 않다. 우선 역사관과 국가관이 확실치 않을 정도로 교육을 받은 한국인들은 한민족 고유의 민족성과 왜곡된 역사의 틀에서 벗어나 새로운 시각으로 우리를 보고 세계를 보는 시각 교정의 과정이 필요하다.

서울시무용단(단장 임학선)이 11월 10~11일 세종문화회관 대극장 무대에 올린 〈밝산〉은 이러한 과제에 과감하게 도전한 공연이었다.

우선 이 작품을 안무한 임 단장은 단군 이전의 전설 수준으로만 남아 있는 치우천황을 무대 위에 도입함으로써 역사적 시간의 개념을 교정하는 데 도전했다. 두 번째로 안무를 맡은 임 단장과 구성 연출을 맡은 김효경 씨가 연극적 호흡법으로 풀어내 절제미가 내재된 박력 넘치는 무대를 펼쳐 보였다. 이로써 이 작품의 스케일과 스펙터클함을 표현하는 데 큰 역할을 했다. 더 나아가 송관우(장치디자인), 민경수(조명), 진영진(의상), 김종한(소품·분장) 씨가 조화를 이룬 무대는 2000년을 마감하는 우리 무대예술의 새로운 즐거움과 아름다움의 미학을 탄생시켰다. 특히 보는 즐거움에 듣는 즐거움을 더해 이 작품의 안전성과 웅장함을 보탠 신혜영·홍동기의 음악은 이 공연을 감싸 안는 그릇으로 손색이 없다. 이번 공연은 조심스럽게 연구하되 확신에 찬 예술가의 큰 발걸음을 보여주었다.

밝산 2000

서울시무용단 〈밝산-그 영원한 생명의 터〉

이병옥 / 『세월따라 춤따라』 2001. 1. 7

서울시무용단 정기공연으로 오른 〈밝산-그 영원한 생명의 터〉는 임학선 무용단장이 취임 후 1년 동안 심혈을 기울여 준비한 무대로 무용계의 관심이 모아졌다. 우선 작품 제목부터 호기심을 자아내고 있는데, '밝산'은 동북아시아 신화 속에 나타난 이상향으로 '밝은 산'이다. 그래서 이는 곧 밝게 빛나고 살아 있는 영원한 생명의 터전을 의미한다.

작품의 내용은 밝산을 지키는 치우천황과 우리 창세신화인 마고신화를 토대로 백제 금동 용봉 봉래산 향로의 이미지를 형상화하여 우리 민족의 정기가 넘치는 21세기의 영원한 세상을 만들고, 나아가 전 인류의 희망인 평화, 사랑, 화해의 메시지를 담고 있는데, 이러한 상징적 의미는 전개과정에서 안무자의 역량과 무용수들의 기량이 융화되어 스펙터클하게 연출되었다.

특히 밝산을 지키고 다스리는 '치우천황'의 신화와 '백제 금동 용봉 봉래산 향로'에 나타난 신선세계의 이미지를 조화 있게 하나로 연결시켜 작품 속에 자연스럽게 스며들게 하였다. 투명 스크린에 비춰지는 향로는 관객의 시선을 휘어잡는 효과를 충분히 발휘하였으며 그 이미지 전달을 확실하게 보여주었다.

그 상태에서 천상의 소리처럼 들리는 대사의 진행은 관객들에게 이 작품을 이해하는 데 많은 도움을 주려는 안무자의 배려가 엿보인다.

1장 삼신과 자연의 탄생

바람, 구름, 번개, 비의 생성과정과 서로 어우러지는 자연의 조화를 각각의 소리의 음향효과와 더불어 우리 전통의 네 가지 악기인 사물악기에서 천둥소리는 쇠, 비는 장고, 구름은 북, 바람은 징에 비유하여 악기 소리들이 얹혀졌다. 거기에 각각의 형태를 나타내는 의상과 조명이 어우러지는 질펀한 한 마당이 행해진다.

2장 태양화

바닥에 엎드려 있는 7인의 무용수들 옆에 서서 북두칠성의 형태로 자리를 잡고, 각각에 수막새 기와의 문양을 한 포인트 조명이 비추어지고, 투명 스크린에는 수막새 기와의 문양으로 된 별자리 형상을 허공에 띄워놓았다. 치우천황의 탄생은 인간사의 일이 아니라 하늘의 조화요, 우주 속에서의 잉태인 것이다. 별자리 형상으로 허공에 흩어져 있던 문양들이 가운데로 모이고 붉은색으로 변하면서 치우천황이 탄생한다. 하늘의 조화와 우주 속에서의 잉태가 드디어 태양의 밝은 빛을 빌려 치우천황을 탄생시키는 것이다.

3장 밝산, 4장 환란, 5장 통곡

십장생의 민화에 나타난 부드러운 선으로 연결된 우리 산수의 아름다운, 평화로움과 신선세계의 상징인 십장생을 표현하고자 하는 무용수들의 무용이 국악 관현악의 여유로운 음악 속에 표현된다. 그러나 그것도 잠시 인간들의 생로병사, 오욕칠정의 세계를 전쟁이라는 상징성으로 나타낸다. 여기서 거대한 수레바퀴의 등장으로 관객들조차 마음이 짓눌리는 듯했고, 치우천황과 황제헌원의 싸움을 씨름의 형태로, 군사들의 전쟁을 차전놀이의 형식을 빌려 표현한 것이 돋보였으며, 특히 치우천황과 황제헌원의 싸움을 표현한 2인무는 독특한 안무와 무용수들의 소화력으로 관객들에게 무용으로서의 볼거리를 제공해주었다. 전쟁의 상처를 표현한 여인의 처절한 통곡의 1인무 또한 무용수의 기량을 보여주었다.

6장 생명의 축제, 7장 다시 밝산

인류 역사의 시작과 더불어 행해지던 벽사진경辟邪進慶의 무속신앙을 통해 생로병사와 오욕칠정의 굴레로부터 벗어난다. 인간의 내면 깊숙이 자리 잡은 가장 큰 욕망 중에 하나가 바로 이 굴레로부터 벗어나 신선의 삶을 영위하고픈 것이다.

오랜만에 현대적 몸짓과 상징적 춤 구성법의 조화를 이루는 극적 스토리를 가진 스펙터클한 춤을 관람할 수 있는 기회를 갖게 해준 서울시무용단에 아낌없는 박수를 보낸다. 내용의 선명성으로 일반 관객들도 쉽게 이해할 수 있고 의상의 간결하면서도 화려함, 조명의 적절한 사용, 국악과 음향효과와의 조화 등이 상당히 돋보이는 작품이었다. 우리나라의 관객들에게 외면당하는 무용이 지향해야 할 방향을 정확히 제시해주었다. 옥의 티라고 하면 무용수들의 기량 차이로 전체적인 흐름 속에서 약간의 실수와 무용수들 간의 부자연스러움이 눈에 띄었다는 것이다.

밝산 2000

협업작업의 필요성과 새로운 예술체험 〈밝산〉

장광열 / 『춤』 2000. 12

서울시무용단 정기공연 작품인 〈밝산〉(11월 10~11일, 필자 11일 공연 관람)은 오랜만에 세종문화회관 대극장에 올려진 대형 춤작품이었다. 임학선이 서울시무용단장으로 부임한 후 처음 갖는 창작 무대란 점에서 관심을 모았던 이번 공연은 대형 무대에서의 대형 작품이 갖는 장점과 단점 모두를 한꺼번에 드러내 보였다.

이번 공연의 프로덕션에서 돋보이는 것은 대본(박희준)이었다. 대본상에 나타난 작품의 뼈대는 학술적 연구를 바탕으로 분명하게 설정되어 있었다. 등장인물 개개의 분명한 성격 표출이 가능하고, 많은 볼거리 그리고 스펙터클한 구성이 가능하도록 되어 있었으며, 현대춤이나 발레로 제작해도 될 정도로 춤 대본으로서 갖추어야 할 여러 가지 것들을 제대로 수용하고 있었다.

작품의 전개는 대체로 대본에 있는 대로 충실하게 따랐으며, 내레이터를 통해 스토리 전개를 암시하는 것으로 막이 오른다.

작품은 전체적으로 우선 스펙터클 했다. 세종문화회관 대극장 무대의 높은 공간을 처리하기 위해 연출가는 중간 높이에 삼신을 상징하는 인물을 설정, 작품 중간중간에 이를 활용함으로써 효과를 보고 있다. 문명을 상징하는 수레바퀴의 등장 장면도 볼거리였다. 수레바퀴가 전후, 좌우로 이동하면서 관객들의 시선을 끌었고, 빠른 템포로만 전개되던 극의 흐름을 조율하는 기능도 했다. 수레바퀴를 단순히 움직이는 세트로만 활용할 것이 아니라 무용수들의 점유 공간으로 설정, 이를 보다 적극적으로 활용하는 시도가 있었더라면 더 많은 볼거리를 만들어냈을 것이다.

스펙터클한 분위기는 조명의 비중에서도 드러났다. 다양한 조명기기를 이용한 여러 각도에서의 빛의 난사는 어느 장면에서는 환상적이고 신비스러운 분위기를 연출했으나, 어느 장면에서는 그 자체로 너무 튀어버려 작품의 완성도를 저해하는 원인이 되기도 했다.

춤 구성의 경우, 안무자에 의해 다양한 움직임들이 만들어지긴 했으나 어떤 영문인지 무대 위에서 보이는 춤은 그 춤이 그 춤 같은 유사성이 지나치게 강했다. 무대 위의 무용수들은 바쁘게 많이 움직이는데 실제로 객석에서 보이는 움직임의 형태는 그다지 특별하게 느껴지지 않았다. 이는 각 장면에서의 출연 무용수들의 수를 비슷하게 구성한 점, 솔로춤 부분에서 각 등장인물의 캐릭터를 춤을 통해 더욱 확연하게 표출하지 못한 점, 그리고 의상이나 조명 등으로부터 춤을 선명하게 드러나게 하는 도움을 받지 못한 데서, 또 어느 일면에서는 의상이나 조명이 춤을 더 위축시켜버린 데서 기인한다.

바람, 구름, 번개, 비가 등장하는 장면 구성은 이전 국립무용단의 무용극 공연 등에서 보이는 그것과 별반 달라 보이지 않았다. 움직임 구성에서나 의상디자인 등에 있어서 지나치게 사실적으로 묘사하려다 보니 차별화되지 못했다. 서로 다른 캐릭터가 더욱 분명하게 드러날 수 있도록 하기 위해서는 의상의 디자인에서나 움직임 구성, 무용수들의 등퇴장 공간이나 등장 후 동선의 처리 등에 있어서 각기 다른 형태를 취할 필요가 있었다. 움직임 구성이나 의상디자인 등에 있어서 보다 현대적인 감각을 수용하는 것도 한 방안이 될 수 있다.

많은 장면에서 안무자는 대부분의 군무를 20명이 넘는 무용수들로 구성했다. 그러다 보니 안무자의 노력에도 불구하고 각 장면마다 춤의 차별성이 표출되지 못했다. 무용수들의 라인도 선명하게 드러나지 않았고 통일된 앙상블의 묘미를 발견하기도 쉽지 않았다. 무용수들의 움직임이 중첩됨으로 인해 객석에서는 안무자가 의도한 각기 다른 춤의 맛깔을 제대로 즐길 수가 없었다. 승무를 군무로 공연할 경우, 승무의 매력 중 하나인 장삼을 공중에서 흩뿌렸을 때 공중에 머무르는 그 순간의 라인과 여지를 즐길 수 없는 것과 같은 맥락에서 아쉬움이 남는다는 말이다.

큰 극장에서 공연할 경우, 안무가들이 넓은 무대에 대한 부담감을 출연자들의 숫자로 채우려 하는 것은 그릇된 발상이다. 단 한 명의 출연자만으로도 무대를 장악할 수 있다. 비애의 춤 장해숙의 등장은 이전까지 빠른 템포 일색의, 다소 산만한 전개에 대한 대비적인 효과, 여기에 현악기를 오히려 둔탁한 선율로 처리한 음악(신혜영, 홍동기)의 도움까지 가세해 무대 위에서 그의 움직임은 적어도 초반부까지는 흡인력이 있었다.

치우천황과 황제헌원과의 전쟁씬에서 치우천황의 솔로춤(김재득)은 주인공으로서 그의 카리스마를 가장 강하게 부각시킬 수 있었고, 전체적으로 춤으로 볼거리를 줄 수 있는 장면임에도 주인공이 무대를 장악하지 못했다. 군무 구성에서도 군집 대형을 이용해 도전에 대한 응전의 대비효과를 살릴 수 있었으나 무대 위에서의 표출은 미약했다. 음악적인 구성에서도 음향의 부풀림으로 인해 도발성을 드러내기보다는 치우천황과 황제헌원이란 인물의 성격적인 대비를 끌어낸, 서로 상반된 악기 편성을 통한 우회적인 표출도 가능했을 것이다.

전체적으로 안무자의 공이 엿보였던 곳은 부적춤 장면이었다. 단오풍습에서 부채를 주고받는 의식을 응용한 무당들의 부적춤은 완급을 조절하는 춤사위 구성에서나 단색으로 각기 색깔을 달리해 입은 무용수들의 의상 등이 그것 자체로 아름다운 풍광을 연출했으며, 음악 역시 놋그릇 등 생활 도구를 이용해 변화를 꾀하고 있었다. 이 부분은 따로 떼어내 소품으로 공연해도 좋을 만큼 구성의 묘미가 빼어나다.

그러나 이 장면은 이 작품 전체의 트레이드 마크로서의 효과를 제대로 살려내지 못했다. 조명이 상승적인 효과를 방해했기 때문이다. 무대 위 의상의 빛깔 자체가 지나치게 화려하지 않고 그윽한 아름다움이 있어 그것 자체를 그대로 보여주어도 된다. 그럼에도 불구하고 형형색색 회선 소낭의 요란스러움으로 인해 무대 전체가 마치 나이트클럽의 광란함으로 변해버렸다. 시각적으로 가장 돋보이는 장면임에도 가장 산만한 장이 되어버리고 만 것이다.

이 작품은 전체적으로 넓고 높은 무대를 충분히 활용해 스펙터클한 구성을 시도한 점은 돋보였으나, 대형 무대에서 1시간이 넘어가는 작품을 만드는 과정에서 생기기 쉬운 위험성을 결국 극복하지 못했다.

조명, 의상, 춤 등이 저마다 의욕을 보였지만 그것이 조화를 이루어 서로 상승효과를 만들어내지 못했다. 오히려 서로 어긋남으로 인해 작품의 완성도에 치명타를 가한 꼴이 되어버렸다. 따라서 프로덕션의 최대 실패는 극장예술의 중심을 이루는 여러 가지 요소들을 유기적으로 연결시키지 못한 데 있다. 이는 연출가의 책임일 수도 있고, 안무자가 책임져야 할 내용일 수도 있다. 그러나 그보다는 이런 통합된 상승효과를 만들어내기 위해 필수적인 충분한 무대 연습 여건을 만들어주지 못한 극장 측에 더 많은 책임이 있다.

서울시무용단을 산하 단체로 운영하고 있는 재단법인 세종문화회관 측은 민간단체가 갖지 못한 이점을 최대한 활용해야 한다. 전용극장을 갖고 있는 만큼 충분한 무대 연습을 통해 극장예술의 기능들을 서로 조합할 수 있어야 한다. 이번 프로덕션의 경우 완성도 높은 작품을 만들지 못한 요인을 예술가들의 몫으로 돌릴 수만은 없는 이유도 바로 이 때문이다. 이런 유형의 작업은 극장 측의 충분한 지원이 있어야 예술성 높은 소위 작품의 탄생이 가능하다.

서울시무용단의 〈밝산〉은 많은 공을 들인 흔적이 역력했다. 안무자이자 단장이 밝히고 있는, 신화를 배경으로 한 전통적 굿 형식이란 작품 성격도 부분적으로 표출됐다. 그러나 작품 전체를 통틀어 그것을 풀어내는 방법 면에서 보다 현대적으로, 아니면 보다 고전적으로 갈 것인지 분명히 할 필요가 있다. 이번의 경우는 어중간한 형태를 취했다.

이 두 해체 방식 면에서 하나를 택해 일관성을 유지하고, 춤 구성에서의 다소多少와 완급을 조절하는 기술적 처리 그리고 의상이나 조명, 음악 등에 있어 통합효과를 강화한다면 이 작품은 충분히 레퍼토리화할 만한 작품이다.

최근 들어 우리나라를 대표하는 일급 안무가들이 대형 공연장에서의 대형 작품 제작에 매달리면서 그들이 갖고 있던 특유의 안무 감각이 자꾸만 사라지고 있다는 안타까움을 갖게 된다. 1시간이 넘어가는 시간을 채우는 과정에서 스태프의 이런저런 요구가 춤작가로서의, 춤안무가로서의 무용가들의 감각을 빼앗아 가는 것만 같다.

우리나라의 대표적인 직업무용단의 책임을 맡고 있는 무용가들의 그 옛날 범상치 않았던 안무 감각들이 되살아나기를 기대한다. 대작만을 고집하지 않고 중편 정도의 작품을 창작의 근간으로 삼는 것도 한 방안이 될 것이다.

밝산 2000

향로의 숨겨진 신화 살려내기, 서울시무용단의 〈밝산〉 공연

이근수 / 『뮤즈』 2000. 12

미국의 추수감사절은 11월 넷째 주에 있다. 고구려와 삼한시대 추수감사 의식이었던 동맹東盟이나 무천舞天도 지금 절기로는 11월에 열렸다. 들판에 여물어가는 황금빛 벼 이삭과 나무마다 소담스럽게 열린 과일이 10월의 풍요로운 볼거리이지만 11월까지는 추수를 기다려야 했기 때문이리라. 이 11월, '서울시무용단'(임학선)의 〈밝산〉이 세종문화회관 대극장 무대에 올려졌다(11월 9~10일). 동북아시아 지역에 고전되어오던 천지개벽의 신화를 창작춤 형식으로 재현한 작품으로, 25년 연륜의 시립무용단 시절을 접고 새롭게 탈바꿈한 '서울시무용단'이 1년의 산고 끝에 시민들에게 보여준 특이한 작품이다.

이 작품의 특이성은 우선 1992년 발굴되어 국보 287호로 지정되고 '백제 금동용봉 봉래산 향로百濟金銅龍鳳蓬萊山香爐'란 긴 이름이 붙여진 문화재를 무대로 끌어내어 한국춤사위로 풀었다는 데에서 찾을 수 있다. 이 향로는 정말 대단한 이야깃

거리를 감추고 있다. 64센티미터밖에 안 되는 자그마한 키에 정교하게 조각된 용이 포효하면서 바다 한가운데에 봉래산을 토해내는 형상이다. 용이 토해낸 산의 정상엔 날개 편 봉황이 여의주를 물고 있으며, 파도 위에 얹힌 듯 날렵한 자태의 산에는 74개의 크고 작은 봉우리가 솟아 있고 산 굽이굽이마다 십장생을 포함한 65마리의 형형색색의 동물과 5명의 악사를 포함한 18인의 신선들이 숨겨져 있다.

이 산이 '밝산'이다. 밝산(shining mountain, 朴山 또는 白山은 밝은 산이고 빛나는 산이다. 빛은 생명이니 '밝산'은 이 땅에 생명이 움트고 인간의 역사가 시작된 전설의 땅을 일컫는다. 그 전설은 환웅 이전의 마고신화麻姑神話로부터 비롯되고, 작품 역시 광활한 우주를 상징하는 뒤편 검은 벽면에 별처럼 떠 있는 세 여신인 마고(최효선)와 두 딸 궁희(하경숙), 소희(김현주)의 모습에 흰빛 조명이 투사되면서부터 시작된다.

향로 속으로 숨어든 고대신화를 춤으로 풀어내고자 할 때 의미 전달을 위한 가장 중요한 요소는 빛과 소리이다. 작품 속에서 검은색은 우주이며, 흰빛은 생명이다. 밝은색은 태양이며 질서이고, 청색은 자연의 조화이다. 무대 위를 굴러가는 거대한 수레바퀴는 문명의 진화를 나타내고, 지상에 야기되는 환란과 전쟁은 보라색으로 표현된다. 색채의 미학을 최대한 살려내는 탁월한 조명(민경수)에 스펙터클한 음향(신혜영, 홍동기)이 보태지며 향로 속에 묻혀 있던 생물들은 서서히 살아나서 무대 위에서 춤추기 시작한다.

작품의 하이라이트인 '환란'의 장에서 김재득(치우천황)과 한수문(황제헌원)의 2인무가 하늘과 땅, 양대 세력 간의 치열한 대치를 차전놀이를 응용한 씨름 형식으로 표현한 것이 돋보이고, 넓은 대극장 무대를 거침없이 누비는 군무는 전쟁의 참혹함을 역동적으로 그려낸다. 죽은 자를 애도하면서 추는 계불의식의 솔로에서 갑자기 음악이 낮아지고 감정 표현을 자제한 춤사위가 객석을 숙연하게 만들어준다. 장면과 장면의 연결고리가 약한 감은 있지만 마지막 장인 '생명의 축제'에서 다시 살아난 조명과 음향이 잘 어우러지며 평화에의 염원을 연출하는 군무가 작품을 풍성하게 끝맺음해준다.

'춤은 움직이는 조각품'이란 새로운 수식어와 함께 죽어 있는 유물에 생명을 불어넣을 수 있는 춤의 매력을 새삼 느끼게 해준 작품이었다.

밝산 2000
고대 전쟁 장면-부채춤 등 현대적 변용 탁월

성기숙 / 『스포츠조선』 2000. 11. 16

서울시무용단 〈밝산-그 영원한 생명의 터〉

한국의 무용계에서 서울시무용단은 창삭춤의 진원지이자 그 예술적 파장을 주도하는 대표적인 단체이다. 초대 단장인 문일지, 2대 배정혜, 그리고 1999년 부임한 임학선에 이르기까지 현대 창작춤의 명성 높은 안무가들이 이미 경유했거나 현재 포진, 현대예술춤 운동의 가장 굳건한 모태로 평가받기도 했다.

이 같은 전통을 배경으로 임학선 단장이 단장 부임 후 첫 작품으로 선보인 〈밝산-그 영원한 생명의 터〉(11월 10~11일, 세종문화회관 대극장). 백제 대향로를 소재로 마고신화와 치우천황, 황제헌원 등 고대 동북아시아 신화 속 인물들을 등장시켜 우리 민족의 시원성에서 인류 미래의 꿈을 찾는다는 것이 기획 의도였다.

이렇듯 고대신화를 소재로 한 〈밝산〉은 어려운 주제를 어떻게 알기 쉽게 풀어가느냐가 애초의 관건이었다. 백제 대향로의 떠오름과 시작된 존재의 시원성은 무대 높이 2/3 지점에 위치한 삼신의 탄생으로 신비감을 더했다. 이어진 별의 탄생에서는 환희와 축복으로 밝음의 미학을 선사했고, 5미터 크기의 수레바퀴를 등장시켜 표현한 환란에서의 전쟁 장면은 특히 압권이었다. 고구려 벽화 중 각저희(씨름)의 변용적 동작을 구사한 치우와 황제헌원의 대결무는 왕성한 생명 에너지로 승화됐고, 양편으로 갈라선 차전놀이 형식 군무의 집단 대결무는 시종 절도 있는 무게감으로 극적 긴장감을 배가했다.

후반부 단오풍습 벽사진경의 의미를 붉은 부채춤으로 표현한 무당의 부적춤 등 '전통의 현대적 변용'이라는 안무자 임학선의 오랜 화두는 이번 작품에서도 예외 없이 재현됐다. 부채춤으로 묘사되는 부적춤이기에 진부할 것이라는 예상을 뒤엎고 매우 세련된 예술적 감각이 덧붙여졌다. 치우의 김재득과 황제헌원의 한수문은 이번 공연의 일등공신이라 할 만큼 주어진 역할을 제대로 소화해냈다. 시종 경외로움과 떨림으로 온몸을 들썩이며 한삼춤을 춘 왕무당 역 박영순의 연기 또한 일품이었다.

〈밝산〉은 특히 기존에 고수해온 임학선의 창작 스타일을 새로운 국면으로 전환시킨 독특한 안무방식으로 주목받았다. 4000석 규모의 큰 극장 공간과 처음 대면한다는 약점을 안무자는 교묘한 표현어법으로 무난히 극복해냈다. 특히 첨단 조명기기 사용이 돋보였는데, 첫 장면에서 백제 대향로의 떠오름과 중반부 태양화 뜨는 장면, 그리고 환란의 전쟁씬에서 붉은색 위주의 현란한 조명은 작품의 극성을 긴장감 있게 유도하였고, 스펙터클한 극장성을 부각시키는 데 결정적으로 기여했다. 이로써 임학선은 서울시무용단 3대 단장으로서의 첫 관문을 화려하면서도 성공적으로 통과한 셈이 됐다.

밝산 2000
스펙터클과 간결미의 조화

이종호 / 세종문화회관 『문화공간』 2000. 12

모든 예술가와 예술단체는 자신만의 독특하고 우수한 예술능력을 보여주어야 한다는 심리적 부담을 지니며 시나 국립단체의 경우 한 가지 부담을 더 안게 된다. 그것은 순전한 예술성 못지않게, 전문가가 아닌 일반 시민들에게도 보는 즐거움을 선사하거나 어떤 각별한 인상을 갖게 해줘야 한다는 점이다.

임학선이 서울시무용단 단장직을 맡은 이후 첫 작품인 〈밝산〉(11월 10~11일, 세종문화회관 대극장)은 그런 관 단체 책임자의 고민을 잘 보여준다. 이 고민스러운 숙제를 임학선은 스펙터클을 지향하는 무대효과와 간결하고 절제된 안무 스타일의 대비 혹은 조화를 통해 풀어 나가려 애썼다. 잘 알려지지 않은 역사(혹은 신화) 속의 인물 치우천황의 이야기를 바탕 삼아 전쟁과 대립의 이원적 세계로부터 화해와 공생의 세계로 나아가는 모습을 그린 이 작품은 한국무용 계열의 창작가들이 이런 주제를 다룰 때 흔히 빠지기 쉬운 단순 대비의 구도를 피하기 위해 몇 가지 효과적인 수단을 동원했다. 우선 하늘에서 지상을 내려다보고 있는 백색 신들의 자태와 동작이 작품 전편에 걸쳐 은은한 신비화 효과를 뿌리고 있었다.

전체적으로 굿의 형식을 바탕에 깔면서 역동적인 군무를 대칭과 비대칭의 구도로 적절히 번갈아 연출한 것도 80분이라는 공연시간을 지루하지 않게 만든 요인이 됐으며, 우주 탄생을 형상화하기 위해 고구려 벽화의 사신도를 차용, 바람·번개·비의 조화를 묘사하거나 고대 동양 천무도의 별자리, 십장생도 등을 무대미술이나 소품 따위로 쓴 것은 전통적 소재의 활용을 통해 주제를 부각시키기에 적절한 발상이었다. 차전놀이를 응용한 전쟁 장면이나 부적의 활용도 그와 맥락을 함께하는 것들이다.

그가 오랫동안 연구해왔던 태극구조의 춤동작들이 반영된 것으로 보이는 이번 작품의 안무동작들은 간결하면서도 힘 있는 것들이 주류를 이루었으며 〈인다리〉나 〈민들레 왕국〉 등 그의 과거 대표작들과 궤를 같이하면서도 한결 정갈하게 다듬어졌다는 인상을 준다. 또한 각 장마다 색다른 춤들로 구성함으로써 하나하나를 작은 춤공연처럼 이어 나간 것도 흥미를 자아냈다.

한 가지 아쉬운 점은 무대의 스펙터클 효과가 의도한 만큼 충분히 살아나지 않았다는 점이다. 이는 연출력의 문제보다는 제작 여건의 미흡에 기인하는 것이 아닌가 생각된다. 우리 무대인력의 평소 실력이나 전반적인 수준으로 보아 그렇게 짐작된다는 말이다. 세종문화회관의 무대는 무자비하게 넓어서 이런 규모의 공연을 하려면 춤이나 연기 못지않게 조명, 무대미술, 장치, 의상 등에도 상당한 투자를 해야 하는 실정이지만 현실은 그렇지 못한 것 같다. 그러나 갈수록 빡빡해지는 재정 문제를 해결하기 위해 결국 좋은 작품으로 승부를 내야 한다는 데 동의한다면 필요한 만큼의 초기 투자는 불가결한 것이다.

또 다른 한 가지는 작품 전개에 있어서 '전쟁과 대립의 장'에서 '화해의 장'으로 넘어가는 과정이 다소 어설프게 느껴진다는 것이다. 앞부분의 대형 군무와 활달한 움직임에서 뒷부분의 상대적으로 차분한 움직임으로 이어지는 지점에 어떤 전화의 맥점이 있었더라면 좀 더 분명하면서도 자연스러웠을 것으로 여겨진다.

무용 작품으로는 보기 드물게 그 드넓은 객석의 3층까지 단단하게 채웠던 이번 공연은 몇 가지 아쉬움에도 불구하고 시 단체로서의 기능을 충분히 수행하리라는 가능성을 보여주었다. 그러나 예술성과 대중적 접근성의 양립이라는 결코 쉽지 않은 과제를 풀어 나가기에 서울시무용단 혼자로는 역부족임이 물론이다. 무용단의 예술적 능력 제고와 함께 서울시와 세종문화회관의 적극적이고 효율적인 공동 전략이 필요한 시점이다.

밝산 2000
Presents Spectacle of Harmony

Lee Jong Ho / 『The Korea Times』 2000. 11. 21

All artists and performing art groups feel a psychological burden that they have to show their own unique and superior artistic abilities to the audience as well as critics.

In the case of national and municipal performing art groups, they bear the additional burden of being dependent on public finances. In addition to pure artistic creativity, they feel an obligation to present visual pleasure or leave a special impression on everyday citizens.

<Shining Mountain>, the first production of the Seoul Metropolitan Dance Theater since Lim Hak-sun became its head, which was staged Nov. 10-11 at the Sejong Center for Performing Arts, well reflects the worries of those in charge of such public organizations.

It is not easy to create something Korean in nature, while keeping in line with the traditions and character of the group, especially in dance, which the public finds particularly inaccessible compared to other genres. Nor is it easy to present a performance that both parades the artistic talents of the choreographer and dancers, providing a feeling of familiarity to the audience at the same time.

In today's situation, where artistic organizations are pressured to become organizations are pressured to become financially self-supporting, it seems less likely for the dance genre, which lacks popularity, to find a firm footing.

Lim has endeavored to find a solution to this dilemma by presenting a spectacle onstage and contrasting or harmonizing a concise and moderate choreographic style.

With the story of Chiu (heavenly king), an unfamiliar mythical character as a background, this performance, depicting a story of escape from a dual world of war and conflict to reach a world of reconciliation and coexistence, mobilized some effectual measures to avoid a simple contrasting structure (Frankly, how many such performances have been staged already?).

The figures and movements of the snow-white gods looking down at the earth from the sky sprinkled a faint mystic ambience throughout the whole performance.

On the whole based on "kut," a shaman ritual, the 80-minute performance was prevented from becoming tedious by a dynamic group dance alternating symmetrical and unsymmetrical compositions.

Also, the theme was accentuated by the use of traditional subject matters, such as borrowing from "Sasin-do," (a Koguryo mural painting of four symbolic animals - dragon, tiger, phoenix, turtle) and depicting the creation of wind, clouds, lightning and rain in order to portray the birth of the universe. Other examples were the use of constellations from an ancient Asian astronomical chart and "Shipchangsaeng-do," (a picture of the ten objects symbolizing youth and longevity) as artworks and props on the stage, the application of "Chajon-nori," (a traditional folk game) in the war scenes and the utilization of amulets.

Compared to these visually stimulating props, the choreography was moderate and suggestive; it seemed as though the choreographer had been worried that the performance would become too representational.

Seemingly, the dance moves of the Taeguk structure, which Lim had been working on for a long time, were reflected in the choreography of this performance. The choreography is for the most part concise and powerful and is in line with that of his representative works in the past, such as <Indari (Life Bridge)> or <The Dandelion Kingdom,> while giving the impression of being more neatly polished than before. Also, by composing differ ent original dances for every scene, Lim made each scene seem like a short dance performance in itself.

One regrettable point was that the spectacle-like presentation of the stage did not quite fulfill expectations. I consider this to have more to do with inadequate circumstances rather than with the production, judging by the capabilities and general standards of Korean stage crews.

The stage at Sejong Center for the Cultural Arts being mercilessly wide, a great deal of lighting, stage props and costumes in addition to the acting and dance in such large-scale performances as this one, but the reality cannot meet those high standards. However, in order to solve the worsening financial problems, there have to be more performances of superior quality, which means that initial investment is essential.

Another point regards the development of the plot. The process of passing from the stage of war and conflict to that of reconciliation was somewhat awkward. It would have been clearer and more natural if there had been a distinct turning point, linking the large-scale group dance and the vigorous movements of the first part to the more serene dance of the latter part.

Though there are some points of regret, the performance filled the vast hall to the third floor, a rare event for a dance performance, showing potential that the group will carry out its role as a municipal organization.

However, the metropolitan dance troupe will not be able to solve the difficult problem of harmonizing artistic creativity with public accessibility on its own. Right now, in addition to raising the artistic ability levels of dance troupes, we need an active and efficient joint strategy between the Seoul municipal government and the Sejong Center for Performing Arts.

밝산 2000
춤사위로 여는 동북아 창세신화

박천규 / 『일간스포츠』 2000. 11. 3

마고신화·치우천황의 전설 소재로 전통·현대 넘나드는 춤·선율 선보여

"마고신화를 아시나요."

서울시무용단이 11월 10~11일 오후 7시 30분 세종문화회관 대극장에서 선보이게 될 초대형작 〈밝산(Shining Mountain)〉(안무 임학선, 연출 김효경)은 화두를 던진다.

〈밝산〉은 역사에 파묻힌 '마고신화'와 '치우천황'의 전설을 소재로 삼은 대형극. 80여 명의 무용수를 동원, 스펙터클한 무대를 선사한다.

'마고신화'는 검증되지 않은, 일종의 동북아시아판 창세신화다. 우리가 흔히 '삼신할머니'라고 부르는 '삼신'이 바람, 구름, 비, 번개 등의 자연을 만들고 태양의 아들 '치우천황'까지 탄생시켰다는 전설. 〈밝산〉은 이 천지개벽의 과정을 춤사위로 형상화한다. 춤의 표현기법은 전통굿을 기초로 한 현대적인 느낌. 삼신을 불러내는 '굿춤', '십장생춤'과 씨름 형식의 '전쟁춤' 등 다양한 전통 코드를 담는다.

1부 '세상의 탄생'에서는 고구려 사신도 벽화의 별자리 그림에서 착안한 안무를, 2부 '치우천황의 태평성대'는 민간신앙에서 불로장생을 상징하는 '십장생'의 형태와 움직임을 응용한다. 치우천황과 황제헌원과의 전쟁이 묘사되는 3부가 〈밝산〉의 클라이맥스. 문명의 이기를 앞세운 황제헌원의 침범은 수레바퀴로 표현되고, 차전놀이와 씨름에서 착안한 몸짓으로 전쟁의 이미지를 담는다.

서울시무용단 임학선 단장은 "1999년 부임 직후부터 이 작품 준비에만 매달려왔다"면서 "작가와 함께 사료 조사와 현지답사 등 충분한 검증을 거쳤다"고 말한다. 지난 10월 30일에는 마고설화에 대한 첫 학술 심포지엄이 열리는 등 학계의 주목을 받고 있다. 음악은 선율보다는 소리 하나하나를 강조, 벌거벗은 자연의 느낌을 살린다. 사물놀이 리듬과 궁중음악, 현대적인 사운드까지 장르를 넘나든다. 서울시무용단 단원 30여 명 이외에 50여 명의 무용수를 외부에서 캐스팅했다.

밝산 2000
태초에 우주는 이렇게 춤추었다

김현정 / 『중앙일보』 2000. 11. 7

한민족 이상향과 황제, 치밀한 고증 끝에 재현

우리 민족 태초의 이상향인 밝산과 고대 신비의 인물 치우가 무용을 통해 재현된다. 서울시무용단이 11월 10~11일 오후 7시 30분 세종문화회관 대극장에서 〈밝산-그 영원한 생명의 터〉를 선보이는 것. 이번 공연에서 가장 주목할 만한 사항은 치밀한 학술연구를 기반으로 작품이 만들어졌다는 점이다.

이 작품의 주인공은 다소 생소하게 느껴지는 치우천황. 귀면와鬼面瓦에 새겨진 도깨비 얼굴이 바로 치우의 것이라는 주장이 있는가 하면, 평양 단군릉 등에 치우상이 있음을 보면 생각보다 우리와 그리 멀지 않은 인물이라는 것을 알 수 있다.

옛 문헌을 통해 본 치우는 단군보다 300~400년 먼저 살았던 실존인물로 최근 학계의 주목을 받고 있다. 이에 서울시무용단은 지난 10월 말 사단법인 한배달 ·

치우학회와 공동으로 제1회 치우 국제 학술 심포지엄을 주최하는 등 공연에 앞서 학계의 철저한 고증을 거치며 작품을 준비했다.

작품은 마고, 궁희, 소희 등 삼신의 탄생으로부터 시작한다. 비·구름·바람·번개의 생성, 별들과 태양의 아들 치우천황의 탄생으로 태초의 세상은 제 모습을 갖추어간다.

이 작품이 그리고 있는 밝산이란 치우가 다스리는 세상으로, 모든 생명이 서로 조화를 이루는 신선세계다. 그러나 이러한 이상향은 황제헌원의 침략으로 표현되는 문명의 발달로 인해 곧 파괴되고 만다. 결국 밝산은 멀리 있는 것이 아니라 바로 우리가 살고 있는 이 세상이며, 그러기 위해서는 인간과 자연이 하나 되는 조화를 필요로 한다는 것이 이 작품의 메시지이다. 안무 및 구성은 임학선 서울시무용단 단장이 맡았으며, 서울시무용단원 외에 성균관대 무용학과 동문 등 80여 명의 무용수가 출연하는 대형 무대이다.

고구려 고분의 '사신도', 동양 천문도인 '천상열차분야지도', 국보 287호 백제 대향로가 담고 있는 신선계의 모습 등 다양한 유물의 이미지와 고대 씨름인 각저희(치우희)와 차전놀이 등 전통 문화유산을 장면마다 응용한 것도 독특하다. 전통적인 소재를 다뤘지만 안무나 의상에는 현대적인 요소를 과감히 도입해 충분한 볼거리를 제공하겠다는 것이 서울시무용단의 각오이다.

밝산 2000

태양신 '치우천황'이 춤춘다, 신화 복원한 창작품 〈밝산〉

이형석 / 『스포츠조선』 2000. 10. 26

환경 파괴 풍자-평화 기원 메시지

"치우천황을 아십니까?"

잘 모르겠다면 한국 국가대표 축구팀 응원단 '붉은 악마'의 깃발에 그려진 그림을 떠올리면 된다. 민족의 수호신 '치우천황'이 등장하는 한국 전통 신화를 복원, 무용으로 재조명한 창작품 〈밝산〉을 서울시무용단(단장 임학선)이 11월 10~11일 오후 7시 30분 세종문화회관 대극장 무대에 올린다. 이 공연의 가장 중요한 화두이자 타이틀인 '밝산'은 '밝은 산'을 뜻하는 말로 우리 민족 신화에 나타난 '이상향'이다. '밝은 빛이 세상을 널리 밝히고 이롭게 한다'는 사상을 우리춤으로 형상화한 작품.

이야기는 국보 287호인 백제 금동 용봉 봉래산 향로가 담고 있는 민족 창생 신화 '마고신화'로부터 출발한다. 빛과 소리로부터 탄생한 태초의 어머니 마고는 궁희와 소희를 낳고, 이 두 딸은 네 자녀를 낳아 각각 땅과 물, 생명, 불을 담당하게 한다. 이렇게 이루어진 세상 속의 별들이 은하계를 이루고 태양신 치우천황이 탄생하게 된다. 치우천황은 평화와 빛의 세계인 '밝산'을 가꾸어가지만 수레바퀴를 탄 황제헌원이 침범해 밝산을 파괴하고 세상은 혼란과 암흑에 휩싸인다.

밝산을 수호하려는 치우천황과 이곳을 범하려는 황제헌원 간의 대결이 중심축을 이루는 이 작품은 결국 현대인의 이기적 욕망과 환경 파괴적 문명을 꼬집고, 평화와 화합을 기원하는 한판 생명굿을 풀어내겠다는 의도를 담고 있다. 총 100명이 출연해 1시간 40분간 무대를 채우는 대규모 공연이다.

밝산 2000

아득한 신화의 시대로… 〈밝산-그 영원한 생명의 터〉

『조선일보』 2000.11.2

〈밝산-그 영원한 생명의 터〉 공연

서울시무용단이 무대에 올리는 〈밝산-그 영원한 생명의 터〉(11월 10~11일, 세종문화회관 대극장)가 관객을 아득한 신화의 시대로 데려간다.

"태초에 빛과 소리로부터 어머니 마고가 태어나고 다시 바람, 구름, 번개, 비가 생긴다. 태양의 아들 치우천황이 십장생이 어우러지는 평화로운 세계를 다스린다. 그러나 문명의 발달로 인간성이 황폐화되고 갈등이 번지며 전쟁이 터진다. 붉은 부채를 든 무녀들의 제의로 세상에는 다시 생명이 넘친다."

이처럼 장대한 스케일의 무용극을 준비한 임학선 단장은 "밝산은 동북아시아 신화 속에 나타나는 이상향"이며 "치우는 단군 이전 민족사를 증언하는 실존인물"이라고 말한다. 또 "작품에 태초의 빛과 소리, 조화로운 우주, 파괴된 환경 복구, 참다운 인간성 회복 등 광범위한 생명사상을 담았다"고 설명한다. 고구려 고분벽화풍 무대가 관객들을 아득한 시절로 이끌며 상상력을 자극한다. 무용은 전통굿 형식을 현대적으로 풀어낸 '굿춤 형식'이다.

4. 태극을 주제로 한 작품

임학선 춤작가 데뷔 20년 기념공연 태극구조기본춤 1998

무용 기본기법의 당위성과 임학선 춤의 태극구조

이상일 /『여유와 극복의 춤새김질』1999

(1)

최근 들어 거의 모든 한국 무용가들은 자기들 나름의 표현기법을 춤본, 무용 기본 등의 이름으로 정리·발표하거나 준비 중에 있다. 나는 그런 기본기법의 창출을 무용언어의 알파벳, 혹은 닿소리, 홀소리의 한글 자모子母로 간주한다. 이와 같은 자모로 꾸며지는 맞춤법이 들어서 비로소 한국무용의 문법이 이루어지고 언어의 개발이 가능해질 수 있다.

우리의 전통무용은 어쩌면 스승과 제자 사이에서 이심전심으로 전수되어 내려오는 비의秘儀의 전달수단을 중시하는 것처럼 보인다. 무예의 각종 비법은 유파에 따라 자기들 기법의 신비함을 강조하기 위하여 학문적인 연구체계도 없이 알아들을 수도 없는 수수께끼 주문 같은 말들을 엮어 짜 맞추어 이른바 근원을 알 수 없는 서책을 비본秘本으로 전한다. 그 비본을 신성시하여 자구字句 하나 바꾸지 않고 외우게 하며 권위는 덧칠하여 제자들을 속이면 또 그 제자들도 어리석게 그것만이 진리인 것처럼 자신들이 입신지경에 이르렀다고 자부한다. 따라서 극단적으로 말하면 이 세상의 기서奇書는 것들이 사실은 별 내용도 없고 어쩌면 무예의 발전마저 가로막는 장애요소가 될 수도 있다.

이른바 예술의 경지·수준이라는 것도 유파에 따라 스승과 제자 사이에 자기 유파의 권위를 높이고 신비감을 더하기 위하여 근원을 알 수 없는 수수께끼 같은 주문으로 전달되는 기법의 전수가 없다고 할 수 없다.

이심전심이라는 것은 학문적인 연구체계가 이루어지기 전에 이른바 직관으로 전달되는 교육방법이 아니었을까. 그러나 교육방법이 과학화되고 연구체계가 갖추어지면 직관으로 전달되는 이심전심이라는 전통적 방법으로는 보편적인 훈련이 이루어지지 않는다.

나는 문법이 없고 언어가 없는 전통무용을 위한 학문적 연구체계가 누구에 의하여 선편을 놓게 될지 궁금하다. 북조선에서 최승희의 무용기법이 나온 것은 획기적인 사실이었다. 그러나 한국에서는 전통무용 기록으로서 〈무보舞譜〉 작성이 고작이었다. 무보는 무용언어로 넘어갈 만큼 체계적이지 않은 것이 흠이다.

한국 무용가들이 자기의 무용기법을 전수하려면 저마다의 노하우에서 우러나는 방법론이 없을 수 없다. 그러나 노련한 대가들도 제대로 이론적인 수련을 받지 못했기 때문에 대체로 자기가 전수받은 대로 도제적인 이심전심의 수법으로 무용교육을 대치해 나온 것이 사실이다. 한국무용의 대가들, 선배들이 해내지 못한 교육적 방법론을 대학에서 제자들을 가르치던 무용과 교수들이 조금씩 자기의 방법론에서 무용의 기본틀을 만들기 시작했다. 그렇게 발표된 것이 김매자의 〈춤본〉 같은 작품이다. 따라서 춤본은 한국 전통무용의 기본을 체계화시키며 한국무용의 기본문법을 만들어내려는 노력의 결실이다. 그러나 문법은 체계적으로 다듬어지면 교과서처럼 고정되어 무용문법을 통한 언어로써 '무용문장(론)'을 만들어 나가야 하기 때문에 창작 작품이 되어서는 곤란해진다. 알파벳 맞춤법이 언어로 문법화되어 글로써 문장이 되기까지에는 몇 가지 단계가 있어야 할 것이다. 한글 자모의 글자꼴이 맞추어지고 그것이 가나다…라는 글자가 되어서 그 글자로 문장이 구성되어 시나 소설이나 희곡 형식의 작품이 만들어져야 하듯이 무용의 기본틀은 무용예술작품을 만들어내기 위한 바탕이 된다. 그런 과정과 절차를 생략한 채 무용은 이심전심으로 전달되는 것이라는 전래의 교육방법은 일종의 종교적 수도방식이다. 그것은 예술교육의 정도正道는 아닌 것이다.

그러나 국악 분야의 교육은 대개 그런 이심전심의 전달방식이어서 제대로 대학에서 교육을 받은 무용가들은 그런 점에서 가르치는 쪽에서나 배우는 쪽에서나 한국무용의 기본틀에 대한 체계적인 '교본'의 필요성을 절감한다.

그러나 무용교육자들이 저마다 모두 제 나름대로의 노하우를 가지고 자기 체험에 의한 교본을 마련하는 경우, 그런 사적인 방법으로는 한국 전통무용의 통일된 교본이 마련될 수 없다는 이치는 뻔한 것이다. 거기에도 무용교육자가 아닌 무용예술가들이 자기들의 방법론을 기본기법, 춤본, 교본으로 규정짓지 않고 그 자체를 하나의 '작품'으로 승격시켜버리면 무용을 배우는 학생이나 관객이라는 아마추어들은 한국무용의 원리에 대해서 예술가들 숫자만큼의 각양각색의 전개방식 때문에 헤매지 않을 수 없다.

무용의 교본은 원리의 제시이다. 그런 점에서 무용의 기본법은 무용언어와 무용문법을 적어놓은 과학이며, 따라서 그것은 철저히 객관적이지 않을 수 없다. 그 객관성은 무용언어와 무용문법에 대한 조직화이며 체계화이고 그다음에 작품으로 승격되어야 할 것이다.

(2)

한국무용에 있어서는 이 순서가 뒤바뀌어 있다. 먼저 작품이 있고 난 다음 문법과 언어가 제시되고, 그다음 결과적으로 교본·춤본이 나오게 된다는 것이다. 먼저 작품 활동이 있고 난 다음 자기 작품 제작과정에서의 노하우가 쌓이면서 한국무용의 원리에 대한 인식이 체험적으로 끓어지고 원리에 대한 회귀심성이 강해짐으로써 각자 자기의 경험에 의한 교본이 이루어져 나오는 것이다.

그것은 교단에서 각론各論에 대한 연구가 어느 정도 체계적으로 이루어진 다음 개론이나 원론이 쓰여지는 학문의 연구과정으로 봐서 그 역逆 또한 타당하다고 말할 수 있을 것인가.

그렇게 하여 무용예술가들이 그들의 경험과 탐구에 의해 무용교육자의 위치를 확보하기 위한 '교본'을 만들어내기 위하여 무용문화 공동체의 여론을 수렴하고 공감을 얻기 위한 교본의 원칙에 대한 타협과 화합이 이루어져야 할 것이다. 교본의 원칙에 대한 의견 일치라는 조건을 채우기 위해서는 작품 수준으로 주관성보다는 교과서 같은 과학적 객관성이 있어야 한다는 전제는 당연하다.

그런 객관성을 제시하기 위하여 무용이라는 이 추상적·관념적 예술행위에 과학적 분석과 논리적 체계화가 선행될 수밖에 없고, 그런 선행 작업을 위하여 누가 얼마만큼 연구 업적으로 무용계 전반과 일반 관객들을 수긍시키느냐가 관건이 아닐 수 없다.

임학선 무용의 기본틀은 그가 이론적 배경으로 찾아낸 필체筆体, 학체鶴体, 궁체弓体의 삼위일체적 통합체계로서의 태극구조이다. 문제는 이 태극구조 이론이 얼마나 우리를 설득시키느냐에 달려 있다.

나는 임학선 무용세계의 성장과정을 세 단계로 나눈다. 내가 처음 그녀를 만난 것은 70년대 중반 그녀가 이화여자대학 대학원에서 무당 이지산을 연구대상으로 무속춤 현지조사에 몰두할 무렵이었다. 그녀의 연구는 논문「진오귀굿의 무당춤에 대한 고찰」로 일단 마감되었고, 그 연구결과는 이후 그녀의 창작무용공연으로 형상화된다. 그리하여 임학선 무용의 첫 단계는 무속무용의 신무용화 내지는 현대화라고 말할 수 있다. 70년대 후반부터 80년대 초반에 걸쳐 무속의 창작무용 계열(〈고시래〉, 〈새다림〉, 〈불림소리〉, 〈지혼〉, 〈인다리〉)은 "이 시대의 우리춤을 추자"는 창무회 창단이념과 실험정신을 그대로 대변하는 것이다.

제2단계로 임학선 무용세계는 창작실험에서 전통적 서정의 형상화 내지는 여성 특유의 섬세함의 무대화라고 해야 할 것이다. 내가 임학선 교수를 무용예술가로 만나기 시작한 것은 이 무렵, 〈우리, 둘〉(1986년 12월)이라는 작품을 통해 동생 임현선과 함께 두 자매의 혈연의식을 예술로 승화시켜 소재와 무용 표현기법을 한 단계 끌어올렸을 때였다. 여성 특유의 전통적 서정성은 〈날개옷〉, 〈민들레왕국〉, 〈마음꽃〉 등에 스며 있는 섬세한 심성과 부드러운 유연성, 그리고 다양한 무용기법으로 절정을 이룬다.

제3단계는 역사성, 시사성과 관련된 거시적 안목의 도출이다. 일본군 위안부를 소재로 한 〈나무비〉, 무용총 소재의 〈고구려의 혼〉, 〈흰 새의 검은 노래〉, 〈비무장지대에 서서…〉 등은 무속을 통한 전통무용의 영역 확대와 한국무용의 새로운 창작실험 속에 곱게 나래를 접었던 서정성을 보다 넓은 시야로 풀어내는 일련의 작업이 아닐 수 없다.

그런 작업과정에서 얻어낸 춤꾼과 안무자로서의 체험 및 노하우가 마침내 임학선 교수로 하여금 자기 나름의 한국무용 기본틀을 갖게 만든 것이다.

따라서 그녀의 기본틀도 크게는 최승희의 민족무용 기본기법이나 김매자의 춤본, 그 외 윤덕경, 김영희, 그리고 손인영의 한국무용 기본기법과 일맥상통하는 것이다. 특이한 것은 최승희가 기본기법을 교본형식으로 간주하는 반면, 창무회 멤버들의 경우는 저마다의 방법론을 집약시킨 기본춤을 하나의 작품으로 간주하고 있다는 사실이다. 작품으로서의 기본춤은 아직 교본춤으로 교과서라고 말하기는 어렵다. 적어도 교본이 되려면 그만큼 체계적 논지가 명증해야 할 것이다.

그런 점에서 보면 임학선 무용의 기본춤은 이심전심의 구도求道적 단계에서 과학적 객관성을 제시하고 있다. 무엇보다도 필체, 학체, 궁체의 춤사위 유형구조와 맺음·어름·풀음의 춤기법 구조, 그리고 점·선·원의 동작선구조와 정지·들숨·날숨의 호흡구조를 연계시켜 태극구조의 기본틀을 마련한 것이 이론적 체계로 설득력을 갖는 것이다.

대체로 각종 무용기법들이 몸만들기를 전제로 하는 데 비해 임학선 무용의 기본틀은 균형감각, 호흡감각, 신체적 유연성과 근육강화, 긴장과 이완 및 상승과 낙하의 조절을 위하여 다양한 한국무용 기법을 12단계로 묶고 그 12단계 하나하나마다 필체·학체·궁체의 춤사위 유형으로 순환시켜 36가지 춤동작을 전개시켜낸다. 그렇게 되면 연관성 있는 동작을 하나로 묶어서 정적인 동작과 동적인 동작을 저절하게 결합하여 연속적인 움직임이 가능해져서 무용언어의 문법이 이루어지고, 그 문법에 따라 무용언어가 문장이 되고 시가 되고 드라마가 될 수 있는 것이다.

그런 의미에서 〈태극구조기본춤〉은 필체·학체·궁체의 합체로 한국적, 동양적 태극의 원리를 설명하고 해석하고 전개시키는 논리적 바탕을 갖게 되는 셈이다.

임학선 무용의 기본틀이 갖는 장점은 그런 문법과 언어로 얼마든지 표현기법, 곧 무용의 문장을 다듬어 나갈 수 있다는 것이다. 따라서 이 수용의 기본기법은 춤본이나 기본틀, 기초춤과 같은 이름을 딴 '작품'이 되어서는 안 되고 작품을 만들어내는 바탕으로서의 엄연한 교본이라는 사실에 긍지를 가져야 할 것이다.

임학선 춤작가 데뷔 20년 기념공연 태극구조기본춤 1998

〈태극구조기본춤〉의 가치

김태원 / 『공연과 리뷰』 1999. 11~12

창무회의 창단 멤버이기도 한 임학선의 창작춤 발전에 끼친 공헌은 여러 가지 측면에서 지적될 수 있다. 그러나 대표적으로 두 가지 정도는 여기서 지적해도 좋을 만한데 그 한 가지는 그녀가 대표적으로 〈인다리〉와 같은 작품에서 발전시켰던 제의적祭儀的 춤 스타일의 확립이다. 이 춤 스타일은 그 선배 세대(스승이기도 한 김매자와 배정혜)에서 어떤 명확한 형태를 갖추었다고 하기보다는 일종의 손쉬운 신전통무적인 개량적 춤으로서 또는 볼거리를 동반하는 춤으로서만 인식되었던 데에 비해, 임학선에 와서는 하나의 독립된 소재와 그에 따른 주제의식의 첨가에 있는 구조체構造體로 명확히 인식되었다. 그런 인식 위에 동료이자 후배이기도 한 최은희·김영희·강미리의 춤작업에 따르게 된다. 다음으로는 몰입의 춤 연기적 전통과 동시에 춤의 움직임에 있어서 어떤 입체적 조형성을 부여하였다. 특히 그녀의 〈민들레 왕국〉과 같은 작품에서는 최면적 연기력의 출현과 동시에 부드러우면서 매우 입체적인 춤의 형태미가 명징하게 출현하게 된다. 특히 입체적인 춤의 형태미에 있어서는 스승인 김매자의 자극을 무시할 수 없다.

이번에 새롭게 발표된 〈태극구조기본춤〉은 같은 창무회 출신들이 발표한 김영희의 〈호흡기본춤〉나 윤덕경의 〈기본춤〉와는 다소 다른 특징을 가졌다. 김영희의 것이 앉은 자세나 낮은 자세를 강조하면서 내면적 기氣의 엄격한 컨트롤을 통해 그것을 극대화시키는 경향을 갖고 있다면, 윤덕경의 기본춤는 다소 헐거운 듯한 자세에서 춤짓과 동작의 다양한 전개에 초점을 맞추고 있었다. 거기에 비해 임학선의 기본춤은 잠시 앉은 자세를 유지시키다가 곧 일어나며 상체의 앞에서는 손이나 팔의 움직임을 통해 호흡의 끌어올려짐이나 내려감을 지각케 만들고, 상체의 뒤편은 강한 허리의 받침에 의해 신체의 수직성의 유지를 꾀한다. 동시에 강한 뒤허리는 신체가 부드럽게 또 자유자재로 회전하는 기능을 돕는다. 따라서 상체는 호흡 리듬에 따라 상하의 팽창·수축을 꾀하면서 신체의 움직임은 모든 방향으로 자유자재로 움직이게 된다. 여기서 호흡에 따른 신체의 팽창 · 수축이 있는 자연성과 뒷허리를 이용한 힘의 견지와 자유로운 회전을 돕는 기능성이 결합하게 된다.

그런 자연성과 기능성의 결합은 구체적인 춤의 동작에 있어 '점·선·원'의 원리에 입각, 응축될 때와 이동하면서 이완해서 움직이게 될 때 거기에 따른 동작들이 따라붙게 된다. 특히 우리춤이 평면적인 춤짓이 적지 않게 되는 데 비해 임학선의 기본춤은 회전이 돋보이면서 춤의 방향이 자유스러운 것이 큰 장점으로 지적될 수 있다. 단지 하나, 여기서 임학선이 제시하지 못했던 것은 어떤 '힘의 강조'의 문제인데 이것은 동시에 '감정투입'과 연관될 수 있다. 마사 그레이엄의 테크닉이 단순한 동작형의 전개에 있지 않고, 동작형과 감정의 적절한 연계(가령, 응축의 동작에서는 불안감과 공포가 따른다는 것과 같은)에 있다고 본다면 이번에 발표한 〈태극구조기본춤〉은 일단 신체 몸풀이와 군무를 통한 유려한 앙상블 다지기에 큰 기여를 할 것 같다. 인간의 호흡을 지나치게 비밀스럽게 보지 않고, 자연스럽게 인간 기氣의 순환과정으로 보면서 춤의 형식적인 패턴 전개의 유혹에 빠지지 않았던 것은 이번 기본춤의 큰 장점이었던 것 같다. 나로서 임학선의 〈태극구조기본춤〉은 널리 보급되어 훈련될 만한 충분한 가치를 가진다고 보고, 오히려 그 기본춤 훈련을 통해 역으로 우리춤의 여러 동작체계를 춤추는 이마다 마음속으로 '재조직화'하는 그런 이점도 거기에 있을 수 있다고 본다.

임학선 춤작가 데뷔 20년 기념공연 태극구조기본춤 1998

태극구조기본춤의 구조

임학선 / 『성균타임』 2003. 4

한국춤은 한마디의 말로 명확하게 설명하기가 어려운 춤이다. 각자 춤을 보는 관점에 따라 다르기 때문이다. 흔히 한국춤의 특성을 거론할 때 흥과 멋, 정중동, 또는 한을 바탕으로 한 춤이라고 말한다. 만약 이러한 요소들이 춤을 이해하는 기준이 된다면 어느 민족의 춤인들 흥과 멋, 한이 없는 춤이 있을 수 있겠는가? 이렇듯 흥과 멋, 정중동, 한이 우리 민족의 춤에만 곁들여 있는 것은 아닌 것이다. 이렇게 한국춤을 이해할 수 있는 근거나 기준이 모호하다면 누구나 쉽게 이해할 수 있는 한국춤의 객관적인 설명은 가능한가? 만약 그 답이 가능하다면 그다음은 당연히 그 실체는 과연 무엇인가가 궁금해질 수밖에 없다.

일반적으로 춤이라고 하면 우선 춤추는 사람의 모습을 떠올릴 수 있다. 춤추

이 글은 『성균타임』 2003년 4월호에 게재된 영문 글 "Korean Dance of Dots, Lines and Circles"의 한글 번역 임을 밝힌다.

는 사람의 모습에서 우리는 동작을 생각할 수 있다. 그런데 이때 춤추는 사람의 동작은 일상적인 동작과는 확연한 차이가 있다. 즉 춤추는 사람의 동작은 일상적인 동작이 아니라 예술적 표현이 전제된 춤동작이 되어야만 하는 것이다. 그렇다면 일상적인 동작과 춤동작은 과연 어떤 차이가 있는가? 우리는 일상적인 동작을 가리켜 춤이라고 말하지는 않는다. 일상적인 동작이 춤이 될 수 없다면, 어떤 근거와 기준으로 그렇게 말할 수 있는 것일까? 그렇다면 일상적인 동작은 어떻게 춤동작이 될 수 있으며, 그 춤동작은 어떻게 해서 진정한 춤이 될 수 있을까? 여기에 대한 해답의 하나로써 '점–선–원의 태극구조'를 이루는 한국춤의 춤동작, 춤기법, 동작선, 호흡의 상호관계를 통해서 한국춤의 실체를 찾아보도록 한다.

1. 필체筆體·학체鶴體·궁체弓體의 춤사위 구조

한국춤의 춤동작은 필체·학체·궁체의 춤사위 유형구조를 이룬다. '필체'는 붓글씨를 쓰는 동작을 형상화한 동작유형으로, 실제로 붓글씨를 쓰듯 점을 찍고 그리고 당기고 흘리는 필법의 의미성을 부여한 춤사위이다. 서예書藝의 자세와 서도書道의 경지를 느끼며 글자를 하나하나 완성해가듯 고도의 집중을 요하는 동작형태로 필체는 한국춤의 정신적인 바탕이 되고 있다. '학체'는 학의 모습을 형상화하여 춤추는 동작형태를 총칭한 말인데, 우리 인간의 모습을 학에 비유하여 동작화한, 동물 모방적인 성격을 띤 춤사위로 전통춤 전반에서 가장 많이 사용되는 춤사위이기도 하다. 또한 '궁체'는 활의 모양과 활 쏘는 모습을 형상화한 춤사위이다. 활 모양처럼 팔을 둥글게 만든 동작형으로 '활체'라고도 한다. 원래 궁체는 궁도弓道에서 활

쏘는 자세와 활의 생긴 모습을 가리키는 말인데, 궁체의 춤사위는 궁도에서 활을 끌어당겨 마지막 순간에 쏘아 올림으로써 활쏘기가 끝나는 것처럼 필체에서 학체로 연결된 동작이 궁체로 이어져 동작의 완성을 이루게 되는 춤사위이다. 뿐만 아니라 정신집중을 통하여 미적 완성을 이루려고 하는 의도가 엿보이는 춤사위이기도 한다.

2. 맺음·어름·풀음의 춤기법구조

한국춤의 기법은 매우 다양하다. 맺고 어르고 풀어내는 기본기법 속에서 밀고, 당기고, 지숫고, 차고, 누르고, 꺾고, 튕기고, 구르고, 뛰고 하는 등의 다양한 춤기법으로 표현된다. '맺음'은 순간 멈춤의 정지상태의 동작을 말하는 것으로 숨을 들이쉬면서 멈추는 정지호흡에 의해 이루어진다. '어름'은 숨을 들이쉬는 들숨상태의 움직임을 말하는 것으로 들숨상태에서 몸의 흔들림으로 표현된다. '풀음'은 날숨상태의 움직임을 말하는 것으로 숨을 내쉬어 한 호흡을 마무리하는 단계에서 이루어진다.

필체유형인 '맺음'은 춤동작에서 악센트를 주며 숨을 들이쉬어 정지(멈춤)한 현상으로 감정을 집중시켜주는 독특한 표현기법이다. 이는 시각적으로는 정지를 의미하나 춤이 계속 흘러가는 과정이며, 상승을 느낄 수 있는 움직임의 연속으로 무無동작 상태인 것처럼 보이는 순간 정지기법으로 동작과 동작의 사이에서 이루어진다.

이와 같은 맺음기법의 동작은 고도의 정신집중을 요구하는 동작으로, 그 움직임은 숨을 죽이고 점을 찍듯이 가볍게 또는 무겁게 한 곳으로 집중하는 성격을 갖게 된다. 뿐만 아니라 이 기법은 외형적인 형태보다는 내적인 호흡의 흐름이 중요시되는 기법으로 몸속 깊은 곳으로부터 끌어당겨 맺어주는 동작이 주를 이루게 되는데, 이는 작은 점으로부터 무수히 많은 점으로 모아지는 과정에서 '동작의 여백미'로 표현된다.

학체유형인 '어름'은 일정한 동작 속에 내포된 몸의 흔들림으로 음악의 장식음과 같은 장식적 요소가 된다. 어름형의 춤사위는 정지동작 상태를 미세한 움직임으로 점차 확장시켜 맺음과 풀음을 조절해주는 역할을 한다. 뿐만 아니라 맺음의 긴장상태를 유연하게 풀어주기도 하고 고조된 감정을 진정시키는 역할을 하면서 다양한 멋을 내기도 하는 매우 기교적인 동작형태를 이루는 과정이라 할 수 있다. 이와 같은 어름기법은 동작과 동작의 연결 역할의 기능을 갖게 되며, 어름기법의 동작상태에서는 무수히 많은 점들이 모여 직선 또는 곡선으로 이어져 '점과 선의 조화미'로 표현된다.

궁체유형의 '풀음'은 미세한 움직임으로부터 시작하여 어름에 의해 점차적으로 상승된 움직임이 하나의 춤사위로 완성되는 단계이다. 완성 단계의 풀음은 가장 안정감을 주는 동작형태를 나타낸다. 풀음기법은 활시위를 당기는 정신집중과 활을 쏘는 듯한 강렬함을 함께 보여주는 동작기법으로, 사방으로 감정을 발산하는, 이른바 개방성과 자율성을 동시에 가지고 있다. 그 움직임은 감고 도는 원형의 상태를 이루어 원과 회전으로 연결되며 동작의 마무리를 위한 기능을 가지고 있다 하겠다. 풀음기법이 이루어지는 동작상태는 점과 선이 원으로 이어지며 다양한 선을 창출해내는 '독특한 곡선미'로 나타나는 양상을 볼 수 있다.

3. 점·선·원의 동작선구조

무용은 공간예술이므로 무용과 공간은 불가분의 관계에 있다. 춤동작에 의해 공간에 그려지는 동작선은 춤의 미적 특성을 결정짓는 중요한 요인이 된다. 한국춤의 동작선은 호흡에 따라 '점-선-원'으로 변화해 가며 다양한 동작선으로 확대된다. '점'은 맺음기법 수행 시에 호흡을 정지함으로써 유형 또는 무형의 점으로, '선'은 어름기법 수행 시에 숨을 들이쉬어 동작을 수행하는 과정에서 다양한 선으로, '원'은 풀음기법을 수행하는 날숨상태에서 원으로 형성되며 동작의 완성을 이루어 나간다.

한국춤은 땅에 밀착된 발디딤을 중심으로 한 미세한 움직임이 호흡의 변화에 따라 다양한 선으로 형상화된다. 뿐만 아니라 우리 눈으로 포착되지 않는 마디마디의 움직임은, 원심으로부터 확장되어 나가 태극을 그리는 마지막 손끝이 우주의 공간으로 뿌려지는 순간에 모든 것을 풀어내는 하늘지향적인 속성을 지닌다 하겠다.

호흡에 따라 맺어주고 얼러주고 풀어내는 한국춤은 점으로부터 시작되어 직선과 곡선이 서로 반전하면서 유연한 선의 흐름을 엮어낸다. 이 선의 흐름은 서로 자연스럽게 어우러져 원의 형태를 만들며 다시 점으로 되돌아가는 반복구조의 원리로 태극을 이루면서 우주 공간에 형성되는 특성을 갖는다. 이는 원시문화를 비롯한 대부분 초기 문화의 공간 개념이 그러하듯 원초적인 공간 형태에서 시작된 것으로, 한국춤의 시작점은 '태초의 점'을 상징하며 생명의 근원이 된다.

맺음기법으로 이루어지는 점은 하나의 조그만 세계로 언어에 소속되며 침묵을 의미한다. 무형의 점은 '침묵과 언어를 잇는 연결'이다. 점의 내적 개념은 보다 짧은, 또는 보다 긴 침묵이 융합되어 있는 것이다. 이와 같은 침묵은 충격에 의해 생기발랄하게 느끼는 상태로 전환될 수 있다.

이와 같은 충격에 의해 우리는 '일상적인 것' 속에서 새로운 발견을 하게 된다. 침묵은 점차 분명해지는 언어로 말하기 시작하여 죽은 움직임들이 살아 있는 상징이 되고, 이렇게 하여 죽은 것이 다시 살아나게 되는 것이다. 내적인 점은 그 자체로서 최고도로 억제된 자세와 관련된 일종의 주장을 표시하고 있는 것으로, 점은 가장 간결한 형태로 중심집중적이다.

추상적인 사고나 상상 속에서 '점'이란 가장 작고 둥그런 작은 원이다. 점은 사실적인 형태로 나타날 때 무한히 다양한 형상을 취할 수 있으며 시간적으로 가장 간결한 형태를 이룬다. '선'은 무한한 움직임의 가능성을 가진 가장 간결한 형태이다. 점은 정지, 선은 내적으로 움직이는 긴장에서 생겨난다. 이처럼 선은 점이 움직여 나간 흔적에서 생겨난 것으로, 정적인 것이 역동적인 것으로 비약하게 된다. 밖으로부터 가해지는 하나의 힘이 점을 한 방향으로 움직이게 하면 이 선은 곧바로 뻗어 무한히 움직이는 직선이 되며, 2개의 힘이 동시에 점에 작용하게 되면 하나의 곡선이 생겨나게 된다. 곡선은 원래 직선이지만 측면의 억누름에 의해 직선운동의 방향을 벗어나게 된 것으로, 억누름이 크면 클수록 직선으로부터의 이탈이 커져서 마지막에 스스로 원이 되려는 경형을 띠게 된다. '원'은 규칙적으로 움직인 점이 자연스럽게 만들어낸 형태들이다.

4. 들숨·날숨·멈춤의 호흡구조

호흡을 한다는 것은 모든 생명체에 있어서 공통적이고 기본적인 현상이다.

다시 말해 호흡이 정지된 상태의 생명체는 더 이상 생명의 가치가 부여되지 않는다. 이와 같은 기본적인 현상은 춤예술에서도 마찬가지이다.

춤의 생명력을 불어넣는 요소가 시간, 공간, 힘이라고 볼 때, 호흡은 힘의 근원이 된다. 따라서 생명력이 있는 춤이란 움직임에서 움직임으로 이어지는 역동적 에너지로서 살아 숨 쉬는 호흡작용이라고 말할 수 있다. 왜냐하면 호흡작용은 근육과 관절의 기능을 지배할 뿐만 아니라 다채로운 리듬과 멜로디와의 상호작용을 통해 표현의 정도를 조절하기 때문이다.

호흡의 형태는 무의식적으로 숨을 쉬는 생리적 현상의 호흡과 심장박동의 호흡주기에 따른 호흡, 그리고 리듬의 변화에 따라서 숨을 느리거나 빠르게(시간), 크거나 작게(공간), 강하거나 약하게(힘) 쉬는 리듬호흡의 두 가지 형태로 구분해볼 수 있다.

무용동작의 원천적인 요소인 호흡은 리듬의 변화에 의해 활동과 정지가 교대로 일어난다. 호흡의 활동과 정지는 숨을 들이쉬고 내쉬고 멈추는 들숨·날숨·멈춤을 말한다. 한국춤의 호흡도 이와 마찬가지로 들숨·날숨·멈춤의 호흡구조로 이루어진다. 이와 같은 한국춤의 호흡구조는 점의 형태로 형성된 춤동작을 들숨에서 날숨의 호흡으로 풀어가며 단위동작으로 완성되게 한다. 들숨·날숨·멈춤의 변화는 다양한 춤의 기교를 만들어내는 우리춤의 중요한 구조적 특성이라고 할 수 있다.

한국춤의 호흡법은 척추의 움직임을 기준으로 하여 직선호흡(ㅣ), 곡선호흡(S), 원형호흡(O)으로 이루어진다. 직선호흡은 척추를 똑바로 세우고 수직(ㅣ)으로 숨을 쉬는 호흡을, 곡선호흡은 척추를 S자의 곡선으로 만들어주는 호흡을, 원형호흡은 척추를 둥글게 원형으로 그리는 호흡을 말한다. 이 3단계의 호흡 리듬에 의해 표현되는 동작이 점·선·원의 한국춤동작선으로 완결되는 것이다.

이상과 같이 한국춤은 필체·학체·궁체의 춤사위 유형구조, 맺음·어름·풀음의 춤기법구조, 점·선·원의 동작선 구조, 들숨·날숨·멈춤의 호흡구조로 이루어져 있는 것이 커다란 특징이다. 춤동작은 다양한 춤기법에 의해 무형의 동작선으로 호흡에 의해 공간에 그려지게 되는데, 필체는 맺음기법에 의해 '점'으로 멈춤호흡에서, 학체는 어름기법에 의해 '선'으로 들숨에서, 궁체는 풀음기법에 의해 '원'으로 날숨에서 완성을 이루어 태극구조의 기본틀로 성립되어 한국춤의 기본틀이 됨을 알 수 있다.

이처럼 태극구조의 기본틀은 점–선–원–점으로 되돌아가는 반복구조 형식의 특성을 지닌다. 이는 우주의 생성원리와 일치하는 것으로 공간과 시간의 개념에서 극대화되어 다시 점으로 돌아오는 반복구조의 원리인 것이다. 이처럼 한국춤은 점–선–원을 그리며 태극무늬를 형성해가는 틀 속에서 이루어지는데, 이는 곧 자연미의 결정체라 할 수 있다.

한국춤의 핵심을 이루는 필체·학체·궁체의 춤사위는 단순히 하나의 춤사위에만 적용되지는 않는다. 여기엔 우리춤 전반에 바탕으로 적용되는 토대적 함의가 내포돼 있다. 이는 몸(體) 이전에 정신(心)이 바탕이 되고자 했던 필체, 인간의 감정(희로애락)을 몸에 담아 솔직히 표현하고자 한 학체, 지덕체智德體를 갖춘 인격 형성의 수단으로 완성을 이루게 하는 궁체로 성립된다.

마음에서의 느낌의 세계를 몸이란 도구를 통해 몸짓으로 표현하는 것이 춤이라면, 마음이 담겨 있는 춤만이 사람들에게 감동을 줄 수 있다. 마음이 담겨 있지 않은 동작은 춤이 될 수 없기 때문에 사람들에게 감동을 줄 수 없다. 미세한 '점'이 모여 '선'이 되고 그 선이 '원'을 이루어 하나로 완성을 이루듯, 몸과 마음이 하나 된 즐거움에 취한 몸놀림이 한국춤의 실체라 할 수 있을 것이다.

태극구조기본춤 구조

춤사위(動作)	춤기법	호흡	동작선
필체	맺음(凝氣)	멈춤(止)	점
학체	어름(行氣)	들숨(吸)	선
궁체	풀음(松氣)	날숨(呼)	원

임학선 춤작가 데뷔 20년 기념공연 태극구조기본춤 1998

Movements of Korean Traditional Dance Codified by Local Professor

Lee Jong Ho / 『Korea Herald』 1998. 11. 23

In classical ballet, there are five basic positions for the feet, which are the starting and ending points of the more intricate movements. They're also used by dancers to warm up. These positions were codified as early as 1680 by Pierre Beaurchamp, a renowned dancer of his times, and later put down in writing by dance historian Pierre Rameau in "Le Maitre a danser" ("The Dancing Master") in 1725.

For the first time in Korea's dance history, Lim Hak-sun, professor of dance at Sungkyunkwan University, has codified comparable positions which are fundamental in all traditional Korean dances, such as sungmu and salpuri. "We were aware that these basic positions were inherent in our dances. But no one had attempted to arrange them systematically until now," said Lim.

She said that Korean dances consist of three basic movements that resemble a brush stroke, a crane and a bow, respectively.

"A dot, a line and a circle may be an easier way to understand these movements," Lim explained.

The repetition of these three body positions result in a shape similar to yin-and-yang symbol, she said.

Lim said these three basic body forms can be broken down into 36 smaller movements according to different techniques such as breathing, turning and jumping. To make all 36 movements, it takes about half an hour, which Lim says is an ideal length of time for warm-up.

"It used to be that students of Korean dance went straight to churning their shoulders up and down or bending their bodies forward and backward for warm-up, which can be quite harmful to the body in the long term," Lim said.

"The taeguk (Korea's version of the yin and yang) structure will also enhance foreign scholars' understanding of our dances. Until now we had no method whatsoever to present," she added.

A respected dancer-choreographer in the local modern dance circle, Lim, a graduate of Ewha Womans University, debuted here in 1978.

Since then, Lim has produced numerous works for ChangMu Arts

Center, the nation's leading institute to preserve and modernize traditional Korean dance. Lim also served as a dance professor at Suwon University for 15 years before moving to Sungkyunkwan University.

Lim, tracing her life back as a dancer-choreographer, will present some of her representative works Nov. 27 and 28 at the main hall of Munye Theater in Taehangno. They include <Dorure>(1981) and <Indari>(1985) and the public premiere of her taeguk movements.

임학선 춤작가 데뷔 20년 기념공연 태극구조기본춤 1998

Teachers At Home And Abroad

「Dance Magazine」(USA) 1999. 3

For the first time in Korea's dance history, Lim Hak-son, professor of dance at Sungkyunkwan University, has codified positions, comparable to the five ballet positions, fundamental to traditional Korean dance, such as sungmu and salpuri. Lim points out: "We were aware that these basic positions were inherent in our dances, but no one had attempted to arrange them systematically until now."

Korean dances consist of three basic movements that resemble a brush stroke, a crane, and a bow. Lim devised a dot, a line, and a circle respectively as an easier way to understand these movements. Lim says that these three basic body forms can be broken down into thirty-six smaller movements according to different techniques such as breathing, turning, and jumping.

All thirty-six movements take thirty minutes to perform, an ideal length of time, according to Lim, for a warm-up.

Lim, a dancer-choreographer, is a graduate of Ewha Womans University. She has produced numerous works for ChangMu Arts Center, the naion's leading institute to preserve and modernize traditional Korean dance. She previously served as dance professor at Suwon University.

5. 문묘일무를 주제로 한 작품

위대한 스승 공자 2004

몸으로 전달되는 공자의 인仁 사상

이기동 / 〈공자〉 2004 공연프로그램

1986년 파리에서 개최된 노벨상 선정위원회에서 발표한 성명서 중의 한 항에서 다음 세기는 공자의 사상으로 이끌어가자고 발표한 적이 있다. 이는 서양의 합리주의에 의해 주도되는 현대인의 삶이 자연 파괴, 인간 소외, 전쟁에의 위협, 인간성 상실 등에 의한 한계를 드러냄으로써 이를 극복하는 대안으로 공자의 인仁 사상에 주목하고 있는 것이다. 이러한 공자의 인仁 사상을 이해하는 지름길은 학문적 접근보다 무용이라는 장르로 전해질 때 더욱 효과적일 것이다. 무용 〈공자〉는 이러한 의도로 제작되었기 때문에 앞으로 해외 공연을 통해 공자 인仁 사상의 필요성을 느낌을 통해 가슴으로 전달할 것이다.

한국은 지금까지 서양화를 추진하는 과정에서 경제발전은 어느 정도 이루었지만 정치, 문화, 교육 전반에 걸쳐 많은 한계상황에 도달해 있고, 경제마저도 최근 위기적 상황에 직면하고 있다. 그 근본 원인은 한국 고유의 정서를 도외시한 것으로 볼 수 있다. 그러므로 다시 안정을 되찾기 위해서는 이제부터라도 한국의 고유사상과 한국적 정서를 정립하여 이를 바탕으로 모든 분야를 다시 정비하는 것에 달려 있다고 할 수 있다. 그런데 한국 고유사상과 정서를 대변하고 있는 것이 바로 공자의 인仁 사상이기 때문에 공자의 인仁 사상을 재조명하는 일은 한국 발전의 기초가 될 것이다.

한국의 고유사상에 해당하는 인仁 사상을 〈공자〉라는 제목의 춤으로 표현할 때 훨씬 새롭게 전달될 수 있을 것이다. 또 해외에서 이 작품이 공연된다면 한국 문화를 세계에 알리는 좋은 기회가 될 것이다. 그리고 이를 계기로 공자의 인仁 사상이 한국의 고유사상과 밀접하다는 사실을 논증하는 기회가 되기도 할 것이다.

공자의 사상을 무용이라는 장르로 발표하는 것은 현실적으로 가장 빠른 효과를 낼 수 있는 방법이 될 것이다. 딱딱한 이론적 접근보다 직접 몸으로 표현하는 무용을 통해 공자의 인仁 사상이 표현된다면 사람들에게 전파하는 효과는 지대할 것이라 생각한다.

위대한 스승 공자 2004

미화를 억제한 제의적 무용 서사시 〈공자〉

이상일 / 〈공자〉 2004 공연프로그램

성현과 같은 위대한 인물상을 그리기는 쉽지 않다. 그래서 유명한 작가나 화가들도 그들의 못난 자서전이나 자화상은 남겨도 공자나 예수, 석가와 같은 인류의 위대한 스승들 생애의 극적 장면만은 그렇게 완벽하게 그려내기가 어려웠던 모양이다. 그러니까 그 많은 예술가들 이름 아래 예술작품으로 손꼽히는 성현들 모습은 기껏해야 미켈란젤로의 〈피에타〉 수난상 정도가 고작 아니었을까. 2004년 4월 상영된 멜 깁슨 감독의 〈패션 오브 크라이스트〉도 유대인 모욕과 신성모독 혐의의 잔학한 사디즘적 영상처리 등이 말썽이다.

그런 논란과 시비는 결국 신성과 세속의 갈등이자 성현을 신격화하려는 우리의 잠재적 심리 때문일 것이다—현실을 초월한 성인이나 위인들은 멀리 모셔두고 어려워하는 것이 도리이다. 잘못 세속사회에 가까이 수용하면 그들의 인간적 모습은 아주 미화되어 비인간적으로 퇴색된다. 예수나 석가나 공자, 성현도 인간이었을 텐데—그런 면에서 보면 앤드류 로이드 웨버의 〈지저스 크라이스트 수퍼스타〉 공연도 시사하는 바 크다. 1971년 10월 뉴욕 브로드웨이 헬링거 극장 앞은 개막 찬반 시위대로 시끄러웠다. 한 위인의 고행을 록이라는 대중음악에 담아 뮤지컬 형식으로 극장무대에 올린 이 공연작품은 예술의 신성모독일 수도 있었던 것이다. 신성을 경전이라는 성역 안에 모시고 가두어두려는 종교집단의 피켓과 구호의 공연 중단 요구에 맞선 표현의 자유 및 외람되게 성역까지 침범한 예술적 창작의지의 대결구도는 세속적 위선과 미화의 가면 뒤에 있는 인간의 참모습을 적나라하게 보이고 싶어 하는 예술적 해석의 단면이기도 했다.

공자를 무용예술로 다룬다는 작업은 위험하다. 성현을 객관적으로 표현하기 위하여 서사시적 형식으로 전개시킨 가운데 일무佾舞의 제의적 무게가 한 인간의 성장과 어떻게 맞물려지면서 인류의 스승상이 형상화될 것인가.

동양적 가치관의 전통은 권위의 추락을 받아들이지 못한다. 따라서 성현의 가르침은 확고부동한 것으로 믿고 싶어 한다. 성인 군자는 인간 그 이상이고 따라서 인간일 수 없이 미화되어야 하는 것이 통속적 관념이다. 그 결과 예술적, 창조적 인간은 사라지고 현실적, 이데올로기적 교육만 판을 친다. 그런 가운데 교육의 인문학조차 오늘날 간 곳이 없다.

미화를 억제하며 장중한 제의 형식 가운데 공자를 무용화한다는 것은 위인·성인을 인간화한다는 것이며, 이데올로기적으로 미화된 역사적 인물을 참다운 인간 차원으로 바로 앉히는 예술작업이다. 그런 의미에서 공자에 대한 고정관념을 털어낸 무용 서사시 〈공자〉는 넓은 의미에서 인간 이해의 한 방편이자 현대 인문학의 중심에 이르는 요체要諦라고 할 수 있다. 〈공자〉의 탄생이 서울의 성균관에서 중국 곡부(취푸)의 본향을 거쳐 지구촌 곳곳에 글로벌한 새 인간상의 예술적 가치를 꽃게 될 것을 기대한다.

위대한 스승 공자 2004

이 시대 공자의 제례

김영태

임학선댄스위는 다음 세기는 공자의 사상이 주도할 것이라는 스웨덴 한림원 노벨상 선정위원의 발표문대로 창작품 〈공자〉를 안무 초연했다(2004년 5월 20~21일, 예술의전당 오페라극장). 공자 탄생 2555년과 임학선댄스위 20주년과 맞물리는 공연이다. 대본을 쓴 이기동 교수는 공자의 '인仁' 사상을, 최근덕 성균관장은 공자와 그 시대 음악관을 피력했다.

〈공자〉 전 4막은 탄생, 학문, 고난, 임종으로 나누어진다. 안무자는 성현 공자의 이미지를 열정적으로 삶을 소진했던 인간 공자에게 포커스를 맞추었다.

〈공자〉에서 세 가지 특징을 들면 ① 1막부터 4막까지 무대를 마무리하는 문묘일무, ② 거문고 연주 영상 밖으로 음표를 넘나드는 기녀들의 횡렬 군무 ③ 3막 공자 조형준을 유혹하는 남자南子 부인 송필남의 2인무 등을 들 수 있다. 이상적 인간의 원형인 공자도 결국 '인간'이라는 것이다.

거문고 춤에서 거문고 현이 출렁이는 기녀들의 아름다운 실루엣은 안무자에 의해 첫 시도된 집념이며 공자(연상 속의 인물)의 판타지라고 할 수 있다. 이상일의 지적대로 군자 또는 성현을 객관적으로 다루었을 때 이러한 거문고 현과 육체의 조립, 거기서 파생되는 리듬이 없다면 공자 주제는 경직되기 쉽다. 이 아름다운 실루엣은 임학선의 노련함으로 학문의 매진, 사상의 넓이와는 관계없이 공자 시대의 향수享受였다.

고문헌『궐리지』와『남옹지』에 수록된 제례일무 재현과 더불어 공자와 남자南子의 파드되(Pas de deux)는 학문적 숙성과 포만에서 사랑의 이심전심을 가꾼 소위 중용의 쉼터였다. 안드레아스 린케스의 삼각 빛의 '세상 엿보기' 조명은 예상보다 중용의 묘 때문인지 약했다. 린케스의 조명은 화려한 단독 무대를 거부했다. 그래서 은은했다. 유럽인의 동양적 감각(춤)의 기여로 받아들여진다.

심청의 환생이 객석 무대를 가로지르는 저승과 이승의 다리였다면, 공자의 임종에서 '환희의 일부'는 붉은 도포들의 죽음의 애도와 더불어 4막을 장식한 2500년 전 묵념의 대집결이었다. 동양의 공자가 제2의 탄생지에서, 서구 무대에서 어떤 '질문'을 남기고 '호응'을 보일지 기대된다.

위대한 스승 공자 2004

새로운 신화성 모색과 불구不具의 이미지들

김태원 / 『공연과 리뷰』 2004. 6

한국창작춤의 경우 제의성이나 신화성이란 젖줄기가 끊어지게 되면 안무가들의 상상력이 크게 고갈될 우려가 있다. 따라서 현대적 표현양식의 모색도 모색이지만 그것들에 대한 끊임없는 관심과 주목을 요하는데, 그런 점에서 임학선과 임학선댄스위 무용단의 〈공자〉(5월 20~21일, 예술의전당 오페라극장) 공연과 손인영 나우(Now)무용단의 〈아바타 처용〉(5월 26~27일, 문예회관 대극장) 공연은 모두 새로운 소재 발견을 통한 '신화성 모색'이란 공통점을 갖는다 할 수 있다.

배정혜와 함께 제의적 춤 형식을 매우 일관되게 추구해온 임학선의 새로운 소재에 대한 착안은 때론 무모할 정도로 남다른 데가 있다. 자신이 서울시무용단장으로 근무할 당시 우리의 고대설화(치우천황)에 착안, 〈밝산〉이란 대형 스펙터클적 춤을 만든 것이 좋은 예인데, 이번의 경우에도 우리로서는 쉽게 예측할 수 없는 소재의 춤을 들고 나왔다. 이젠 중국 한 국가의 성인이라기보다는 동양 전체 사상의 샘이라 할 수 있는 공자孔子가 그 소재인데, 사실상 임학선의 그 같은 소재 선택은 우리의 의식무儀式舞인 '일무'가 공자에 대한 숭상을 표하는 특이한 춤이라는 데서 그 발전적 형태로 보이겠지만, 실상 그것보다 더 큰 문맥에서 헤아려보고 의미를 부여할 필요가 있다. 달리 말해 공자에 대한 소재 선택은 단순한 무용적 소재 선택이 아니라 '문화적 의미성'을 갖는 소재 전환이란 것이다. 이런 나의 지적은 두 가지를 헤쳐 연구해봐야 한다는 것이고, 그 둘은 우리 창작춤의 내용과 형식이 굳이 우리적인 것에만 포커스를 맞춰 행해질 수만은 없다는 것이다. 즉 전자는 우리의 동양 중심 문화적 가치관의 차원에서, 그리고 후자는 도전과 상상력의 차원에서 모두 보편성과 어떤 확대를 지향하는 뜻일 수 있다. 따라서 그렇게 보았을 때 임학선의 이 작업은 어느 예술의 영역에서도 하지 않았던 작업을 대담하게 우리의 '춤'에서 먼저 시도한, 색다르며 가치 있는 작업으로 평가할 수 있다.

공연 전개는 의식무인 '일무'의 스펙터클한 펼침을 중심으로 하면서, 그 앞뒤로 혹은 사이사이로 공자의 탄생·성장(학문에 입문) 그리고 인간석 위기의 상황을 에피소드식으로 삽입하는 방식을 택했다. 구성상 집중되어 꽉 짜인 무용극 형식은 아니었기 때문에, 관객으로서는 예술의전당 오페라극장의 대무대를 사용한 큰 스케일의 공연을 오히려 심리적으로 부담 없이 보는 맛도 있었는데, 무용적 측면에서 관심을 끈 부분은 역시 일무의 '장중한 격식미格式美'였다. 안무자도 그것을 알아서인지 일무를 축복의 일무, 감사의 일무, 환희의 일무로 나눠 그것에 대한 다양한 의미를 부여하면서 그 무형에 다소의 변화를 주려고 했다. 그 결과, 일반적으로 의식무는 근엄한 질서감 이외에 별 시각적으로 호소해오는 것이 없는 데 비해서, 이 공연 속의 일무는 근엄한 형식미·의상에서 오는 정제미와 화려함·느림의 동작 배후의 깊은 심신일치의 율동감을 주는 특이한 동양적 미를 함께 보여주고 있다. 따라서 그것은 예禮·악樂·미美·성誠이 하나의 볼 만한 형식 속에 합일되어 있는 독특한 무대적 풍경이었다.

그와 함께 죽간(대나무로 만든 책)을 접었다 폈다 할 때 나는 소리와 허리 굽힌 낮은 이동의 자세가 함께 어우러진 깔끔하면서도 화사한 의상을 입은 군무진의 배움과 연마의 춤, 그리고 공연의 끝부분에서 김영은에 의해 추어진 간결하면서도 강렬한 표현성을 띤 공자를 그리워하는 독무는 그것대로 모두 하나의 독립된 춤의 멋과 맛을 지니고 있었다. 특히 우리의 가요 〈공무도하가〉와 어우러진 김영은의 춤은 이 안무자가 서울예술단 상임안무자 재직 시 〈천도〉란 작품에서 남수정(현 용인대 교수)을 내세워 보여준 바 있는 인상적이었던 춤의 수준—간결미·감정적 호소력·표현성의 측면—에 거의 육박하고 있었다. 공자 역의 조형준 또한 그 또래로서는 쉽게 볼 수 없는 체격조건과 동작의 큰 품새, 그리고 활달함을 지니고 있었다.

공연의 첫 부분 니구산에서의 공자의 탄생 장면이 조명에 의해 어둡게 처리된 것이 흠이었지만, 그 외 부분에서 안드레아스 린케스(피나 바우쉬 무용단 조명감독)의 조명은 한국창작춤의 고질병인 거무칙칙한 조명을 크게 탈피, 밝은 가운데 공연의 리얼한 분위기를 잘 살려주고 있었으며, 박동우의 미술은 큰 무대공간의 3면에 한자가 쓰여진 넓은 흰 띠를 둘러 이동이 없는 단일한 장치이면서도 별 지루함이 없이 공연을 치르게끔 도왔다. 의상디자인(진영진) 또한 간결함과 동양적 미의 이채로움을 잘 살려내고 있었다.

결론적으로 임학선 안무의 〈공자〉는 성인聖人의 일생을 다루면서 교훈성을 띤 소재가, 대중으로서는 쉽게 보기 힘든 의식무(일무)의 도움을 입어 어떻게 극장

춤으로서 볼 만한 것이 되어갔는지를 보여준 흔치 않은 예라 할 수 있다. 공자의 진면목이 드러날 수 있는 1~2개의 에피소드만 더 효과적으로 삽입될 수 있다면, 이 공연은 예술적 작품이라는 수준을 뛰어넘어 '더 큰 것'을 얻을 수도 있을 것이다.

위대한 스승 공자 2004

일무로 마감하는 제의적 서사무용시

이상일 / 『몸』 2004. 7

제의적 서사시라는 의미는 문묘제례악으로 쓰이는 일무의 형식이 무용작품 〈공자〉(임학선댄스위, 5월 20~21일, 예술의전당 오페라극장)의 서사적 구조 각 장마다 마감재로 활용되어 공자의 세속적 품계의 상승과 그의 도덕적 정신세계의 위계를 상징하기 때문이다. 이 작품은 말할 것도 없이 한 위인 혹은 성현의 행적을 무용예술로 형상화하는 것이기 때문에 서사구조로 그 생애의 고비가 그려진다. 그러나 그 묘사가 서술적인 방법이 아니라 시적 이미저리로 처리되었기 때문에 총체적으로 제의적 서사무용시로 일컬어지는 것이 마땅하다.

서사구조는 첫째 탄생, 둘째 학문, 셋째 고난, 넷째 임종으로 줄거리를 연계한다. 이런 구조 속에 가장 뛰어난 이미저리는 대나무로 만든 책, 곧 죽간의 공명共鳴과 글 읽는 소리의 화음에 실린, 공자와 제자들의 군무로 푸는 학문의 깊이, 그리고 예악을 기반으로 삼는 학문의 구체적 실현인 거문고 줄의 무용적 움직임이다. 죽간 소리와 거문고 가락은 학문이라는 관념적 세계를 구체적 현실과 관련시키는 브릿지 역할을 한다. 죽간을 펼치고 닫는 소리는 마치 아악의 박拍 소리처럼 흐름의 시작과 끝을 이끌고, 공자와 제자들 혹은 난세의 글 읽는 선비들의 정신세계가 행렬로 줄 지어지고 하늘로 치솟으며 중심으로 모이고 좌우로 흩어져 인간사를 가름한다. 거문고 가락의 고저에 맞추어 무용대열은 움직이는 꽃처럼 화음에 출렁거린다. 춤과 가락, 곧 부드러운 무악舞樂이 무질서한 세상에 비로소 예禮와 의儀의 도리를 갖추게 한다. 그 중심에 사람이 있고 인간이 있으며 공자가 있다. 사람 사는 곳에 드라마가 있다. 글자 그대로 우주는 리듬으로 넘실대고 세계는 드라마로 가득 차 있다.

거문고 가락은 위나라의 왕비 남자 부인의 유혹에서 끊어지듯 고비에 이르고 아들과 애제자의 죽음 같은 공자 개인의 고난과 춘추전국시대의 사회적 혼란이 겹치면서 많은 고사故事들은 서사적 구조 밖으로 밀려난다. 무용이 시가 되어 공자 개인의 참담한 고뇌라든지 좌절된 천하주유의 이념도 무용의 예악 속으로 빨려들고 마는 것이다. 남자 부인의 유혹은 공자의 인간됨을 증명하는 오직 하나의 관능적인 예술적 수단이다. 하늘이 나를 망쳤다고 탄식했던 제자 안회의 요절이나 젓갈이 되어 돌아온 자로의 목을 지켜보는 스승의 참담한 심정을 서사구조의 줄거리에서 빼어버린 억제의 미학은 위인 혹은 성현의 인간 초월적 능력 과시의 미화를 스스로 자제한 성숙한 안무력이라 할 것이다.

성인의 예술화에서 가장 경계해야 할 점은 말할 나위도 없이 그 초월적 능력의 과시가 아닐 수 없다. 이번 임학선댄스위 창단 20주년 기념공연 〈공자〉에 있어서 가장 높이 평가해야 할 부분은 바로 성인 공자를 인간 공자 차원으로 억제하기 위하여 미화의 손쉬운 수단을 배제했다는 점일 것이다. 제명題名 자체에 군더더기 없는 공자나 예수나 석가 같으면 그 이름 자체가 그대로 바위 같은 무게로 독자나 관객을 짓누른다. 이 무게를 이겨내고 인간적으로 대결하기 위한 예술의지는 억제와 자제의 방법밖에 없다.

이 억제와 자제의 미학으로 동원된 것이 일무의 제의적 기능이다. 일佾은 열列을 뜻한다. 고대 주나라 아악에 쓰이던 이 무용은 춤이 바쳐지는 주인공의 신분에 따라 무용수의 수효가 달라진다. 진나라 두예설에 의하면 8일무는 8열 8행을 이루는 64명의 무용수, 6일무는 36명, 4일무는 16명, 그리고 2일무는 2열 2행을 이루는 네 사람의 무용수가 동원된다.

작품 〈공자〉의 파트1(탄생)에서는 여의주와 약(피리)을 든 붉은 적의赤衣의 일무 무용수들이 축복의 일무로 예를 올리고, 파트2(학문)에서는 학문을 상징하는 적翟과 피리를 든 무용수들이 스승의 가르침에 감사하는 예를 베푼다. 파트3(고난)에서는 위로의 일무, 그리고 마지막 파트4(임종)에서는 돌아가신 스승을 기리며 평화와 부활을 기약하는 환희의 일무로 그의 인仁 사상을 전파한다.

이 제의적 일무는 공자의 세속적 품계와 학문적 정신세계의 위상에 맞춰서 후반으로 갈수록 4일무, 6일무 형식으로 확대되어 제의적 경건성과 형식적 엄격성이 더해지고 예술적 놀이성을 억제하면서 한 성현의 인격을 형상화하는 성찰적 자제력을 발휘하는 것이다. 조종祖宗의 문덕文德을 기리는 문무(文舞, 保太平)와 무공을 찬양하는 무무(武舞, 定大業) 가운데 공자에게 바쳐지는 일무는 문덕을 기리는 문무의 창조적 변형, 또는 현대적 수용이 아닐 수 없다. 죽간을 확대한 무대장치, 의상, 우리나라 최초의 서정시를 노래하는 〈공무도하가公無渡河歌〉의 음악적 효과에 독일 피나 바우쉬 무용단 조명디자이너의 협력 등등 안무자의 대작 다루는 대극장 무대 지배 능력은 이미 입증되었다 하더라도, 이번 예술의전당 오페라극장 공연 〈공자〉는 무용 대작을 다루는 안무자 임학선의 감각이 보다 세련되고 작품 다듬는 재능은 한 단계 더 짜임새의 깊이를 더했다고 말할 수 있다.

공자와 같은 동양의 특수성이 무용예술을 통한 국제적 보편성으로 거듭나는 계기를 마련한 이번 〈공자〉 공연은 IT문화예술상품의 해외 진출을 위하여 스타의 육성, 예컨대 공자 역 조형준, 어머니 역 전민정, 그리움의 여인 역(김영은, 정보경)—그리움의 여인 역은 솔리스트도 좋지만 제자들의 3인무, 5인무 등 군무형식도 힘을 받쳐준 듯하다—등등을 보다 성격화하고 군무의 관념성을 구조화하는 작업이 필요할지 모른다. 개막 부분의 니구산 산정기와 물기운의 긴 교감 장면은 압축할 수 있고, 마지막 그리움의 솟대 행렬도 일무 행렬과 오버랩되는 부분은 재고할 여지가 있다 할 것이다.

위대한 스승 공자 2004

인仁 사상과 공자의 재발견

성기숙 / 『춤』 2004. 7

인류의 영원한 스승으로 회자되는 공자孔子, 우리에게 있어 공자는 과연 누구인가?

임학선이 오랜만에 공자 탄강 2555주년을 기념하여 공자를 주제로 한 춤공연(5월 20~21일, 예술의전당 오페라극장)을 가졌다. 이번 공연을 통해 안무자 임학선은 몇 가지 새로운 모색을 했다. 그동안 꾸려오던 무용단을 '임학선댄스위'로 새롭게 일신하여 전통의 변용과 재창조 작업이라는 오랜 화두를 춤 세계화를 통해 실현해보겠다는 의지를 공고히 하였다. 이번에 선보인 〈공자〉는 이러한 안무자의 의도를 실현하기 위한 야심작이라 할 수 있다. 그 밖에 특별히 이번 공연이 관심의 대상이 되었던 것은 바로 국고지원 최고액인 8000만 원 수혜작이라는 점. 그리고 발레 이외 다른 장르에서는 시도된 바 없는 예술의전당 오페라극장 무대를 공연 장소로 선택했다는 점에서 일찌감치 세인의 이목이 집중되었다.

공자 일대기를 철학자, 사상가로서가 아닌 인간적 측면에 초점을 맞추고 있는 이 작품은 '대중과 함께 더불어 보는 춤'을 추구한 안무자의 기본입장 그 연장선상에 있다. 이번 작품 역시 공자의 인仁 사상을 근간으로 하지만, 이를 풀어내는 방식은 이해하기 쉽게 전개되었다.

박동우에 의해 고안된 무대는 약간 경사지게 처리되어 있는데, 제1장 '탄생'에서의 니구산尼丘山의 언덕을 연상하기에 충분하다. 어두운 분위기 속에서 전개되는 군무진의 속도감 있는 움직임과 일체화된 감성은 긴장감을 불러낸다. 호리존트는 물의 이미지로 한껏 단장하여 바다를 마주하고 있는 듯한 느낌을 가져다준다. 물의 기운과 산의 기운이 뒤엉켜 요동치는 가운데 공자의 탄생이 이어진다. 니구산을 가로지르는 붉은색 탯줄이 선명하게 부각되고, 이렇게 경외로운 분위기 속에서 아기 공자가 탄생한다.

이 작품의 하이라이트는 제2장 '학문'이 아닌가 한다. 이 부분은 지난해 공자의 고향인 중국 곡부(취푸)에서 초연된 것을 확대, 발전시킨 장으로 수신과 진리를 형상화한 것이다. 흰 색을 바탕으로 검은색 선으로 경계를 이룬 의상은 학문을 연마하는 선비의 상像을 농축했고, 특히 중국으로부터 공수해온 죽간竹簡의 사용은 춤의 질감을 한층 견고하게 하는 데 기여했다. 중국어로『논어論語』읽는 소리가 무대와 객석에 울려 퍼지고, 제자들과 더불어 진리 탐구에 매진하는 공자의 삶은 군무진의 다채로운 몸짓의 형상화를 통해 가시화된다. 장중하고 경외로움마저 자아내는 우리의 궁중아악 〈수제천〉은 학문의 장에서 무용수들의 몸짓과 절묘하게 융합되어 그 의미를 배가시켰다.

제3장 '고난'의 장은 인간 공자를 보다 내밀하게 관찰할 수 있는 장이다. 유가

의 중심축을 이루는 예禮와 악樂의 화합이 거문고로 대변되는데, 권세를 자랑하는 남자南子 부인의 유혹에 공자는 거문고를 연주하며 마음을 다스린다. 무대 좌우를 가로질러 거문고 줄이 설치되었고, 이 줄을 넘나들며 다채로운 몸짓의 변주를 이끌어가는 무용수들은 곧 음音이 된다. 거문고의 선율을 대변한 무용수들의 산개된 움직임을 통해 공자의 덕음德音의 경지는 이렇듯 아름답게 묘사된다. 은회색의 긴 드레스를 착용하고 거문고 선율이 되어 무대를 누비는 무용수들의 몸짓언어는 이전 임학선이 즐겨 사용한 바 있는 안무기법의 연장선상에 있다. 예컨대 〈민들레 왕국〉에서 대지적 기운에 의해 싹이 움터 나와 생장生長하는 민들레꽃의 형상화가 떠올려진다.

기왕에 공자의 인간적 삶에 초점을 두고 전개되는바, 이 작품의 마지막을 '임종'으로 처리하고 있음은 지극히 자연스럽다. 공자는 자신이 태어난 니구산의 언덕을 서성이며 저승에서의 안식처를 찾아 떠난다. 공자의 죽음을 애달파 하는 여인의 정서를 표현한 장면은 그러나 부조화 현상을 빚었다. 특히 이상은이 부른 대중가요 〈공무도하가〉를 사용한 것은 전체적인 흐름을 깨는 결정적인 요인이 되었다 그러나 이어진 공자의 죽음을 맞는 제자들의 솟대 행렬은 의미심장한 기호로 읽힌다. 마지막 환희의 일무는 공자의 인仁 사상을 관객의 마음에 심어주려 한 배려로 보인다. 그러나 공자의 일생을 몸짓언어로 형상화했는데, 이를 통해 인仁 사상을 이해하기란 그리 쉽지 않은 과제였다.

그럼에도 불구하고 예술적, 미학적 가치의 측면에서 작품 〈공자〉가 지니는 의미는 결코 없다. 우선 성현 공자를 무용화한 소재 선택의 측면을 거론할 수 있다. 공자는 철학자이자, 사상가이고, 또한 예술가이기도 했다. 누구나 아는 역사적, 상징적 인물을 춤으로 형상화한다는 것은 안무자에게는 당연히 부담이 된다. 공자를 안무함에 있어 임학선은 스토리텔링적 기법을 염두에 두었지만, 이를 무용극적 발상으로 풀어내지는 않았다.

즉 공자의 탄생에서부터 청년기의 학문, 장년기의 고난, 그리고 노년기의 임종에 이르기까지 일생을 담고 있지만, 전편에 감도는 인상은 상징과 기호적 발상이다. 탯줄, 거문고, 여의주, 적, 솟대, 꽃 등 소도구의 활용과 특히 각 장별 마지막에 배치한 일무의 제의적 형식의 삽입은 예악사상의 유의미한 현현이었다. 초반부에는 다소 첨삭의 혐의가 없지 않았지만, 마지막 '다시 피는 꽃, 환희'의 장면에서는 제대로 빛을 발하고 있었다. 〈공자〉는 협업의 진가가 잘 발휘된 작품이라 할 수 있다. 주변 장르가 각자의 존재를 부각시키기보다는 기꺼이 춤 안에 종속되기를 자처한 결과이다. 박동우의 무대는 단순하면서도 현대적 세련미를 주조로 했다. 인물의 일대기를 묘사함에 있어 진부해질 수 있는 요인들을 제거하는 데 기여했다. 독일 피나 바우쉬 무용단 조명감독인 안드레아스 린케스의 참여는 춤공연에 있어 조명이 역할을 재고하게 했다. 그의 조명기법은 무대에서 전적으로 춤을 빛내게 하면서 조명은 그 스스로 보조자로서의 역할에 머물지만, 그 안에서 존재가치를 극대화하는 방식을 취하고 있었다. 그 밖에 주인공을 맡은 무용수의 내면적 심리묘사, 무대를 끌어가는 에너지 등은 다소 역부족이었다. 그러나 공자를 연기한 조형준이 이제 스무 살을 갓 넘긴, 신인이라고 부르기에도 이른 나이라는 점을 감안한다면, 그에게 탄생에서 임종에 이르는 성현 공자의 역할을 제대로 소화하기를 주문한 것 자체가 어쩌면 무리였다고 생각된다. 따라서 이는 주인공에 대한 캐스팅 미스에서 비롯된 아쉬움으로 돌려야 할 것이다.

평자는 이 작품에서 인식된 안무자의 동양적 사유의 지평 확산을 가치 있게 평가한다. 무용수들의 연륜이 보다 성숙되어간다면, 주제 설정이나 안무 수준에 있어서 작품 〈공자〉는 충분히 재음미의 가치가 있다고 사료된다.

위대한 스승 공자 2004

창작무용 〈공자〉 화제 속에 막 내려

『성대신문』 2004. 6. 5

임학선 성균관대 예술학부장이 이끄는 임학선 무용단은 2004년 올해 창단 20주년을 맞아 단체명을 '임학선댄스위'로 고치고, 5월 20~21일 예술의전당 오페라극장에서 공자의 생애와 사상을 무내화한 90분짜리 무용 〈공자〉(안무 임학선)를 공연했다.

무용수 70여 명이 출연하는 대작으로, 공자를 주제로 한 세계 최초의 무대물인 데다 서울시-문화관광부의 2004년 무대공연예술 지원작품 1위로 선정된 최고액 수혜작품, 예술의전당 오페라극장을 대관 받은 첫 한국무용 등 기록적인 선례를 남겨 공연 시작 전부터 작품 외적으로 이미 눈길을 끌었다.

게다가 유학자인 모교의 이기동(71유학) 교수가 대본을 쓰고 세계적인 거장들과 작업해온 독일 부퍼탈 피나 바우쉬 무용단의 조명감독 안드레아스 린케스가 참여해 여러모로 화제가 됐던 〈공자〉 공연은 2003년 9월 공자의 출생지인 중국 산동성 취푸曲阜에서 열린 공자 탄신 2554년 기념 국제공자문화축제에서 일부를 미리 선보여 호평을 받은 바 있다.

한편 공연 기간 중에는 모교 600주년기념관에서 공자에 대한 국제학술 세미나도 열렸는데, '문묘'와 '논어'를 주제로 하는 이번 세미나에는 한국과 중국, 대만, 일본, 베트남 5개국의 학자들이 대거 참여했고 공자의 후손 공상림(공자문화원장)도 방한해 행사를 빛냈다.

무용 〈공자〉는 성인 군자의 모습보다는 열정적 삶을 살았던 '인간 공자'에 초점을 맞췄다. 이 작품에서는 중국에서 전래돼 성균관을 통해 보존되고 있는 의식무용인 '문묘일무文廟佾舞'가 큰 역할을 했는데, 구체적 내용이 알려지지 않았던 문묘일무의 동작 하나하나에 대한 내용이 상세하게 기록된 중국 고대문헌을 안무자가 입수해 지난 수년간 동작을 다듬은 결과이다.

많은 화제와 관심을 낳으며 성황리에 공연을 끝낸 '임학선댄스위'는 성균관대학교 예술학부장으로 재직 중인 임학선 교수를 예술감독으로 하여 성균관대 강사 및 졸업생 40여 명으로 구성된 무용단으로, 전통을 토대로 창작춤을 추구하는 아카데믹한 전문 무용단체이다.

〈공자〉 팀은 올가을 작년 초연했던 공자의 고향 곡부에서 열리는 국제공자문화축제에 다시 한 번 참가해 전막을 공연할 예정이다.

위대한 스승 공자 2004

한국창작춤 〈공자〉 연합뉴스 인터뷰

김경희 / 연합뉴스 2004. 9. 26

"욕심껏 하지 못해 불만족스럽기는 하지만, 산둥성 취푸曲阜에서 공자 탄신 2555년을 기념해 열린 '국제공자문화절' 개막식에서 전통춤에 기반한 창작무용 〈공자〉를 공연했나."

'국제공자문화절'은 공자 탄신을 기념해 매년 그의 고향인 취푸에서 열리는 중국의 대표적인 국가행사의 하나. 임 교수는 이미 지난해 2003년 외국인으로는 처음으로 축제의 하이라이트에 해당하는 '석전대제'에서 〈공자〉의 일부를 공연한 바 있다. 올해는 취푸 싱탄극장에서 열린 개막식에서 축제의 주제곡처럼 사용되는 〈치에고공쯔〉에 맞춰 자신이 안무한 〈공자〉의 일부를 선보인 임 교수는 "지난해 행사에 참여하면서부터 개막식 무대에 작품을 올리고 싶었다"며 "전막을 공연하지 못해 아쉽지만, 첫걸음으로 생각하고 앞으로 지속적으로 참가할 것"이라고 말했다.

다음은 임학선 교수님과의 일문일답.

김경희 축제에서 〈공자〉를 공연하게 된 계기는?

임학선 성균관대 예술학부와 취푸대학이 2002년 겨울께 교류를 시작하면서 이곳에서 대규모 공자문화축제가 열린다는 것을 알았다. 이전부터 〈공자〉를 주제로 한 춤을 구상 중이었고, 이들에게 내 계획을 소개하자 취푸대학이 적극적으로 공연을 추진해 성사됐다.

김경희 공자를 주제로 무용을 만든 이유는?

임학선 처음부터 공자를 주제로 무용을 만들 생각은 아니었다. 1998년에 (수원대에서) 성균관대로 옮기면서 성대에서 매년 거행하는 석전대제의 의식무용인 '문묘일무文廟佾舞'에 무용학적으로 관심을 가질 필요가 있다는 생각이 들었다. 이때부터 공자와 동양철학에 관한 공부를 시작했고, '문묘일무'의 무보를 찾는 과정에서 우연찮게 국내외에서 미발굴 고대문헌들을 입수하게 됐다. 그 결과 한 축으로는 공자라는 인물의 생애와 다른 한 축으로는 문묘일무라는 공자 추모 춤을 결합해 작품을 만들 수 있을 것이라는 생각이 들었다.

김경희 중국과의 합작이나 공연시간의 문제 등이 애초 계획과는 달랐던 것 같은데….

임학선 처음에는 우리 전통음악인 〈수제천〉에 맞춰 전막 가운데 제자들에게 학문을 전파하는 과정을 죽간을 이용해 표현한 '학문' 부분을 공연할 예정이었다. 그러나 이 부분은 전야제에서 공연하고, 26일 개막제에서는 중국 노래에 맞춰 우리춤을 공연하는 합동공연으로 갑자기 형태가 바뀌었다. 공연시간도 첫 계획보다 조금 줄었고. 그러나 5년마다 대규모 공연을 개최하고 대중성을 강화하는 것이 축제의 기본 취지라고 해서, 고민 끝에 우리가 맞춰야 한다는 결정을 내렸다.

사실 지난 5월 서울 예술의전당 공연에서도 대중가요 〈공무도하가〉를 사용하는 등 예술적 수준을 저하시키지 않으면서도 대중성을 강화하는 것은 내 오랜 작업과 맞물리는 일이기도 하다. 중국과의 합동공연도 꼭 추진하고 싶었던 일이고, 이번 기회를 통해 양자 모두에 한 발 다가갔다고 생각한다.

김경희 어찌 됐든 공자의 고향에서 그를 주제로 만든 무용을 공연한다는 감회는 남다를 것 같다.

임학선 물론 좋다. 그러나 확실히 하고 싶은 것은 내 작품은 '공자'를 소재로 삼은 것이기는 하나, 보편적 철학으로서 공자의 사상을 우리춤문화로 자리 잡은 '문묘일무'와 한국전통춤을 가지고 표현한 것이라는 점이다. 그런 차원에서 아직 중국인들도 만들지 않은 공자 소재 무용을 우리가 선도적으로 공연한다는 의미는 있겠지만, 내 작품의 원류를 찾아와 공연하나는 식의 감회는 없다.

언젠가 유럽 등 세계 무대에서 〈공자〉를 선보여 승부하고 싶은 마음도 있다. 이번 공연은 이러한 국제무대 진출이라는 차원에서도 첫발이라고 생각한다.

임학선 춤작가 데뷔 30년 기념공연, 위대한 스승 공자 2008

The Great Teacher 공자의 탄생과 부활

이상일 / 〈공자〉 2008 공연프로그램

2004년 우리는 처음으로 무용예술로 탄생한 〈공자〉를 보고 공자와 함께 예술의 위대함에 감탄하였다. 2008년 우리는 다시 무용예술로 부활하는 〈위대한 스승(The Great Teacher) 공자〉를 보고 공자와 함께 예술의 위대함에 감탄하게 될 것이다.

예술로 살아나는 위대한 인간은 문학적 인간상 이외는 별로 많지 않다. 하물며 무용예술적 인간상에 있어서야 더 말할 나위가 없다. 예술에서는 완벽한 인간을 바라지 않는다. 오히려 부족한 인간에 대한 배려가 매력 포인트이다. 그러므로 공자를 위시하여 석가모니나 예수 그리스도 같은 성인聖人들은 그들의 완벽한 인격 탓으로—물론 그것은 추종자들의 미화 감정 때문이겠지만—미숙하고 불완전한 세속적 인간들로부터 너무 멀리 떨어져버린다.

예술만이 위대한 인간들을 인간의 영역으로 모셔올 수 있다. 초월적이며 비인간화되어버린 그들에게 인간적인 정서와 감정, 지성과 이지를 불어넣어줄 수 있는 예술은 예술적 유연성으로 완벽한 성인의 입상立像에 피를 돌게 만든다.

한국무용사에 획기적인 전환기를 마련한 70, 80년대 '창작무용' 도입 세대 가운데 선두주자이면서 동시에 창작무용의 주류와 대세를 형성하는 임학선 교수가 성균관대학에 재직 중이고 성대가 공자를 위시한 성현들의 가르침을 실천하는 도장이며 그런 교육의 현장에서 예술을 통한 인간과 위대한 스승상을 모색하는 예술적 작업은 바로 우리 시대가 추구하고 있는 통섭기류의 청신호가 아닐 수 없다고 나는 생각한다.

공자의 인간됨에 조명을 맞추었던 초연 이후 프랑스 파리의 유네스코 본부 전막 공연, 독일 부퍼탈 피나 바우쉬 아다페스티벌 및 프랑크푸르트 국제도서전 특별초청공연 등 무용예술 〈공자〉는 한국에서 창작된 동양적 세계관으로 국제적 주목을 받는 한국 현대창작무용이 되었으며, 이번 공연으로 공자와 관련된 고전적 일무佾舞의 의식성儀式性 정립이 가능해진 점도 높이 평가하고 싶다. 고대 주나라 아악에 쓰이던 이 의식무용은 춤이 받드는 주인공의 신분에 따라 무용수의 동원이 달라진다. 예를 들어 8일무는 8열 8행렬을 이루는 64명의 무용수가, 4일무는 16명, 2일무는 2열 2행, 4명의 무용수가 출연한다.

작품 〈공자〉는 서사체계와 제의의 이중구조로 이루어져 있다. 1장 '탄생'에서는 하늘과 땅의 축복을 일무의 의식으로 거행하며, 2장 '학문'에서는 이번 베이징올림픽 개막식에서 선보인, 책과 학문을 뜻하는 대나무 죽간 활용의 창의적 춤사위와 소도구 창출이 처음 도입되었다.

탄생과 학문의 장만이 아니라 인간으로서, 위대한 스승으로서 겪는 삶의 고비는 3장 '고난'에서 두드러진다. 서사구조의 줄거리는 4장 '임종'에 이르기까지 한 인간의 삶의 고비를 그리고 있지만, 그 묘사가 서술적 전개방식이 아닌 시적 무용예술적 형상으로 처리되기 때문에 작품 〈공자〉는 총체적으로 보면 제의적 서사무용시라고 일컫는 것이 옳다.

유의해서 보아야 할 부분은 대나무로 만들어진 고대의 책, 곧 죽간의 공명과 글 읽는 소리의 화음에 어우러진, 공자와 제자들의 군무로 펼쳐지는 학문의 깊이다. 그런 깊이의 관념 세계를 무용 형상으로 잡아내기는 여간 어려운 작업이 아니다. 특히 예악을 기반으로 삼는 학문의 구체적 실현인 거문고 줄의 무용적 움직임도 시선을 끈다. 죽간 소리와 거문고 가락은 학문이라는 관념의 세계와 구체적 현실을 잇는 다리 구실을 한다.

무대형식은 고전적이지만 안무의 움직임은 '현대적'이다. 특히 여인 남자南子의 관능 같은 요소는 안무적으로 대담한 발상이 아닐 수 없다. 임 교수와 임학선댄스위의 무궁한 발전과 함께 〈위대한 스승 공자〉의 열광적 수용을 기대한다.

임학선 춤작가 데뷔 30년 기념공연, 위대한 스승 공자 2008

The Great Teacher 공자, Another Great Teacher 임학선 교수님

김한은 / 『몸』 2008. 11

대한민국 국민으로서, 또한 성균관대 학생으로서 재학 중에 그와 같은 공연을 본다는 것은 커다란 행운이 아닐 수 없다. 나는 무용전공자도 아니고 무용에 평소 관심이 많았던 것도 아니다. 단지 무용 관련 교양수업(한국무용의 이해)을 한 번 수강했었고, 총학생회를 하면서 무용과 학생들과 친분을 쌓은 것이 나에게는 무용이란 것에 눈을 뜨게 해준 전부였다. 그러나 오늘 〈위대한 스승(The Great Teacher) 공자〉 관람 이후 무용, 그리고 문화예술에 관한 나의 관심이 급성장했다.

대중문화라는 말이 있다. 그동안 문화라는 것이 대중과 얼마나 동떨어져 있었길래 그러한 말이 생겼을까 하는 생각도 든다. 흔히 문화, 예술을 대중에게 그들의 삶의 일부분으로서 느끼게 해준다는 것은 예술을 하는 사람 또는 관련분야 종사자 모두의 고민일 것이다. 나 역시 총학생회를 하면서 모교 학우들에게 다양한 문화생활을 접하게 하고, 또한 예술을 삶에 있어서 선택 사항이 아닌 필수 사항으로 느낄 수 있도록 도와주기 위해 많은 노력을 해왔다. 그 일환으로 공연문화의 천국이라고 불리는 대학로에 가장 쉽게 접근할 수 있는 대학교의 장점을 십분 발휘하여 졸업하기 전에 대학로 공연을 반드시 볼 수 있게 해주는 소행성 프로젝트(성균관대 학생증이면 대학로 공연을 절반 값으로 관람)를 진행하였고, 대동제와 건학기념제 등 학교의 축제 때 대학로 유명 공연을 직접 학교 안으로 끌고 들어와 공연문화에 생소한 지방 학생들을 위해 수차례 상연한 바도 있다. 하지만 오늘 〈위대한 스승 공자〉 관람이 나에게는 대학로 공연만이 아니라 더욱 다양한 문화예술 장르를 널리 알리게 하는 계기도 되었다.

무용은 특히 음악, 미술, 영화 등 다른 예술 장르와 달리 전공자가 아닌 이상 쉽게 관심을 가지기 힘든 분야이다. 아무래도 한국 사회에서 무용이라는 것이 그 위대함과 달리 걸맞은 대우를 받지 못하고 있기에 생기는 현상이 아닌가 생각해 본다. 무용과 학우를 통해서 우리 학교에는 한국무용, 현대무용, 발레 파트가 따로 있다는 것을 알게 된 것은 비단 나만의 상황이 아닐 것이다.

임학선 교수님과의 인연은 5년 전으로 거슬러 올라간다. 2002년 1학년 2학기 때 일반교양 수업으로 댄스스포츠 수업을 듣게 되었고, 당시 그 수업을 담당하셨던 교수님을 통해 한국 사회의 무용, 성균관대 무용과 탄생과정, 그리고 현재 우리나라에 있어서 무용의 위치 등 무용에 관한 전반적 사항을 듣게 되었다. 그리하여 무용에 대하여 약간의 관심을 갖게 되었다.

시간이 흘러 2학년 2학기 수업을 수강 신청하려고 하던 중 작년 댄스스포츠 강의도 생각이 나고, 후배의 추천으로 수강 신청을 하여 '한국무용의 이해'라는 수업을 듣게 되었다. 지금에 와서 알게 되었지만 무용의 'ㅁ'자도 몰랐던 나는 당시 임학선 교수님이 무용계에서 얼마나 대단한 위치셨는지 전혀 알지 못했다.

교수님의 수업을 수강했다는 것은 지금 생각해보면 엄청난 행운이었고 나에게는 커다란 기회였다고 생각된다. 당시 수업 과제를 제출하기 위해 국립극장에서 상연 중인 한국무용 공연을 관람하였다. 하지만 그때는 작품을 관람하러 갔다기보다는 단지 과제 제출이 목적이었기에 작품의 주제, 의도 등 작품과 관련된 다양한 소재들이 나와는 무관하다고 생각했었다. 무용에 대한 지식이 없으면 작품을 봐도 전혀 알 수 없다고 생각했기 때문이다.

하지만 오늘은 달랐다. 약간의 인문학적 소양과 공자라는 인물에 대한 짧은 식견, 무용에 관한 작은 관심만 있다면 오늘의 공연은 굳이 전문가가 아니어도 쉽게 관람할 수 있는 전달력 높은 공연이었다. 말과 글이 있기 전에 사람들은 의사소통을 몸짓으로 했을 것이다. 그러한 것이 점점 발전되어 무용이라는 하나의 예술 장르로서 승화되었다고 생각된다.

나만을 위한 예술도 있겠지만 모든 예술은 상대방과의 소통을 기본으로 하고 있다. 그러한 점에서 무용은 말과 글이 큰 중심이 되고 있는 영화, 소설 등의 예술 장르와는 구별되는 또 다른 매력으로 다가온다.

만약 〈위대한 스승 공자〉 공연을 무용이 아닌 연극이나 뮤지컬 장르로서 각각의 장면을 말과 글로 표현했다면 너무나도 쉽게 표현했을 텐데, 그것을 오직 몸짓으로만 표현하기 위해 교수님 및 안무가들이 얼마나 고통스러운 창작 과정을 거쳤을까 생각해보니 아직까지도 온몸에 전율이 용솟음친다.

작품은 크게 5개의 장으로 나누어진다. 공자의 탄생, 공자의 학문, 공자의 고난, 공자의 임종, 공자의 부활.

각각의 장에서 펼쳐지는 안무가(배우)들의 몸짓은 보는 이로 하여금 절로 경탄과 박수가 나오게 할 정도로 아름다웠으며 또한 매혹적이었다. 개인적으로 공자가 남자 부인의 유혹을 뿌리치기 위해 거문고를 튕기는 장면에서는 웬만한 영화 장면은 저리 가라 할 정도의 굉장히 수준 높은 은유와 상징이 느껴지기도 했다. 장면 하나하나에 있어서 배우들의 표현 동작이 관객 모두에게 의미 있게 전달되었으리라 생각된다.

임학선 교수님의 철저한 고증을 통하여 작품으로 승화된 〈위대한 스승 공자〉는 오늘 관람하러 온 중국인도 큰 관심을 보일 정도로 공자를 알고 있는 사람이라면 큰 공감대를 형성할 수 있는 훌륭한 콘텐츠이다.

다만 '공자'에 대해서 알지 못하는 서양문화권 외국인들을 위해 공연장 좌우측에 스크린을 설치해 영어 해석을 해준다면 범세계적인 작품이 될 수 있지 않을까 하는 아쉬움도 남았다.

교수님께서도 인사말에서 밝히셨듯이 2008 베이징올림픽 개막식과 같이 '공자' 그리고 동양문화라는 것이 세계 속에 당당한 문화의 한 축이 될 수 있는 기회가 많았으면 한다. 그 중 석전대제, 〈공자〉 공연 등 우리 성균관대학교의 한국무용 전공자만이 할 수 있는 콘텐츠를 세계에 널리 알리어 세계 속의 한국, 세계 속의 성균관대의 우수한 역사 및 문화를 당당히 전파하고 싶은 욕심은 비단 나만의 욕심이 아니었으면 하는 것이 나의 바람이다.

또한 제자들과 함께 소중한 것을 만들어 나가고, 지켜 나가고, 널리 알리기 위해 연구에 매진하시는 임학선 교수님께 경의를 표하고 싶은 바이다(임학선 교수님 진심으로 감사합니다).

마지막으로 〈위대한 스승 공자〉 공연을 위해 고생해주신 임학선 교수님 및 출연진, 스태프, 후원자 분 등 모든 분들에게 관객 중의 한 명으로서 감사의 말씀을 드린다.

정부는 경제가 어렵다고 해서 각 부의 예산 등 모든 것을 줄이려고만 하는데, 개인적으로는 문화예술에 대한 지원만큼은 줄여서는 안 된다고 생각한다. 지금 당장은 투입되는 예산에 비해 즉각적으로 나타나는 가시적인 결과가 많지 않겠지만, 문화예술에 대한 지원은 돈으로 따질 수 없는 가치 창출에 이바지하고 시간이 흐를수록 인류에게 더욱 풍요로운 삶을 보장한다고 생각한다.

임학선 춤작가 데뷔 30년 기념공연, 위대한 스승 공자 2008

감성으로 다가가는 유학, 〈The Great Teacher 공자〉

진가연 / 성대신문 2008. 10. 6

10월 9일부터 3일간 우리 학교 600주년기념관 새천년홀에서 무용 〈위대한 스승(The Great Teacher) 공자〉가 공연된다.

우리 학교 무용학과 임학선 교수가 안무와 연출을 맡고 유학동양학부 이기동 교수가 대본을 쓴 본 공연은 무용학과 재학생, 교사, 강사, 대학원생 등 총 70여 명이 출연 및 스태프로 참여한다. 이는 2004년 예술의전당에서 전막이 초연된 이후 4년 만에 '스승 공자'에 초점을 맞춰 새롭게 각색된 것이며, 특히 우리 학교에서 공연되는 이번 작품으로 인해 학우들은 공연예술에 가깝게 다가갈 수 있는 기회를 얻게 됐다. 이와 관련해 임학선 교수는 "평소 유교 수업을 들으면서 유학을 딱딱하게만 느꼈을 학우들이 무용을 통해 감성적이고 시각적인 효과를 느낄 수 있을 것"이라고 공연의 의미를 전했다.

이번 공연은 스승과 제자가 함께 학문에 빠져드는 열정적인 모습을 표현하며, 특별히 스승과 제자의 '서로 주고받는 마음'을 문묘일무의 제의형식을 통해 나타낸다. 이는 임학선 교수가 고증을 통해 원형에 가깝게 복원한 것이다. 이에 대해 임 교수는 "문묘일무에서 재현되는 춤은 공경, 사양, 겸양 등 특별한 의미가 담겨 있다"며 "우리가 잊고 살았던 예의범절을 표현해 관객들에게 넓은 시야를 줄 것"이라고 말했다.

한편 기존 무용 〈공자〉는 2003년 중국 국제공자문화절, 2005년 독일 프랑크푸르트 국제도서전, 2006년 프랑스 파리 유네스코 본부 등에서 공연돼 큰 호응을 얻은 바 있으며, 유학적 측면의 소재 개발과 전통을 재창조한다는 의미에서 국내외 문화예술계의 많은 관심을 받았다.

영웅 이순신 2015

임학선의 현대무용 〈영웅 이순신〉과 일무 무무 양식의 활용

이상일 / 〈영웅 이순신〉 2015 공연프로그램

고대 중국의 걸桀나라를 치고 새 왕조를 이룩한 주周나라의 무왕武王은 걸나라 이전의 하나라와 은나라의 악무樂舞 〈대무大舞〉 제도를 통해 전란과 전후의 살벌한 민심을 수습하는 것이 무엇보다 시급하다고 간주하였다. 정치적 이데올로그들은 춘추전국시대를 거쳐 한漢왕조를 수립하는 데 있어서도 싸움으로 지샌 거칠어진 민심을 달래, 말 잘 듣는 신민화臣民化로 순치시키기 위하여 칼과 창, 도끼 같은 무기들을 거두어들여 농기구로 벼루고 유교儒敎의 의례儀禮로 군신君臣 상하의 위계질서를 가르쳐 이른바 평화의 시대를 구가하게 만들고 싶어 했다.

주나라의 무왕은 아직 간척干戚, 곧 방패와 도끼를 든 채 전후 수습책으로 평화가 왔음을 선포하는 뜻에서 대무大武라는 춤을 추었다고 전한다. 그는 새로운 왕이자 정복자이고 장군이자 영웅이다. 고대 중국의 춤 일무佾舞는 그렇게 유교적 제의를 올리는 제례무祭禮舞로서 인덕仁德과 선비정신과 글을 숭상하는 문무文舞와 더불어 군인정신과 영웅호걸, 왕의 기상을 계승하는 무무武舞의 일무로 나누어져 봉헌奉獻되었다. 그런 의미에서 본다면 일무도 전란의 먼지가 풀풀 날리던 살의殺意 가득한 싸움의 무무武舞 양식 다음에 마음을 가라앉히는 평화의 선비정신인 문무文舞 양식으로 옮겨간 경위를 엿보게 한다.

무무가 양손에 방패와 도끼를 들고 춤춘다면 문무는 피리와 꿩깃, 이른바 약적을 들고 춘다. 이 고대의 동양무용 양식은 공자의 제사인 석전釋奠에 남아 있지만 중국의 석전이 문화대혁명기의 혼란으로 그 역사적 궤적 찾기가 어려워지고 일본에는 아예 그런 형식이 없다. 오직 우리나라 성균관 석전에서만 그 고전적 양식이 승계되고 있을 뿐이다. 그러나 우리나라 석전 제의절차의 수순도 일제 탄압기에 그 전통이 중단되기도 한 상태로 현재에 이르고 있어서 일무 자체에 대한 일관된 학술적 연구 성과와 원형 복원 및 현대적 활용이 무용계의 대세가 되지 못한 안타까움이 남아 있다.

다행히 유교의 스승들을 기리는 성균관의 석전제와 전주 이씨 종묘제례에 제의의 춤으로 동양, 동시에 세계 최고最古의 고전무용인 일무의 무무와 문무가 잔존해 있어서 명明대의 문헌 조사연구 결과와 대비해볼 수 있다. 그 학구學究 작업을 꾸준히 해 나간 성균관대학교의 임학선 교수는 일무의 선비 춤 양식인 문무의 원형을 복원하고 현대적으로 적용시켜 임학선댄스위무용단의 현대무용 작품 〈위대한 스승 공자〉(초연 2004년, 예술의전당 오페라극장)로 상연하여 국내외적으로 화제와 충격을 일으켰다. 2006년 성균관 석전에서는 문무와 무무의 원형 복원이 이루어졌다. 그리고 마침내 이번 2015년 〈영웅 이순신〉 공연에서는 일무의 전투적 무무가 임진왜란의 수군통제사 이순신 장군의 인간적 품격의 궤적과 함께 무용적 주제로 현대작품

〈영웅 이순신〉에 활용되어 관객의 시선을 사로잡게 될 것이다.

임학선댄스위의 한국 현대작품 〈영웅 이순신〉은 창작무용 계열이다. 그러나 한국 창작무용은 이제 한국의 현대무용이라 일컬을 정도로 위상이 높아졌다. 그런 〈영웅 이순신〉이 고대 중국의 주나라 일무의 무무武舞 양식 일변도일 수는 없을 것이다. 무무의 전투적 기백, 부정과 부패를 척결하려는 의지, 그리고 무질서와 혼란을 쓸어버리고 질서와 평화를 심으려는 잠재적인 영도력이 정신적 배경이 되고 춤의 핵심이 될 것임은 당연하다. 따라서 무구舞具는 무무武舞의 도끼와 방패를 차용함으로써 작품 〈영웅 이순신〉에서는 이순신의 장군다운 기백과 군신軍神 모습을 안개처럼 피워올려 문무文舞의 상징적 무구인 대나무 피리와 상서로운 꿩털과 크게 대비를 이룬다. 그것은 문무를 활용한 〈위대한 스승 공자〉와 무무를 활용하는 〈영웅 이순신〉의 현대무용다운 형상미形象美의 극치를 끌어내 보여주는 작업이다.

현대무용 〈영웅 이순신〉과 일무의 무무에서 유념할 대목은 현대무용의 극적 구성요소와 춤사위의 움직임 VS 일무의 대열방식이라 할 것이다. 일무의 대열은 가장 규모가 큰 여덟 줄의 팔일무八佾舞−그것은 천자의 춤으로 64명의 집단무용 형식이다. 육일무는 제후의 춤으로 36명 출연, 사일무는 대부大夫의 춤으로 16명, 그리고 이일무는 선비의 춤으로 4명이 추는데 이는 고대 동양의 사회적 배경을 반영한다. 현대무용이기 때문에 출연진 숫자는 어느 정도 자유롭고, 문헌연구의 성과는 안무자의 해석 여하, 그리고 무대 조건에 따라 달라질 수도 있다. 현대무용 〈영웅 이순신〉의 무무武舞 대열은 36명−제후 대접이라면 36명이 등장해야 할 것이다. 그러나 군신으로 숭배되는 이순신이면 천자보다 상위계층으로 승격되어 가장 규모가 큰 팔일무의 대접을 못 받을 것도 없지 않을까.

무무의 움직임은 정연한 대형隊形, 움직임의 힘과 억제력의 과시, 그리고 진퇴의 양식미이다.

대열에는 극적 구성요소가 없다. 그런 의미에서 현대무용 〈영웅 이순신〉은 드라마가 있는 무무武舞 형식이라고 규정할 수 있을 것이다. 우선 프롤로그의 거북선 출전과 에필로그에서는 일반 무용에서 볼 수 없는 의례儀禮의 춤인 일무의 정연한 대형 및 도끼와 방패를 든 군무 형식의 힘찬 억제력의 진퇴가 시선을 끈다. 제2장 승전과 어머니 수연壽宴에서는 조선조 임란기 수군 총사령관이 의외로 효자상像으로 부각되어 3장의 빈 어머니 상여를 따르는 백의종군의 이순신 민얼굴과 맞물려 있다.

이순신은 페미니스트였을까. 어머니의 상喪을 소리 없는 통곡으로 받드는 그는 제4장 난중일기에서 사랑하던 여인 내산월의 수난으로 트라우마의 상처를 입으며 제5장 열두 척의 판옥선은 스스로의 목숨을 사르는 페미니스트의 전범典範처럼 부드러운 심성을 장군의 위상 속에 풍겨주고 있다.

목숨을 바친 영웅은 자기가 받들어 모셔야 하는 통수권자 선조宣祖의 자의恣意에서 연약한 여심을 읽고 절망한 것은 아니었을까. 그 절망을 이기게 한 울돌목의 격전에는 돌을 나르던 남한산성과 명량해전의 강강술래 조선 여인들의 휘날리는 치마폭이 강력한 이미지로 떠오른다.

에필로그에 해당되는 제6장에서 드라마는 역전된다. 이순신의 죽음으로 막이 내리는 것이 아니라 전란을 극복하고 평화를 심는 민의民意 한가운데 스스로를 녹여 동화시키는 〈영웅 이순신〉은 일무의 무무 형식 가운데 살아난다. 그러므로 영웅 이순신은 죽음으로 생을 마감하는 것이 아니라 영생하는 생명감으로 우리 한가운데 우뚝 서는 것이다.

그렇게 〈영웅 이순신〉은 현대무용을 통해 고대 동양 고전의 양식을 원형 복원하는 일무 한가운데 가장 인간적인 면모를 드러내며 사랑의 보편성을 제시하고 있다.

영웅 이순신 2015
콘텐츠와 결합된 창작춤의 확장

이만주 / 『춤웹진』 2015. 10

세계 해전사海戰史의 3명의 제독인 이순신, 영국의 넬슨, 일본의 도고 헤이하치로 중에서 사가들은 이순신을 으뜸으로 친다. 넬슨과 도고는 위로는 군주로부터 아래로는 전 국민이 일치단결하여 그들을 도왔지만 이순신의 경우는 그렇지 않았다. 신하들은 모함했고, 임금은 그를 감옥에 집어넣고 고문하고 죽이려고까지 했다. 그럼에도 불구하고 이순신은 외로이 왜의 수군을 대적하여 23전 23승, 모두 이기며 나라를 구했다. 신神에 가까운 그에게 '영웅'이라는 칭호도 사실 어색하다.

'이순신 장군'을 주제로 창작춤을 만들었다는 얘기, 그것도 일무佾舞의 무무武舞를 바탕으로 만들었다는 얘기를 처음 들었을 때, '과연 그것이 가능할까' 하는 의문이 들었다. 이순신을 거론하려면 또한 임진왜란이 필수적인데 그런 거대 담론들로 춤을 만든다는 것과 대하소설에 해당하는 분량을 1시간 조금 넘는 공연으로 집약한다는 것은 거의 불가능한 일이라는 생각이 들었기 때문이다. 하지만 2015년 9

월 18일(1회 공연)과 19일(2회 공연), 아르코예술극장 대극장에서 공연된, 임학선 연출·안무의 창작춤 〈영웅 이순신〉은 그런 염려들을 불식시켜주었다.

작품은 춤 창작이란 무엇인가, 춤 창작에 있어 축약과 상징과 은유란 무엇인가, 한국창작춤의 영역은 어디까지 확장될 것인가, 일무란 한국춤의 자산에 있어 어떤 자리를 차지하는 것일까와 같은 여러 명제들을 생각해보게 했다.

한국춤의 원리와 미학을 천착한 안무자가 이 작품을 위해 실로 많은 연구와 노력을 기울였음을 작품 곳곳에서 읽을 수 있었다. 작품은 이순신을 축으로 조선 수군, 일본 수군, 선조 임금과 왜장, 어머니, 의기 내산월, 조선 백성들과의 복선과 긴장관계로 줄거리가 구성되었다. 백의종군한 직후 어머니의 타계, 나흘 동안 말미를 얻어 어머니의 장례를 치른 뒤 삼년상을 뒤로한 채 다시 전선으로. 이순신 장군의 이야기는 그 사실 자체가 드라마보다 더 드라마틱하다.

안무자는 작품의 첫 부분에서 현대적인 무대 테크놀로지와 그녀의 연출력으로 거북선과 바다를 특유의 상징으로 처리한 것을 시작으로, 작품 내내 무수한 상징과 은유를 사용하는 능력을 보였다. 또 다른 예로 작품의 후반에서 왜군의 침략은 깃발춤으로, 판옥선의 조선군은 간척의 춤으로 각기 상징화했다. 깃발춤과 간척의 춤은 서로 직접적인 접전을 하는 대신, 구성과 춤의 특성을 통해 나아감과 물러감을 나타낸 것이다.

이 창작춤은 무엇보다 '문묘일무文廟佾舞 콘텐츠 프로젝트'의 일환임을 밝히며 일무의 춤동작을 사용하고 응용한 것이 특색이다. 안무자에 의해 2004년 발표된 창작춤 〈위대한 스승 공자〉가 양손에 약적(피리, 꿩깃)을 들고 추는 문무文舞를 기본으로 구성되었던 것과 달리, 이번 〈영웅 이순신〉에서는 간척(방패, 도끼)을 들고 추는 무무武舞가 기본이 되었다.

안무자는 2007년 문화관광부 지원으로 참여했던 둑제(원래는 조선시대 군대의 행렬 앞에 세우던 대장기大將旗인 둑纛에 지내는 제사로서 일반적으로 무인인 이순신 장군의 제사도 둑제로 불림) 복원사업에서 익힌 간척무, 궁시무, 창춤, 칼춤 등도 이번 작품에 참고했다. 그러면서 한국춤의 검무, 임진왜란 기원설의 강강술래, 통영승전무 역시 효과적으로 섞어 넣으며 한국춤의 풍부한 자산을 보여주었다. 어떤 장면에서는 한국춤의 난만한 아름다움이 총체적으로 연출되어 놀라웠다.

한국춤, 나아가 동양의 춤 철학을 바탕으로 한 안무의 원리도 눈여겨볼 만했다. 이순신과 선조라는 두 캐릭터의 춤을 문답問答적으로 구성하면서 이순신의 춤을 음유陰柔의 춤으로, 선조의 춤을 양강陽剛의 춤으로 안무했다. 통곡하는 바다는 여성 군무로, 이순신의 슬픔은 그가 홀로 추는 상여춤으로 표현한 것도 동양적인 미학이었다.

큰 키의 김주빈은 앞서의 작품 〈위대한 스승 공자〉에서도 타이틀 롤을 맡았고, 이번 작품에서도 이순신 역을 맡으며 연기력과 춤실력을 발휘해 발군의 남성 무용수로 발돋움했다. 의기 내산월 역으로 세 공연에서 각각 정향숙, 유혜진, 정보경이 트리플 캐스팅된 것은 관객들로 하여금 각기 다른 무용수의 개성을 즐기게 하면서 임학선댄스위 무용단의 주主 무용수들에게 고른 기회를 준 배려였다고 생각된다.

이번 작품은 한국창작춤의 또 다른 확장이었다. 아카데미즘과 현장성을 갖추고 한국창작춤을 개척한 세대의 일원인 안무자 임학선은 한국창작춤의 경계를 계속 확장하고 있었다. 안무자는 일무에 관한 한 권위자이다. 일무에 있어 한국이 권위를 갖고 그 일무의 춤사위를 사용하여 한국창작춤을 만든다는 것은 일무가 한국춤의 엄연한 자산임을 웅변하는 것이다. 이순신의 죽음과 관련해서는 '살아보았자 또 어떤 모함과 위해를 당할지 모르니, 자신의 역할을 다한 후 그 스스로 죽음을 택했다는 자진설自盡說'이 있다. 슬픈 이야기이다. 이번 공연의 마지막은 이순신에 대한 육일六佾 무무의 헌무였다. 그 헌무가 이순신 장군의 영혼을 위한 위무의 춤이 되었기를.

영웅 이순신 2015

한국춤의 군무형식 다시 보기 – 임학선

박민경 / 『춤웹진』 2015. 10

임학선댄스위의 신작 〈영웅 이순신〉은 임학선 교수의 연출과 김기화의 협동 안무 그리고 20명이 넘는 단원과 성균관대 팔일무단, 특별 및 객원 출연자 등 대규모 인원이 투입되어 1시간 동안 펼쳐졌다. 역동적인 군무뿐만 아니라 다채로운 조명과 웅장한 음악, 화려한 의상 등 무대를 압도하는 스케일로 인하여 안무보다도 연출력이 돋보이면서 아르코예술극장의 대극장 무대가 작아 보일 정도로 대작의 스펙터클을 과시했다.

이 작품은 조선시대 명장인 '이순신'을 소재로 했는데, 인물과 관련해 잘 알려진 일화 몇 편을 중심으로 간단명료하게 구성되었다. 총 6장으로 구성된 작품은 거북선, 백의종군, 난중일기, 12척의 배 등 익숙한 내용을 기본으로 하여 별다른 설명 없이도 쉽게 이해할 수 있게 했다. 특히 1장은 이 작품의 모티프인 '무무武舞'를 상징적으로 보여주며 공연 시작부터 시선을 사로잡았다.

'1장 거북선'은 거북선을 타고 출정하는 이순신과 병사들의 모습을 그리고 푸른 바다를 형상화했는데, 화려한 조명 및 장엄한 음악과 더불어 남성과 여성의 군무가 역동적으로 펼쳐져 시청각적 효과를 극대화했다. 거북선의 용머리를 든 이순신이 무대 뒤에서 등장하고, 무대 가운데서는 거북 등이 형체를 드러낸다. 용머리가 움직이자 거북 등이 움직이기 시작하는데, 엎드려 있던 붉은색 의상의 병사들이 몸을 일으켜 세우는 것이다. 이어 도끼를 든 병사들이 대오를 갖추고 출정 준비를 하는 모습이 무대를 가득 채운다. 공격과 방어의 의미를 갖는 도끼와 방패의 간척무는 무무를 가리킨다. 나아가 이순신의 지휘 아래 진격하는 병사들 뒤로 거친 파도가 출렁이듯 무대를 푸른빛으로 감싼다. 여성들의 힘차고 유려한 군무는 강렬한 푸른빛의 바다를 각인시키며, 곡선의 움직임은 행과 열로 된 남성 군무의 직선적 느낌을 덮으면서 이 작품의 내재적 정서를 형성한다. 즉 대결과 전투의 이미지 속에 포용과 평화에 대한 바람이 담겨 있는 것이다.

'2장 기쁨의 순간'에서는 승전과 어머니 생신을 축하하는 연희가 펼쳐진다. 이순신을 흠모하는 기생 내산월이 이끄는 연희는, 부귀영화를 뜻하는 모란꽃을 소품으로 한 목단춤에 '통영승전무'에서 가져온 검무가 팔방원무로 더해지면서 궁중춤 형식으로 구성되어 기쁨의 순간을 표현한다. 이순신은 모란을 어머니에게 바치고 또한 임금이 있는 북쪽을 향해 절하며 충성스러운 신하의 면모를 보이는데, 여기서 '충과 효는 하나'라는 메시지가 전해진다. 이어 '3장 백의종군'에서는 이순신의 파직과 어머니의 죽음, 왜군의 기세 등 2장과 대조적으로 슬프고 안타까운 장면이 연출된다.

'4장 난중일기'는 이순신의 고뇌와 기생 내산월의 연정 그리고 왜장의 횡포가 갈등을 고조시키며 극을 전개시킨다. 이순신을 향한 내산월의 연정이 춤으로 표현되고 이순신은 그런 여인을 뒤로한 채 결전을 다진다. 왜장이 저항하는 내산월을 힘으로 짓밟으려 하자 백성들의 분노가 강강술래의 집단무로 형상화되고 병사들의 대열과 오버랩 되면서 클라이맥스로 향한다. '5장 판옥선 12척'은 치열한 전투 장면으로 되어 있는데, 진퇴의 형식 속에서 무용수들의 움직임은 훨씬 더 동적으로 보인다. 처절한 격전이 마침내 승리로 끝났을 때 4장과 달리 이제 백성들의 강강술래는 기쁨의 춤이 된다.

이렇게 해서 이야기가 끝나고, 마지막 '6장 영웅 이순신!'은 이순신을 기리는 헌무의 성격으로 성균관대 팔일무단에 의해 짧게 구성되었다. 이순신이 출정을 앞두고 지낸 '둑제纛祭'의 재현사업에서 임학선 교수가 복원했다는 '무무'를 소개하기 위해 이 작품을 구상하지 않았나 싶을 정도로 주최 측은 프로그램 책자에 이에 대해 상세하게 설명하고 있다(군사를 상징하는 깃발이자 군대의 행렬에서 맨 앞에 세우는 대장기를 일컫는 '둑'에 지내는 제례인 '둑제'는 전쟁의 승리를 염원하는 의식이다).

안무자는 왜적을 무찌르고 나라를 구한 충무공 이순신의 영웅적 면모를 형상화함으로써 그 모습에서 리더십, 인간상, 수신, 충효사상, 헌신, 평화 등 오늘날 우리에게 필요한 여러 가지 덕목, 그 소중한 가치를 되살리는 계기가 되었으면 하는 바람을 담고 있다. 공연은 그 같은 주제의식이 또렷하게 빛을 낼 만큼 극적이거나 감동적이지는 않았는데, 아무래도 그 같은 뜻이 너무도 익숙한 데다 영웅에 대한 이미지를 바탕으로 하고 있기 때문에 공감이 덜하지 않나 싶다. 하지만 붉은빛과 푸른빛의 색채감과 더불어 남성과 여성 군무의 스펙터클 속에서 집단적 움직임으로 드러낸 미적 형태는 충분히 인상적이었다. 또한 전열과 군무의 관련성, 강강술래와 같은 원무, 궁중무의 정렬 등에서 우리 전통 군무의 미학적 형식을 다시 한 번 생각해보는 계기가 된 공연이었다.

영웅 이순신 2015

역동과 섬세함을 안은 무무의 재탄생
임학선의 문묘일무 콘텐츠 프로젝트 〈영웅 이순신〉을 보면서

윤대성 / 『댄스포럼』 2015. 10.1

한산섬 달 밝은 밤에 수루戍樓에 혼자 앉아
큰 칼 옆에 차고 깊은 시름 하는 차에
어디서 일성호가는 남의 애를 끊나니

이순신「한산도가」

안무가 임학선의 〈영웅 이순신〉 제4장에 울려 퍼지는 시조이다. 우국시를 적어 내리는 이순신의 붓질과 그 한 자 한 자를 춤추는 기생 내산월의 움직임이, 읊어져 나오는 운율과 어우러진다. 전란 중에 시름 하며 염려하는 충정을 난중일기 모티프에 대입한 대목이다.

'문묘일무 콘텐츠 프로젝트'를 내걸고 〈위대한 스승 공자〉(2004)에 '문무'를 담았던 임학선이 이번에는 '무무'를 활용해 조선의 대표적 무신 이순신의 삶을 그린다(2015년 9월 18~19일, 아르코예술극장 대극장). 문무 콘텐츠를 내놓은 지 11년 만에 무무 콘텐츠를 완성함으로써 짝을 이룬 완결에 도달한 것이다. 전통춤 모티프를 활용한 한국창작춤은 쉽게 찾아볼 수 있지만 대부분 유파를 따라 전승되는 춤이 소재로 활용되는 경우가 많아서 고증과 복원을 통한 무대화는 드문 축에 속한다. 2015년 올해도 지난 8월 백제 무용가 미마지의 춤을 복원해 초안을 선보였던 국수호의 춤 등 소수를 제외하고는 이런 유형을 찾아보기 힘들었는데, 안무가의 연륜과 공략뿐 아니라 그에 상응하는 환경적 기반을 갖추어야 가능한 일이기 때문이다. 안무가 임학선의 일무佾舞 연구와 콘텐츠화 작업이 의미를 가지는 이유도 여기에 있다.

여러 전통춤이 그러하듯 둑제纛祭의 무무가 춤을 위한 춤은 아니다. 군령관을 상징하는 둑에 지내는 제사이기 때문에 춤 자체에 초점이 있다기보다는 '헌정'의 의미가 강하고, 그렇다 보니 콘텐츠화할 때에도 그 헌정의 맥락과 밀접한 내용이 주제로 대두되기 쉽다. 살풀이, 씻김굿 등 무속춤을 활용한 작품의 주제가 으레 삶과 죽음의 어디쯤 놓여 있는 것도 이 같은 이유에서이다. 전통춤을 내건 작품으로서 춤의 외형뿐 아니라 내재적 의미까지도 현대화의 범주에 포괄하는 의무를 다하기 위해 이러한 패턴이 굳어지게 되었다. 추어진 맥락과 의미가 움직임 그 자체보다 중요한 경우 그러한데, 이때는 창작춤이라 하더라도 주체적 이미지의 일부로 전통춤 고유의 맥락을 포괄하게 되는 것이다. 안무가 임학선 또한 무무의 인상적 맥락을 유지하기 위해 무신 이순신을 내세우고 그에게 바치는 헌무로서 무무를 활용한다.

그러나 이 때문에 야기되는 충돌이 아쉬움을 남긴다. 무대화의 두 가지 목적, 전통춤을 활용해 볼거리 풍성한 '콘텐츠'를 제시하려는 것과 충무공의 삶의 정신을 구현하려는 쪽이 상충하여 서로의 달성을 저해하는 것이다. '춤을 위한 춤'과 '헌정을 위한 춤'의 경계에 선 〈영웅 이순신〉의 딜레마이다. 이를테면 전란이 계속되어 국가의 시름이 깊은 상황에서 자신의 승리를 축하하며 호화로운 수연을 즐기는 장면이 그렇다. 2장에서 모란꽃을 든 여인들의 춤이 화려한 궁중춤 형식을 적용하여 구성되고 이에 통영승전무의 검무가 더해진다. 통영승전무는 지방에서 추어진 춤으로 본래 이순신의 승전을 축하한 데 기원이 있지만, 찬란한 의상의 기품 있는 목단춤이 연희에 호화로움을 부여하는 모습이다. 나라의 곳곳에서 크고 작은 전쟁이 계속되고 국고가 바닥으로 비어가는데 애국愛國, 애민愛民 정신으로 대표되는 이순신의 생일 연희를 즐기는 이유는 다름 아닌 〈영웅 이순신〉 공연을 위해서이다.

소박한 강강술래부터 화려한 정재까지 포괄하려는 '콘텐츠화'의 의지가 이순신의 정신을 저해하는 결과를 낳는 것이다. 물론 이순신이 7년 임진왜란 내내 고생만 추구했던 것은 아니다. 동료들과 종일 돌며 술잔을 기울일 때도 있었고, 기생집에서 술에 진탕 취하기도 했으며, 여러 연인들과 잠자리를 즐겼다. 그러나 이런 인간적인 면모를 한 꺼풀 화려하고 찬란한 춤으로 무대를 위한 무대에 오른다. 아름답고 환상적인 'Beauty'만을 예술의 대상으로 포섭하려는 모습이다. 눈과 귀가 즐겁다가도 고개가 갸우뚱하다.

반면, 반대급부는 성공적이다. 무무의 엄숙함과 건조함에 화려함이 더해져 다채로운 무대가 구성되고, 엄격함이 누그러진 궁중무용 형태의 통영검무, 강강술래의 소박함까지 볼거리를 풍성하게 갖춘다. 육일무 형태로 무무를 시연할 뿐 아니라 그것의 자체나 시퀀스를 활용해 다양한 방식으로 무무를 즐기도록 구성한다. 전 재산을 이순신의 군비軍費로 바쳤다는 한양 기생 내산월을 부각하여 러브라인을 구축하는 등 서사에 재미를 더하는 극적 요소도 포섭한다. 특히 전쟁 씬의 남성적 위엄과 푸른 여인들의 오운 바다가 어우러지는 1장은 압권이다. '일무'의 엄격함에 무게 있는 역동과 섬세한 군무를 추가해 보다 분방하면서 유려한 전쟁을 연출한다.

영웅 이순신 2015

문무와 무무가 짝을 이루는 춤으로 한국 예술의 독창성과 우수성 알리고 싶었다 신작 〈영웅 이순신〉 선보인 임학선 교수

이정후 / 『댄스포럼』 2015. 10

이정후 문묘일무 콘텐츠 프로젝트의 시작은…

임학선 문묘일무는 문묘 성균관에서 공자에게 제사할 때 추는 춤이다. 문덕을 상징하는 문무文舞와 무공을 상징하는 무무武舞가 있다. 문묘일무에 관심을 갖게 된 것은 성균관대 부임 이후인데, 성균관에 공자와 그를 추모하는 춤이 존재한다는 것이 무척 흥미로웠다. 매년 거행되는 석전대제(공자 제사, 국가무형문화재 85호)를 지켜보면서 엉뚱하게도 공자와 일무를 소재로 작품을 만들면 재미있겠다는 생각이 들었다. 그런데 막상 작품을 구상하려니 아는 것이 별로 없어 뜻대로 되지 않아서 공자를 알기 위해 먼저 『논어』를 읽고 일무에 대한 연구를 시작하였다. 작품 〈공자〉와 문묘일무 연구, 그리고 문묘일무 춤사위 원형 복원, 책 발간 사업 등이 동시에 진행되었고, 이번 〈영웅 이순신〉이 두 번째 작품이다.

문묘일무 콘텐츠 프로젝트의 첫 번째 사업인 〈위대한 스승 공자〉가 2004년 예술의전당 오페라극장에서 초연되었고, 11년 만에 〈영웅 이순신〉을 안무했다. 이로써 문무와 무무가 짝을 이루는 작품이 완성된 거다. 이 같은 작업이 가능했던 것은 무엇보다도 문묘일무에 대한 연구가 실질적으로 이루어졌기 때문이었다. 연구과정에서 문묘일무 춤사위를 원형으로 복원(2006)한 데 이어, 문화관광부 지원사업으로 이순신 장군 제사(둑제)에서 추는 무무를 복원(2007)한 것도 큰 성과였고 그 같은 연구가 없었다면 공자와 이순신을 주제로 한 무용작품으로의 탄생은 불가능했으리란 생각이다. 일무의 유래와 역사, 춤사위의 의미와 상징체계, 사상 등을 두루 파악할 수 있었기 때문에 문무와 무무로써 무용 〈공자〉와 〈영웅 이순신〉의 상징체계를 만드는 것이 가능했다.

많은 분들이 공자를 무용작품으로 만든다고 했을 때 고개를 갸우뚱했다. 이번에 이순신을 한다고 했을 때도 마찬가지였을 거다. 그래서 누군가 예측불허의 대담한 발상이고 시도라고 말하지 않았을까 생각한다. 무용 〈공자〉는 세계 최초의 작품이었지만, 이순신은 이미 드라마와 연극, 영화로 만들어졌기 때문에 무용으로 만든다는 것이 매우 부담스러웠다. 그러나 한편으로는 다른 시각에서 이순신을 바라볼 수 있다면 해볼 만한 작업이라는 생각이 들었기 때문에 주저하지 않았다. 그래서 무용의 특성을 최대한 살리는 방향에서 안무 계획을 잡았고 이순신의 삶에서는 거북선, 백의종군, 난중일기, 판옥선 12척 등을 떠올렸다. 그리고 임진왜란과 관련한 승전무와 강강술래가 있고, 더욱이 이순신을 제사할 때 추는 무무 등을 작품에 담아

보고자 했다.

이정후 신작 〈영웅 이순신〉의 세세한 흐름을 소개하면…

임학선 서막에 해당하는 1장의 '거북선'은 마치 동화 속에서 이순신이 병사들과 함께 병장놀이를 하듯 경쾌하게 춤을 추며 푸른 바다를 힘차고 신나게 항해하는 것으로 막을 열었다. 2장 '기쁨의 순간'은 승전의 기쁨과 어머니의 수연 잔치를 궁중춤 형식의 목단춤과 검무로 표현하면서 한국춤의 화려함과 우아함을 나타내면서도 이순신의 효심과 충성심을 엿볼 수 있는 장면으로 연출했다. 3장 '백의종군'에서는 임진왜란의 갈등구조를 이순신, 선조, 왜장, 어머니 4인의 춤으로 압축하였다. 어머니 가슴에 안겨 있던 목단꽃이 하나 둘 바닥으로 떨어지고, 그 꽃은 죽음의 넋이 되어 바다를 떠도는 영혼으로 강조되었다. 이 부분에서 목단꽃이 떨어지는 순간 꽃의 모양은 사라지고 넋을 상징하는 긴 천으로 활용될 수 있도록 제작하였다. 목단꽃이 혼백으로 표현될 수 있도록 한 것은 창의적인 활용 부분이었던 것 같다. 여성 군무의 통곡의 춤에서 또한 상복 차림으로 머리에 쓰고 있던 흰색 베일을 후반부에서 눈물수건으로 활용하여 소리 없이 흘러가는 바다 위의 통곡으로 강조되기도 했다. 4장 '난중일기'에서는 민초들의 강강술래가 주목을 받았던 것 같다. 누구나 다 아는 강강술래지만 나라를 지키려는 민초들의 의지와 단결로 상징되어 가슴이 뭉클했다는 얘기를 많이 들었다. 많은 사람들에게 감동을 주었던 부분으로 남겨진 것 같다. 5장 '판옥선 12척'은 남성 무용수들의 춤으로 울돌목의 바다를 표현하였는데, 무용수들은 판옥선 병사가 되고, 북 치는 격군이 되고, 노를 저으며 숨 가쁘게 돌아가는 긴장의 바다로 표현되었다. 맨몸으로 펼치는 최후의 사투 장면 또한 전투를 미니멀하게 처리한 부분이다. 6장 '영웅 이순신'은 36명의 무무가 헌무로 추어졌다. 이 춤은 원래 공자 제사에서 추는 춤인데, 후에 이순신 장군을 기리는 제사에도 추어졌다. 2007년 복원(신혜영)된 조선시대의 음악 〈정동방곡〉에 맞추어 무무를 복원(임학선)한 춤이다. 복원 이후 이번 무대에서 처음 선보인 것이다. 원래 제례무이지만 상당히 힘이 있고 절도감 있는 춤으로, 많은 분들이 기억에 남는 춤이었다고 말씀들을 해주셨다.

이정후 이순신의 삶을 조명하게 된 이유와 큰 스케일의 내용을 무대화한 어려움을 말해달라…

임학선 이순신은 뛰어난 장수였지만 유학의 선비정신이 가득한 문무를 두루 겸비했으며 부모에 대한 효심과 나라를 위한 충성심이 가득했던 그는 남다른 지혜와 탁월한 전략으로 국난을 극복한 사람이기도 하다. 오래전에 〈스파르타쿠스〉라는 작품을 세종문화회관에서 본 적이 있는데 그때 막연하게 그런 작품을 만들 수 없을까 생각했다. 이후 문묘일무를 연구하면서 무무를 작품으로 만들어볼 생각을 하고 있었는데 그 대상이 이순신이 된 것이다. 이번 공연에 많은 분들이 관심을 가졌던 것도 국내에서 이순신에 대한 관심이 집중되고 있었던 영향이 아닌가 싶다. 문文을 대표하는 성인이 공자였다면, 무武를 대표하는 위인은 단연코 이순신이라고 생각한다. 두 작품 모두 세계무대를 염두에 두고 만든 것이기 때문에 무용을 통해 한국의 역사는 물론, 한국 예술의 독창성과 우수성을 널리 알리고자 하는 나름의 의도도 있었다. 두 위인을 작품으로 만든다는 것이 쉽지 않았던 만큼 준비 기간이 매우 길었다. 무용 〈공자〉는 2000년부터 작품 구상이 시작되었다. 그러던 중 〈공자〉의 '학문'이 2003년 먼저 중국 곡부(취푸)에서 무대에 올려졌고, 그 이듬해인 2004년 무용 〈공자〉의 전막을 완성하여 예술의전당 오페라극장에서 초연했다. 그리고 2015년에 〈영웅 이순신〉 공연을 올렸으니까 문무와 무무가 짝을 이루는 춤을 만드는 데 15년이 걸린 셈이다. 연구가 있었지만 창작작업은 역시 만만치 않았다. 직접 시나리오를 쓰고, 작품의 상징체계를 세우고, 그것을 표현해낼 수 있는 춤을 만들고, 소품의 선택과 활용방법 등이 모두 안무자의 몫이다. 그 밖에도 무대장치와 음악, 의상들도 디자이너들과 머리를 맞대고 계획해야 했다.

특히 안무에서 어려웠던 부분은 이순신 하면 전쟁이나 전투 장면을 먼저 떠올리고 그것을 상상하게 되는데 그것으로부터 자유로워져야 했다. 투박하고 거칠게 느껴지는 그런 부분들을 오히려 아름다운 몸짓으로 상징화시키면서 감동을 끌어낼 수 있는 방법을 찾고자 했다. 그래서 환상적인 분위기의 신화 속으로 흠뻑 빠져들면서 옛 정취를 느낄 수 있는 무대를 만들고자 했다.

이번 작품에서는 내 자신 역시 긴장의 끈을 놓지 않았다. 대본과 세부적인 안무 계획을 수차례에 걸쳐서 수정하는 시간도 필요했고, 단원들에게도 대본을 문서로 공개하지 않고 얼굴을 마주하면서 대화로 풀어갔다. 그만큼 신중해야 했고 변수도 많았다. 작품의 주요 부분인 군무가 먼저 안무되고 주역들의 춤이 나중에 안무되었다. 작품이 어떻게 연결되고 마무리될지 알 수 없었던 단원들도 매우 궁금해하면서 한 장면 한 장면에 최선을 다했던 것 같다. 공연이 임박해서 총 리허설 때 윤곽이 어느 정도 드러났지만, 극장 리허설을 하면서 구체적으로 느낄 수 있었다. 프로그램을 보고서야 작품의 내용과 디테일을 알 수 있을 정도로 모든 것이 철저하게 공개되지 않은 채 진행되었다. 9개월이라는 긴 시간의 연습을 긴장을 풀지 않고 효과적으로 끌고 가려면 작품에 대한 궁금증과 기대감이 끊어지지 않아야 했기 때문에 필요한 방법이었다고 생각한다.

이정후 이순신을 상징하는 특성적인 장면 변화 연출기법의 섬세함이 돋보였는데…

임학선 〈위대한 스승 공자〉는 성인 공자가 아니라 인간 공자를 표현하고자 했고, 〈영웅 이순신〉 또한 전쟁의 이미지보다는 이순신의 인간적인 고뇌를 표현하고자 했다. 이순신의 내면세계와 그를 둘러싼 이야기들, 그 당시 백성들이 어떤 마음으로 그 같은 상황을 대처하고 이겨냈는지 생각하면서 타임머신을 타고 그때의 상황으로 되돌아가야 했다.

작품에서는 무무의 유교적 제의형식뿐만 아니라 씻김의 무속적 제의형식, 화려한 궁중춤 형식, 소박한 민속춤 형식 등이 각 장의 내용에 맞추어 응용되는 한국춤 장르가 총망라된 무대였다. 소품 활용도 다양했다. 가장 중요한 도구인 방패와 도끼, 거북선 용머리, 정형화되지 않은 모양의 흰색 목단꽃, 머리에 쓴 흰색 베일 등의 소품이 각각의 장별로 의미 있게 사용되고, 그것을 또 다음 장면으로 이어지도록 적절하게 응용하였던 것들이 안무자로서 마음에 들었던 부분이다. 배의 갑판과 돛을 상징하는 무대장치, 음악, 의상, 조명도 작품을 빛내주었다.

안무의 핵심이 되는 표현기법으로는, 역사적 사실을 생략과 압축으로 미니멀하게 표현하고자 했다. 이순신, 왜장, 선조, 어머니, 의기 내산월 등 5인의 캐릭터가 설정되어 있었기 때문에 극적 구조의 서사성을 지니면서도 상징체계를 구축하는 부분이 고민이었다. 자칫하면 설명적으로 흘러버릴 수 있기 때문에 어려웠던 부분이다. 순간순간 표현되는 상징적 몸짓들은 임학선 춤메소드라 할 수 있는 필체·학체·궁체의 태극구조의 움직임 원리와 호흡 원리를 적용시키고, 은유적인 표현방법으로 내용을 상징화하고자 했다. 무용수들에게는 타성적인 움직임이 아니라 생동감 있는 리드미컬한 움직임을 요구했다. 같은 동작을 춤추더라도 리듬호흡에 따라 전혀 다르게 느낄 수 있는 부분들을 강조하면서 그들로 하여금 스스로 움직이도록 유도했다. 집단적인 군무의 매력은 훈련을 통해서만 그 표출이 가능하기 때문에 단원들은 엄청난 연습량을 이겨내야만 했다. 몸은 지쳐 있는데도 마음은 펄펄 날고 있었다. 모두에게 고마울 따름이다.

이정후 인문학에 근거한 방대한 자료 준비를 체계적으로 해온 안무가로도 알려져 있는데…

임학선 춤을 통해서 인문학의 중요성을 알게 되었다. 무용 〈공자〉를 안무하기 위해 접근하게 된 문묘일무 연구 때문이다. 고대 중국으로부터 유래된 문묘일무는 참으로 방대한 자료를 다각적인 방향에서 검토해야 했다. 무보舞譜에 그림과 술어로 전해지는 춤사위 분석을 통해 다양한 시각에서 춤을 이해하게 되었다. 그 같은 과정이 없었다면 공자와 이순신을 춤으로 만드는 것은 불가능한 일이었을 것이다. 춤을 바라보고 해석하는 시각이 달라진 것이 안무의 디테일을 잡아가는 데 큰 도움이 되었다. 인류가 존재한 이래로 춤이 생겨나게 된 배경, 옛 춤에 담긴 가르침과 교훈적인 이야기들 모두 궁중춤과 민속춤에 담기게 되었다고 생각한다. 그 핵심 사상과 내용을 춤으로 고스란히 담을 수 있다는 것이 개인적으로 무척 좋다. 결국 공자와 이순신을 춤으로 말하게 된 배경이라 할 수 있을 것 같은데 역사를 춤추는 것은 정말 어려운 일인 것 같다.

이정후 〈영웅 이순신〉을 통해 한국 역사의 흐름과 핵심을 성찰하는 시간을 갖게 하고 교육적으로도 매우 용이한 무대 구성을 생각했으리라 보는데…

임학선 춤을 통해 인문학을 알 수 있었듯이 역사의 중요성도 인식하게 되었고 역사 인식을 통해 내 삶을 정리해보는 계기가 되었다. 한계가 더욱 중요해졌고 매사에 최선을 다하며 후회하는 일을 만들지 않으려고 노력하고 있다. 삶이 그렇듯 춤의 모습도 진화하기 마련이다. 역사와 함께해온 전통춤 속에 담겨 있는 지혜를 배우게 된다. 그보다 좋은 교육은 없을 듯하다. 그렇다고 전통을 무조건적으로 좋아한다고 해결되는 것은 아니고 그것의 의미와 가치를 찾을 수 있을 때 창조가 가능할 것 같다. 무용가를 꿈꾸는 학생들이 그것을 스스로 알기는 그리 쉽지 않으니까 교육을 통해서 단계적으로 배울 수 있어야 한다고 본다. 아무리 재주가 많아도 저절로 습득되기 어려운 부분이기 때문에 창의적인 교육 시스템이 더욱 필요하다고 생각한다.

현대예술에서 무엇을 어떻게 표현해야 할지는 예술가 각자의 몫이다. 피카소, 에르메스, 샤넬 등의 표현기법이 다르듯이 춤예술도 저마다 다른 특징을 지닐 수밖에 없을 것이다. 유명 예술가들의 예술세계는 물론 한성준, 최승희, 피나 바우쉬와 같은 세계적인 무용가들에게서 그들이 추구하고자 했던 창의적인 예술세계를 배운다. 한성준과 최승희의 춤을 배우고 연구하면서 그들과 만났고, 피나 바우쉬를 직접 만나 그녀로부터 이야기를 실감 나게 들은 적도 있다. 더욱이 2500여 년 전의 공자와 이순신을 작품을 통해 만나게 되었다. 역사적으로 위대한 사람들을 춤을 통해 만나서 많은 이야기를 듣고 나누었던 것은 더없이 값진 공부였다. 그들에게서 배운 삶의 철학, 전통의 중요성과 재창조, 현대예술의 표현성, 장인정신, 학습의 중요성 등 일일이 다 열거할 수는 없지만 많은 것들이 내 작품 속에 스며들어 각각의 장면에 디테일하게 녹여져서 담기게 된 것이다. 내 삶을 살찌우고 뒤돌아보게 하는 최고의 교육의 장이었다고 생각한다.

이정후 대학 재직의 퇴임 공연을 통한 그동안의 소회는…

임학선 벌써 정년을 앞두고 있다.(웃음) 1970년대 후반 한국창작춤을 처음 시작한 후 지금까지 일관된 생각으로 작업을 해온 것 같다. 무엇이든 해봐야 알고 시간이 지나봐야 이해될 수 있는 것 같아서 지켜봐주고 기다려주는 일들이 무척 소중하게 느껴진다. 더욱이 예술가의 길은 자신과의 지루한 싸움에서 스스로를 지킬 수 있어야 하기 때문에 함부로 사람을 속단하는 일은 자제해야 할 것 같다. 상대를 가슴 아프게 하는 일은 하지 말아야 하는 거다. 그래서인지 요즈음 내 자신도 물 흘러가듯 흘러가는 것을 지켜보는 편이다. 그렇다고 체념이나 방관은 아니다. 그 흐름 속에서 나름의 답을 찾아야 한다는 생각이다.

이정후 한국창작춤의 브랜드를 높이는 창작 작업으로 긍지와 자부심을 갖게 하는 작업을 해왔다는 평가인데…

임학선 그렇다. 특성화 사업이라는 것이 한 번 하고 그쳐서는 그 끝을 볼 수가 없다. 발전에 발전을 거듭할 수 있도록 끊임없는 연구와 실천이 필요하다. 그래서 관심과 지원도 필요하다. 나이가 들면 들수록 곰삭혀져서 나오는 것이 예술일 터인데 그 같은 활동을 지켜보고 이끌어주는 일은 쉽지 않은 것 같다. 그럼에도 불구하고 임학선댄스위는 서로에게 거는 기대가 크기 때문에 서로를 잘 지켜봐주고 따르면서 지금까지 왔던 것 같아 고맙다. 한마음으로 뭉쳐진 단원들이 대견스럽고 훌륭해 보인다. 공연이 감사히 마무리된 것도 그런 이유에서였을 거다.

이정후 개인적으로 소소한 행복이나 에너지를 찾게 되는 부분은…

임학선 "학이시습지", "수신제가치국평천하". 이런 말들이 요즘 더욱 중요하게 되새겨지는 대목이다. 평소 내가 좋아하는 춤학습을 통해 나 자신을 바로 세우고, 내 가족을 생각하고, 나와 더불어 함께하는 제자들과 동료들을 돌아보고, 그것을 통해 즐거움을 찾는 일이 가장 행복한 일이다. 멈추지 않고 계속할 수 있도록 하는 원동력이 되고 있다. 이것이 다 서로를 지켜봐주고 이끌어주고 격려해주는 일의 연속이라고 본다.

이정후 앞으로의 작업 방향이나 계획은…

임학선 우선은 지금까지의 창작 활동을 정리해야 할 것 같아 진행 중에 있다. 또 한편으로는 이번 작품 〈영웅 이순신〉의 해외 공연을 추진 중이다. 작품의 성격상 스토리가 있고 역동적인 스피드와 리듬의 변화가 많아서 그런 것들을 좋아할 만한 국가가 될 것이다. 그리고 내년에 큰 기획행사가 있는데 그 중의 하나가 문무와 무무가 짝을 이루는 대공연을 올리는 것이다. 1부 〈위대한 스승 공자〉, 2부 〈영웅 이순신〉을 한 무대에 올리는 공연이다. 단원들이 어떻게 두 작품을 한 무대에 올리느냐고 지금부터 걱정이다.(웃음) 또 한 가지는 '문묘일무 원형 복원 사업'이 바람직한 방향으로 마무리되기를 바라는 마음이다. 문묘일무가 워낙에 일반적으로 이해하기 쉽지 않은 춤이어서 처음에는 많은 분들이 의아해했지만 지금은 상당 부분 옳고 그름이 알려진 상황이다. 한국 문화예술의 진정한 발전을 바란다면 바른길로 가야 한다고 생각한다. 개인적으로 연구의 진정성이 받아들여질 것으로 믿고 있다. 이것은 누구 개인을 위한 일이 아니라 우리의 귀중한 무용적 자산을 확보하고 빛내는 일이라 생각한다. 문화예술계의 많은 관심이 필요하다.

이정후 더 하고 싶은 말은…

임학선 이번 〈영웅 이순신〉 공연 프로그램에서도 밝혔지만, 인문학적인 관심에서 춤을 정의하게 되었다. 수천 년의 역사를 넘어 한국 땅에서 꽃피우는 문묘일무를 통해서 얻어진 교훈이다. 오늘 인터뷰를 통해 그것을 소개하게 되어 기쁘다.

문·무·꿈·춤 2017

임학선댄스위 〈문·무·꿈·춤〉 공연의 의의
무속과 일무 연구를 넘어선 예술적 현대무용의 결산

이상일 / '이상일 읽기' 블로그에서 2017. 1. 30

어쩌면 임학선댄스위 〈문·무·꿈·춤〉(2017년 1월 18~19일, 아르코예술극장 대극장) 공연은 임학선 교수의 성균관대 무용학과 정년퇴임과 문행석좌교수 취임 축하의 뜻과 함께 무용예술가 임학선 개인의 필생에 걸친 연구 업적 및 무용예술 창작, 그리고 교육 성과에 대한 결산까지 두루 걸친 중요한 전시장이 아닐 수 없다.

〈문·무·꿈·춤〉은 일무佾舞의 문무文舞와 무무武舞를 복원한 임 교수의 연구 성과를 토대로 창작무용 〈위대한 스승 공자〉와 〈영웅 이순신〉을 기리는 제의祭儀의 현대무용이다. 이 제의의 현대무용은 한국의 굿과 무속에서 발원하여 태극 원리에 이르고 동양 고전의 수맥에 뿌리를 담근 임학선 무용세계의 기본 키(key)를 갖추고 있다. 그 열쇠를 따라 작품 〈위대한 스승 공자〉와 〈영웅 이순신〉의 주제를 따라가면 일무의 문무文武 두 전형에 어리는 안무자의 꿈이 춤으로 서린다. 그러므로 임학선에게 있어서는 이 두 작품이 그의 창작무용, 현대 한국무용의 예술적 결산이 아닐 수 없다.

익히 알려져 있다시피 임 교수는 80년대 이후 한국 현대무용을 풍미하는 창작무용의 기수 창무회의 창립 세대이다. 따라서 창작무용 기수들은 전통과 현대를 그들의 작품세계 안에 함께 지닌다. 전통을 지키면 인간문화재가 되고, 현대를 표현하면 무용예술가가 된다. 한국 현대무용은 그런 과도기적인 소용돌이 가운데서 성장해 나왔다고 해도 과언이 아니다. 창작무용의 예술창조 작업에 빠졌던 그가 성균관대 무용학과 교수로 부임하면서 그에게는 또 하나의 새로운 과제가 부과되었다. 이른바 교육과 연구 작업이다.

전통문화에 대한 학술연구의 계기는 민족문화의 뿌리라고 할 수 있는 굿/무속에서 한국춤의 연원을 찾고 한국을 넘어 동양무용의 근원에 대한 어프로치로 발전·전환된다. 성균관의 학통을 잇는 근간에는 성인 공자가 있고, 그를 모시는 석전釋奠 의례에는 일무가 있다. 이른바 문묘일무文廟佾舞라 불리는 문무文舞 양식은 전주 이씨의 종묘일무宗廟佾舞 절차상의 무무武舞와 대비를 이룬다.

중국이 문화혁명으로 전통과 함께 공자 훼손으로 과거를 지우고 있을 때 성균관의 석전에 의해 연명된 동양의 춤과 음악이 일무와 편경編磬이라는 사실을 아는 사람들은 많지 않다. 임 교수는 일무 연구로 중국과 동양문화에 크게 기여하는 역설적인 성과를 올렸다. 중국 본토에서 잊혀진 전통 동양무용 일무의 새로운 발견이 그것이고, 그로 인해 공자의 고향 곡부(취푸)와 베이징 올림픽에서 일무가 부활했다.

현대무용으로 부활한 일무는 어떻게 되었을까. 그 구체적 방증인 〈위대한 스승 공자〉에서는 소도구 '약적', 즉 꿩털과 피리로써 문무文舞로 부활한다. 약적이 선비의 춤을 드러낸다면 〈영웅 이순신〉의 무무武舞에서는 '간척', 즉 도끼와 방패가 장군의 기상을 드높인다. 꿩털과 피리의 조화가 공자 이야기의 스토리텔링 같은 콘텐츠를 보조할 수 있으면 그 서사구조는 이번처럼 '유혹의 남자 씬'을 제외할 수도 있고, 동시에 도끼와 방패의 이순신 이야기에서는 서사구조의 강조보다 제의적 의례대열儀禮隊列에 초점을 맞출 수도 있다.

결국 한국의 현대무용이 세계 문화와 가까워지는 콘텐츠를 일무를 통해 그 계기를 마련케 해주면서 그 일무를 통해 임학선 교수가 현대적인 창작무용, 〈위대한 스승 공자〉와 〈영웅 이순신〉을 필생의 대표적 작품으로 재연한 것은 그의 잠재된 꿈을 춤으로 결산한 것이다. 그렇게 〈문·무·꿈·춤〉은 무용가 임학선 개인의 무용세계를 정리했다고 볼 수 있다.

문·무·꿈·춤 2017

21세기 문화콘텐츠의 새 화두로 피어난 임학선의 문묘일무 프로젝트

박자은 / 〈문·무·꿈·춤〉 2017 공연프로그램

세련된 감성과 절제된 표현기법으로 이 시대 컨템포러리 댄스를 리드하는 예술가 임학선. 그녀가 오늘의 후학들에게 귀감이 되는 이유는 아마도 예술과 학문을 대하는 그녀의 초지일관된 모습이 아닐까 싶다. 특히 임학선의 예술세계를 관통하는 의식의 초점이 언제나 '전통'에 기인한다는 것은 다시금 그녀를 주목하게 만든다.

전통을 기반으로 성숙된 임학선의 예술세계는 아카데믹한 연구와 춤 현장이 직결된다는 것이 특징이다. 실제로 그녀의 연구 영역은 '무속굿', '태극구조 한국춤의 구조와 원리(움직임과 호흡)' 그리고 '문묘일무'라는 3개의 대명제로 압축되며, 그녀의 학자적 면모와 만나 특유의 예술세계로 거듭나게 된다.

임학선의 석사학위논문 「진오귀굿의 무당춤에 대한 고찰」(1975)은 '무속과 제의식'에서 발아된 임학선의 춤세계 제1기(1973~1985)의 안무작들을 탄생시켰다. 주요 안무작으로 〈고시래〉(1981), 〈새다림〉(1983), 〈불림소리〉(1984), 〈지혼〉(1985),

〈인다리〉(1985) 〈천도〉(1994) 등이 있다. 그 중 무속굿을 재해석한 〈새다림〉과 〈인다리〉를 두고 임학선은 "춤어법과 표현기법을 찾게 된 작품이었다"고 말한다.

'삶·사회·역사' 등을 모색한 제2기(1986~2000)는 다양한 관점들이 혼재하였던 시기이다. 주요 안무작으로 〈우리, 둘〉(1986), 〈날개옷〉(1987), 〈민들레 왕국〉(1989), 〈흰 새의 검은 노래〉(1991), 〈나무비〉(1992), 〈마음꽃〉(1992), 〈고구려의 혼〉(1994), 〈비무장지대에 서서…〉(1995), 〈밝산〉(2000) 등이 있다. 특히 〈태극구조 기본춤〉(1998)을 고안하여 한국창작춤의 기본체계를 구축한 것은, 임학선의 박사학위논문 「명무 한성준의 춤구조 연구」(1998)를 통해 이룩한 쾌거이기도 하다.

문묘일무 연구로 '유가사상'을 반영하기 시작한 2000년대는 제3기(2001~현재)와 '융복합'을 시도한 제4기(2011~현재)가 혼재한 시기이다. 임학선은 문묘일무의 '원전 고증' 및 '춤사위 원형 복원'을 꾀하는 한편, 해외 석학들과의 교류를 통해 지속적인 학술 심포지엄을 개최하는 등 일무 연구를 국외로까지 개방하기에 이른다. 더욱이 국제석전학회장이라는 중책은, 석전釋奠이라는 제사의식 안에 존재한 일무의 가치를 현대적 담론으로 이끌어낼 수 있게 한 매우 중요한 포지셔이었다. 임학선의 연구는 일무의 시원을 비롯해 춤사위, 무위, 유가의 예악사상과 같은 동양의 사유체계를 방대하게 아우른 것이었다. 다년간의 연구 끝에 마침내 『문묘일무보 도해』(2005), 『문묘일무의 이해』(2006), 『문묘일무의 예악사상』(2011)을 차례로 출간하게 된다. 이 밖에도 금년에 예술가로서의 춤인생 50년과 연구자로서의 삶을 총체화한 저서 및 편저 시리즈 총 4권의 출간을 목전에 두고 있다. 이번에 출간되는 저작은 임학선 『안무론』, 『안무노트』, 『작가론』, 『춤평론』으로, 이 또한 세간의 관심을 모을 것이라 예상된다.

3기의 유가사상과 더불어 공존하는 제4기(2011~현재)는, '융·복합'을 수렴한 도전적인 그녀의 예술성향과 현대적 트렌드를 가장 사실적으로 반영하는 시기이다. 무용·영상·음악·장치·의상·조명 등 다원화된 영역이 콜라보된 융복합 〈버즈아이뷰(Bird's Eye View)〉가 그 대표작이다. 〈버즈아이뷰〉는 의도되지 않은 직관적 메타포(은유)를 융합하며 일종의 공통분모를 획득해가는, 다소 차별화된 방법으로 접근한 복합장르이다. 2010년부터 수차례 소극장 버전의 진화를 거듭하며 2013/2014년 연속 완성도 높은 공연으로 아르코예술극장 대극장에서 뜨거운 화제를 모으기도 했다.

한편 2000년대에는 문묘일무를 콘텐츠화하는 프로젝트로 영역을 확장하여 동양의 인문학적 가치를 그녀의 작품으로 녹여내기 시작했다. 문무文舞를 콘텐츠화한 〈위대한 스승 공자〉(2004)와 무무武舞를 콘텐츠화한 〈영웅 이순신〉(2015)으로 문文과 무武의 현대적 조화를 비로소 완성했다. 그런 의미에서 문묘일무 한국 유래 900주년을 기념하는 〈문·무·꿈·춤〉은 아마도 공자와 이순신 두 영웅에게 올리는 이 시대의 '현대적 제례'가 될 듯싶다. 일무 연구를 통해 "수신修身의 춤철학을 확고히 다질 수 있었다"고 말한 임학선은 유가사상을 심도 있게 천착하며 공자와 이순신을 작품 속 주인공으로 서사 안무하기에 이른 것이다.

임학선의 예술적 혜안은 문묘일무 900주년의 역사를 관통해 고서에 담긴 작은 실마리조차 놓치지 않는 학자적 면모를 전제한다. 〈위대한 스승 공자〉와 〈영웅 이순신〉을 한 무대에 올리는 이번 공연을 통해 그녀의 창작세계가, 아니 그녀의 무용사관이 문무와 무무의 조화로움을 절대 놓치지 않았음을 주목해야 할 것이다. 또한 〈문·무·꿈·춤〉의 궁극적 가치가 휴머니즘의 메시지를 구현한다는 점에서, 문화콘텐츠 안에 용해된 공자와 이순신의 현현顯現을 통해 위인들의 인간적 면모와 리더십을 동시에 만날 수 있을 것이다. 그런 의미에서 〈문·무·꿈·춤〉은 국경을 넘어 세계화를 지향하는 21세기 문화콘텐츠의 향방에 새 화두를 제시한다고 본다. 임학선에 의해 발아된 연구가 문묘일무의 학문적 영역을 확장하는 첫 단초가 되었듯이 말이다.

성균관대학교 문행석좌교수이자 예술가, 극장대표와 임학선댄스위 예술감독 등 그녀의 춤인생을 두고 무수한 수식어들이 따라붙는다. 범인凡人의 역할은 빼고서도 말이다. 그녀의 일상은 무엇이든 남보다 한 번 더 고민하고 안 되면 되게 하는 집념으로 매사 완벽을 기한다. 연구소와 연습실을 종횡무진하며 새로운 프로젝트에 돌입할 때면 엄청난 에너지로 당신의 신념을 불태우시는 분이다. 그런 삶의 열정과 카리스마에 우리는 그녀를 더욱 존경하게 된다.

동양철학의 범주에서 특히 성인 공자의 '지혜'를 '물'에 비유하곤 했다고 들었다. 겉으로 내색하진 않지만 제자들을 고르게 품고자 하는 스승의 그 마음을 이제야 조금은 알 것 같다. 바다처럼 깊고 강물처럼 유연하며, 때론 호수보다 더 잔잔한 '물'의 기품을 나의 스승에게서 느낀다. 그래서일까? 〈위대한 스승 공자〉와 〈영웅 이순신〉에서 차용된 '물'의 시공간적 장치는, 공자의 '인仁'과 이순신의 '신독愼獨'이자 동시에 스승 임학선의 '지혜'를 함께 담아내는 것이리라… 〈문·무·꿈·춤〉에서 완성되는 두 작품의 콤비네이션은 적어도 문묘일무 연구에서 획득된 지혜의 또 다른 완성이기 때문이다. 21세기 문화콘텐츠의 새로운 화두가 피어나는 순간이다!

문·무·꿈·춤 2017

文文의 역동성과 무武의 서정성, 그리고 그 스토리텔링 임학선댄스위의 문·무·꿈·춤

김호연 /『댄스포럼』2017. 3

역사 인물은 우리에게 있어 어떠한 의미인가? 대부분 역사 인물에 대한 이해는 교과서를 통해 추상적 개념으로 수용되고 교훈성으로 인식하려 한다. 그렇지만 위인들은 단선 구조나 고고함만이 묻어나는 것이 아닌 인간 본질의 여러 모습을 발견할 수 있기에 귀감과 반성의 의미를 전해준다.

그렇기에 역사적 인물은 예술 창작 행위에 의해 시대정신에 맞게 새롭게 탄생하고 여러 가지 체계를 만들어낸다. 대중은 역사를 교과서를 통해 머리로 느끼는 것이 아닌 드라마, 공연예술, 영화에 의해 피부로 제대로 파악한다는 점에서 예술의 효용성은 여기서도 발견될 수 있다.

임학선댄스위 〈문·무·꿈·춤〉(2017년 1월 18~19일, 아르코예술극장 대극장)은 공자와 이순신이라는 두 인물을 춤으로 풀어낸 작품이다. 이 두 인물은 너무나 잘 알려져 있고, 다양한 콘텐츠를 통해 심도 있는 해석을 가지고 왔다. 이러한 두 인물에 대해 〈문·무·꿈·춤〉은 이들이 가지는 가장 본질적인 부분, 문文과 무武를 모티브로 하여 상징적이면서도 강한 이야기를 전해준다. 이 작품은 2016년 한국 문화예술위원회 창작산실 재공연 선정작이고, 문묘일무 한국 유래 900주년 기념공연으로 이루어졌다. 그런 의미에서 이 글에서는 이 작품이 지니는 사상적 배경보다는 공연예술적 의미를 풀어보는 데 중심을 두어 서술하고자 한다.

이미 이 작품은 몇 차례 공연을 통해 절차탁마되어 무대공연에 맞게 다듬어져왔다. 1부 〈스승 공자〉는 2004년 예술의전당 오페라극장에서, 2부 〈영웅 이순신〉은 2015년 아르코예술극장 대극장에서 초연되었고 각각 공연되다가 이번에는 같은 공간에서 함께 공연되었다. 어찌 보면 이 두 인물은 존경의 인물이지만 공통점을 찾기가 쉽지 않다. 중국 고대 인물이며 유교의 상징인 공자와 조선의 장수 이순신은 문文과 무武라는 변별성에서만 두 사람의 특징을 두드러지게 찾을 수 있다. 그렇지만 이들이 모두 애민愛民과 같이 올바른 사회를 위한 이상향을 꿈꾸었다는 점에서 하나의 흐름을 지향할 수 있는 작품이다.

제1부 공자의 첫 시작은 공자의 탄생과 역동적 군무로 이루어진다. 그러다 죽간竹簡을 펴고, 공자의 "배우고 익히면 그 또한 즐겁지 아니한가(學而時習之, 不亦說乎)" 등의 말씀이 움직임으로 표현되고, 몸짓이 언술과 함께 어우러져 나타난다. 이러한 모습은 거문고 선율이 흐르고 긴 줄로 표출된 상징성을 통해 예악禮樂의 모습을 드러낸다.

그렇지만 사상적 논쟁을 통한 혼란 양상으로 이어지는데, 이는 오히려 공자에게 성찰의 시간을 만들며 학문에 빠져들게 하여 이를 역동적으로 표현하고, 스승과 제자가 서로 주고받는 마음인 수수지례授受之禮를 궁중의식 무용인 문묘일무의 제의형식으로 연출해내고 있다. 이어 죽음을 예지한 공자의 마지막 모습은 서양 음조에 〈공무도하가〉의 가사 읊조림이 흐르며 서사구조를 마무리한다.

이 작품의 특징은 문묘일무文廟佾舞를 전면에 그대로 내세우기보다는 관객에게 작품의 흐름을 이해시키고 사상적 배경을 보여주는 형태로 나아간다. 그래서 이 작품은 단순하게 공자의 인간적 면모를 보여주면서도 철학적 의미를 함께 던져준다는 점에서 의미가 있다. 이는 단순하게 고뇌하는 한 인간이 아닌 공자가 추구한 예악의 의미를 춤으로 보여주기에 교훈성과 예술성의 중간에서 새로운 의미를 보여주고 있는 것이다.

또한 이 작품은 '문文'을 말하지만 작품 전체에 흐르는 역동성으로 인해 정적인 정서가 아닌 눈으로 느끼고 이해하는 공자를 전달한다. 이는 이해시키거나 고답적이지 않은 흐름으로 스토리텔링을 한 서사구조에 기인한 바 크다. 공자와 〈공무도하가〉의 연관성이 쉽게 이해되지 않은 측면이 있었지만 이 작품은 공자 혹은 그의 철학에 대한 현대적 인식 표현의 한 방향으로 콘텐츠 의미를 지닐 수 있다.

제2부 이순신은 거북선의 용머리와 출정하는 이순신과 병사들의 장엄함으로 시작한다. 이어 승전의 기쁨과 어머니의 수연壽宴이 베풀어지면서 작품은 완만하면서 부드러운 정조로 이어가지만 이순신, 선조, 어머니, 왜장의 4인무를 통해 서로의 갈등이 표면화되고, 어머니의 죽음과 전쟁 결정으로 고조된다. 그리고 이순신과 조선의 군사, 왜장과 일본 군사의 대칭적 결투를 통해 이순신과 병사들은 승리를 거두고 무무로 막을 내린다.

이 작품은 널리 알려진 이순신의 인간적 고뇌나 전쟁의 이야기를 중심에 두기보다는 감각으로 다가선다는 점에서 새로움을 준다. 이 작품의 의상은 파스텔 톤의 원색을 사용하였고, 조명도 이에 맞게 함께 이루어진다. 바다를 나타내기 위해 코발트로 무대를 보여주거나, 이순신과 병사들은 흰색 의상, 왜장과 그의 군사들은 빨간색으로 하여 군더더기 없이 표현되었다. 그래서 이 작품은 쓸데없는 무대장치나 오브제를 배제하고 조명과 의상을 단순화하여 몸짓에 집중시키는 효과를 가지고 온다.

또한 강강술래나 마지막 장면의 일무를 자연스럽게 수용하여 역사적 예술정신을 춤으로 승화하였다는 점에서도 이 작품은 변별적 요소를 지닌다. 이순신의 승리나 그의 죽음이 아닌 일무를 통해 제의적 마무리를 한다는 점에서 이 작품은 단순하게 무가 아닌 문무가 지향하는 여러 가치를 함께 포괄하고 있는 것이다. 그래서 이순신 하면 무로 상징되는 역동성이 관념 속에 드러나지만 이 작품에서는 수연이나 일무를 통해 정적인 완화를 함께 보여주고 있다.

역사적 인물을 무대로 올리는 일은 쉽지 않다. 창의적 상상력만을 준다면 역사를 무시한다 비판이 나올 것이고, 역사적 사실만 나열한다며 교훈성만 주기에 재미를 주지 못하기 때문이다. 그래서 이를 이미지하거나 일상 속 혹은 작품으로 표현할 때는 사실에 근거하고 서사구조를 이해한 채 구현해야 함이 기본일 것이다. 그런 의미에서 이 작품은 임학선이 그동안 지향한 창작관인 문화원형의 가치 추구와 사상적 의미의 표현이라는 측면에서 또 다른 전범典範으로 받아들여질 수 있을 것이다.

문·무·꿈·춤 2017

40년 춤인생 내공內攻이 드러난 무대

최윤영 / 『공연과 리뷰』 2017. 봄

2017년 1월 18~19일 오후 7시 30분, 아르코예술극장 대극장에서 문묘일무 한국 유래 900주년 기념공연으로 임학선댄스위의 〈문·무·꿈·춤〉이 무대에 올랐다. 문무文武가 짝을 이루는 문묘일무의 형식처럼 공자와 이순신을 각각 문文과 무武의 대표 인물로 내세우며 대무對舞의 구성을 내세운 이 작품은 이미 완성도 있게 만들어진 두 작품 〈위대한 스승 공자〉와 〈영웅 이순신〉을 합쳐 대무大舞로 완성되었다. 2시간 정도로 자칫 늘어지거나 지루할 수 있을 길이였음에도 〈문·무·꿈·춤〉은 각 인물의 일생을 압축적으로 보여주는 서사구조, 인물을 상징적으로 보여주는 소품과 장치들, 웅장한 음악 속에 무대를 꽉 채우는 군무로 공연되는 내내 집중력을 잃지 않고 두 영웅의 서사를 관찰할 수 있게 하였다.

한국창작춤의 르네상스기를 이끌었던 무용가 중 한 사람인 임학선은 한국창작춤 발전기에 제의적 요소에 천착한 작품들로 안무가로서의 활동을 시작하였다.

90년대부터 태극구조를 통한 춤의 기본에 관심을 두어 학술적 연구와 작품 활동을 지속하였고, 성균관대 부임 후에는 유교 의식무인 '일무'에 대한 학문적 정리와 함께 그것의 재현에 큰 힘을 쏟았다. 이후 2004년에 '문무'가 어우러진 창작춤 〈위대한 스승 공자〉를 발표하고, 2015년에는 문묘일무 콘텐츠 프로젝트로 '무무'가 어우러진 〈영웅 이순신〉을 무대에 올렸다. 그리고 2017년 비로소 앞선 두 작품이 한 작품으로 만들어지게 되었으니, 자신의 춤인생이 "굿에서 태극, 문묘일무로 귀결된다"고 밝힌 그녀의 말에 따르면, 이 작품은 관심 주제를 춤을 통해 끊임없이 연구하고 실험했던 40여 년간의 여정이 담겨 있는 '귀결'에 해당하는 작품인 것이다.

작품에는 안무가로서 살아온 40년의 내공이 여실히 드러났다. 우선 작품에서 가장 눈에 띄었던 것은 각 인물의 일생과 업적에 관한 스토리가 각각 5개의 장면 안에 압축적으로 잘 정리되어 표현되고 있는 것이다.

〈위대한 스승 공자〉는 '위대한 탄생'에서 공자의 탄생을, '진리의 길'에서 제자들을 가르치고 학문을 닦는 공자의 모습을, '덕음으로 피어나는 거문고'에서 음률으로 예禮를 배우고 그 안에서 완성했던 공자의 학문을, '학문의 논쟁'에서 자유로운 논쟁을 통해 깊어지는 학문과 수수지례授受之禮의 마음을, '가시는 님 보내는 마음'에서 떠나는 공자와 스승을 보내는 제자의 그리움을 나타내며 공자의 삶과 주변 인물들을 그려내고 있었다.

〈영웅 이순신〉에서는 '용머리를 들어올리고'에서 거북선을 타고 출정하는 이순신과 병사들의 모습을, '승전의 기쁨'에서 이순신이 승전의 기쁨을 어머니 초계 변씨와 함께하는 모습을, '논쟁의 소용돌이'에서 이순신과 선조의 갈등 그리고 전운이 감돌았던 상황과 모친의 죽음을, '민초들의 강강술래'에서 짓밟히는 민초들과 모친의 장례를, '마지막 바다'에서는 최후의 사투와 승리의 모습을 그렸는데, 탄생부터 죽음을 일렬로 서술하는 대신, 이순신의 면모를 가장 압축적이고 극적으로 보여줄 수 있는 장면들만을 선택해 그려냄으로써 충효를 실천한 그의 면모를 효과적으로 보여주고 있었다.

우선 이미 잘 알려진 위인들의 삶을 뻔하지 않게 서술하기 위해 각 인물들의 이야기를 풀어감에 있어서 시점에 변화를 주거나, 시·공간의 병치를 자유롭게 활용하여 이야기를 풀어 나갔다는 점이 눈에 띄었다. 즉 〈위대한 스승 공자〉에서 '덕음으로 피어나는 거문고'의 거문고 장면은 앞서 공자의 일생을 멀리서 관찰했던 관객의 시점을 갑자기 거문고 안으로 당김으로써 마치 거인의 눈으로 바라보다 초소인超小人의 눈으로 바라보게 된 것과 같은 정도의 격차를 느끼게 했다. 또한 스승과 제자의 2인무로 구성된 마지막 장면은 죽음으로 떠나가는 공자를 바라보는 제자의 감정이 도드라지면서 관객이 제자의 시선으로 공자를 바라볼 수 있게 하였다. 이처럼 인물을 다양한 시점에서 보게 한 것은 인물을 입체적으로 해석할 수 있게 하였을 뿐 아니라 단조로울 수 있는 서사에도 변화를 주었다.

〈영웅 이순신〉에서는 이순신과 모친이 환한 조명이 비춰진 무대 앞쪽에서 춤을 추는 동안, 무대 뒤쪽에서 불길한 조명 아래에 자리 잡은 선조가 상소문을 읽음으로써 이순신과 선조의 갈등을 암시하였다. 또 다른 장면에서는 이순신의 모친이 떨어진 꽃잎에 엉켜 춤을 추는 무대 뒤로 칼을 든 그림자가 점점 커지고, 옆에서는 긴장감 있는 움직임이 계속되었다. 이처럼 조명을 적극 활용한 무대 위에 다른 공간에 있는 이순신, 이순신의 모친, 왜장, 선조를 적절히 병치한 구성은 전쟁이 일어나게 될 불안한 상황과 모친에 대한 이순신의 마음, 전장에서의 이순신, 혼란한 시국 속왕의 모습 등 복잡한 서사를 잘 정리하여 보여주었다.

작품에서 인상적이었던 또 다른 점은 일무의 춤사위에서 비롯된 절도있고 경건한 무대과 창작적 요소가 뚜렷한 세련되고 아름다운 무대가 모두 효과적인 연출로 완성도 있게 만들어졌다는 점이었다. 특히 공자가 제자들과 함께 학문을 하는 장면에서 일무 음악의 앞뒤에 배치된 『논어』의 학이學而편, 위정爲政편, 자한子罕편의 내레이션, 공자와 제자들이 죽간을 접었다 펼치며 내는 소리는 힘이 있으면서 절도와 품위가 있는 춤사위와 잘 어울려 경건한 분위기를 효과적으로 보여주었다. 또한 이 장면 뒤에 이어진 거문고 춤은 거문고의 현 사이를 오가며 노는 듯, 춤추는 듯 움직이는 무용수들이 마치 진주알같이 곱고 반짝거려 앞선 장면과는 완전히 다른 아름다운 이미지를 만들었는데, 이와 같은 장면들은 전통을 아우르는 장면과 세련된 이미지의 장면 모두를 자유롭게 만들어내는 안무가의 노련함을 보여주었다.

무대가 꽉 찬 느낌이 들도록 장면마다 등장하는 군무의 일사불란한 춤도 훌륭했지만, 공자가 떠나는 마지막 장면에서 제자 역할을 맡았던 이혜준의 춤은 상당히 인상적이었다. 재즈풍으로 연주되는 가수 이상은의 〈공무도하가〉를 배경으로 공자에 대한 그리움과 애절함이 잘 묻어 있는 춤사위는 작품 내내 꽉 차 있는 듯한 무대에 여백을 주며 상당히 여운을 남기는 인상적인 무대를 만들었다. 때문에 떠나는 공자와 스승을 그리는 제자의 2인무 도중 갑작스럽게 솟대를 들고 등장하는 여성 군무들은 그 여운을 깨는 면이 있어 아쉬운 부분이었다.

작품의 또 다른 아쉬운 부분은 이순신이 전장에서 싸우는 장면의 음악이었는데, 바다에서 싸우는 첫 장면과 마지막 장면에서 음악은 웅장한 느낌보다 쇼처럼 화려한 느낌을 주어 장면의 무게감을 반감시키는 면이 있었다.

이 작품은 문묘일무라는 의식무를 콘텐츠로 한 작품의 완성본이라는 점뿐 아니라 주제, 무대의 규모, 작품의 길이 면에서 대작임이 틀림없었다. 안무가 스스로도 이 작품을 '대무大舞'로 언급하며 오랜 기간에 걸쳐 추진된 문묘일무 콘텐츠 개발 프로젝트의 완성에 의미를 부여했다.

하지만 예술이란 그 시대를 반영하는 것이고, 그에 걸맞은 의의가 필요하다. 이미 신화 같은 이미지를 쌓아온 두 시대의 리더들에 관한 공연은 의도와 관계없이 시의성의 측면에서 해석의 여지가 있었다. 특히 대통령 탄핵이라는 초유의 사태로 리더의 역할에 대해 그 어느 때보다 많은 사람들이 관심 갖고 생각하는 요즘의 상황을 생각하면 더욱 그렇다. '이 시대의 진정한 리더의 가치를 이야기하고 싶다'는 공연의 의의는 어쩌면 그런 해석의 여지를 의식한 발언인 듯하다. 하지만 예악사상을 실천한 공자, 수신修身을 실천한 이순신이라는 문장 외에 다른 언급이 없어, 공자와 이순신이 어떤 면에서 이 시대의 진정한 리더의 가치를 보여주고 있는지 선뜻 이해가 가지 않았다. 그리고 각 시대의 리더로 언급되는 역사적 인물들의 공연을 무대에 올리며, 어디를 가도 들리는 이야기가 그것뿐이라 오히려 회피하기 더 어려운 현재의 역사적 상황에 대한 언급 없이 뭉뚱그려 작품의 의의를 언급한 것은 개인적으로 매우 아쉬운 부분이었다.

작품을 감상하고 나서 문묘일무에 대한 관심과 연구, 40년의 경험에서 비롯된 안정감, 완성도가 작품에서 잘 보인다고 생각했으면서도, 마음의 울림이 아쉽다고 느꼈던 이유가 아니었나 싶다.

6. 영상·무용 융복합작품

융·복합공연 Bird's Eye View 2011
〈버즈아이뷰〉 공존공영의 비상을 꾀하는 솔개의 몸짓

장석용 / '여수인터넷뉴스' 2011. 7. 21

2011년 7월 18일, 춤 전용극장 방배동 '두리춤터', 임학선 교수의 주안무로 이루어져 있는 임학선댄스위, 그 여름 작업의 화두는 '일상의 조망'이다. 임학선의 조망鳥望은 다양한 버전과 상징적 코드를 관통하여 미래를 내다보는 것이다.

에밀리라는 귀족의 이야기를 풍자적으로 표현한 핑크 플로이드의 에밀리가 하는 짓 좀 보소(See Emily Play)라는 곡이 떠오르며, 비상하는 한 마리 솔개와 비행기를 교차영상 시키면서 프롤로그는 여유롭게 여행자로서의 출발을 알리면서 대중성과 서정성을 확보한다.

꿈과 과욕, 이상의 현실화 과정에서 고립되는 사람들의 흔한 오류는 '내가 당신의 얼굴을 처음 본 순간' 이후 벌어질 수 있는 일이다. 현대인들의 좌절과 자가 치유 방법 끝에 신념과 이상은 이루어질 수 있다는 방법론을 암시하며〈버즈아이뷰〉는 기동한다.

높은 언덕과 빌딩숲을 조감鳥瞰하며 독일 통일을 예언했던 빔 벤더스의 영화 〈베를린 천사의 시(Der Himmel über Berlin)〉의 주인공 브루노 간츠처럼 빌딩숲을 헤치며 한 남자가 자전거를 타고 돌 타일 같은 바닥의 거리를 지나간다.

유럽 지성의 젊은 모습이 스쳐간다. 삶의 여정 속에 타는 저녁노을, 그 끝자락까지 느린 모습으로 영상은 안무 임학선댄스위, 포이어 프로덕션의 시노그래피 강낙현의 흔적을 채워간다. 암전 뒤 밤이 갠 아침처럼 본격적 일상이 시작되고 드라마틱 댄스가 들어선다.

〈버즈아이뷰(Bird's Eye View, 鳥瞰圖)〉가 알에서 깨어난다. 진법과 등퇴장을 조율하며 버전 업을 시켜가는 이 작품은 친숙한 클래식과 팝송으로 대중과의 친화력을 북돋우면서 생성과 소멸에 이르는 동양철학의 실타래를 풀어가기 시작한다.

객석에 앉아 있던 연기자들이 4개의 의자에 하나씩 찾아 들어간다. 흑과 적의 의상들로 구분되는 이들은 책을 읽거나 음악을 듣거나, 자신의 일상에 관심을 보인다. 박연주, 김수정, 김라희, 김동민이 이런 동작을 엮어내는 사이 정보경이 여행가방을 들고 등장한다.

트레이드마크가 된 가방과 원피스, 정보경의 춤사위가 시작되고, 김수정과 2인무로 연결된다. 나머지 3인은 관객에게 등을 보이고 푸른 꿈이 보이는 바다를 바라보고 있다. 세상의 격려와 같은 음박音拍이 강박관념처럼 달려들고 지켜보는 눈이 영상에 떠 있다.

의자무倚子舞는 서로에서 서로로 전파되는 소통의 팔 뻗음을 보여준다. 임학선의 창작 안무는 일무의식처럼 깊은 호흡과 느낌을 공유하는 철학의 일면을 닮아 있다. 테크닉과 치장을 앞세우는 세태를 멀리하고 전통 속의 창작무, 즉 난삽한 들

뜸을 경계한다.

무대와 그림자, 영상이 함께 놀면서 클로즈업되고, 신체의 부위들이 실시간으로 중계되는 듯한 느낌을 갖게 한다. 모래사장을 뒹구는 듯한 느낌을 갖게 하는 씬, 해변의 파도가 구름에 덮이는 느낌을 주는 포그, 즉흥 테크닉과 사물을 포착해내는 영상 등은 놀랍다.

흑백 영상의 제식훈련, 촛불, 비둘기의 세 이미지가 창조하는 건국과 전쟁, 간절한 염원으로 지금의 평화가 있을 수 있다는 해석은 흥미롭다. 특히 강조를 위한 이미지 중첩과 교차, 박의 반복, 광심廣沈의 느림으로 차오르는 춤 기량들은 임학선 창작무의 특징이다.

아스팔트가 깔린 정글의 현대 경쟁사회에서는 호랑이과의 고양이들이 전투를 벌이고 있다. 고양이 영상에 무대에 등장하는 2명의 무용수는 현대를 살아가는 경쟁상대로 비춰진다. 스크린에 투사되는 사면斜面 그림자의 대조를 보이며 춤추는 정보경과 김수정이다.

그들은 각기 새로운 것을 찾아 나서는 구도자의 모습을 보인다. 도량을 넓혀가는 수련과정일 수 있다. 낡은 몸짓을 탈피하여 새롭게 거듭나고자 하는 솔개의 눈물겨운 습성의 진실, 한 쌍을 이루어야만 날 수 있다는 비익조比翼鳥, 태양 속을 넘나드는 태양새의 이면이다.

실험적 영상, 절제된 움직임, 다양한 음악이 하나 되고, 현대인의 꿈과 이상이 모험과 도전, 협동과 전진을 통해 완성된다는 임학선 안무의 깊은 뜻이 담겨 있는 〈버즈아이뷰〉는 삶의 심오함을 따스하게 보듬는 한국 창작무용의 매력이다.

융·복합공연 Bird's Eye View 2012

Bird's Eye View

이상일 / 『몸』 2012

2011년 초연 때 시선을 끌었던 〈버즈아이뷰〉(2012년 9월 21~23일, 두리춤터)가 몇 번의 실험적 개작을 거치며 아주 새로운 시각 아래 새 무대 위에서 재연되었다. 버즈아이뷰(Bird's Eye View), 즉 공중을 나는 새의 눈으로 내려다보는 조감도鳥瞰圖는 때때로 까마귀 오烏자, 오감도로 무식을 놀림받기도 한다. 높고 광활한 하늘의 어느 한 점을 기점으로 해서 지상을 내려다보는 새의 시각은 대붕大鵬의 웅대한 그림일 수도 있고, 우주선의 창밖 풍경이기도 하다. 아니면 참새나 까마귀의 낮은 차원일 수도 있을 것이다.

강낙현 감독의 포이어 프로덕션과 임학선댄스위의 '조감도'는 우리말 어감보다 원어의 '버즈아이뷰'가 더 어울리는, 전통과 모던의 합주로 다가왔다. 두리춤터의 지하 블랙박스에서 좁은 대로 관무觀舞의 즐거움을 안겨주었던 이 작품은 두리춤터 복합문화공간 확장 개관(10월 하순) 수순의 예비 행사로 아주 본격적인 작품 수준을 타진한 것이다. 우선 두리춤터 복합문화공간 자체가 실제적인 극장공연 실무자의 안목으로 개축되었고 1, 2층 공간을 털어낸 무대 개념으로 아담하게 신축되었기 때문에 안무자나 감독이 얼마든지 공간적 창의성을 발휘할 수 있는 것이 큰 장점이다. 벽면이 열리기도 하고 계단 활용이 가능해졌으며, 2층 베란다를 통한 무용이나 연기동작의 표출 영역이 훨씬 다양해지고 독창적 영역이 개발될 여지가 많다.

그런 공간적 이점을 살린 이번 신작 공연은 전체적 흐름이 부드럽고 유연해진데다가 훨씬 깊이가 더해져서 영상 이미지의 투영이라든지 명암이 자유롭게 구사될 수 있고, 무용수들의 등퇴장도 아주 스무스했으며, 무용적 형상 조형이 분명했다. 그런 효과적 기능이 적극적으로 관여해서 '영화를 공연하고 무용을 상영한다'는 포이어 프로덕션의 캐치프레이즈가 융복합공연의 실질적 시도에 큰 가능성을 열어준다.

이제 한국무용이나 현대무용적 장르 구별은 별 의미가 없어졌다. 컨템포러리 한국무용이 그대로 현대무용의 메시지를 남성 무용수들의 활달한 큰 동작이나 여성 무용수들의 섬세한 미니멀 손동작 등에서 철저히 계산된 영상미로 전달되기 때문이다. '미니멀의 극화'라는 용어도 나올 만큼 섬세한 표현이 만들어지면서 대중친화적 소통이 결코 천賤끼와 상관없는 세련된 품격으로 다듬어질 수 있다는 인식을 얻었다.

그런 측면은 강낙현 감독의 감성 탓이라고 할까, 안무자 임학선, 정보경의 덕목인지, 아니면 전체 팀워크의 앙상블 조성 능력에 기인하는 것인지, 그 어느 한쪽으로 쉽사리 손을 들어줄 수가 없다. 도입 부문의 자개무늬 학의 전통적 이미지는 주제를 선행해서 전체를 관통하는 모티브이다. 모티브들은 날개의 일부가 잘린 앵무의 걸음이 상징하는, 날지 못하는 새들의 시각으로 한정되는 문명비평적 영상시각이 강낙현의 매력이고 그런 한국무용의 육화에는 음악의 가락 선정이 큰 몫을 한다.

판로를 개척할 수 있는 예술상품으로 이미지의 스토리성性을 만들어낼 만큼 화두가 압축된 작품성이 평가받을 만하다. 새들의 비상은 자유나 해방만이 아니고 내려다보이는 지구의 풍경처럼 제한적이다. 이야기를 담은 문화콘텐츠는 계속 개발될 가능성이 많고 그 핵심에는 살아 있는 몸의 표현력을 갖춘 임학선댄스위의 신뢰할 만한 재능들이 집약되어 있음을 첨부해서 말해주고 싶다.

융·복합공연 Bird's Eye View 2012
임학선 안무의 〈버즈아이뷰, 鳥瞰圖〉

장석용 / '여수인터넷뉴스' 2012. 10. 4

두리춤터의 재개관에 맞춘 신개념 공연의 서序, 희망을 품다

2012년 9월 21일부터 23일까지 3일간 두리춤터에서 무용단 '임학선댄스위'의 공연, 임학선(성균관대 무용과 교수) 안무의 〈버즈아이뷰(Bird's Eye View)〉 가을 버전 공연이 있었다. 새 공연장, 두리춤터의 1층, 포이어 프로덕션 제작의 이 작품은 관객들에게 고품격 공감의 감동을 안겨주었다.

일상의 평온함에서 작은 물결을 만들어내며 비상을 꿈꾸는 것, 그것이 조감도이다.

안무가에게 포착된 새가 관조하는 것은 박제된 새의 날개에 실핏줄을 이어 붙이는 작업, 차갑게 얼어붙은 현대인들의 영혼에 대한 우울한 보고서, 날지 못해 대학살을 자초한 키위처럼 날지 못해 애완의 뜰에 남아 있는 원앙을 그린 것 같은 오일 페인팅일 것이다. 미풍처럼 다가온 배반의 계절에 피워낸 망각을 뒤돌아보는 따스함에 관한 기억일 것이다.

흑단의 느낌, 극장은 온통 블랙 톤으로 클래식한 분위기, 현대적 도회풍으로 꾸며져 있었다. 〈버즈아이뷰〉는 공간의 활용이 우선 눈에 띈다. 움직임은 민첩하며 조화를 이루고 있고, 시간 활용에 있어 타이밍은 정교했으며, 작품의 통일성도 두드러진다. 지나간 세월에 대한 아쉬움과 동경은 겹겹이 쌓여 있다. 이것의 전개 방식은 전통춤사위에서 변주된다.

버전을 달리하며 연속성을 띤 가변의 〈버즈아이뷰〉는 작품 횟수가 쌓이면서 시적 구조로 정제된다. 하늘을 응시하는 새로 분한 남성 무용수 4인과 2층 난간에서 느린 걸음으로 등장한 새(정보경)가 가벼운 깃털을 날리자 깃털을 불며 나는 동작을 배우는 것으로 비유되면서 평화롭게 춤은 시작된다. 이미 열린 공간에서 원앙은 관객들과 소통을 하고 있었다.

임학선이 만들어내는 이미지는 영상과 장소의 이동에서 오는 표현법으로 순환, 장르의 교차로 새로운 텔레파시에 이은 칠감(제7의 감각)을 만들어내고 있었다. 천장은 높고 울림은 좋아, 움직임은 반향을 타고 그 느낌과 파장이 그대로 관객에게 전달되는 분위기에 휩싸여 있었다. '두리춤터의 춤 보는 풍경' 자체도 하나의 그림이 되어 있다.

이 작품에서 입체적 영상의 변화, 무대의 움직임으로 사용된 장소, 무용연기자들의 설정 분위기에 맞춘 움직임, 음악과 조명의 적절한 변화는 선험적 체험을 털어놓은 형이상학적 지성의 차분한 춤 에세이를 보여주는 도원道遠의 춤을 선사한다. 구름과 고도를 생각하며 높은 산과 도시를 날았던 솔개의 일생이 이 작품과 교차

하면서 주제는 분명해진다.

영상적 '분할'은 추상에 이르는 테크닉이다. 진실과 본질에 접근하는 방법을 위해 기존 방식에 변형을 가하며, 무시舞詩적 위트로 쓴 가을 버전 〈버즈아이뷰〉는 여전히 현대인들의 꿈과 희망을 이야기한다. 공연 때마다 소테마로 이어가는 '솔개 이야기', 가을 버전은 다양한 상징과 추상적 춤으로 대자연에서 솔개와 진일보한 미학적 진보를 보여준다.

춤이 보이도록 만드는 연출은 강낙현이 맡았다. 레고 놀이처럼 장르 간 유쾌한 조립과 해체는 이 무용단의 특징이며, 융복합공연, 장르 간 경계 허물기를 실천하는 '임학선댄스위'의 장점이다. 특히 영상 제작에 있어서 두드러진 테크닉과 무용 장르에 관계없이 무대에 설 수 있는 전투적 단원들의 피나는 노력으로 만들어진 작품들은 늘 호평을 받아왔다.

먼 여정을 마친 새들은 다시 평온을 찾고, 원앙의 영상이 수미쌍관의 묘를 이룬다. 이 작품의 후기, 새들은 다시 무리지어 일상을 시작하고 그렇게 인생은 다시 시작된다. 혼자만의 세상이 아닌 서로를 보듬으며 격려한다. 바위산을 찾아 변화와 도전을 선택하는 솔개가 던진 교훈은 우리를 돌아보게 하는 거울이 된다.

이 작품은 새들을 연기한 정향숙, 박연주, 김미영, 유혜진, 정보경, 김수정, 노한나, 김경은, 박완주, 조인호, 김주빈, 이혜민, 김라희, 김동민, 조민아, 임혜지, 전건우, 이혜준의 역무 그리고 춤의 동작선과 감정을 두드러지게 표현한 조명의 최명석, 현대적 감각으로 제작한 의상과 분장의 유주연, 영상 제작의 포이어 프로덕션에 힘입은 매머드급 공연으로 훌륭한 결과물을 낳았다.

임학선은 감정선을 타는 친밀한 음악으로 '솔개의 우화' 이면의 것을 들추어내면서 작품의 완성도와 신비감을 높이며, 빛의 합일인 백색 다이아몬드의 투명을 불러 낸다. 그 작업은 적황청赤黃青 색의 합인 '블랙'에서 시작되었다. 두리춤터의 〈버즈아이뷰〉 공연으로 타 공연과 차별화되는 낯선 춤으로의 여행, 블랙박스의 새로운 전설이 시작된 것이다.

융·복합공연 Bird's Eye View 2013

임학선댄스위 융복합공연 〈버즈아이뷰〉의 이해

이상일 / 〈Bird's Eye View〉 2013 공연프로그램

'버즈아이뷰(Bird's Eye View)'는 글자 그대로 새나 우주선의 시각공간에서 바라본 지구촌의 지도이다. '조감도鳥瞰圖'라는 좋은 재래의 단어도 있다. 시인 이상李箱은 세상을 빗대어 새 조鳥자의 가운데를 비워서 까마귀 오烏로 바꾸어 '오감도烏瞰圖'라는 글장난도 쳤다.

"춤추는 무대인데 스크린에 새 이미지가 뜬다. 조감도 시각은 임학선댄스위와 강낙현 영상감독의 최근 트렌드이다. 날고 싶은 인간의 잠재적 욕망이 솔개의 꿈이 되고 비행물체의 꿈으로 떠돈다. 그 아래 무대 바닥에는 바다라든지 절벽이라든지 둥지, 십계명 같은 관념세계와 도시공간 같은 문명사회의 구체적 그림이 춤추어지는 〈버즈아이뷰〉."

그런 〈버즈아이뷰〉를 이해하려면 우선 임학선댄스위의 세계를 알아야 하고 영상감독 강낙현의 연출수법도 알아야 하며 그들의 협업방식과 현대철학의 문화예술사조 흐름까지 알아야 할지 모른다. 총체예술이 21세기 초두의 통섭 이론을 거쳐 지금 융·복합예술 형식을 넘어서 진보해 나가고 있는 문화예술 현장, 어쩌면 뒤죽박죽으로 사조와 양식들이 얽혀 있는 듯한 이 대중문화시대의 소용돌이 한복판에서 〈버즈아이뷰〉 작업은 무슨 의미를 지니는 것일까.

그것은 최첨단 과학지식에서 출발하여 가장 원초적인 시원始原의 에너지 근원으로 다가가는 것, 아니면 구체적 형상인 '몸'을 매체로 해서 우주(코스모스)의 질서를 하나로 묶어내는, 그런 작업을 위해서 버즈아이뷰의 조감도가 필요하다. 그 키워드는 예술적 거리감, 객관화, 과학화이다.

춤이라면 춤 이상도 이하도 없다.
무용이면 무용 하나로 족하다.

고전미학은 예술 장르의 독립과 개성화를 강조해서 문학과 연극과 미술과 음악과 무용이 서로의 불가침 영역을 신성시해 나오도록 체계화시켰다.

그러나 20세기 이후 현대미학은 예술 장르 간의 상호 월경越境, 이른바 크로스오버, 경계 넘나들기가 없으면 예술이 되지 않는 것처럼 지나치게 종합화를 권장했다. 꼭 필요에 의해서 여러 분야의 예술양식들이 총체總體로 묶일 수는 있을 것이다. 총체극이 그랬던 것처럼 연극이 중심이 되면서 다른 장르가 함께 거들어 영역을 확대하면 연극양식 하나만으로 표현되지 않고 파악되지 않던 핵심과 주변의 풍경이

지도로, 조감도로, 그림으로 선명하게 드러날 수가 있다. 그렇게 해서 장르 경계 넘나들기의 크로스오버 형식이 권장되었다.

그런 필연성도 없이 음악이나 무용에 시나 미술과 영상을 덧붙인다고 해서 새로운 현대예술이 탄생하는 것이 아닌데 그런 유행과 경향이 시대의 바람을 타고 새 문화사조인 양 날뛰는 세상에는 별의별 해괴망칙한 브랜드가 자신감 없는 예술 수요자의 시선과 정신과 인격을 어지럽힌다. 휘황찬란하면 눈가림이 되니까 그렇게 세상을 속이려는 간상배奸商輩 무리는 어느 시대나 그늘진 장터에서 그 질긴 사기술을 연명시켜 나갔다. 그런 가짜 사이비 행렬을 멀리하며 힘든 예술 실험실에서 현대의 연금술사로 땀 흘려 일하는 무리들을 우리는 위대한 창조자라 부른다. 임학선댄스위와 강낙현 감독은 전통과 고전을 현대에 융합시키는 새 예술 장르 개발의 가능성을 찾는 창조 작업의 전위대들이다.

문예사조는 바뀐다. 문화사상적 시대사조는 역사의 진보와 더불어 바뀌어야 한다. 그렇게 예술사조도 바뀐다. 어느 시대는 시와 문학이 선도하고 어느 시대는 연극이, 미술이 시대의 향도 노릇을 할 것이다.

지금 우리 시대의 대세는 미디어인가. 아니면 영상 이미지인가. 아니다. 사람에 따라서 시각이 다르겠지만 자연환경, 즉 흙과 대지와 육체에 대한 믿음이 솟는 '지금 여기', 우리의 시대는 몸이 바탕이 되는 축제의 장場으로 설정될 수밖에 없다.

몸이, 육신이, 흙이, 자연이 바탕이라면 춤, 무용이 제격이다.

한 세상 전에는 '말'이, 언어와 대사가 소통의 대명사였다. 그래서 연극이라는 드라마가 문화예술의 중심 테제였지만, 무용이 문화예술의 핵심에 자리 잡고 문화예술의 축제를 여는 '지금 여기'의 광장에는 총체성, 하이브리드, 통섭 이론, 융복합예술만이 아니라 예술 장르의 협약코드로 꾸며지는 콜라보레이션 선언 등 모든 양질의 영양소들이 골고루 모인다. 원초적 퍼포먼스(演行)와 전통, 최첨단 과학이론과 그 실험, 그리고 상상력의 실현 가능성을 점치는 온갖 시도는 창조 작업이다.

영상 이미지와 무용 움직임의 조립과 해체과정은 자연의 몸과 과학의 방정식이 교체하는 축제의 축을 이룬다. 몸의 무용과 멀티미디어의 조합과 협업을 위해 임학선댄스위 젊은 무용수들과 강낙현 감독의 영상 이미지를 돕는 뮤지션들과 스태프들은 지난 2년간 몇 번의 연작공연을 통해 무용 움직임의 순화와 이미지의 교감 및 진화를 거듭해 나갔다. 그런 프로세스를 높이 평가하는 나는 댄스위의 〈버즈아이뷰〉 핵심에 몸이 바탕이 된, 무용예술의 상상력과 이미지 영상과학이 어우러지는 '지금 여기'의 축제적 난장(orgy)을 본다.

이 난장은 질서를 만들어 나가는 다리 같은 과정이라서 얼마나 많은 가설架設의 다리 설계도가 더 필요할는지 아무도 모른다. 나는 영상감독이자 〈드라이브 스루(Drive-Thru)〉의 안무감독인 강낙현의 작업이 '문화적 PD 작업'이라는 사실을 지적한 적이 있다. 그는 문화적 제작감독의 자격으로 커다란 축제를 기획해야 할 것이다.

무용예술이 영화 필름처럼 팔릴 수 있는 제품으로 제작되어 수많은 관객들을 동원할 수 있을까.

나는 임학선댄스위와 강낙현의 천재성에 기대한다. 천재들만이 시대사조를 예견하는 법이다. 그래야 무용예술도 생산제품으로 그 품위와 위상을 지켜낼 수 있게 될 것이기 때문이다. 개화기 이후 신무용과 창작무용, 그리고 발레와 현대무용이 우리 문화예술 장르의 일각을 차지했지만 아직도 생산제품으로서의 무용문화콘텐츠

작품이 없다는 것은 서글프다.

브레히트의 비非아리스토텔레스이론이 2000년의 정통연극을 뒤집고 서사극 시대를 연 것처럼, 이번 〈버즈아이뷰〉 공연을 통해 총체적 '몸의 예술제품', '무용예술작품'에 대한 새로운 지평이 열리고 버즈아이뷰의 시각으로 우리의 전통을, 현대를, 그리고 우리의 현실과 과거와 미래, 뿐만 아니라 지구 위의 삶과 우주의 질서를 객관화시킬 예술적 거리와 과학화의 좌표를 놓게 되기를 기대한다.

융·복합공연 Bird's Eye View 2013

임학선댄스위 〈버즈아이뷰〉 미학의 눈으로 보기

임태승 / 『댄스포럼』 2013. 8

예컨대, 사진은 순간을 포착하는 예술이다. 단 한 번의 셔팅으로 모든 것을 끝내야 하기 때문에—물론 사진의 완성에는 또한 인화라는 과정이 있긴 하지만—사진은 사실 지난한 탐색과 기다림의 예술 외적인 과정이 삼킨 눈물처럼 배어 있다. 혹은 감상자가 사진의 형상보다는 그 이면에 배어 있는 눈물을 읽어줄 것을, 사진가는 더 원할는지도 모르겠다. 그러면 사진가는 왜 순간을 포착하려는 것일까? 아마도 이유는 과정이 수반되는 조형(미술, 조각 등)으로 표현할 수 없었거나 감당하지 못했던 예술정신이나 미적 감성을 드러내고자 하는 창작 욕구 탓이었을 것이다. 이것이 기술적 조건의 뒷받침에 의해 현실화된 사진예술이다. 사진은 조형적 과정이 수반된 조형예술의 한계를 극복하기 위해 만들어진 순간 조형예술이다. 새로운 장르는 이처럼 대개 이유를 갖는 법이다.

지금 여기 '무용·영화·음악'이 함께하는 새로운 장르의 예술이 있다. 그렇다면 우선 이 장르 역시 자신의 탄생 이유를 가져야 한다. 무용이 무용만으로 표현되거나, 또는 영화가 영화만으로 표현되거나, 혹은 음악이 음악만으로 표현되거나 하지 않는 이유는 무엇인가? 음악은 그간 무용이나 영화에 친숙한 동반자의 역할을 해왔으니, 사실 이 새로운 장르에서의 문제는 왜 무용과 영화가 함께하느냐의 이유를 밝혀야 한다.

우선 이 '함께함'은 협업(collaboration)과 교차(cross−over) 및 융복합(convergency)의 3C로 구성되어 있음을 지적할 필요가 있다.

첫째, 〈버즈아이뷰(Bird's Eye View)〉에서의 콜라보레이션은 '무용+영상'의 둘 혹은 '무용+영상+음악'의 세 장르를 조합함으로써 단선 장르로는 표현하기 어려운 작가정신을 새로운 느낌으로 표출해냄으로써 구현되고 있다. 구체적으로 이 협업은 무용 안무와 영상 연출로 이루어진다. 무용은 공간예술이고 영상은 시간예술이다. 이 둘의 협업은 얼핏, 흔히들 혼돈(chaos)이라고 미화하거나 얼버무리는, 시공간의 잡합雜合이라는 오류에 빠지기 쉽나. 이 시공간의 집합이 오류인 까닭은 그것이 예술적 의미의 실종 상태이기 때문이다. 그런데 〈버즈아이뷰〉에서는 시간 속의 공간, 혹은 공간 속의 시간이 표현되고 있기 때문에 그러한 오류로부터 벗어나 있다. 예컨대, 카메라의 눈이 도로 위를 종횡하며 달리는 흐름을 영상으로 보여주는 장면을 보자. 일단 이 흐름은 시간의 흐름인데, 그 주행이 단순한 시간의 진행을 나타내는 것이 아니라 어떤 일정한 색깔의 '의식의 흐름(stream of consciousness)'임을 말해주는 것은 안무가 만들어낸 무대 위 공간적 조형이라는 장치이다. 무대 위 안무만으론 표현하기 어려운, 또 쉬이 불가해不可解로 귀결되고 마는 영상의 상징만으로도 표현하기 어려운 이 의식의 흐름을, 무대와 영상의 협업이 창출해낸 시공간의 조합에 의해 은유적이되 가해可解한 방식으로 보여준 것이다.

둘째, 〈버즈아이뷰〉에서의 크로스오버(교차)는 옴니버스 형식의 목차 구성으로 각기 자신의 영역을 내레이션 함으로써 구현되고 있다. 이 작품은 '바닷새'·'새벽 아침에'·'응시'·'밤바다'·'짝지음'·'절벽으로'·'둥지'·'그리고, 날다' 등 여덟 장면으로 이루어지되, 각기 목차는 서로가 일정 정도의 내용 차差를 견지하는 옴니버스 형식으로 구성되어 있다. 집착하려는 욕망과 탈출하려는 욕구는 사실 이율배반인바, 그러한 부조리한 사유를 순리적 구조로 표현하는 것은 애초에 부적합한 것이다. 따라서 각 장면마다 자신의 웅변을 표출해냄으로써 8개의 레고 조각으로 하나의 모양체를 만들게끔 의도한 기획은, 그런 면에서 역설적으로 '순리적'이다. 내용을 떠나 이러한 형식 자체로 주제를 드러낸 점은 이 작품이 현대예술임을 보여주는 중요한 단서이며, 이 때문에 각기 장면의 내레이션이 함축한 구상적 내용과 옴니버스식 연결이 구축한 추상적 형식의 크로스오버는 이 작품의 장르적 성격을 매우 독특하게 규정해주는 장치가 된다.

셋째, 〈버즈아이뷰〉에서의 컨버전시(융복합)는 평면예술과 입체예술, 그리고 피사被寫와 직사直寫의 혼합과 결합을 통해 시공간의 구분을 초월하고, 현실감과 상상감의 뒤섞음을 통해 한계를 타파하는 것으로 구현되고 있다. 영상의 진행으로 나타내는 시간은 수직 벽면의 평면 위에서 굽이굽이 흐르고, 무대 위로는 다양한 선조線條의 궤적이 각기 장면의 내레이션을 조목조목 입방체로 구현해낸다. 또한 무자舞者는 몸동작으로 직접 춤을 그려낼 직사直寫 뿐 아니라 표정으로도 춤을 추는데, 그 춤추는 얼굴은 화면으로 섬세하게 포착, 피사被寫됨으로써 무자舞者는 무대와 화면을 거리낌 없이 넘나든다. 작품 내내 무자舞者들과 영상은 공히 움직인다.

하지만 화면은 스틸과 비디오로, 무대는 몸과 표정으로 각기 분할과 결합 혹은 혼합과 추출을 적절하게 반복하며 때로는 긴장을 때로는 안도를 자아낸다. 그러면서도 이 둘은 접점에서 하나가 되기도 한다. 예컨대, 화면 속으로는 등대를 찍어내고 텅 빈 무대 면으로는 바다를 그려냄으로써 이 둘을 하나의 장면으로 묘사한다. 등대 빛이 고요하게 비추는 어두운 바다는 한 결의 손바닥만 한 무인도 위에서 자유를 향한 한 걸음을 내딛는 무자舞者의 꿈틀거림에 더없는 숭고함을 부여하고 있다. 여기 평면과 입체, 그리고 피사被寫와 직사直寫의 혼합과 결합과 조합 앞에서 감상자는 시공간의 구분이 해체됨을 무의식의 한가운데에서 체감한다. 이 몽롱함은 현실과 초현실의 구분을 초월하게 만들고 욕망과 욕구를 초탈하게 함으로써 도달코자 상상한 목적지를 환영 속에서 만나게 한다. 〈버즈아이뷰〉는 인간의 끝없는 욕망을 추적하면서 그 탈출구로 '꿈꾸는 비상飛翔'을 제시하는데 이는, 장자莊子식으로 말하자면, 현실감과 상상감의 뒤섞음을 통해 본원적 해방을 거두는 지점이다. 이 지점이 예술의 궁극처이다. 예술을 만들고 예술을 감상하는 근본이다.

그렇다면 〈버즈아이뷰〉가 3C의 방식을 통해 궁극적으로 구현코자 하는 것은 무엇일까? 요컨대, 이러한 장치들을 사용하는 이유는 현대예술의 정신을 드러내기 위한 것이다. 〈버즈아이뷰〉는 분명 장르 간 구분의 질서를 준수하고 각각의 장르가 예술사적으로 축적한 표현의 구성을 존중하며 그러한 체계가 내재한 표현 알고리즘을 충실히 이행하는 이른바 '전통'을 논외論外로 돌리고, 역외域外로 밀쳐놓고 있다. 전통을 구성해주는 이른바 '전통적 형식과 방식'을 준수하지 않음은 또한 전통적으로 정형화된 표현양식을 해체하는 것을 의미하고, 이러한 '현대적인' 즉 '역설적으로 파괴적인' 표현양식과 기법을 사용하는 것은 현실의 부조리와 모순을 자각하고 폭로

하기 위한 것이다.

자각도 폭로도 모두 현대성이다. 그러나 궁극의 진화는 제시의 현대성이다. 욕망의 그늘에 갇힌 인간의 진면모를 자각하는 것도, 그들 인간의 군상을 녹슨 자화상으로 폭로함으로써 해방감을 만끽하는 것도 모두 현대성이다. 그러나 진정한 현대성은 그 인간을 구제할 수 있는 대안을 창출하는 것이다. 모종의 대안 제시까지 나가지 못한 것은 〈버즈아이뷰〉의 약점이다. 그러나 이러한 약점은 조금만 더 명징한 스토리와 주인공을 설정함으로써 수월하게 해소할 수 있다. 도열한 무용수들을 물 가르듯 헤치며 관객 앞으로 뛰어나오는 저 프리마돈나로부터의 환희로운 감동이 괜한 우연은 아닌 것이다. 이야기는 혼합과 혼돈과 해체, 그리고 다시 결합과 통합과 구성 등으로부터 조금은 지치고 혼란스러운 감상의 물줄기를 오롯이 일정한 파동과 진폭으로 유지시켜줄 뿐 아니라 종내는 작가정신의 실체에까지 인도해주는 길잡이이고, 주인공의 파란 많은 시종始終은 우리를 그 이야기의 궤도에 내내 묶어주는 시점視點의 견지이다.

인간은 항상 예술에 대해, 그 과정과 방식이 어떻든 간에, 조금은 직접 제시적인 희망과 구원을 얻어가려는 '착한 꿈'을 갖고 있다. 〈버즈아이뷰〉의 '착한 동기'를 믿어 의심치 않으며, 그것은 또한 전편全篇을 통해 명약관화하기까지 하다. 이제 다음 버전에서는 '착한 구성'으로써 그것을 더욱 관객 친화적(audience friendly)으로 증명해주기 바란다.

융·복합공연 Bird's Eye View 2013

춤·영상·음악의 완벽한 조화로 고품격 감동 안겨준 수작

장석용 / 『그린경제』(현 『글로벌이코노믹』) 2013. 7. 3

우리 시대의 명작 임학선댄스위의 〈버즈아이뷰〉

임학신(성균관대 무용학과 교수)의 '댄스위'는 성균관대 무용학과 강사들로 구성된 서울시 지정 전문 무용단이다. 1984년 임학선 무용단으로 출발해 2004년 '임학선댄스위'로 개명했다. 창단 이후 다양한 소재 개발과 독창적인 표현기법으로 새로운 춤 형식을 구축하고 있다. 창단 초기의 제의적 창작무에서 일상적·서정적 춤세계로 작품 방향을 넓혀왔으며, 새 밀레니엄에는 유학儒學으로까지 작품 소재를 확장, 〈공자〉로 폭발적 화제를 모았다.

예술적 아름다움은 영원하다. 스승이 제자를 낳고, 제자가 스승이 되듯, 삶은 여러 세대에 걸쳐 반복된다. 안무가들의 나라, 고려가 부활한 것 같다. 특히 여성들의 파워를 느끼는 것은 '두리춤터'에서이다. 종묘의 상징처럼 아프다고 빨리 돌아다니게 만들지 않는 것이 임학선의 안무지침이다. 그녀를 깊이 이해하지 않으면 보이지 않는다. 늘 그녀와 그녀의 자매 임현선(대전대 무용과 교수)에게서 공통적으로 느끼는 점이다.

'임학선댄스위'의 '위'는 몸과 마음이 하나 됨을 상징한다. 우리말 '위'는 하늘과 상승을, 영어 'We'는 하나로 어우러짐을, 한자 '爲'는 만듦 또는 협동 행위를 일컫는다. 하늘, 상승, 하나, 행위 등을 상징하는 '위'는 생명의 원천인 에너지로부터 뿌리를 중시한 창조적 몸짓의 표출로 이어짐을 뜻한다. 그들의 전용극장 '두리춤터'에서는 매주 춤판이 벌어지고 있으며, 감히 상상을 초월하는 다양한 춤 역사가 쓰이고 있다.

'임학선댄스위'의 공연은 늘 다시 보고 싶은 아쉬움을 준다. 그들의 작품들은 비주얼이 아니라 내면에서 보이는 빛과 그림자, 여유와 비움의 미학을 보여준다. 그들의 작품은 작은 정원(두리춤터)에서 세계(대작)를 보여준다. 임학선 안무작들은 작가정신을 넘어 장인정신이 보인다. 역사와 자연이 스쳐가는 〈버즈아이뷰(Bird's Eye View)〉는 검이불누화이불치(檢而不陋華而不侈: 검소하지만 누추하지 않고, 화려하지만 사치스럽지 않다)를 실현한다.

'임학선댄스위'는 '크리에이티브 스테이지'를 통하여 수시로 자신의 안무 역량과 창의력을 넓히는 계기로 삼고 있다. 그들의 표현기법은 전통춤사위를 이용한 창작무에서 융복합작품으로의 컨템포러리 춤으로의 변신에 이르고 있다. 그리하여 '위'를 향해 올라가 하늘을 닮으면 너와 나를 넘어서 '우리'는 하나, 하나 된 즐거움에 취한 '몸놀림'을 견지한다. 그들의 욕망을 대변하는 춤의 응집체중의 하나인 〈버즈아이뷰〉는 이 시대의 명작이다.

이전의 〈버즈아이뷰〉 실험작들과 이번 작품은 장르 간의 크로스오버, 안무 공식 구축, 철학적 상상으로 새로운 춤 에세이를 써왔다. 르네상스 시대처럼 훌륭한 예작藝作에 대한 적절한 지원으로 작가와 단체에 격려가 되는 전범典範을 보여야 한다. 예술가가 대접받는 시대가 이 시대의 덕목이 되어야 한다. 기술과 예술이 만나 창의적 고뇌로 탄생된 이 작품은 추사 김정희의 정신과 맥을 같이하는 이면의 깊이를 간직한 작품이다.

2013년 6월 22~23일 아르코예술극장 대극장에서 공연된 〈버즈아이뷰〉(임학선 예술감독, 강낙현 연출, 김영은·정보경 협동안무)는 깔끔하고 신선하게 매력적인 모습으로 '사람은 누구나 비상을 꿈꾼다'라는 주제를 완벽하게 소화했다. 월드컵 경기에서 연장전에 이은 페널티 킥에 버금가는 공연이었다. 기억하고 싶지 않은 혹독한 연습 기간, 아이디어를 짜내기 위한 엄청난 토의 시간, 세부적인 디테일에 이르는 과정은 안무가 임학선의 명작을 향한 집념과 카리스마, 확고한 의지의 결과이다.

한국 문화예술위원회, 한국공연예술센터, 성균관대 유가예술문화연구소의 후원으로 이루어진 〈버즈아이뷰〉는 2년여 기간 동안 버전을 달리하며 50여 회의 연작공연을 통해 다듬어온 노력의 결과물이다. 이 작품을 위하여 개인의 사생활을 희생해가며 '서로'를 격려하고, 예술과 예술가로서의 삶에 대한 성찰을 이룬 춤작가들에게 격려와 위로의 말을 전한다. 단체의 일원이 된다는 것은 비가시광선의 험로를 걸어야 한다는 약속이 따르는 것이다. 한국 예술평론가협의회 수상작가 중심의 춤작가 몇 명을 살펴본다.

연출가 강낙현은 포이어 프로덕션을 설립한 이래, 영화와 공연예술을 접목시킨 새 개념의 융복합작품 〈드라이브 스루(Drive-Thru)〉의 제작과 총연출 감독을 맡으며 연작을 발표하기 시작하였으며, 〈플라스틱 스튜디오(Plastic Studio)〉, 〈엘레나 엘레나(Elena Elena)〉, 〈이다/미(Ida/Me)〉, 〈언타이틀드(Untitled)〉, 〈버즈아이 뷰(Bird's Eye View)〉 등의 연작에서 100여 회 이상 영상과 연출을 선보이는 열정을 보여왔다. 영국에서 시각디자인, 영화, 공연예술학을 전공한 뒤 영국과 스페인에서 영화 활동을 하며 다양한 예술가들과 친분을 쌓아 무용, 연극, 음악, 디자인 등의 젊은 예술가들과 협업 활동을 하면서 2012년 아르코예술극장 대극장에서 공연한 〈드라이브 스루〉는 그해 스페인 빌바오 액트 페스티벌 최연소 심사위원의 감각을 소지한 역작이었다.

정향숙은 임학선댄스위의 대표로서 한국 창작무대의 지평을 넓혀왔고, 〈누가 살던 방〉 등의 안무와 출연으로 희망을 꿈꾸는 청춘들의 모습을 보여주었으며, 아울러 전통의 고수 및 변주를 실험해온 작가이다. 춤의 예형론藝形論에 대한 제시와 현대를 감싸 안은 정향숙의 춤은 데코럼(decorum)을 위반하지 않는다. 열정이 내재된 사유적인 그녀의 춤은 의미 있는 홀로서기, 즉 다름의 가치를 소중히 여긴다. 성숙으로 가는 길목에 있는 이 작품은 일급의 반열에 오를 수 있는 내적 엄격함과 성실함이 돋보인다. 그녀의 이러한 예술 접근 자세가 임학선댄스위에 커다란 힘이 되었다.

협동안무의 김영은(예원학교 강사)은 임학선댄스위 정단원으로서 무용문화포럼이 선정한 안무가 시리즈 〈내 안의 여유〉로 무용가상을 수상한 바 있다. 〈왜 뒤돌아보세요〉, 〈새장〉, 〈날개 깁는 여자〉, 〈날개 깁는 여자 ver.2〉 등 자신을 성찰하는 작품들로 내적 성숙의 시간을 가져왔다. 특히 〈날개 깁는 여자〉는 인간의 날고자 하는 욕망을 극대화시킨 작품으로 '미니멀 뷰티'를 보여주었다. 김영은이 묘사해낸 자전적 우울과 거칠고 바쁜 현대 도시의 일상, 여인의 다양한 역할 속에서 귀하가 서택한 테제에 맞는 춤 테크닉은 현대무용의 커다란 소득으로 각인되었다. 그녀가 이번에 온몸으로 안무한 세상을 바라보는 특유의 춤 에세이를 귀하게 여긴다.

협동안무의 정보경은 2007년 신진 안무가전에서 〈절벽 아래 집〉을 발표하며 한국 창작무용계에서 새롭게 주목받기 시작하였다. 국립극장 달오름 〈길 위의 사람들〉에서 무대에 올린 이 작품은 55분 분량으로 정보경 댄스 프로젝트 첫 단독 공연을 시도한 바 있다. 안무가로서도 〈가시를 삼키다〉(2007), 〈허공살이〉(2008), 〈텅빈 고요〉(2008) 등을 연이어 발표하며 한국춤 호흡을 이용한 폭발적 에너지를 지닌 무용수이자 한국적 정서와 미래지향적인 의식을 지닌 안무가로서 인정받기 시작하였으며, 강낙현과 공동작업한 이번 〈버즈아이뷰〉에서의 탁월한 연기가 이 작품의 예술성 고양에 크게 기여하였다.

두리춤터에서 이다 그랜도스 리는 작곡가, 음유시인, 가수로서 다양한 크로스오버 작업들을 해왔다. 음악가로서 참여한 연작공연 〈드라이브 스루〉, 〈이다/미〉는 공연의 새로운 돌파구를 위한 협동공연의 필요성을 인지시키면서 공연문화에 새로운 활력을 불어넣어주었다. 특히 인생과 도시를 응시, 음악 축복으로 읽어내며, 노래하는 스웨덴 이민자의 예지銳智를 담고 있는 〈이다/미〉에서 그는 서정적 음악작업을 위해 미래의 사회를 통찰하는 우수한 시를 써왔고, 이를 바탕으로 한 작곡들은 훌륭한 작품들이었다. '불빛에 대한 헌사', '플라스틱 가방', '프레임', '가을의 규칙', '아마도' 등으로 청춘과 시대를 조망해 나가면서, 자신의 내부를 성찰하는 작업은 임학선댄스위와의 협업작업에서도 드러났다.

입고출신入古出新한 신개념 공연의 서序, 〈버즈아이뷰〉는 본능적으로 끝까지 최선을 다한 작품이다. 그 핵심은 영웅적 참을성이 만들어낸 디테일에 있다. 시대와 연관된 제목의 주제성과 철학적 의의의 타당성, 안무 구성의 밀도('바닷새', '새벽 아침에', '응시', '밤바다', '짝지음', '절벽으로', '둥지', '그리고, 날다'의 여덟 장면에 대한 촘촘한 구성), 공간 구성, 절제되고 민첩한 움직임, 완전한 작곡과 라이브 음악 연주, 심리와 장소에 따른 조명 사용의 적절성, 주인공 중의 하나인 실험적 영상과의 매치, 정교한 안무 테크닉과 춤 연기자들과의 일체감 등을 살펴볼 때, 모두의 합심이 이루어낸 종합적으로 우수한 작품이었다.

현대인의 꿈과 이상이 모험과 도전, 협동과 전진을 통해 완성된다는 임학선 안무의 핵심, 서정적 판타지를 연상시키는 메트로놈 소리, 바다 위를 상징하는 푸른 빛으로 공존공영의 비상을 꾀하는 '솔개'의 우화를 '유쾌한 상상'으로 써낸 임학선은 존중받아 마땅하다. 영상, 음악, 춤의 조화로운 만남은 시적 이미지 창출과 몸 조형의 새로운 묘미를 감지시켜주었다. 이제 이 작품은 전국 문화예술회관연합회 등 단체에의 초청, 규모를 달리하는 여러 버전으로의 재창작, 전 세계 투어에 나서야 한다. 더 나은 진정한 찬사는 그곳에서 나올 것이다. 〈버즈아이뷰〉는 바다를 조망하는 블루가 희망을 주듯, 관객들에게 근래에 보기 드문 고품격 감동, 공감의 비상몽飛翔夢, 희망과 안식의 꿈을 보여주는 차별화된 수작이다. 춤 공작소 두리춤터의 핵심 임학선댄스위의 약진을 기원한다.

융·복합공연 Bird's Eye View 2013

영웅적 인내가 만들어낸 컨템포러리 댄스의 걸작

장석용 / '여수인터넷뉴스' 2013. 7. 18

2013년 6월 22~23일 오후 7시 아르코예술극장 대극장에서 〈버즈아이뷰〉 2013년 판이 공연되었다. 매번 버전을 달리하며 2년여 기간 동안 50여 회의 시리즈물로 제작되었던 이 작품은 임학선댄스위의 존중받아 마땅한 이 시대 명작의 하나로 등재되었다.

1984년 임학선 무용단으로 출발한 임학선(성균관대 무용과 교수)의 '댄스위'는 성균관대 무용과 출신 주축의 서울시 지정 전문 무용단이다. 2004년 '임학선댄스위'로 개명한 이후, 이 무용단은 다양한 소재 개발과 독창적 표현기법으로 새로운 춤 형식을 구축하고 있다.

안무가는 창단 초기의 토속적 창작무에서 서정적 일상으로 춤세계를 넓혀왔고, 새 밀레니엄에는 석전학釋奠學까지 소재를 확장해 〈공자〉로 폭발적 화제를 모았다. '사람은 누구나 비상을 꿈꾼다'라는 주제의 〈버즈아이뷰〉 깔끔한 신선미로 관객을 미혹했다.

임학선의 춤 실험실, '두리춤터' 작업의 성과물인 〈버즈아이뷰〉는 아이디어 도출을 위한 엄청난 토의 시간, 세부적인 디테일에 이르는 과정을 중시하는 안무가 임학선의 명작을 향한 집념과 카리스마, 강낙현 연출의 브레인스토밍 중시의 확고한 의지의 결과이다.

영속적 예술의 상부구조의 '위'를 위한 뿌리(전통)를 중시한 창조적 몸짓의 〈버즈아이뷰〉는 비주얼의 과도 사용이 아닌 내면으로부터 투사되는 빛과 그림자, 여유와 비움의 미학을 보여준다. 소박하면서도 절대 소박의 범주에 들어가지 않는 명품의 일면이다.

장인정신이 돋보이는 임학선 안무작, 〈버즈아이뷰〉는 새(인간)들의 욕망을 대변하는 춤의 응집체로서 역사와 자연이 자연스럽게 스쳐간다. 장르 간 경계 허물기, 호흡법에 기초한 안무, 철학적 상상은 새로운 춤 영역의 확장과 프레임을 뛰어넘는 과감성을 보인다.

예작藝作의 전범典範이 된 〈버즈아이뷰〉는 이 시대를 기억하는 키워드로 자리 잡는다. 인접 예술가들과의 협업을 중시하며 영국에서 시각디자인, 영화, 공연예술학을 전공한 연출가 강낙현이 가세한 이 작품은 영화와 공연예술을 접목시킨 신개념의 융복합작품이다.

이 작품의 노련함과 성숙미를 돋보이게 하는 또 하나의 장치로서 음악이 기능한다. 춤과 영상의 앙상블에 런던예술학파의 엄격한 내재율과 성실함이 돋보이는 음악이 합세하고, 롯데 뮤직 페스티벌 대상의 드럼 박승수, 한양재즈콩쿨 대상의 박일의 연주가 품격을 높인다.

〈버즈아이뷰〉의 이면, 영국 골드스미스 대학 출신 작곡가 고지인의 열정이 내재된 작곡 음악이 섬세한 감정을 파고든다. 사유적 춤을 주도하는 그녀의 사운드는 영국 Sound, Music and Moving–Thinking Body와의 협연 경험을 공유, 창작무의 지평을 넓힌다. 런던에서 실용음악을 전공한 뮤지션 조형주(Sanai Joe) 역시 이번 공연에서 탁월한 연주실력을 발휘했다. 현재 런던에서 싱어송라이터, 프로듀서, 뮤지션으로 활동하며 연출가와 3년 이상의 호흡을 맞추어온 베테랑으로 다름의 가치를 만들어낸 주인공 중의 한 명이다.

새와 자연에 대한 성찰은 동시대적인 우울, 거칠고 바쁜 현대 도시의 일상과 대비되면서 '반성과 회고'의 서序를 능수능란한 춤 테크닉으로 춤 창작의 모범답안을 제공한다. 공연 이후의 검증 작업과 평가, 또 다른 버전을 위한 연구 작업 역시 이 무용단의 특징이다.

협동안무의 김영은과 정보경, 앞선 춤 연기자 김수정과 박지선, 남성무의 핵심 조인호와 김주빈, 떠오르는 춤 연기자 이혜민, 김라희, 김동민, 조민아, 김세정, 든든한 후배 춤꾼 임혜지, 전건우, 이혜준, 이한울, 노수진, 최윤정, 선은지, 김현우, 김시원, 최종인은 기꺼이 새가 되었다.

〈버즈아이뷰〉의 격상은 고도의 참을성이 만들어낸 디테일에서 시작된다. 테마와 창작의도에 부합되는 모든 장치의 배치, 극적 긴장감과 상징성을 위한 춤 요소 배치, 사운드(음향, 효과음악, 음악, 연주) 배치, 다양한 춤 연기로 안무와 연출 스타일이 자연스레 드러난다.

이 작품은 '바닷새', '새벽 아침에', '응시', '밤바다', '짝지음', '절벽으로', '둥지', '그리고, 날다'의 여덟 장면으로 구성되어 있다. 밀도감 있는 안무는 공간 구성,

의미를 실은 다양한 무브먼트, 라이브 연주, 심리감을 살리는 적절한 조명의 도움으로 완성도를 높여간다.

현대인의 꿈과 이상이 모험과 도전을 통해 완성된다는 안무가의 안목은 공존공영의 비상을 꾀하는 '솔개'의 우화를 '유쾌한 상상'으로 써내게 한다. 서정적 판타지를 연상시키는 메트로놈 소리, 바다 위를 조망하는 그랑블루, 이 대하 시詩는 신비의 색깔을 하나씩 보여준다.

실험적 영상, 사고적 연출, 정교한 안무, 춤꾼들의 조화로운 일체감 등은 〈버즈아이뷰〉의 희망의 메시지를 뒷받침한다. 차별화되는 명작을 직조한 '임학선댄스위'의 멤버들에게 존중의 마음을 갖는다. '두리춤터'의 영웅들, 그들의 건투를 빈다.

융·복합공연 Bird's Eye View 2013

비움의 끝에서 완성된 직관적 메타포 〈버즈아이뷰〉

박자은 /『댄스포럼』 2013. 8

〈Bird's Eye View〉(6월 22~23일, 아르코예술극장 대극장)는 2013년도 한국문화예술위원회 사후지원 및 2013 HANPAC 한국공연예술센터 공공기획시리즈의 일환이다. 한국창작춤의 콘텐츠 개발을 목적으로 추진된 이번 작품은, 예술감독이자 총괄안무를 맡은 임학선과 임학선댄스위 수석단원으로 활동 중인 김영은과 정보경의 협동안무, 작곡자 고지인의 음악 그리고 포이어 프로덕션 강낙현 감독의 영상과 연출로 진행되었다. 컨버전스 아트로 분류되는 〈Bird's Eye View〉는 영상과 춤을 비롯해 음악, 조명, 의상 등 다양한 미디어와의 '융합'을 시도하여 많은 이들의 이목을 집중시킨 작품이다. 대중은 물론 예술가들에게조차 여전히 낯선 컨버전스(convergence)가 한국춤계의 새로운 장르 개척과 그로 인한 다양한 시너지 효과를 예견하고 있다. 융복합작품 〈Bird's Eye View〉에 대해 궁금함이 많은 것도 바로 이런 이유 때문이다.

사전적 의미로 융합 혹은 융복합은 집합·수렴·집폭集輻·집중성 등을 뜻하며, 하나 이상의 성능이나 기술 혹은 장르가 하나로 집중하여 융합되거나 합쳐진 것을 의미한다. 장르 복합의 전제조건이 그러하듯, 융복합의 아이덴티티는 규격화된 틀에서 벗어나 또 다른 새로움을 창출하는 지점에서 새로운 발상은 해석의 범위를 무한 확장한다고 할 수 있다. 또한 현대예술의 바람직한 소통은 시대가 요구하는 방법론이 관건이 된다. 이런 의미에서 본다면 시대를 불문하고 협업, 즉 콜라보레이션의 가치는 아무리 강조해도 무리가 아닐 듯싶다. 물론 이 글에서 필자가 말하는 협업이란, 공연예술적 제반 요소로서 구성되는 협력 그 이상의 확대 개념이라 할 수 있다. 실제로 최근 들어 협업의 가치는 산업과 교육은 물론 현대예술작업의 전반으로 확대되어가는 추세이며, 학문과 기술은 물론 과학과 예술 등의 거의 모든 분야에서 '융복합' 메소드가 급부상되고 있다 해도 과언이 아니기 때문이다. 이와 같이 오늘날 다원주의 예술에서 콜라보레이션 작업의 가치는 마침내 장르 융합으로 확장되기에 이르렀다. 결국, 이러한 양상은 네오 포스트모더니즘의 전혀 새로운 혁신적 효과를 기대하게 되었다는 측면에서, '융합'이란 예술 창작의 태생적 속성을 가장 잘 충족시키는 새로운 방법론이라 사료된다. 때문에 필자는 융복합(convergence)을 일컬어 '콜라보레이션의 21세기형 결정체'라 말하고 싶다.

다문화사회의 새로운 시각이자 글로벌 트렌드로 부각되고 있는 융복합 양상은 작업의 효율성을 극대화하는 것은 물론, 협업을 구축한 장르 간의 상생효과로 이어져 최종적으로 새로운 아이템 탄생을 유도하고 있는 실정이기 때문이다. 이처럼 융복합의 가치는 콜라보레이션의 효율성을 극대화하는 것에 달린 것이다. 그렇다면 융복합 작업은 어떻게 체계화되고 무엇을 확장하는 것일까?

〈Bird's Eye View〉가 제시하는 21세기 융복합의 전형을 예견해본다.

1. 〈Bird's Eye View〉 제작과정을 만나다

2011년 이후 이미 50여 회의 실험적 여정을 거친 작품이지만, 2013년도 버전은 엄격히 말해 6개월 동안의 새로운 결과물이기도 하다. 결코 길지 않은 이 기간 동안 협력예술가들과 무용수들을 지탱해준 에너지와 내밀한 원칙이란 과연 무엇이었을까?

〈Bird's Eye View〉의 배경

안무를 총괄 지휘한 예술감독 임학선은 '시대에 맞는 임학선댄스위의 변신을 진두지휘하려면 자신이 먼저 융복합공연이 무엇인지를 알아야겠다'는 생각으로 작품에 접근했다고 한다. 무엇보다 종전의 무용공연과는 차별화되어야 했기에 〈Bird's Eye View〉(약칭 B'EV)라는 작품 제목을 정하는 것에서부터 안무, 음악, 의상 등의 작품 진행과정 하나하나에 강낙현 감독의 아이디어와 댄스 위 젊은 단원들의 신선한 감각을 존중했다고 한다.

사실, 이 작품은 2011년 6월 첫 번째 공연을 시작으로 2013년 현재까지 여러 가지 버전을 갖고 있다. 포이어 프로덕션 대표로 역시 이번 작품의 총연출을 맡은 강낙현 감독은 〈Drive-Thru〉, 〈Elena Elena〉, 〈Plastic Studio〉, 〈Untitled〉, 〈Ida/Me〉 등을 통해 융복합 작업에 지속적으로 몰두하고 있는 영화·영상 아티스트이기도 하다. 작품의 고안 당시 포이어 프로덕션의 작품들에서 특별하게 두각을 나타낸 융복합의 결과물은 아직은 없었던 시기였다. 지속적인 과정의 시간들이 축적되는 단계였지만 타이틀이나 소재 역시 다양하지 않던 시절, 〈Drive–Thru〉가 그중 가장 대표성을 갖는 작품이었던 게 사실이었다. 이러던 중, 예술감독 임학선에게 문득 '임학선댄스위 전체가 참여하는 융복합공연을 해보면 좋겠다'는 생각이 떠올랐고, 지금부터의 새로운 시도가 어떤 변화로 이어질지에 대한 기대감이 곧 〈Bird's Eye View〉 2013의 탄생 배경이 되었다.

〈Bird's Eye View〉의 두 가지 시선과 융복합의 우연성

워킹 타이틀(working title: 가제假題)이었던 〈B'EV〉는 작업 초반 '비행'을 주제로 작품 구상을 시작한다. 비행을 다룬 영화와 무용을 접목시키고자 의도 했지만, 사실상 융복합에 대한 개념조차 불명확하던 시절이라 연출자나 출연자들의 주관적 생각을 발전시키는 것에 대한 제약이 많았다고 한다.

영화적 측면에서 〈B'EV〉는 새를 모티브로 하는 작품이지만, 동시에 촬영기법을 의미하는 것이기도 하다. '버즈아이뷰' 촬영기법은 전체적 분위기를 관객에게 암시하는 효과를 주는 방법 중 하나로, 주관적이기보다는 전체를 객관화시켜 관조하는 기술이라 할 수 있다. 따라서 〈B'EV〉는 주인공이 사람이나 새의 시선일 수도 있지만, 동시에 촬영기법에서 의미하는 하나의 관점을 제시하게 된다는 것이다. 결국 〈B'EV〉는 작업의 특성상 이 두 가지 의미를 모두 섞을 수 있는 포괄적 타이틀을 암시한다고 할 수 있다. 이로부터 작품의 결과를 예측할 수 없지만, 이것이 곧 융복합작품의 특성으로 귀결되지 않을까를 예측하고서 시작한 것이다. 반대로, 춤 작업에 있어서 기존의 안무자들은 대본과 안무노트에 준해 철저한 계획 아래 작업을 구체화시키는 것이 보편화된 방법이다. 때문에 이번 작업에서의 안무는 바로 이 같은 점들을 탈피하려고 의도되었다는 것으로 보인다.

머릿속에 큰 키워드를 설정하고 생각과 이미지를 스케치하지만, 결코 고정시키지는 않는다는 것이 그들(연출자, 안무자, 작곡자)의 일관된 방침이다. 그들이 함께하는 스케치(작업)는 언제나 가변적이고 그렇다고 내용에 대해 일부러 맞추려 하지는 않았다. 각각의 장르가 만났다고 해서 무조건 융복합이 되는 것이 아니라, 서로 다른 장르가 만났지만 같은 코드를 함께 채색해가는 그 과정을 중요시했기 때문이다.

일반적인 안무의 경우, 즉흥성은 당연히 따르게 되지만 미리 계획된 것에 대한 변형이나 수정조차 어느 정도는 계획성을 가지고 접근한다는 것이 안무의 보수적 방법일 것이다. 하지만 융복합 작업에서의 안무는 우연성에 대한 결과물이 많은 비중을 차지하기 때문에 변형이나 수정이 언제나 열려 있는 작업이라는 것이다. 다시 말해, 융복합 작업에서의 안무는 '우연성'이 더 많은 비중을 차지하기 때문에 변형이나 수정이 언제라도 가능한 '개방적 작업'이다.

융복합은 결과를 예측하거나 내용을 가늠하기 어려운 작업이지만, 각각의 씬들이 갖는 에너지가 일정한 덩어리를 이루면서 하나의 스케일을 완성해 나가게 된다는 것이라 말할 수 있다. 작품 〈B'EV〉 역시 2~3년 동안의 작업에서 쌓아온 에너지를 활용해 6개월이라는 집중도 높은 몰입의 시간 속에서 완성되었다는 것은 이같은 사실을 입증해주고 있다. 그들은 실험적이기보다는 우연적인 작업의 아웃풋에서 끊임없이 해답을 찾으려 했다. 벽에 부딪히거나 힘들 때도 있었지만 무조건적인 믿음을 가졌다고 말한다. 그 때문인지 전체적인 팀워크과 현장 분위기는 매우 좋았다고 한다.

연출자가 말하는 주관과 주관이라는 공식은 결국 연습과정의 우연성과 공연장의 우연성이 만나 성립된 것이라 했다. 그렇지만 어느 작품을 막론하고 작품에 진입하기 전 작품에 대한 성격 파악은 필수적이다. 물론, 과정에 대한 개개인들의 완벽한 이해는 혼돈 뒤에야 가능한 것이다. 그래서 〈B'EV〉의 경우도 3개월 동안은 많은 의구심과 함께 억지로 끌고 간 시간이었다고 연출자 강낙현은 말한다. 특히 주요 협력예술가들(연출, 안무, 음악 등)의 주장이 구조상 성립이 안 될 경우 미련 없이 버리고 갈 수밖에 없었다고. 그 대신 버리고 간 부분조차 필요하다면 언제라도 다시 돌이킬 수 있는 부분들로 가능성을 열어두었다는 것 또한 이 작업의 해법이었다.

〈Bird's Eye View〉의 음악

〈B'EV〉의 작곡자 고지인 역시 그녀의 이번 작업의 방식을 '우연적 접근'이라 설명했다. 템포와 다이내믹 정도를 염두하고 출발한 기존의 방식이 아닌, 일방적 분위기로 화성이나 특정한 키워드 없이 자유로움 속에서 작곡했다고 말한다. 중요한 것은 작업실(두리춤터)에서 함께 공감하며 서로의 피드백을 통한 작곡이었다는 것에 있다. 연출자 강낙현은 음악 작업을 위해 그녀에게 최대한의 자유로움을 허가했고, 그녀는 어마어마한 분량의 레시피를 모을 수 있었다고 한다. 그럼에도 작업과정에서 안무와 어울리지 않으면 과감히 버리기를 반복했고 그러한 과정들을 반복하면서 디테일한 부분들을 채워 나갔다고 한다. 음악 작곡은 약 3개월에 거쳐 몰입했고, 연주자들의 경우는 마지막 주에 투입되었다. "이번에 작곡한 음악은 녹음과 라이브 연주를 혼합한 것이었지만, 추후에는 라이브 음악에 더 많은 비중을 두고 싶다"고 작곡가 고지인은 말했다.

〈Bird's Eye View〉의 무용

〈B'EV〉의 춤 움직임은 전체 6개월 중 마지막 2개월의 강도 높은 훈련기간 동안 최대의 몰입기를 가졌다. 임학선(안무총괄)은 30여 년간 지켜온 자신의 안무 접근방식을 일단 접어두고, 젊은 연출자의 의도에 따라 대주제만을 놓고 단원들과 함께 단순한 동작 짜기부터 새로 시작하였다고 한다. 초보 수준의 이러한 과정이 한 달, 두 달, 세 달이 지나면서 구체화되기 시작했지만 왠지 좋은 예감이 있었다고 말한다. 그렇지만 각각의 그룹이 서로 다른 생각으로 만든 씬별 연결이 사실상 고민이었다고 밝혔다. 그동안 10인 내외의 〈B'EV〉 인원과 소극장이라는 한정된 공간에서 아르코예술극장 대극장으로 확장해야만 했다. 때문에 공간성의 확대를 위한 무용수의 증원, 그리고 시간성에 있어서 호흡을 이용한 타이밍의 탄력적인 운영, 그러면서도 루즈함을 피하기 위해 처음부터 긴장성과 다이내믹함을 유연하게 표현하고 싶었다고 안무자는 말한다. 처음부터 내러티브나 개연성을 두고 시작된 것은 아니었지만, 나중엔 8개 개별 씬들의 소제목이 하나의 시처럼 자연스럽게 연결되었다는 것이 특이하다.

무엇보다 〈B'EV〉 2013은 소극장 공간에서 훈련된 젊고 감각적인 테크니컬함과, 대극장을 무대로 시적인 이미지를 표현주의적 관점으로 해석해내는 중견의 노련함이 조화로운 작업이었음을 주목해야 할 것이다. 안무를 총괄한 예술감독 임학선은 "융복합작품 〈B'EV〉를 통해 춤 속에서 비행을 꿈꾸었다"고 말했다. 그녀의 삶 속에 고스란히 투영되는 춤이 그녀의 다스림으로 표현되고 있었다.

"생각해보면, 내 삶의 대부분을 차지하였던 그 춤 속에서 울고 웃으며 여기까지 오게 된 것 같습니다. 내 자신을 뒤돌아보게 해준 춤. 그 길에 동행해준 많은 사람들 그리고 가족과 제자들. 무용단의 이름 '위, we, 爲'처럼 그들과 함께 멀리 또 높이 비상을 꿈꾸며 이번 무대를 준비했습니다."

〈Bird's Eye View〉(2013년 6월 22~23일) 프로그램 인사말 中

〈Bird's Eye View〉의 의상

의상의 경우 작품 초반에는 의뢰한 전문가가 있었다고. 하지만 전체가 한 공간에서 함께 호흡해야 하는 〈B'EV〉 작업과정에서 의상이 계속 일탈되는 듯한 느낌이 들었다고 한다. 적어도 작품에 대한 이해를 위해 몇 시간이라도 팀 전체의 공감의 시간대가 필수적인데, 그러한 공감대를 이루기가 결코 쉽지 않음을 인식했다. 심지어 연출자 강낙현이 직접 의상에 대한 구상도 했을 정도였다. 무엇보다도 이번 작업은 〈B'EV〉에 대한 이해가 우선시되어야 한다고 생각했기 때문에 팀원들 중 평소 옷에 관심이 많았던 김세정이 의상을 담당하게 되었다. 그녀에 따르면, 의상 준비의 첫 작업은 먼저 컬러를 선정하는 것부터 시작되었다. 블랙 컬러에 새의 이미지와 움직임을 감안한 디자인을 고안했다. 옷감 선택은 움직임에 따라 생동감 넘치고 율동적인 동작으로 표현성을 살리기 위해 무게감 있는 재킷 속에 하늘하늘한 시폰 블라우스를 겹쳐 입기로 결정했다. 대신 원피스는 무용수 각자의 체형과 개성에 따라 자율성을 살려 선택적으로 입을 수 있도록 허용했다고 말한다. 단, 화이트 플로어 위에서의 움직임이 너무 강하게 드러나지는 않을까 하는 점에서 모험이었지만, 결과는 나쁘지 않았다.

〈Bird's Eye View〉의 영상·연출

〈B'EV〉 2013 이전에도 그동안 프로그램의 첫머리를 장식하는 부제는 '사람은 누구나 비상을 꿈꾼다'라는 문구였다. 연출자의 첫 의도는 '비행'이라는 소재에서 착안했지만 의미나 내용을 보여주려는 것은 아니었기 때문이다. 사실 그 문구는 서브타이틀로 습관적으로 많이 사용했었다고. 하지만 정작 연출자에게는 이 부분이 늘 탐탁지만은 않은 부분이었기에, 그 역시 작곡자 고지인의 경우처럼 무수히 많은 레퍼런스들을 갖고 출발했다고 한다. 심지어 레퍼런스나 리서치를 통해서 접근하다가 완전히 다른 주제로 간 적도 있었다고.

"결론적으로 되돌아봤을 때 영상작업을 시도함에 있어 가장 큰 모티브가 되었던 것도 바로 이 대목(사람은 누구나 비상을 꿈꾼다)이라는 것은 아이러니한 부분이다"라고 그는 말한다. 실제로 제주도에서 촬영한 영상은 비상을 꿈꾸는 인간의 심리를 시도·도약·멀리 바라보기 등, 모두 서브타이틀 주제에서 그 해법이 풀렸음은 결코 예상치 못한 부분이었기 때문이다. 당시 공연 한 달 전 안무는 80퍼센트, 영상이 60퍼센트 정도 완성되었다면, 전체 작품에 대한 연출가의 만족도는 실제로 30퍼센트밖에 미치지 못한 실정이었다. 바로 그 시점에서 채워진 제주도 작업으로 그간의 체증이 풀리기 시작했고, 마지막 3주 전부터 작품에 대한 몰입도는 최고조에 이르렀다는 것이다. 연출자 강낙현에게 있어 융복합 작업이란 일단 작업 자체를 즐겨야 몰두할 수 있다는 것이었고, 이것이 곧 그를 지탱해준 에너지원이었다.

"컨버전스는 새로운 가치를 만들어 내는 것이지, 단순한 형식의 파괴를 위함이 목적은 아니다. 음악, 무용, 영상 등, 개별 장르로서의 전형적 시

각에서 과감히 탈피해야 할 것이며, 아카데믹한 관점에서 논의 됐던'의 도'라는 부분을 초월해야 할 것이다. 무엇보다 이 작업을 즐길 수 있었고, 그래서 〈B'EV〉에 끝없이 몰두할 수 있었다."

2013년 7월 17일, 강낙현과의 인터뷰 내용 中

2. 〈Bird's Eye View〉를 느끼다 – 작품 리뷰

〈Bird's Eye View〉 2013 '사람은 누구나 비상을 꿈꾼다'는 '희망'의 메시지를 컨버전스한 작품이었다. 제작과정에서 엿볼 수 있듯이 작품은 일정한 내러티브(스토리텔링)를 의도한 작품이 아니다. 작품을 이루는 8개의 장들이 표면적인 개연성을 두고 전개되진 않았다는 뜻이다. 그렇지만 전체적인 윤곽으로 볼 때 결국 8개의 장들이 하나의 플롯(plot)을 이루었다는 점은 우연적 필연이 아닌가 싶다.

무대는 아프리카풍의 타악기를 연상시키는 절주에 맞춰서 새들의 스피디한 움직임을 역동적으로 펼쳐 보인다. 두 팔을 벌려 길게 선회를 하며 수평적 고도를 미끄러지듯 유연하게 조율해 나가는 바닷새들 뒤로, 화면을 스치듯 흐르는 도시의 영상은 새들의 움직임에 대비되는 질주의 느낌으로 연속적이고 빠른 속도로 이미지를 이어간다.

움직임과 영상 그리고 음악이 이루는 삼분법은 작품에서 줄곧 일정한 메타포를 연상시키는 듯하지만, 그들의 개연성은 분명 우연적이리만치 순간적이고 스피디함 속에서 펼쳐진다는 것이 이 작품의 특징이다. '새벽 아침에'에서 보여주는 무용수들이 매끄러운 듯 역동적인 움직임은 결코 고요하게만 느껴지지 않는다. 그들의 날렵한 움직임은 무대 위에 투사된 조명의 무늬만큼 현란한 에너지를 전하는 듯 오히려 강렬했다. 적어도 작품 〈B'EV〉 속 미니멀한 움직임들은 반복적 패턴의 현대성을 상징적으로 어필한 작품이다. 하지만 실제로 그 중심축을 이루는 원초적 움직임은 마치 성숙한 물고기의 윤기 나는 비늘처럼 움직임 전반에 투영되어 표출된다. 특히 테크니컬한 움직임의 무게중심을 빠르게 변형시키는 동작의 마디는 점층적으로 축적되는 한국춤의 내밀한 호흡법을 현대성 강한 동작으로 변환시키는 움직임의 장치적 요소가 아닐 수 없다. 전통적 움직임의 원리를 현대적 에너지로 전환시키는 개개인의 액셀이 탄력적 움직임으로 표출된다.

〈B'EV〉 2013에서 영상과 움직임의 독자적인 개성을 강하게 보여준 지점으로 한옥 영상을 빼놓을 수 없을 것 같다. 영상 속 주인공이 양팔을 벌려 느리게 이동하는 순간, 영상 속 정보경과 무대 위 무용수들의 관계는 마치 어미새가 새끼를 품는 듯 무대와 화면이 동시성을 갖게 하는 부분이다. 이때 영상 속 어미새의 조감鳥瞰은 무대 위로 보이는 무용수들이 대상이 된다. 영상 속 이미지와 무대 위로 펼쳐진 이미지가 모성 가득한 화면 효과를 연출하며 움직임과 영상, 영상 안의 화면과 무대 위 화면이 하나의 완벽한 융합을 보이는 지점이 아니었나 싶다.

이어진 '짝짓기' 장에서 보여준 남녀 무용수들의 현대성 짙은 퍼포먼스는 이색적 안무와 일렉트로닉한 음악 연출을 더해 독자적 인상으로 남는 부분이었다. 남녀의 대칭적 군무와 시간 차를 이용한 동선의 이동, 파트너와 함께 조합시키는 상징성 강한 손동작(다섯 손가락 끝의 맞부딪침)의 마무리 또한 독특한 개성을 부각시키기에 충분했다. 한편 짝짓기 장에서는 고지인의 음악 또한 강한 비트와 긴장성을 거침없이 부각시키는 역할을 했다고 본다. 총소리를 응용한 전자음은 공격적이면서도 리드미컬한 반복적 음향을 베이스로 남녀의 퍼포먼스를 더욱 돋보이게 하는 효과를 주었던 부분이다. 특히 남녀 무용수들이 무대를 가로지르며 서로를 탐색하는 음악에서는 최근 아이돌 멤버들의 'MAXSTEP'[1] 이란 곡의 전자음을 연상케 할 만큼 사운드가 감각적이었다. 고지인의 음악적 취향이 느껴지는 이 부분은 젊은 감각의 대중적 취향으로 몰입시켰을 만큼 또 하나의 매력적인 요소가 아닐 수 없었다. 작품의 이중적 매력을 한층 부각시킨 부분이다. 이처럼, 작품 〈B'EV〉에는 영상과 움직임 외에도 다양한 음악적 요소가 잘 어우러져 있어서 공연 내내 듣는 즐거움 또한 만끽할 수 있었다. 물론 맑은 새소리를 비롯해 팀파니, 현악, 건반음 등의 라이브 음악 역시 작품의 완성도를 높여준 중요한 사운드가 아닐 수 없었다.

동굴 속 음향과 함께 이어서 바닷가를 내달리는 영상에서 주인공의 절규하는 몸짓이 펼쳐졌고, 금방이라도 낙하할 듯 비상의 모습을 예견하게 만든다. 무대 하수의 희미한 등대 앞으로 주인공은 조심스럽고도 아주 느린 템포로 서서히 절벽을 향해 이동한다. 인체로 구성된 절벽이 주는 차가운 긴장감 대신 이 장에서 흐르는 몽환적 음악은 새 생명의 탄생을 예고하듯 꿈틀거리며 피어오른다. 생명의 약동을 느끼게 하는 아름다운 장면이었다. 특히 바위에 매달린 가냘픈 한 마리의 새인 듯 상체를 젖히며 피어오르는 동작은 절벽 끝에서 애틋하게 부여잡는 생명의 빛을 기약하게 하는 장면이다. 느리지만 고도의 집중력을 요구하는 치밀한 호흡과 섬세한 테크닉이 요구되는 연출이었다.

---

1. 'MAXSTEP'은 묵직한 베이스와 헤비한 드럼 사운드가 어우러진 공격적인 사운드의 덥스텝(Dupstep) 장르로 유니크 앨범의 수록곡이다.

반면 '둥지'는 발랄하고 귀여운 아기새들의 경쾌한 일상을 담고 있는 장이다. 황토색감의 따스한 조명을 둥지로 아기새들의 오물거리는 입과 표정, 그리고 유니크한 몸짓들의 반복적 효과는 유년의 리드미컬한 일상을 밝게 전달했다.

'그리고, 날다'는 암전 속 피아노 음률이 흐르는 가운데, 좌우를 번갈아 긴 스텝으로 무게중심을 이동하며 몸의 방향을 바꾸는 스텝을 반복한다. 4박의 차오르는 듯한 리듬을 타며 무용수들의 손짓은 어느덧 비상을 꿈꾸는 새들의 날갯짓으로 피어난다. 〈B'EV〉 속에서 펼쳐 보인 인간들의 군상은 새들의 시선으로 또 새들의 몸짓으로 투사되고 있는데, 특히 연출자의 이지적인 관조가 영상과 움직임의 형태를 감각적 시선으로 작품 속에 투영하고 있다. 융복합작품 〈B'EV〉의 압도적인 카리스마는 영상 속에서 드러나는 횡적 진행과 무대 위 전체 출연진의 집단적 움직임은 영상이 무대로 확장되면서 연출적 의지가 돋보인다.

'그리고, 날다'에서 암시하는 희망의 에너지는 중독성 강한 새들의 날갯짓을 형상화하여 반복적으로 점층을 이루며 스펙터클함으로 장관을 이룬다. 여기서 보여준 반복적 패턴의 움직임은 무용수들의 집중감 넘치는 호흡을 이루며, 객석까지 완벽하게 몰입시키는 지점이었다. 21인의 군무가 보여주는 역동적 에너지, 그들이 선사하는 새들의 메타포는 그렇게 마무리되었다. 무한의 시간을 초월하고 광활한 자연의 신비로움을 자아내는 감각적 조명 또한 장관이었다. 비록 비내러티브를 전제로 한 구성이었지만, 작품 〈B'EV〉가 내뿜는 긍정의 빛은 바로 '희망'이었음을 느낄 수 있게 해준 순간이 아니었나 싶다. 무대 측면 사이드 윙이 열리고 무대 뒤로는 연주자들의 실루엣이 드러나며 사방이 열리는 순간이었다. 창공에서 새의 눈으로 조망하는 '버즈아이뷰' 숏의 전형적인 부감을 담고 있는 장면이었다. 순간, 무대 위 모든 이들은 비상을 꿈꾸며 무리들 속에서 완벽한 날갯짓을 반복한다. 구름 속을 가르듯 쏟아지는 빛의 시각적 효과는 전체 무대를 압도할 만큼 라스트 씬의 완벽한 카리스마로 완성되었다.

이상과 같이 〈Bird's Eye View〉 2013 버전은 일상적인 콜라보레이션의 경계를 벗어난 것이자, 이 시대 융합의 전형을 예견하는 컨버전스 작품이라고 생각된다. 〈Bird's Eye View〉라는 타이틀은 2011년 6월 첫 공연 이후 소극장을 중심으로 최근까지 50여 회 이상의 공연 기록을 갖고 있을 만큼 적어도 단기간에 획득한 이름은 아니다. 포이어 프로덕션이 그간 다양한 장르의 아티스트들과 이룬 협업의 성과는 회를 거듭할수록 이례적이고 실험성 짙은 결과물들을 생산하였고, 이미 여러 개의 버전을 보유할 만큼 독자적인 성과물을 낳기에 이르렀다. 이렇듯 그동안의 과정에서 흘려온 땀과 열정이 쌓여 이번 〈B'EV〉 2013으로 귀결된 것임은 당연한 순리라고 할 것이다.

한편 이번 작업을 장르적 관점으로 크게 분해해본다면 첫째, '세련된 안무'에서 보여주는 감각적 움직임의 비트와 독창적 에너지로 발산하는 새들의 메타포를 꼽을 수 있다. 둘째, 누구라도 빠져들 만큼 흡인력 강한 라이브 음악이 전달하는 '사운드의 매력'일 것이다. 셋째, 모든 스토리텔링을 배제한 채 직관적 감성으로 몰입한 '감각적 영상'과 넷째, 작품을 총체적으로 아우르고 융합시키는 시공간의 '탄력적 연출'이 곧 융복합작품 〈B'EV〉의 핵심이라 할 수 있다. 단 한 가지 반드시 추가되어야 할 것이 있다면, 이상을 가능케 한 〈B'EV〉팀 특유의 끈끈한 팀워크가 연출의 효과를 극대화시킨 점이라 할 것이다. 동양적 이미지와 현대적 감각이 공존하는 〈B'EV〉 2013만의 독자적인 색채를 만들 수 있었던 연출자의 작업의 정석은 과연 무엇일까?

연출가 강낙현은 이번 〈B'EV〉 2013을 통해 비로소 자신도 몰랐던 자기만의 작업의 정석에 한 걸음 다가선 듯 보인다. 앞서 제작과정에서도 느낄 수 있었지만, 연출가 강낙현을 보면 그의 작업 스타일은 매우 직관적이고 시크한 감성에서 비롯된다. 그 어느 때보다 6개월 동안의 작업과정은 다름 아닌 치열하게 얻어낸 비움의 결실이었다. 연출자의 의도는 작업과정 내내 필연적 인과관계보다는 오히려 우연을 선호했고, 심지어 아무리 아이디얼한 아이템일지라도 때가 아니면 단호하게 비우지 않을 수 없었다고 한다. 아니, 버려야 했다고 말한다. 필자가 생각하기엔 바로 이 점이 작품 〈B'EV〉가 지향한 첫 번째 작업의 정석이 아닐까 한다. 팀원들 서로가 서로에게 강요하진 않았지만 좋은 작품을 위해서라면 모든 불필요한 요소는 비워내는 것부터 익숙해야 한다는 것이다. 주관적이지만 이런 이유에서 필자는 그의 작업을 '비움의 끝에서 완성된 직관적 메타포'라 정의하게 된 것이다. '은유' 또는 '암유'로 번역되는 메타포(metaphor)는, 2개의 경험이나 이질적인 현실이 일거에 융합하는 것이며 유사성을 새롭게 발견하는 것을 뜻한다. 이런 관점에서 본다면 〈B'EV〉는 이질적인 무언가를 융합하여, 결국 '사람은 누구나 비상을 꿈꾼다'와 같은 현대인들의 공통된 이상理想의 메시지를 유사함으로 추출해낸 것이라 말할 수 있을 것 같다.

〈B'EV〉에서만 볼 수 있는 작업의 정석 두 번째는 내러티브를 허용하지 않았다는 점이다. 문화적으로든 아니면 습관적으로든 대부분의 사람들이 연상하는 '새'에 대한 공통된 이미지는 '날다', 즉 '비행'을 떠올리기 십상이다. 그 누구도 굳이 설명하지 않아도 될 새에 관한 그 어떤 것, 즉 비행을 포함한 새에 관한 수많은 메타포를 관객들은 작품 〈B'EV〉에서 찾아야 할 것이다. 연출·안무·음악·영상·의상·조명 등 어느 한 부분도 구체적인 내러티브를 허용하지 않았기에 작품을 이루는 시퀀스가 결코 쉬운 해석을 주지는 않았다. 일방적 난해함과는 다른 이야기라고 본다. 어쩌면 기존에 보아오던 춤공연과는 사뭇 다른 표현방식에 잠시 어색했을 수도 있었을 것이다. 그럼에도 바로 그런 낯설음을 〈B'EV〉는 특유의 메타포(상징)로 시선을 압도한다는 점이 차별점이었던 것이다. 그런 점에서 〈B'EV〉는 완벽하리만치 철저한 그들만의 묵계가 따르는 작업이 아니었나 싶다. 그들의 작업은 라이브 매체와 녹화 매체가 함께 진행되는 무대였지만 직관적이었고 스피디한 순간들의 연속이었나를 감지할 수 있을 것 같다.

단, 개별 영상과 플롯의 연결이 간혹 거칠게 느껴지는 부분도 배제할 수는 없지만, 무엇보다 작품 속 움직임은 솔로와 군무의 적절한 수렴과 배치로 새들이 보여주는 군집과 인간의 개인주의를 동시에 담아내고 있음에 다분히 성공적이었다. 무엇보다 〈B'EV〉의 메시지는 새들을 투영해 인간의 '희망'을 바라본다는 것이다. 무용과 영상을 관통하는 작가의 시선은 하염없이 기다리는 인간의 맹목적인 기다림과 희망을 새들을 통해 관조하고 형상화한 서정적이고 스펙터클한 작품이었다.

〈B'EV〉는 치밀한 듯 소박한 자유로움을 정서로 한 융복합작품이다. 그러므로 필자는 비움의 끝에서 찾은 작업의 정석을 '직관적 메타포'라 한 것이다. 춤 움직임과 다양한 장르의 멀티미디어적 융합을 꾀한 이번 버전은, 시공간의 융합은 물론 중견 예술가와 신진 예술가의 협업이 융합을 이룬 점에서 큰 의의를 찾아야 할 것이다.

무엇보다도 조감鳥瞰이라는 관점 자체가 주는 심리적 우월감 혹은 차별하된 시선 등을 태생적으로 내재한 작품이라 여겨진다. 때문인지 작품 전반에 흐르는 현대적 감성은 왠지 모를 도도함마저 느끼게 했다. 특히, 라스트 씬에서 보여준 무대는 새들의 조감도가 보여준 무대의 확장을 극대화시킨 부분으로 최고의 하이라이트를 제공했음을 누구도 의심할 수 없을 것 같다. 단순한 장르의 융합을 넘어 동서양의 미적 관조가 융합된 컨버전스 아트의 새로운 전형典型이 예고되는 순간이었다. 한편 〈B'EV〉 2013은 젊은 감각의 테크니컬함과 시적 감성의 표현주의적 감각이 절묘한 융합을 이룬 것임을 알 수 있다. 지속적인 준비과정 속에서 쌓인 소극장 작업이 스펙터클한 대극장으로 옮겨감으로써 공간의 융합을 이룬 것임은 물론이다. 표현주의적 관점으로 해석해내는 중견의 감각이 잘 조화를 이룬 작업이라 할 것이다. 그러므로 이러한 점에서 장르 개척의 새로운 지평을 넓혀준 것은 물론, 시대적 가치를 읽게 해준 〈B'EV〉의 비평적 시야 역시 확대 되어야 마땅하리라 본다.

〈Bird's Eye View〉 2013은 분명 이 시대 융복합예술의 새로움이자 모범적인 컨텍스트로 귀감이 될 만하다. 예술감독 임학선의 말처럼, 그들은 이번 작품을 통해 춤 속에서 비행을 꿈꾼 것이리라! 차기작에서 시도될 융복합의 메시지는 과연 어떤 우연에서 거듭날 것인지 기대되는 순간이다.

융·복합공연 Bird's Eye View 2013

다른 차원의 세계로 들어서는 통로의 경계석 〈버즈아이뷰〉

이상일 / 『몸』 2013. 8

소설과 공연예술, 영상 이미지와 무용 사이의 부첩簿牒

예술양식과 장르의 경계를 허무는 작업은 20세기의 과제였고 바로 21세기 통섭 이론과 융·복합예술 이론의 비전이다. 다른 세계로 출입하는 데 걸림돌이 되는 '경계의 돌'을 치워내는 현대 한국 예술작업 가운데 효과적인 성과를 거두고 있는 임학선 댄스위의 〈버즈아이뷰(Bird's Eye View)〉(6월 22~23일, 아르코예술극장 대극장)는 몇 십 차례의 거듭된 반복의 시연 효과로 신뢰할 수 있는 영상 이미지와 무용예술의 협업을 한 차원 높여냈다.

춤이 중심이 되면서 인접예술, 곧 음악을 녹여내고 영상 이미지를 보다 확실히 극장무대로 정착시킨 이번 공연은 무용(예술감독 임학선, 협동안무 김영은/정보경)과 영상 이미지(강낙현)와 음악(작곡 고지인, 뮤지션 조형주/박승수, 박일)이 함께 밀착되어 어우러진다. 그러나 웬만한 공연이라면 그만한 공동작업은 늘 있어 왔다는 주장도 있을 수 있다.

그런 작업이 의식적인 예술 장르 간의 융합과 복합으로 실험된 결과인가 아닌가가 중요하다. 강낙현의 영상이 무용과 서로 시소게임으로 작품의 상승효과를 더 높여서 작품의 이미지가 춤을 싸고 노는가 하면, 춤이 핵을 이루는 8개의 장면들이 서로 교감되어 하늘을 나는 감각과 하늘에서 내려다보는 조감도의 지형도가 한결 구체화되었다면 이번 시도는 성공적이라 말할 수 있다. 무엇보다도 〈버즈아이뷰〉의 영상 이미지와 무용 형상이 서로 얽혀서 주제 항목들을 정면으로 내세운 것이 발전이다. 그 결과 8개의 무용 장면이 영상과 함께 서로 줄거리의 질서를 잡는 내러티브의 협업을 이룬다. 첫째 바닷새, 둘째 새벽 아침에, 셋째 응시, 넷째 밤바다, 다섯째 짝지음, 여섯째 절벽으로, 일곱째 둥지, 여덟째 그리고, 날다 식으로. 이러한 무용 형상과 영상 이미지의 결합 장면 8개는 드러나지 않는 극성劇性의 고저로 순서 지어져서 줄거리를 만들고 눈에 보이지 않는 기승전결의 스토리텔링으로 엮어질 수 있다.

이번 공연을 보면 무용 형상과 영상 내러티브가 서로 문법을 이루고 융복합식 문장을 엮어내는 가능성이 보인다. 융복합예술로서의 질서 내지 줄거리의 법칙을 분명히 보여준 것이 새삼스럽다. 무용 형상과 영상 이미지라고 해서 형상 이미지 그림들만이 단편적으로, 혹은 독립적으로 무질서하게 모양새를 드러낼 수는 없다. 가능하면 장면과 장면 사이에도 미시적 연계고리 같은 것이 받쳐질 수 있었으면 한다.

그렇게 무용 장면에 영상이 받쳐지고 음악이 어우러지면서 다른 장르의 예술이 제휴한다. 어쩌면 융복합예술이란 다른 예술 파트들이 서로 제휴하는 작업방식일지도 모르는데 그런 공동작업에 대한 명쾌한 사조의 이름이 주어지지 못해서 융복합, 콜라보레이션, 통섭 등의 명칭적 혼선이 있는 것 아닌지 모를 일이다. 그리고 결국은 보편적으로 예술의 종합성, 내지 총체성으로 귀결될지 모른다.

하늘을 날고 싶은 인류의 무의식, 잠재의식이 〈버즈아이뷰〉의 조감도鳥瞰圖를 그려내고 하늘을 나는 새 이미지와 하늘에서 지상을 내려다보는 큰 무용이미지로 귀착되는 첫 시도부터 이번 공연까지 지켜본 나의 결론은—이 작품은 또 여덟 장면이 더 늘어나거나 합쳐지면서 계속될는지 모른다는 예감이 든다. 씬들, 혹은 장면들은 그 자체로 확대되거나 압축될 수 있다. 이번에는 임학선 안무가 들어서 〈버즈아이뷰〉의 장면들이 막연한 무용적 영상 이미지에서 여덟 씬으로 압축되어 나왔지만 씬과 씬, 장면과 장면 사이를 연결해내는 브리지들이 드라마로, 혹은 스토리텔링식으로 들어설 가능성이 커 보이고 그래야 새로운 융복합예술 '작품'으로 완결되겠다는 확신이 든다.

융·복합공연 Bird's Eye View 2013

새의 비상이 주제 같은 〈버즈아이뷰(鳥瞰圖)〉

이상일 / 『몸』 2014. 2

'버즈아이뷰(Bird's Eye View)'는 공중을 나는 새들의 비상을 전제로 해서 지상을 내려다보는 시선이다. 따라서 조감도, 곧 그 새의 눈으로 그린 상상의 지도는 번역이 잘못되어 있다. 새가 부감俯瞰해서 그린 지도는 상상의 산물일 수밖에 없다. 지금은 애드벌룬, 비행선, 헬리콥터, 인공위성, 우주선에서 찍은 영상 등으로 실측實測이 가능해서 공중에서 내려다보는 'Men's Eye View'의 실감이 현실이 되었고, 오히려 극장 안에서 창작되는 무용영상 〈버즈아이뷰〉가 상상과 현실 사이를 오가는 무언의 메신저 노릇을 한다.

임학선댄스위의 이 무용영상 작품은 연극이고 미술이고 음악이고 패션이며 이미지 덩어리이고 영상 그 자체이다. 그런데 이 영상창작댄스는 몸이 중심에 있고 춤의 움직임이 리듬이 되어 색깔이 되고 떨림이 되어서 우주 영역으로 확산되어간다. 조감도의 제한된 시야가 인감도人瞰圖로 확대되어 사람이 새가 되고 새가 되어 비상하는 꿈이 담긴다.

시연 이후 이 작품은 강낙현의 첫 작품 〈드라이브 스루(Drive-Thru)〉와 마찬가지로 몇 번을 변신하며 새로 제작되고 재창조되고 있다. 영상미학의 변화무쌍한 베리에이션이 〈버즈아이뷰〉(2013년 12월 26~29일 시연, 두리춤터)의 소용돌이 속에 공기처럼 가볍게 부유한다. 변형이 이루어질 때마다 그때그때 출연자들이 일부 바뀌고, 무대가 바뀌고, 영상 이미지도 바뀐다. 이번에는 한국 전통문양과 내려다보이는 지상의 스피디한 화면영상(여태까지는 그 포인트가 연출감독 강낙현의 강점이었다)이 많이 후퇴하고 새들의 미니멀한 날갯짓의 손가락 마디마디의 꿈틀거림과 아름답고 힘찬 긴 리치의 리드미컬한 무용수 개개인의 작태와 그룹별 군무의 표상이 영상 이미지와 함께 맞물려 나간다.

한 편의 강력한 소품영화를 보듯 새들의 윤무가 저 하늘 위에서 세상을 내려다보며 여운을 남긴다. 시작의 첫 순간, 무대가 어두워질 때까지 동양적 정태靜態의 극한인 앙고쿠부토 같은 부동不動의 허수아비 패션쇼 도입과 영상 이미지 안에서 비상하는 정보경의 화면이 선녀의 날개옷 같은 의상의 질감을 달리했고, 고전문양 이미지와 지상의 문명도시적 스피드 영상이 억제된 대신 스토리텔링적인 장場의 설정이 장마다의 각을 훨씬 부드럽게 깎아놓는다. 깜박이는 등대 불빛을 원경遠景으로 섬을 밟아 나가는 무대의 형상은 여전히 압권이었다. 총예술감독 임학선과 연출의 강낙현, 그리고 협동안무 정보경, 음악의 고지인과 더불어 박지선, 김주빈, 김동민 등 전 출연팀의 앙상블은 여전히 높이 평가받을 만하다.

융·복합공연 Bird's Eye View 2014

이데일리 문화대상 이 작품, 영상 만난 무용수 새처럼 날다

김기화 / 『이데일리』 2014. 11. 24

영상과 무용이 결합된 융복합공연 〈버즈아이뷰(Bird's Eye View)〉가 2014년 10월 27일과 28일 양일간 서울 대학로 아르코예술극장 대극장에 올려졌다. 한국창작춤 1세대 안무가 임학선(성균관대 무용학과 교수)의 총괄안무로 올린 임학선댄스위의 이번 공연은 임 교수의 춤인생 50년을 기념하는 공연으로도 이목을 집중시켰다. 지금까지 임 교수의 안무형식은 극적이었고, 긴장과 이완의 경계가 분명했으며, 그럼에도 그 경계를 부드럽게 타고 넘으며 한국적인 형태미를 인상적으로 남겼다. 특히 군무의 조형미는 작품의 주제와 명확하게 연결되며 예술성을 인정받아왔다.

이번 작품은 한국창작춤과는 다른 형식이었다. 영상과의 협업을 통한 새로운 시공간을 지향했고 동작 단위의 변화가 많았다. 임 교수는 "〈버즈아이뷰〉는 조감도라는 대주제 아래 지난 3년간 50여 회의 시리즈 공연을 진행하며 이미 10개의 버전으로 발표됐던 것"이라며 "젊은 예술가들과의 협업으로 한국창작춤의 발전과 새로운 공연 장르 구축을 가져올 거란 기대를 담고 있다"고 설명했다. 예술을 향한 새로운 동력을 세대와 세대 간의 융복합 지점에서 찾고자 한 것이다.

강낙현이 연출·영상을 맡고 정보경이 테크닉안무, 고지인이 작곡, 진용남이 조명디자인을 맡은 공연에서 협업예술가들은 시공간을 확장하기 위해 장르를 융복합해 현실과 가상을 하나로 연결했다. 세상사에서 이루어지는 다양한 모습을 상징과 은유로써 탐색하고 이를 8개의 장면으로 표현했다. 주제에 대한 접근이 한 장르에 국한되지 않고, 서로 개입하기도 하고 독자적으로 접근하기도 하며 진행되었다. 그러나 작품 속 모든 장르는 감성적으로 극단적인 호소를 하기보다는 서로 견제하는 이성적 절제라는 공통분모를 갖고 협업했다. 바로 이 지점이 공연을 성공으로 이끈 동력이다.

강낙현 연출이 내보인 영상은 서사자, 즉 세상을 바라보는 새의 눈을 잃지 않았다. 초입부터 카메라 렌즈로 축소된 영상은 빠르게 비상하며 세상을 쫓기도 하고 느린 속도로 조망하기도 한다. 때로는 어두운 밤바다에 안착해 외로움과 고독을 담아내기도 한다. 영상에 조명이 겹치자 또 다른 시공간이 펼쳐진다. 그 영상과 조명 위에서 무용수들은 새의 몸짓으로 바삐 비상하고 짝짓고 휴식한다. 그중 정보경의 단발적이고 분절적인 동작은 빠르게 춤의 에너지로 전환되며 다이내믹한 힘을 분출한다.

강낙현의 연출은 무용과 영상이 갖는 무채색 이미지를 조명색으로 보완하며 감각적이지만 지적인 분위기를 잃지 않으면서 작품의 조화와 통일을 잘 이끌어냈다. 〈버즈아이뷰〉가 앞으로도 계속 진화해 더욱 새로운 모습으로 변화될 것이란 기대감을 충족시키기에 충분했다.

융·복합공연 Bird's Eye View 2014
이데일리 문화대상 추천작, 무용 〈버즈아이뷰〉

이윤정 / 『이데일리』 2014. 12. 29

새의 시선으로 그려낸 인간의 욕망, 영화·무용 융합 프로젝트

임학선댄스위가 벌인 〈버즈아이뷰〉(10월 27~28일, 아르코예술극장 대극장)는 융·복합예술의 진수를 보여준 무용극이었다. 특히 이번 공연은 '창작춤 1세대'인 임학선 성균관대 교수의 춤인생 50년을 기념하는 공연으로도 의미가 깊었다.

임 교수가 안무한 〈버즈아이뷰〉는 영화와 무용을 한데 버무린 프로젝트. 영상 전문 포이어 프로덕션과 임학선댄스위의 협업으로 '조감도'라는 대주제 아래 지난 3년간 50여 회에 걸쳐 선보인 시리즈 공연이다. 이번 주제는 '사람은 누구나 비상을 꿈꾼다'. 세상사에서 이뤄지는 다양한 모습을 상징과 은유로 탐색하고 이를 8개의 장면으로 표현했다. 새의 시선으로 세상을 바라보고 인간의 끝없는 욕망을 몸짓으로 그려낸 것이 특징. 무용수들은 때로는 무감각하게, 때로는 예민하게 반응하면서 저마다의 인생을 풀어냈다.

한줄평

“영상과 춤을 통해 현실과 가상을 감각적으로 표현. 조명·연출·영상·작곡·테크닉안무 등 젊은 예술가와의 협업으로 조화미가 두드러져”(최현주 상명대 교수), “한국춤의 컨버전스, 이질적 공간의 통합과 변형을 통해 인간의 욕망과 생에 대한 시선을 타자적 초탈로 멋지게 승화시켰다”(이지원 춤평론가), “기존 한국창작춤과 달리 한국적 색채와 시대의 흐름이 만나 새로운 가능성을 선보여. 기술과 예술이 만나 창의적 고뇌로 탄생한 작품”(정혜진 서울예술단 예술감독).

Ⅱ. 국제무대를 통해 본 임학선의 춤

1. 홍콩아시아예술제 1990

홍콩아시아예술제 1990

한국 무용가들이 구현한 순수예술

톰 보레이크(평)·박선희(역) / 『홍콩 스탠더드』 1990. 10. 31

임학선, 임현선무용단 홍콩 공연

한국 출신의 임자매 댄스컴퍼니(Lim Sisters Dance Company)는 표현방법을 절제함으로써 본질적인 어떤 것을 먼저 설정한 이후에 그 나머지 부차적인 것들이 더 드러나게 됨을 보여주었다.

표현방법에 있어서, 그들은 극소 표현으로 최대 효과를 발휘하는 미니멀리스트 맥심(Minimalist Maxim)의 좋은 예가 되었다. 실제로 그들이 썩 잘 표현한 것은 본능과 직관, 그리고 선택이 모두 올바르면 그 결과가 필연적인 성과를 나타낸다는 것이다.

이 단체의 작품은 공기를 청정하게 해주는 듯한 이미지의 풍요로움을 가지고 있었다. 내뿜는 이미지의 아름다움이 반짝였다. 한국의 민속무용은 기본적으로 소박함을 지니고 있다. 없어서는 안 될 동작들로만 절제되어, 그 사이사이의 정서도 음악의 일부를 이루는 북소리와 어우러지는 효과는 예술의 순수 진술의 한 형태를 이룬다.

임자매 무용단은 이러한 민속예술의 독특함을 사용해왔고, 그것을 현대적 양식으로 변용하여 경험했던 과거의 유산을 표현하는 특이한 혼합을 연출해낸다.

이 프로그램에서 가장 두드러졌던 작품인 임학선 안무의 〈인다리〉는 샤먼적인 영혼을 불러일으켰으며, 강하고 원초적인 생물 형태의 이미지를 창조해내었다. 마치 모충처럼 연결된 몸의 사슬을 이루어 이 무용가들의 팔은 그들 자신만의 분리된 삶을 성취하는, 굽이치는 물결을 창조해내었다.

제13회 홍콩 아시아예술제 1990

임학선이 신비한 힘의 상징적 밧줄을 움켜쥐었을 때, 우리는 마사 그레이엄이 특별히 그녀의 작품에 있어서 그리스 신화에 기초하고 있는 상징을 사용함을 상기하게 된다. 〈인다리〉는 수많은 신화와 미신의 근원들이, 현대성이 소홀히 하고 적당히 넘어갔던 인간의 근본적인 욕구를 탐구하기 위한 수용력을 여전히 지니고 있음을 보여주었다.

Korean dancers embody pure art

Tom Boreak / 「The Hong Kong Standard」 1990. 10. 31

WITH an economy of means, the Lim Sisters Dance Company from Korea, proved that if something is already substantial, then the less decided becomes something more.

They exemplified, in a way, a minimalist maxim. But, in reality, what they expressed so well is that when instinct, intuition, and the choice is right, the outcome is inevitably telling.

The works of the company had a spareness that proliferated a richness of imagery whose effect seemed to cleanse the air.

The beauty of the projected images was incandescent.

Korean folk dance has an elemental pristine beauty. Movements are cut to the necessary core and together with Korean drumming music, whose silences in between are as much a part of the music, the outcome isa form that is a pure statement of art.

The Lim Sisters Dance Company has taken these folk-art characteristics, shifted them into a contemporary mode and come up with a unique blend that works with the heritage of the proven past.

Lim Hak-sun's choreography for In-da-Ree, the most developed and memorable work on the promgamme, evoked shamanistic spirits and created powerful, primordial biomorphic images.

Reviewer TOM BOREK took a look at performances by the Lim Sisters Dance Company and the Hongkong Dance Company.

Korean dancers embody pure art

WITH an economy of means, the Lim Sisters Dance Company from Korea, proved that if something is already substantial, then the less decided becomes something more.

They exemplified, in a way, a minimalist maxim. But, in reality, what they expressed so well is that when instinct, intuition, and the choice is right, the outcome is inevitably telling.

The works of the company had a spareness that proliferated a richness of imagery whose effect seemed to cleanse the air.

The beauty of the projected images was incandescent.

Korean folk dance has an elemental pristine beauty. Movements are cut to the necessary core and together with Korean drumming music, whose silences in between are as much a part of the music, the outcome is a form that is a pure statement of art.

The Lim Sisters Dance Company has taken these folk-art characteristics, shifted them into a contemporary mode and come up with a unique blend that works with the heritage of the proven past.

Lim Hak-sun's choreography for *In-Da-Ree*, the most developed and memorable work on the programme, evoked shamanistic spirits and created powerful, primordial biomorphic images.

With a chain of bodies linked like a caterpillar, the dancers' arms created undulating waves that achieved a separate life of their own.

When Lim Hak-sun grappled with a rope symbolic of mysterious forces one was reminded of Martha Graham's use of such symbols, especially in her works based on Greek myth.

In-Da-Ree proved how much the sources of myth and legend still have the capacity to probe essential human needs that modernity has neglected and glossed over.

■ Korean Dancers Lim Hak-sun and Lim Hyun-sun

Rouge, the Hongkong Dance Company's spectacular production, choreographed by Shu Qiao, based on the novel by Li Pik-wah and made into a successful film, is visually impressive. But it is a one-dimensional result with mainly meretricious settings.

Plot-wise the libretto theoretically could offer a dance production, if delved into with some imagination and explicitness, a real theatrical experience full of insights about its characters.

Yu Fa, a courtesan, has a dissolute life with her lover Sap Yi Siu. They separate and she finds him years later, an old man, working as an extra on a movie set. Life has passed them by. With youth shrivelled and the past only a wasted dream, what little future remains is bleak decay.

Shu Qiao's choreography is more like staging than choreography. One sees calculated effects, a virtuostic jump here, a pretty pose there.

A dance language with idiosyncratic content that could speak volumes does not emerge. Instead, we get something anaemic.

The shapes and movements rush out pictorially but do little to churn up the intellect, the soul, or the imagination.

All the other ingredients – lighting, music, and scenic design – seemed like separate, isolated islands, each overly beautiful and promising, but not united into a sustaining whole.

They all seemed to want to outdo each other. And together, with the choreography, did, in a mutual self-negation. The production was graphically deluding and empty at the centre.

홍콩 스텐다드 1990. 10. 31

With a chain of bobies linked like a caterpillar, the dancer's arms created undulating waves that achieved a separate life of their own.

When Lim Hak-sun grappled with a rope symbolic of mysterious forces one was reminded of Martha Graham's use of such symbols, especially in her works based on Greek myth.

In-Da-Ree proved how much the sources of myth and legend still have the capacity to probe essential human needs that modernity has neglected and glossed over.

Rouse, the Hong Kong Dance Company's spectacular production, choreographed by Shu Qiao, based on the, novel by Li Pik-wah and made into a successful film, is visually impressive. But it is a one-dimensional result with mainly meretricious settings.

Plot-wise the libretto theoretically could offer a dance production, if delved into with some imagenation and explicitness, a real theatrical experience full of insights about its characters.

Yu Fa, a courtesan, has a dissolute life with her lover Sap Yi Siu. They separate and she finds him years later, anold man, working as an extra on a movie set. Life has passed them by. With youth shrivelled and the past only a wasted dream, what little future remains is bleak decay.

Shu Quiao's choreography is more likestaging than choreography. One sees calculated effects, a virtuostic jump here, a pretty pose there.

A dance language with idiosyncratic comtect that could speak volumes dose not emerge. Instead, we get something anaemic. The shapes and movements rush out pictorially but do little to churn up the intellect, the soul, or the imagination.

All the other ingredients-lighting, music, and scenic design-seemed like separate, isolated islands, each overly beautiful and promising, but united into a sustaining whole.

They all seemed to want to outdo each other. And together, with the choreography, did, in a mutual self-negation. The production was graphically deluding and empty at the centre.

홍콩아시아예술제 1990

한국 모던댄스의 개척자들

존 탐슨(홍콩아시아 예술제 예술 감독)

그들의 테크닉은 한국춤과 적절할 때 서양 모던 댄스의 다양한 테크닉을 통해서 현대적인 재료들을 해석하는 것이다.

한반도의 전체 역사 속에서 춤은 한국인의 삶에 중요한 부분으로 남아 있다. 대부분의 인구가 농업에 종사했던 과거에 춤은 구경하는 것이 아니라 직접 하는 것이었다. 그 춤은 사회적인 동시에 의식적인 기능을 가지고 있었다. 오늘날, 춤을 이야기할 때 사람들은 대부분 도시 환경 속의 무대 작품을 말한다. 한국에서 이러한 춤 상황은 서울이 거의 주도하고 있다.

단순한 통계자료를 통해서도 과거 10년에 걸쳐 이러한 춤 공연에 대한 폭발적인 관심의 증가를 알 수 있다. 70년대 말에는 1년에 평균 약 40회의 무용 공연이 있었다. 이 수치는 발레, 서양 모던댄스, 한국전통춤, 한국창작춤, 혼합 작품이 총망라된 것이다. 더욱이 젊은 관객층은 모던 작품에 편중되어 있는데 이는 한국에서도 서양에서도 마찬가지 현상이다. 한국적인 재료들 특히 창작의 자산으로 한국춤에서 그들의 훈련을 사용하여 작업하는 무용수들의 급격한 증가와 부합하는 것이다.

학과 과정에서 언급한 모든 춤 형식을 다루고 있는 한국의 대학들은 매년 천여 명의 졸업생들을 배출하고 있다. 대부분은 교육계에 진출하거나 무용단에 들어간다. 그러나 상당수는 서양이나 한국, 아니면 복합적인 전통에서 나오는 기본에 상관없이 한국 모던댄스 형식의 발전에 초점을 맞추고 있다.

한국 전통 위에 구축된 한국춤은 두 개의 하위 범주로 나눌 수 있다. 하나는 전통적인 한국 주제에 제한된 것이고, 다른 하나는 다른 구조적 또는 주체적인 영향들을 적극적으로 받아들이는 부류다. 임학선과 임현선 두 자매는 전자에서 시작했다. 이러한 경향은 그들의 초기 작품 〈새다림〉과 〈인다리〉에서 볼 수 있는데, 이들은 무속 전통에 기초를 둔 심각한 주제를 다룬 작품이다.

그러나 1986년 이후로 이들은 확장된 한국춤 표현 개발의 선구자가 되었다. 이들은 자신들의 예술적 정체성은 유지하면서 더욱 폭넓은 관객층에게 다가가려는 목적이었다. 그들의 테크닉은 한국춤과 적절한 곳에서 서양 모던댄스의 다양한 테크닉을 통해서 현대적인 재료들을 해석한 것이다. 한국춤은 심각하고, 무겁고 때로는 이해하기 힘들다는 것이 일반적인 인식이다. 임자매는 쉽게 접근할 수 있는 상대적인으로 가벼운 형식을 목적으로 했다.

두 자매의 춤에 대한 접근 방법의 공통된 특징은 실제 경험이 중요하다는 신념이다. 〈우리, 둘〉은 두 자매의 사랑을 그리는 동시에 같은 예술적 경력을 쌓아가면서 느끼는 갈등을 다루고 있다. 임학선은 〈날개옷〉을 만들 당시 두 아이의 어머니였는데, 이 작품에서 현대 여성의 복잡성을 다루었다.

같은 해 임현선은 그리스 신화와 한국의 무속춤 테크닉을 접목시켜 〈메아리 애가〉를 창작했다. 1989년 임학선의 〈민들레 왕국〉에서 민들레를 표현하기 위해 손 동작을 사용했다. 민들레는 강한 생명력을 연상시킨다. 임학선의 가장 최근 작〈다스름〉은 전통 음악을 사용한 묵상적인 작품이다.

음악은 사실상 임자매의 통합된 부분으로 볼 수 있다. 일반적으로 음악은 안무가 완성된 이후에 새롭게 작곡되고, 그 후에 다시 양자를 조절하는 작업을 하게 된다

임자매는 각자 30여 년의 춤작업을 그들의 무용단 설립에 기여해 왔다. 임학선은 1950년 천안에서 태어나서 1963년 무용을 배우기 시작했다. 임현선은 1954년 부산에서 태어나 1959년 무용을 배우기 시작했다. 두 자매는 서울에서 자라서 이화여대 무용과 학부와 대학원을 졸업했다.

자매는 처음에 창무회에서 공연자로서 명성을 얻었다. 창무회는 1976년 김매자 교수가 창단한 것으로 그녀는 한국 모던댄스의 선구자였다. 그들은 창무회의 창단멤버로서 임학선은 1976년에서 1984년까지 회장직을 맡았다. 자매는 1978년 함께 창무회의 1회 대중 공연으로 〈거미줄〉을 만들었다. 그들은 다른 창무회원들과 함께 안무한 〈도르래〉, 〈소리·사위〉와 같은 작품을 통해서 창무회 춤스타일 형성에 많은 기여를 해왔다.

임학선은 1984년 임학선무용단을 창단했는데, 이해에 그녀는 수원대학교의 교수가 되었고 서울에도 있었다. 현재 그녀는 사단법인 한국무용연구회의 이사장을 맡고 있다. 서강, 한양, 수원대학교에서 강사로 일했던 임현선은 현재 선화예술학교

에서 교편을 잡고 있다.

1986년 자매는 임자매 무용단이라는 이름으로 다시 합쳤고, 1990년 두리춤터라는 그들만의 댄스 씨어터를 개장하여 관계를 더욱 돈독하게 했다. 이것은 개인 무용단이 운영하고 소유한 한국의 유일한 댄스 씨어터이다. 두 자매는 전통 한국춤의 노련한 연구가이자 무대 관리자다. 임학선은 지방의 무당들이 전통적으로 추는 춤에 특별한 관심을 보여 왔다. 그녀의 석사 논문「진오귀 굿의 무당춤에 대한 고찰」은 이런 분야에서 처음으로 행해진 것이다. 둘은 많은 전통춤 그룹과 함께 했다. 예를 들면 1978년 유럽 순회를 왔던 봉산탈춤 그룹이다.

그러나 그들의 주된 관심사는 항상 동시대의 춤이었다. 1988년 서울 올림픽 폐막식에서 공연된 〈떠나는 배〉의 안무 외에도 그들은 ROK 무용단, 한국무용제전, 한일창작무용제, 작가 12인정 공연, 창무춤제에 참가했다. 그들은 창무회와 함께 홍콩아시아예술제에 참가한 적이 있다.

Lim Sisters Dance Company (KOREA)
Pioneers in Korean Modern Dance

John Thompson (Artistic Director, Festival of Asian Arts) / 1990

Their technique is to interpret modern materials through the variegated techniques of Korean dance and, where appropriate, modern western dance.

Throughout the history of the Korean peninsula, dance has remained an important part of Korean life. Formerly, when the population was primarily rural, dance was something to do rather than to watch, its functions being both social and ritual. Today when people talk of dance they are generally referring to stage performances in an urban environment. In Korea this dance scene is completely dominated by Seoul.

A simple statistic documents the virtual explosion of interest in such dance performances over the past decade: in the late '70s there were on average about 40 dance performances per year, while in 1989 alone the figure reached almost 400. This comprises ballet, modern Western dance, traditional Korean dance, modern Korean dance and combinations of the above.

Younger audiences have a predilection for modern performances, whether Western or Korean. This corresponds with a dramatic increase in the number of dancers working with Korean materials, and specifically using their training in Korean dance as a creative resource.

Every year over 1,000 students graduate from the departments of dance at Korea's colleges and universities, where the curricula generally include all the dance forms mentioned above. Most go into teaching or commercial dance work, but a good number are focussing on the development of a distinctive, modern Korean dance form, whether the basis comes from Western, Korean or mixed traditions.

Korean dance built on Korean traditions can be divided into two subcategories: those generally limited to traditional Korean materials, and those which have actively included other structural and/or thematic influences. The Lim sisters, Lim Hak-sun and Lim Hyun-sun, began in the former category. This is seen in their early works such as Sae-da-rim and In-da-ree, serious subjects based on the shamanist tradition.

Since 1986, however, they have become leaders in the development of an expanded Korean dance idiom. Their aim is appeal to a wide audience while maintaining their artistic integrity. Their technique is to interpret modern materials through the variegated techniques of Korean dance and, where appropriate, modern Western dance. The general perception of Korean dance is that it is serious, grave and often difficult to understand. The sisters aim for a lighter mood that is easy to approach.

The general perception of Korean dance is that it is serious, grave and often difficult to understand. The sisters aim for a lighter mood that is easy to approach.

A common feature of both sister's approach to dance is their belief in the importance of real experience. Thus, We Two (1986) depicts the love of the two sisters but at the same time deals with their conflicts, brought into focus by their following the same artistic career. Lim Hak-sun was a mother of two when she created Angel's Clothes (1987), dealing with complications of women in modern times.

The same year Hyun-sun mixed a Greek myth with Korean shaman dance technique to create Echo's Elegy. In 1989 Hak-sun's The Dandelion Kingdom used hand gestures to represent dandelions, which are associated with a strong life. Hyun-sun's most recent Da-su-rum (1990) is a reflective piece using traditional music.

Music is in fact seen as an integral part of the Lim sister's dance. Usually the music is newly composed after the choreography has been completed, then the whole will be re-worked with adjustments to both.

The Lim sisters have each contributed about 30 years of dance work to the foundation of their dance company. Lim Hak-sun was born in Cheonan in 1950 and began to study dance in 1963. Lim Hyun-sun was born in Pusan in 1954, and began her dance studies in 1959. Both sisters grew up in Seoul and completed undergraduate and graduate courses there in the Department of Dance at Ewha Womens University.

The sisters first gained prominence as performers in the Chang Mu Dance Company, founded in 1976 by Prof. Kim Mae-ja, a pioneer of modern Korean dance. They were founding members of that company and from 1976 to 1984 Lim Hak-sun was the first president of the company. The sisters together created the dance spider Web for Chang Mu's first public performance, in 1978. They continued to make a considerable contribution to the formation of the Changmu dance style through such works as Do-reu-rae (The Pulley) and So-ri-sa-wi (Movement Sound), jointly choreographed by the sisters and other members of Chang Mu.

Lim Hak-sun formed the Lim Hak-sun Dance Company in 1984, the year she was appointed professor of dance at Suwon University, also in Seoul. Today she is also Director of the Society of Korean Dance Studies and of the Korean Society of Dance. Lim Hyun-sun, who has been a lecturer at Seokang, Hanyang and Suwon Universities, now teaches at the Sunhwa Arts

School.

In 1986 the sisters began appearing together under the title Lim Sisters Dance Company, and in 1990 they solidified the relationship by opening their own dance theatre, the Duri Choomtur (Dance Theatre of the Two).

This is the only dance theatre in Korea owned and operated by a private dance company.

Both sisters are experienced researchers in and stage arrangers for traditional Korean dance. Lim Hak-sun has a special interest in the dances traditionally performed in the Korean countryside by female shamans. Her Master's thesis, A Study of Shaman Dance in the Jinokwi Exorcism, was one of the first such studies in this field. They have both performed with many traditional dance groups, such as the Bongsan Masked Dance Team which toured Europe in 1978.

However, their focus has been contemporary dance. In addition to choreographing Parting Ship for the closing ceremony of the 1988 Seoul Olympics they have participated in the R.O.K. Dance Festival, the Korean Dance Festival, the Creative Dance Festival of Korea and Japan, the Performance of 12 Contemporary Choreographers, and the Chang Mu Dance Festival. They previously attended the Festival of Asian Arts with the Chang Mu Dance Company.

홍콩아시아예술제 1990

절제의 미로 한국적 특성 추구

대릴 라이스(Darye Ries) / 『Hong Kong South China Morning Post』 1990. 11. 1

(전략) 임학선이 안무한 〈민들레 왕국〉은 절제에 있어서 최상의 모범이며 거기에서 한국춤의 가장 훌륭한 특성들 중 몇 가지가 사용된다. 여기에서 자연은 역사의 상징으로 취급되고 섬세하게 휘어진 동작들은 한국 사람의 특성을 상기시키는 근원적 힘을 암시한다.

격자格子 / 『Ta Kung Pa』 1990. 11. 1

〈인다리〉(생명의 다리)는 임씨 자매, 즉 임학선과 임현선의 비교적 초기 작품에 속하는 것으로서 무도舞蹈의 골간骨幹은 전통무속의 영향을 매우 많이 받은 것이라 할 수 있다. 주제는 어떤 부인이 귀신을 모시기를 거부함으로써 생명을 박탈당하게 되었지만, 끝내는 억울하게 죽은 자들을 구제해주는 구원의 별이 된다는 내용이다. 이번 무용에서 뛰어난 점은 형상의 선명성을 들 수 있는데, 특히 〈인다리〉를 통해 안무자는 그것을 유감없이 발휘하고 있다. 순백색의 무의舞衣는 정적과 죽음을 상징하고 있으며 부인 역의 무용수는 독무를 통해 매우 훌륭한 연기를 보여주고 있다. 그중에서 필자는 마지막 부분에 매력을 느낀다. 즉 억울하게 죽은 악령이 지상에서 뒹굴다가 최후에는 생명의 다리를 세운다는 내용인데, 무도舞蹈의 상징성에서 볼 때 안무자는 상당히 성공을 거두었다고 할 수 있다. (중략) 〈민들레 왕국〉 중 최후의 일막에서 안무자는 무용수의 손놀림을 통해 민들레의 강인한 생명력을 보여주고 있다.

당녕唐寧 / 『Post』 1990. 11. 18

한국의 '임씨 자매무용단'은 이번 아시아예술제를 통해 〈인다리〉, 〈민들레 왕국〉, 〈우리, 둘〉, 〈다스름〉 등 4개의 작품을 연출했다. 필자는 그중에서도 군무, 특히 〈민들레 왕국〉에 관심이 많았다. 막이 오르자 지상에 누워 있던 무용수들이 팔을 들었다 내리는 등 일련의 몸놀림을 통해 하나의 씨앗을 서서히 토해내고 싹 틔우며 성장시켜 나갔다. 여성 무용수은 경쾌하면서도 활발한 자태, 천진스러운 얼굴로 〈민들레 왕국〉 중에서 표현하고자 하는 절대적인 자유, 그리고 막힘과 근심이 없는 상태를 잘 보여주고 있다. 〈민들레 왕국〉이 표현하고 있는 생명력은 칠전팔기의 정신에 있다기보다는, 전반前半에 보이는 연기자들의 완벽하리만큼 치밀한 묵계默契와

단절 없이 연출해낸 중복 동작에 있었던 것 같다. (중략)

생명에 대한 임씨 자매의 정열과 집착은 〈인다리〉에 잘 나타나 있다. 한 부인이 기꺼이 자신의 생명을 희생시켜 귀신과 타협함으로써 생명의 다리가 되어 남의 생명을 구제한다는 내용인데, 불가항력적이면서도 적극적인 의미를 담고 있다.

홍콩아시아예술제 1990

홍콩아시아예술제, 공연장 메운 관객 열정에 부러움

이대현 /『한국일보』1990. 11. 9

홍콩시민대극장에서 열린 제13회 아시아예술제가 11월 2일 폐막됐다. 상업과 무역으로 도시 전체가 분주한 분위기 속에서도 이 예술제가 열린 20일 동안 500석이 넘는 공연장의 좌석은 매일 예술을 사랑하는 사람들로 꽉꽉 메워졌다. 우리나라에서는 임학선, 임현선 자매무용단이 참가해 두 차례 공연을 가졌다. 소련과 중국을 비롯, 18개국 18개 단체가 차례로 공연을 펼친 아시아예술제는 음악·무용·연극 분야에서 각국의 전통문화와 현대예술이 자리를 함께하는, 아시아에선 가장 규모가 크고 수준이 높은 것으로 평가받고 있는 행사이다. 그런 탓인지 떠들썩한 축제 분위기보다는 각 나라의 다양한 예술을 직접 감상하려는 열정 있는 관객들이 예술제를 문화인의 모임답게 푸근하게 만들고 있었다. 우리 무용단의 공연 때 역시 마찬가지였다.

'오늘의 한국춤'을 보기 위해 관객들이 공연장을 조용히 찾았다. 우리나라와 달리 초대권이 없기 때문에 그들 모두 직접 표를 사서 들어왔다. 국제도시답게 머리가 희끗희끗한 서양인 노부부, 중국인 모녀, 비즈니스로 잠시 홍콩에 들른 것 같아 보이는 중년 남자도 군데군데 눈에 띄었다. 젊은 무용수, 대학생, 심지어 중고생 관객이 대다수인 우리의 춤공연장과는 사뭇 다른 풍경이 공연장 분위기를 진지하게 했다. 임씨 자매는 무속과 자연을 비유해 생명의 소중함과 끈끈함을 표현한 〈인다리〉, 〈민들레 왕국〉에 이어, 두 사람이 같은 춤꾼의 길을 걸으며 겪었던 갖가지 감정들을 꾸밈없이 묘사한 〈우리, 둘〉과, 임학선 씨가 독무로 중년 부인의 권태를 그린 〈다스름〉을 구체적이고 깔끔한 동작으로 엮어 공감의 박수를 받았다. 사업 관계로 홍콩에 들렀다 한국무용 공연이 있음을 알고 일부러 찾았다는 영국인 리처드 씨(38)는 한국춤이라면 살풀이, 장구춤만 연상했는데 임씨 자매의 춤에서 새로움을 발견했다. 전통을 살리면서도 현대 한국인들의 삶의 모습을 잘 말해준 것 같았다. 그 이틀 후 시티플라자에서 열린 임씨 자매의 전통무용 공연 때도 그의 모습이 보였다.

공연 후 이대현 기자와 함께

2. 서울예술단 국제교류 공연
1994~1995

서울예술단 국제교류 공연 1994

베이징 공연, 학걸음 버들손이 우정을 전하다

우해연(중국심천 세계의 창 유한공사 예술감독) / 베이징『인민일보』1994. 8. 21

6년 전, 88서울올림픽 문화예술제 위성중계를 통하여 서울예술단의 모습을 본 적이 있다.

아직도 잊지 않고 있다. 금년 7월 베이징으로 94국제무용세미나에 참석하러 가서 제3회 국제민간예술제에 참가하고 있는 서울예술단과 해후하게 되었다. 베이징의 지단(디탄)체육관에서 그들의 멋진 개막식 공연을 보았을 뿐만 아니라 심천(선전)에 돌아가서 또다시 그들의 공연을 여러 번 볼 기회가 있어 고려(한국의 옛 이름)무용의 '학걸음, 버들손' 예술의 특징에 대하여 더한층 깊은 인식을 갖게 되었다.

서울예술단은 88년 올림픽 이후 지속적으로 전통과 민간무용을 보존, 발굴하고 새로운 한국무용을 창출하였으며 국제적으로 명성을 떨쳐 그 이름을 한국 역외의 무용계에 멀리 전파하였다. 〈태평무〉와 〈화관무〉 등 전통무용이나 〈농악〉, 〈장구춤〉 등 민간무용, 또는 〈민들레 왕국〉과 〈자매〉 등 창작무용을 막론하고 안무가는 예술

규범에 있어서 모두 '학걸음, 버들손'의 특징을 각별히 추구하였다. 리듬이 명쾌한 〈농악〉, 감칠맛이 진한 〈화관무〉, 현대적 의식인 〈민들레 왕국〉(임학선 교수 안무)은 모두 엄격하게 '학걸음, 버들손'의 규범을 따랐다. 즉 소위 '학체'이다. 걸음마다 솟구치는 선학, 걸음마다 물을 건너나 물보라를 일으키지 않는다. 이는 발걸음을 옮길 때마다 두발을 우아하고 가볍게 거두기 때문이다. 이 아름다운 발걸음 리듬이 '학체'라 일컬어진다. 저 못과 호숫가에서 바람에 흔들리는 버드나무도 무용가에 의해 고려무용의 손 자세에 용해하여 '버들손'이라 칭송받고 있다. 서울예술단의 무용가들은 무용 어휘규범에 있어서 전통을 존중하며 무용의 정신적 풍모와 호흡하는 입 모양까지도 엄격하게 전통을 지킨다.

그들의 단원은 기본동작 훈련에서부터 무대공연까지 어떠한 유형의 무용을 막론하고 또 한 가지의 예술규범, 즉 '필체'를 존중하고 있다는 것을 알 수 있다.

고대 고려는 한자문화권에 속하여 지금까지도 적지 않은 한국의 문화인들은 한자 초서를 멋지게 쓸 줄 안다. 한자의 초서는 글 한 자를 일필에 끝내는 것을 중요시하는데 단숨에 글 한 자를 써내야 공력이 있는 것이다. 그러므로 한국의 무용가들은 수백 년 동안 예술을 실천하면서 한국무용의 호흡과 운치를 또다시 체험하였다. 마치 한자 서예 중에 초서와 같이 힘을 한곳에 모으는 것과 동작의 연속성을 강조하게 되었는데 이른바 '필체'라는 것이다. 이때부터 한국무용의 미학특징은 세계무용계에 의해 포괄적으로 '학체', '필체'로 불리게 되었다. 내가 보기엔 서울예술단은 전통무용에서 이러한 미학 규칙을 따를 뿐 아니라 내가 관람하였던 민간 〈농악〉, 〈장구춤〉 출연자의 일거수일투족, 북을 치는 빠른 손동작, 몸을 돌리며 뛰어오를 때의 공중 동작, 모두가 '학체'의 조형을 떠나지 않고 '필체'의 운치를 잃지 않고 있어 정말로 세계무용계의 잘 훈련된 스타급 무용단이라 할 수 있다.

이러한 인식과 관점에 대하여 나는 행운이게도 이 무용단의 예술총감독이며 저명한 무용가인 수원대학 무용학과 교수 임학선 여사와 흉금을 털어놓고 얘기할 기회가 있어 공감대를 형성하였다. 나는 '학걸음, 버들손'의 한국무용을 충심으로 사랑한다. 임 교수가 심천에서 짧은 4일간을 체류하는 동안에 나는 그를 도와 중국 고전음악 테이프를 구입하고 모든 서점을 다 찾아다니며 중국 역대 복식화첩을 구입했는데, 그녀는 산서(산시) 위풍나고의 동발(金反)과 징(鑼)까지 서울로 사가려고 하였다. 나는 이유를 물었다. 그녀는 웃음을 머금고 낮은 소리로 "나는 진짜 중국의 소리를 갖고 돌아가고자 한다. 나의 무용 중의 중국무용 한 토막을 위하여"라고 말하였다. 나는 알았다. 자기 민족문화에 집착하는 예술가는 타국의 문화예술에 대해서도 필연적으로 예술가의 동심을 갖게 되어 있는 것이다. 이 '학걸음, 버들손'으로부터 전달되는 이 우정은 영원히 나의 기억 속 형광판 위에 새겨졌다.

1994년 8월 21일, 심천 세계의 창에서

서울예술단 국제교류 공연 1994

베이징 공연, 강렬한 민족적 정취 보여줘

전정田靜(Tian Jing) / 『춤』 1995. 1

8월의 베이징, 싱그러운 초목과 더불어 벌써 가을 하늘인 듯 높고 상쾌하다. 제3회 국제민속예술제에 참가하려고 중국에 온 한국의 서울예술단은 18일 저녁 바오리(保利)국제극장에서 공연하였다. 참신한 내용과 강렬한 민족의 정취, 우아한 형식으로 관객들에게 순수 문화예술의 풍미를 느끼게 해준 이번 공연은 관객들의 뜨거운 갈채와 함께 예술제의 열기를 더해주었다.

한국의 서울예술단은 1986년에 창단, 100여 명의 훈련된 단원들로 구성되어 있으며, 이들은 한국 고유의 전통예술을 계승, 발전시키고 뛰어난 민족의 전통문화를 토대로 창의적인 민속무용으로 발전시킨다는 데 그 목적이 있다. 이들은 고전과 현대의 여러 무용형식에 모두 능숙하다. 그래서 〈화관무〉, 〈태평무〉, 〈사물놀이〉 등의 고전과 〈민들레 왕국〉, 〈천도〉, 〈자매〉 등 현대감각의 춤도 보여주었다. 이들은 한국 민속예술의 화려하고 다채로움을 보여주었고, 민족의 민간예술의 꽃은 항상 새롭게 창조적인 요소가 구비되었을 때 더욱 매력이 있을 뿐만 아니라 영원히 관객의 환영을 받게 될 것이다.

예술단의 무용감독 임학선이 안무한 〈민들레 왕국〉은 하나의 시와 같은 서정성과 한 폭의 그림 같은 아름다움을 갖춘 작품이었다. 무대의 막이 천천히 올라가면 하얀 옷을 입은 소녀들의 무리가 무대 옆쪽에 누워 있고 팔과 팔을 바싹 붙여서 느렸다가 빨랐다가 일어섰다가 엎드렸다가 하는 것이 마치 백색의 민들레 꽃잎이 자유자재로 날아다니는 것 같았다.

이 독창적인 춤의 형식은 청중들의 뜨거운 갈채를 받았는데, 뒤이어 무대에서 무용수들이 움직여 손과 발로 여러 형태를 만들고 데굴데굴 구르거나 몸을 구부리고 뛰는 동작 등으로 비옥한 땅의 생기발랄한 민들레의 성장 모습을 그려내었다. 이들은 광활한 벌판에 떠도는 모습으로 자유와 환희가 있는 민들레 왕국의 정경을 예술적으로 보여주었다. 갑자기 분위기가 바뀌면서 악을 상징하는 4명의 남자가 위협적으로 나타난다. 이들은 거룩하고 깨끗한 이 땅을 마음대로 짓밟아 민들레 왕국의 평화를 뒤흔들어놓고 그녀들에게 손실과 몰락을 가져다준다. 그러나 그녀들은 이에 굴하지 않고 끝까지 싸워서 결국 악의 세력을 몰아내지만 힘이 다한 민들레들은 대지 위에 흩어지고 만다. 이때 무대의 조명이 어두워지며 관객들은 무대 위에 엎드려 있는 고리 모양의 소녀들을 어슴푸레 보게 된다. 그것은 흙 안에 묻혀 있는 민들레 씨이다. 한순간의 멈춤 후에 무대 중앙에는 빛 한 줄기가 비춰지며 새싹이 천천히 돋아나기 시작한다. 바람을 맞받아 성장하여 천천히 꽃망울이 터지면서 점점 강해지고 아리따워지는 민들레 왕국의 미래는 우리에게 희망을 안겨준다. 억센 생명력을 가지고 있는 민들레는 물론 평온의 영원한 주인이 될 것이다. 〈민들레 왕국〉의 음악은 외래 침략자 앞에서 굴하지 않는 민족정신으로부터 한국 국민을 칭송하는 노래이다. 이것은 작품의 구상과 정서를 아름답게 표현했을 뿐만 아니라 고전적인 것과 현대적인 것을 기교 있게 잘 합쳐서 민족성과 강렬한 시대감을 같이 느끼게 했다는 점에서 중요하다고 할 수 있을 것이다. 임학선 씨는 "깊은 전통무용에 뿌리를 내리지 않은 연출은 현대 생활을 반영하는 좋은 작품으로 창작될 수 없다"고 말하며 본인 스스로 이것의 중요성을 증명하였다. 저녁 연회 중에 공연된 〈천도〉, 〈자매〉는 모두 임씨의 작품이다. 〈천도〉에서 그녀는 한국의 전통 무당춤을 가지고 삶과 죽음의 느낌을 표현했는데, 산 자는 죽은 자의 영혼을 위로하고 죽은 자는 산 자의 태평안녕을 기원한다. 춤은 정서의 의도와 무용의 각각 진선미를 표현하여 비교적 강한 철학적인 것을 부여해서 오래된 전통무용에 신선한 빛을 발산하게 한다. 〈자매〉는 곧 소박한 자연스러움이었다. 그녀와 여동생의 어린 시절의 순진함과 성장 시기의 번뇌, 이별 이후의 그리움을 연출한 것이다. 이렇게 연출자의 자전적인 내용을 솔직하게 표현한 작품은 보기 드문 것이었다.

〈사물놀이〉는 하늘을 상징하는 징, 꽹과리 그리고 땅을 상징하는 장구와 북의 네 가지 악기를 혼합하여 절묘한 연주를 선사했다. 연주자의 감정이 이입되어 거의 자신과 악기를 하나로 융합시킨 듯했고, 연주자의 시원스러운 손동작과 어깨, 머리 놀림은 점점 고조되어 엄청난 힘을 발휘하였으며 사람의 마음을 마구 움직여 감탄의 경지에 이르게 했다. 실로 북소리는 주변을 놀라게 했고, 아름다운 춤은 관객들의 마음을 사로잡았다. 이번 공연은 매우 강한 감동을 남겨주었고, 예술적인 광채를 더하게 해주었다. 한국 서울예술단의 중국에서의 공연을 축하하면서!

베이징 제3회 국제민속예술제 1994

서울예술단 국제교류공연 1994

춤으로 우정의 교량을 – 제3회 중국 국제민간예술제

여서신呂書臣 / 심천특광보 1994. 8. 25

1994년 8월 20일 오후 5시 55분, 필자가 중국 문련文聯의 차를 타고 심천체육관에 도착했다. 연출자들이 화장하는 동안에 잠시 넓은 연출관에서 한국 서울예술단 무용감독이자 수원대학교 무용학과 교수인 임학선 선생을 인터뷰했다.

바닥에 앉아 인터뷰를 진행하는 동안 가까이 보니 그녀의 아름다운 몸매, 조용한 성격, 그리고 섬세한 감정을 한 몸에 지니고 있는 전형적인 동양 여성이라는 것을 느낄 수 있었다. 그녀의 부드러운 성격과 예술적인 분위기가 서먹함을 없애주고 편안함을 느끼게 해주었다.

임 교수는 서울예술단에 대해 자세히 소개해주었다. 처음 한국방송공사에 소속된 '88서울예술단'이었던 이 예술단은 1986년도에 창단됐고 1991년도에 재단법인 '서울예술단'으로 출범했다. 이 예술단의 설립 목적은 한국 전통예술을 바탕으로 하여 참신한 작품을 공연하고, 국민의 정신과 문화생활을 충실히 해주고, 자주문화의 우세와 창의성을 세계에 널리 홍보하는 데 있다. 현재 예술단에는 모두 120명의 경험이 풍부한 단원들이 있다. 비록 예술단 역사는 8년밖에 안 됐지만 1988년 서울올림픽 문화예술제, 한국 14대 대통령 취임 축하공연, 1993년 대전국제엑스포 개막식과 폐막식에 참가했을 뿐만 아니라 18차례의 대형 무용공연 등을 가진 바 있다. 특히 1992년 서울예술단은 중국 장춘과 연변에서 열린 한·중 수교 축하공연에도 참가하여 한·중 양국 간의 이해와 우정에 이바지했다고 임 교수는 말했다. 또한 서울예술단은 한국 문화관광부 승인을 받은 종합적인 민간예술단체라고 자랑스럽게 소개했다.

임 교수는 자기 자신이 제작하고 감독한 〈북춤〉과 〈태평무〉에 대한 소개도 해주었다. 〈북춤〉은 전통적인 예술방법으로 현대사회 남녀 간의 즐거운 삶과 심정을 보여주며, 환쾌하고 힘겨운 리듬과 우아한 춤으로 예술미를 표현한다. 태평성대를 기원하는 〈태평무〉는 한국 고유의 무당음악을 기초로 한 작품이며 한국 정부에 의해 무형문화재로 선정되어 국가적 차원에서 보호, 발전된 춤이라 했다. 임 교수는 이 작품에 대해 춤 자체가 우아하고, 춤리듬이 다양하고, 감정이 섬세하며, 특히 발디딤의 춤이 다양하고 독특한 것이 이 작품의 하이라이트라고 애정을 나타냈다. 그리고 민들레 정신을 찬송하는 〈민들레 왕국〉과 〈천도〉 등 작품의 제작과정도 소개해주어 예술에 대한 집착이 강하고 감동적임을 알 수 있었다.

이번 심천(선전)에서 개최되는 제3차 중국 국제민간예술제에 참가하는 느낌이 어떤지 질문하자, 임 교수는 '감동'과 '경탄'으로 자신의 심정을 표현했다. "심천에는 처음이고 심천이라는 도시 이름도 처음 들었어요. 예술제 주최자가 너무나 친절하고 선생님 같은 기자 분들도 취재하느라고 동분서주하는 모습을 보고 감동을 받았어요. 이번 공연을 통해 문화예술교류뿐만 아니라 저로서는 중국에 대해서도 더 많은 것을 알게 됐습니다. 중국에서 선생님과 다른 많은 분과 친구가 되어서 너무 기뻐요." 귀국 후에도 계속 무용예술을 통해 심천인의 정과 심천시의 건설 성과를 자신의 작품에 보여주며 나아가 양 국민 간의 감정을 더 가깝게 해주는 역할을 하겠다고 이야기를 했으며, 심천에 다시 한 번 찾아올 수 있었으면 좋겠다고 토로했다. 인터뷰가 끝나고 임 교수는 '하회별신낙백'이라는 탈을 선물로 주면서 말했다. "기회가 된다면 서울 공연에서 선생님과 다른 친구 분들이 관중석에서 보내주는 박수를 들을 수 있었으면…."

공연이 곧바로 시작할 것이다. 나는 관중석에 조용히 앉아 있다. 임학선 교수의 얌전한 자질, 부드러운 눈빛, 그리고 한·중 양국 간 이어지는 우정의 다리를 놓기 위해 노력하는 문화사절단 임 교수의 모습이 오랫동안 내 눈앞에서 사라지지 않았다.

서울예술단 국제교류 공연 1995

베니스 비엔날레 100주년 기념 한국관 개관 및 이탈리아 순회 공연

『Il Corriere Dell'Umbria』 1995. 5. 25

일요일 저녁, 페루자의 모를라치 극장에서 서울예술단 공연이 있다.

이 공연은 베니스 비엔날레의 한국관 개관을 축하하고 동시에 비엔날레 100주년을 기념하기 위한 것이다.

이탈리아 내에서의 공연 날짜는 다음과 같다.

1995년 5월 24일 밀라노의 국립(Nazionale)극장, 28일 페루자의 모를라치(Morlacchi) 극장, 29일 로마의 시스티나(Sistina) 극장, 마지막으로 6월 8일 메스트레의 토니올로(Toniolo) 극장이다.

약 1시간 반 동안 한국의 무용수 및 음악가들이 한국의 전통무용을 선보일 것인데, 그중 중요한 작품으로는 〈농악〉, 〈사물놀이〉, 〈북춤〉 등이 있다.

이번 공연은 이탈리아와 지리적으로 멀리 떨어진 한국의 문화를 아주 가까이서 맛볼 수 있는 좋은 기회가 될 것이다.

이번에 공연을 펼칠 서울예술단은 세계적으로 유명한 무용단일 뿐 아니라, 1988년 서울올림픽 개막축제를 담당하여 주목을 끈 무용단이기도 하다.

Antiche danze e nuove magie dalla Corea al Sistina

Un grande appuntamento di danza, musica, folklore e tradizione dalla Corea. Al Sistina, per la rappresentazione celebrativa dell'apertura del padiglione di Corea alla Biennale di Venezia. L'appuntamento, da non mancare non chi volesse saperne di più di questa antichissima cultura, è per domani, 29 maggio alle ore 21, con gli oltre cento artisti della Seoul Performing Arts Company. L'ingresso è gratuito ma occorre prenotare. Informazioni al teatro

Danze coreane domani al Toniolo

Nell'ambito di "Ballo e musica tradizionali coreani" per la rappresentazione celebrativa dell'apertura del padiglione di Corea nella Biennale di Venezia, a cura del Ministero della Cultura e dello sport della Repubblica di Corea e assessorato alla Cultura del Comune di Venezia, il Teatro Toniolo ospiterà domani sera, giovedì 8 alle 21, uno spettacolo di danze e balletti coreani, con Zi Complesso artistico di Seoul. che proporrà alcuni aspetti fra i più significativi della musica e delle danze coreane, che si caratterizzano per la gioia e comicità che esprimono e per l'eleganza dell'improvvisazione. L'ingresso e libero.

Incontro tra l'ambasciata di Corea e l'assessore Mercanti

Scambi culturali per avvicinare i popoli

E stasera grande spettacolo di danze al Morlacchi

Un momento dello spettacolo

❑ Scambi culturali per avvicinare due realtà geograficamente tanto lontane: questo il "patto" stretto tra l'addetto culturale dell'Ambasciata della repubblica di Corea, Jung Kang Hong, e l'assessore comunale Lorella Mercanti durante la presentazione dello spettacolo di danza che la compagnia "Seoul Performing Arts" terrà questa sera al teatro Morlacchi con inizio alle ore 21.
" La Corea è molto interessata all'Umbria e a Perugia in particolare - ha dichiarato Jung Kang Hong - ed è notevole il flusso di studenti coreani che partecipano ai corsi dell'Università per Stranieri con grande soddisfazione."
"L'indole della nostra città - ha replicato l'assessore Mercanti - è aperta storicamente agli scambi internazionali ed il filo diretto con la Corea sarà sicuramente da incentivare."
Questa sera, intanto, al teatro Morlacchi è in programma un interessante spettacolo di danze coreane, messo in scena da una delle compagnie più famose del paese. L'inizio è fissato per le ore 21.
L'ingresso sarà gratuito fino ad esaurimento dei posti. Si prevede una nutrita partecipazione di pubblico.

이탈리아 베니스 비엔날레 및 이집트 카이로 오페라하우스 공연 프로그램 1995

서울예술단 YWCA 국제대회 공연 1995

3. 서울시무용단 국제교류 공연 1999~2000

서울시무용단 국제교류 공연 1999

한국·브라질 수교 40주년 공연, 신명난 한국춤 남미를 달구다

김자성 / 한국국제교류재단 1999년 11~12월

삼바와 탱고의 고장인 남미에서 한국춤 공연을 한다면 관객들은 어떤 반응을 보일까? 사업을 처음 기획했을 때 품었던 불안감은 서울시무용단과 1999년 10월 18일부터 11월 3일까지 멕시코, 아르헨티나, 우루과이, 브라질 4개국 순회공연을 마친 후에야 없어졌다. 결과는 물론 대성공. 20시간이 넘도록 비행기 좌석에서 뒤척이면서 지구촌 시대에도 역시 남미는 먼 곳을 실감했지만, 관객들의 열렬한 박수와 환호는 공연단 모두의 피로를 씻어주기에 충분했다.

한국국제교류재단의 정종문 이사를 대표로 서울시무용단의 임학선 단장, 15명의 무용단원, 2명의 스태프, 필자 등 20명으로 구성된 공연단은 멕시코시티의 Teatro Julio Castillo(10월 20~21일), 부에노스아이레스의 Centro Cultural General San Martin(10월 25~26일), 몬테비데오의 SODRE(10월 28일), 상파울루의 Teatro Popular do SESI(10월 31일)에서 총 6회 공연했으며, 특히 상파울루에서는 한국·브라질 수교 40주년 기념일에 공연함으로써 행사의 의미를 더해주었다.

이번 공연의 레퍼토리는 태평성대, 살풀이, 강강술래, 진도북춤, 부채춤, 태평무, 천도, 장구춤 등 한국 전통무용과 창작무용으로 구성되었다. 흔히 한국 전통무용이라고 하면 부채춤과 장구춤, 살풀이 등을 연상하게 되는데, 엄밀히 말하면 이런 춤들은 모두 20세기에 안무된 창작무용이고 강강술래, 진도북춤 정도가 전통적인 한국의 공동체 문화에 비교적 직접적으로 뿌리를 두고 있다고 할 수 있다. 그러나 어깨의 춤사위, 의상과 배경음악 등의 전통적인 요소가 '한국무용'이라는 말을 모두 레퍼토리들에 적용할 수 있게 해준다.

서울시무용단의 임학선 신임 단장이 안무한 〈천도〉는 죽은 자의 넋을 위로하고 달램으로써 산 자들의 안녕을 기원하는 의식춤으로 주제, 무대미술, 조명 등 모든 면에서 이번 공연에서 가장 주목할 만한 작품이었다. 서정적인 움직임보다는 빠른 템포의 움직임과 다양한 변화를 추구하고 민속적인 특성을 바탕으로 하면서도 현대적인 감각을 최대한 살린 이 작품은 소도구, 무대장치, 조명 면에서도 관객들에게 많은 볼거리를 제공해주었다. 무당굿에서 사용되는 무당방울과 신대, 긴 무명천, 꽹과리, 서낭당을 연상시키는 여러 색상의 기다란 천과 도깨비 모양의 배경막, 현란한 조명, 거기에 왕무당 역을 맡은 무용수의 신들린 듯한 연기는 무대를 아예 굿판으로 만들어버렸다. 이번 공연에서는 전체 3부분 중 중반부만을 선보였는데, 신을 청해 들이는 청신무請神舞와 신을 청해 들인 후 즐겁게 노는 오신무娛神舞가 왕무당의 신대춤과 소무당들의 무당방울춤, 베가름춤으로 활기차게 이어졌다. 베가름춤은 이 작품의 하이라이트로 망자의 넋이 극락왕생할 수 있도록 길을 열어주는 제의적인 의미를 가지고 있다. 왕무당이 소무당들이 들고 있는 하얀 베를 가르고 나가는 순간, 잔뜩 긴장하고 있던 관객들의 입에서는 탄식에 가까운 감탄사가 흘러나왔다.

〈천도〉와 함께 관객들이 가장 열광적인 호응을 보인 레퍼토리는 부채춤과 장구춤이었다 무용수의 화려한 의상과 나비 같기도 하고 꽃 같기도 한 부채들의 현란한 움직임에 관객들은 눈을 뗄 줄을 몰랐다. 마지막을 장식한 장구춤은 타악과 춤이 이렇게 완벽하게 조화를 이룰 수 있다는 것을 보여주기라도 하듯 점점 빠른 리듬과 몸짓으로 관객들을 압도했으며, 15명의 무용수들이 일제히 장구채로 마지막을 장식하는 순간 관객들은 기립박수와 환호성으로 응답했다.

한국춤 공연에 대한 현지 방송과 언론의 관심도 대단하여 멕시코, 우루과이, 브라질에서는 공연 실황을 녹화하여 방영했고, 미처 실황을 녹화하지 못한 아르헨티나에서도 우루과이에서 녹화한 내용을 방송으로 내보냈다. 공연단을 인솔한 재단의 정종문 이사와 무용단의 임학선 단장은 리허설과 공연 준비로 바쁜 중에도 기자들과의 인터뷰 때문에 더욱 바쁜 시간을 보냈다. 우루과이에서는 공항에서 TV 인터뷰가 예정되어 있었으나 비행기가 늦어지는 바람에 취소되어 아쉬움을 남기기도 했다. 하지만 공연이 끝나고 다음 나라로 가기 위해 비행기를 기다리다가 신문에 난 공연 사진과 기사를 돌려 읽으며 보람을 느끼던 순간은 지금도 잊을 수 없다.

관객들은 당연히 무대 위에서 벌어지는 일에 관심이 있겠지만 막이 올라가기 전까지 많은 스태프의 땀과 무용수들의 피나는 연습이 있었다. 특히 무용에서는 조명의 역할이 중요한데, 줄거리와 무용수들의 위치에 맞는 분위기 연출에 거의 결정적인 역할을 하기 때문이다. 변화무쌍한 조명 속에서 무대 배경과 소품들은 살아 움직이고 무용수들의 몸짓 하나하나에는 신명이 깃들게 된다. 조명기기들을 하나하나 매달고 무대 각 부분을 비추며 각도, 초점을 결정하는 포커싱 작업을 거쳐서 레퍼토리별로 정확한 시간에 맞추어 콘솔 메모리에 조작 순서를 기억시키는 과정은 기계적인 정밀함과 예술적인 섬세함을 동시에 요구하는 일이다.

멕시코에서는 기압이 낮아서 산소 부족으로 몇몇 단원들이 고생했고, 다른 나라에서도 잦은 항공 스케줄 지연으로 공연 준비 시간이 줄어들어 짧은 시간에 공연 준비를 해야 하는 상황이 여러 번 있었다. 이런 일들을 극복할 수 있었던 것은 공연단 구성원 모두가 힘을 모으고 대사관 관계자 분들께서 도와주신 덕분이라고 생각한다.

특히 무용단원들은 어려운 상황에서도 불평 한 마디 없이 리허설과 공연을 해내는 프로정신을 보여주었다.

해외에 공연단과 함께 나가 현지 관객들의 갈채와 환호를 지켜볼 때마다 한국인으로서 자부심과 동시에 국내에서 우리 문화와 예술이 받는 대접을 생각하며 부끄러움을 느끼곤 한다. 춤과는 다른 분야지만 세계적 미술전으로 오랜 역사를 자랑하는 상파울루 비엔날레의 1998년 구호는 "이제 중심은 어느 곳에나 존재한다"로 현대의 예술이 지역성과 보편성을 동시에 추구하고 있음을 대변해 주었고, 실제로 브라질의 카니발 문화를 중심으로 행사가 기획되었던 것으로 전해지고 있다. 반면에 외국에서 인정받는 우리의 고유한 예술작품이 국내에서 관심을 끌지 못하고, 오히려 외국에서 별로 관심을 끌지 못하는 일부 서구 편향적인 작품이 국내에서 큰 목소리를 내고 있는 우리의 현실은, 우리 시각의 중심이 어디에 있는지 반성하게 해준다.

서로 다른 문화권 간에 문화교류가 필요한 이유는 서로 다른 문화를 상호 간에 이해하기 위해서이고, 한편으로 서로 다른 문화권 사람들끼리도 상대방 문화에 대해 충분히 이해할 수 있는 까닭은 예술적 감동이 인류에게 보편적인 현상이기 때문이다. 따라서 문화교류의 내용은 각 문화권에 고유한 것이면서도 예술로서도 질적 완성도를 가진 것이 적합할 것이다.

공연의 성공을 재는 척도는 여러 가지가 있을 수 있겠지만, 이번 순회공연은 관객 참여와 호응, 언론 보도 면에서 보면 분명히 성공이었다고 평가하고 싶다. 공연단의 대표로서 냉철한 판단으로 우리를 이끌어주신 정종문 이사, 공연의 예술적인 부분을 책임지고 공연마다 최고가 될 수 있도록 애쓰신 임학선 단장, 어려운 여건에서도 마지막 무대까지 한국의 춤을 유감없이 보여준 단원들, 매번 밤늦게까지 설치 작업을 하던 조명감독과 무대감독, 대사관 직원 분들과 통역을 맡아 애써주신 여러분 모두에게 이 기회를 빌려 감사의 말씀을 전한다. 오케스트라의 한 귀퉁이에서 가끔 낮은 소리를 내는 콘트라베이스 주자가 되고 싶다던 어느 수필가의 말이 떠오른다. 필자도 이번 공연과 관련된 모든 분들께 오케스트라의 콘트라베이스 주자처럼 기억될 수 있으면 좋겠다.

서울시무용단 아르헨티나 공연 1999

서울시무용단 멕시코 공연 1999

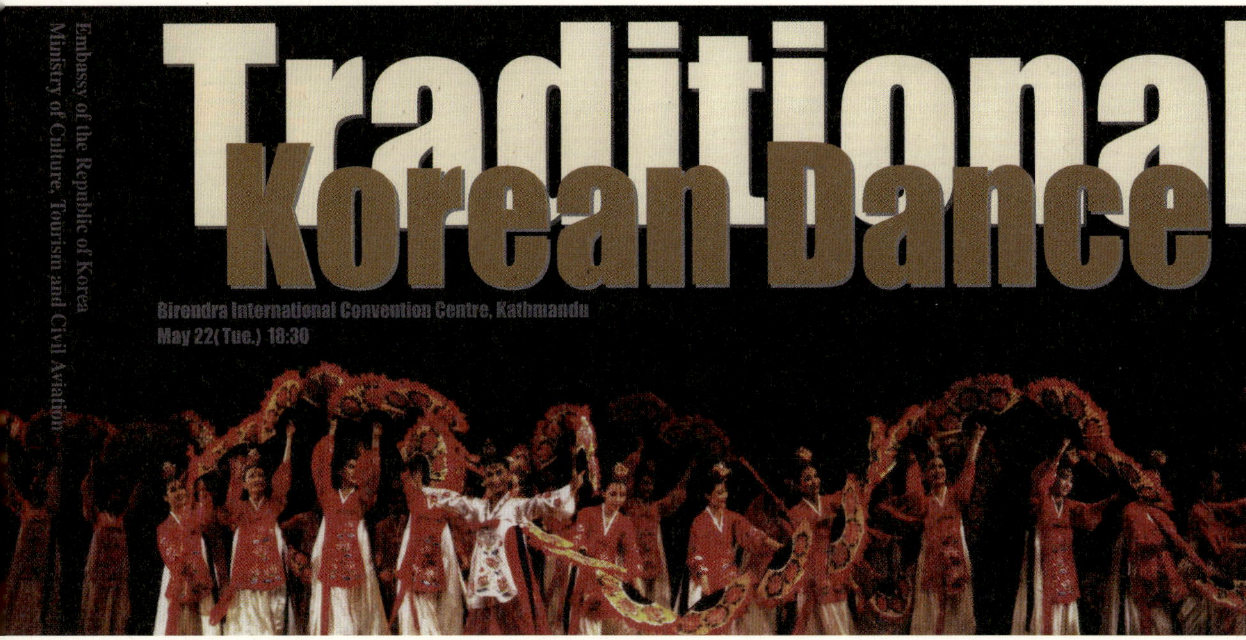
Embassy of the Republic of Korea
Ministry of Culture, Tourism and Civil Aviation
Traditional
Korean Dance
Birendra International Convention Centre, Kathmandu
May 22(Tue.) 18:30

서울시무용단 동남아 순회공연, 네팔 카트만두 공연 2000

서울시무용단 국제교류 공연 2000

타이베이시 공연, 한국 창작무용의 충격과 민속무용의 신명

이상일 / 세종문화회관『문화공간』2000. 7

바닥에서 천천히 공중으로 치솟아 오르며 물결처럼 파도를 타는 무용수들의 긴 팔들이 민들레의 꽃씨가 되어 미풍에 흔들린다.

그것은 무용예술만이 만들어낼 수 있는 아름다운 그림, 형상화의 극치이다. 작품 〈민들레 왕국〉은 고난과 시련의 역풍에도 불구하고 끝까지 불굴의 의지로 어긋나는 민초의 상징이다. 마침내 서정적인 이야기는 끝나고 다시는 생명이 움트지 못할 것 같은 황량한 들판에 누운 무용수들 한가운데서 다시 꿈틀거리는 새로운 생명의 꽃대가 아름다운 율동으로 솟아오른다.

얼마 동안 관객석은 그 마지막 순간에 숨을 죽이며 무용의 묘미에 취해 있었다. 그리고 해방되듯이 뜨거운 박수로 한국춤의 미학에 호응을 보냈다. 2000년 6월 9일 대만 타이베이시 정부 시청 대극장에서 타이베이 시립국악단이 초청한 세종문화회관(총감독 이종덕) 서울시무용단(단장 임학선)의 '전통과 현대의 밤'은 그렇게 우리 전통무용의 현대적 창작 기법에 새로운 주제를 전개시킨 감동적인 모습으로 선보여졌다.

대체로 문화교류를 민속무용 프로그램 수준으로 편성하여 국제 친선과 관광 차원의 전시효과를 노리던 구태의연한 발상법에 비하면 서울시무용단의 〈민들레 왕국〉이나 〈도르래〉, 〈춤본〉은 현대무용 기법의 창작무용이고 그만큼 충격적인 파장을 불러일으킬 만한 것이었다. 한국 전통무용의 재현도 독무 형식인 〈태평무〉를 집단군무식으로 안무하였고, 무속을 테마로 한 〈천도〉의 경우에도 단순한 천도굿의 재현이 아니라 제의형식을 정화와 화해와 축복으로 시각화함으로써 안무의 창의성을 뚜렷이 하였다. 그런 면에서 보면 고무鼓舞는 전통적인 민속 관광용 춤이지만 이런 문화교류 프로그램 가운데서는 한국무용의 흥과 신명을 드러내는 가장 전형적인 춤이었다는 점에서 프로그램 선정을 나무랄 수 없다. 전체적으로 보면 서울시무용단의 국제교류 레퍼토리는 독무 〈춤본〉에서 너무 무거웠다. 오히려 그것보다는 팀의 호흡을 가다듬고 몸을 푸는 훈련 기본기를 서울시무용단 〈춤본〉으로 확정시키는 것이 좋을 것이다. 원래 춤본이라면 작품이라기보다 기본 교본을 말해야 옳고, 그런 점에서 서울시무용단의 자체적인 훈련 기본 교본은 그대로 무대에서 보여주어도 될 만한 수준이다. 그렇게 서울시무용단의 기본 춤본을 배워서 익히는 방편으로 보급될 만한 것이다. 어떻게 한국의 무용수들이 몸을 만들고, 훈련하는 바탕이 무엇인가를 보여준다는 것은 뜻이 있다.

중화민국의 타이베이시보다는 대만(타이완)의 타이베이시로 도시의 개성을 자랑하는 그곳에 바야흐로 문화교류의 물꼬가 트이고 있다. 아시아·태평양 지역의 시장들이 모인 '2천 년 문화시장회의'가 문화교류의 필요성을 논의하고 있는 한편에

서울시무용단의 공연이 베풀어지고 관광교류의 열기가 각 나라 예술단들의 교류를 부추기고 있다. 대만 국교 회복과 복항復航에의 기대가 아시아·태평양 지역 문화시장회의를 촉구하게 만든 숨은 배경일지도 모르는데, 서울에서 탁병오 부시장이 주제 발표를 한 문화시장회의가 어쩌면 아시아·태평양 지역만이 아니라 세계에 춤·무용예술의 축제 시장을 겨냥한 새로운 발상을 이끌어낼 때가 다가오고 있다는 인상이다.

4. 중국 국제공자문화절
2003~2009

중국 국제공자문화절 2003

화려한 춤사위로 다가온 공자

이기동 / 『몸』 2003. 9

고요하고 담담한 경계, 공자의 중용

공자 사상의 핵심은 중용사상이다. 중용사상은 이단사상의 반대 개념이다. 이단異端이란 이상하고 극단적이란 뜻이다. 그렇다면 중용은 정상적이고 보편적이란 개념이 된다.

사람의 삶은 몸과 마음의 두 요소를 연출되는 드라마이다. 사람의 삶을 이루는 이 두 요소 중에서 어느 한쪽에 치우치는 것이 이단이다. 말하자면 마음을 극단적으로 강조한 나머지 몸을 등한히 하든가 몸을 극단적으로 강조한 나머지 마음을 등한히 하는 것이 다 이단이다. 이단을 하면 반드시 한쪽이 소외된다. 인간의 삶에 문제가 생기거나 인간의 사회가 혼란해지는 원인은 이 두 요소가 균형을 이루지 못하고 어느 한쪽이 소외되는 데서 기인한다. 마음의 삶이 강조되고 몸의 삶이 소외되면 물질적 가치를 경시하고 경제가 낙후되며 인간의 현실적 삶이 공허해진다. 또 몸의 삶이 강조되고 마음의 삶이 소외되면 물질적 가치를 지나치게 추구하고 생명을 경시하며 삶이 천박해진다. 공자의 중용사상은 인간의 두 요소가 균형을 이루는 방법을 모색한다. 중용사상에서는 마음을 근본으로 보고 몸을 지엽으로 본다. 그러면서도 몸의 삶을 먼저 확보한 뒤에 마음의 삶을 확립하는 방법을 택함으로써 두 요소가 절묘한 조화를 이룬다. 그러므로 공자의 사상에서는 소외 현상이 일어나지 않고 부작용이 없다.

공자의 사상에 부작용이 없다는 것 그 자체가 한계성을 갖는다. 건강할 때는 밥이 최고의 음식이다. 밥은 평생을 먹어도 부작용이 없다. 그러나 몸이 병들면 밥보다는 약을 먹어야 한다. 이와 마찬가지로 정상적인 시대에는 부작용이 없는 공자의 사상이 유익하지만, 시대가 병들었을 때는 공자의 사상이 위력을 발휘하지 못한다. 춥고 배고파 제대로 살아갈 수 없는 극단적인 시대에는 공자의 사상보다 몸의 삶을 극단적으로 중시하는 이단사상이 더 위력을 발휘한다. 이러한 시대가 되면 공자의 사상은 역사의 무대 뒤로 모습을 감춘다. 또 사람들이 배를 채우는 데만 급급한 나머지 정신적 삶이 극도로 황폐해져버린 시대에는 마음의 삶을 극단적으로 중시하는 이단사상이 위력을 발휘한다. 이러한 시대가 되면 공자의 사상은 또 역사의 무대 뒤로 모습을 감춘다. 그러나 공자의 사상은 잠시 모습을 감추는 것일 뿐 아주 사라지지는 않는다. 정상적인 시대가 돌아오면 공자의 사상은 다시 역사의 무대 위로 모습을 드러낸다.

공자의 사상이 역사의 무대에서 거의 사라진 당나라 말기에 이고라는 사람이 등장했다. 그는 사라진 공자의 사상을 무대 위로 끌어올리기 시작했다. 그의 시작은 성냥개비에 붙은 불처럼 미약한 것이었으나 그 작은 불이 차츰 자라나 온 들판을 다 태우는 거대한 불꽃으로 변했다. 그 거대한 불꽃이 바로 성리학이다. 성리학이라는 거대한 불꽃은 당시 전 아시아를 밝혔다.

지금은 공자의 사상이 무대 뒤로 사라져 있는 시대이다. 그런데 지금은 과거의 어느 때보다 공자의 사상을 필요로 하는 시대가 되었다. 극단적인 정신주의를 표방하는 삶과 극단적인 물질주의를 표방하는 삶이 혼재하고 있다. 그래서 사람도 헷갈리고 사회도 혼란하다. 종교와 과학이 평행선을 달린다. 사람들은 종교적 사고를 하지 않으면 과학적 사고를 한다. 둘은 서로 만나지 못하고 갈등한다. 이 시대에 가장 시급히 요구되는 사상은 이 둘을 조화시킬 수 있는 중용사상이다. 이제 무대 뒤에 숨어 있던 공자가 서서히 모습을 드러낼 때가 되었다.

시대의 요청에 응답한 시도

공자의 모습을 보았다. 화려한 춤사위로 부활하고 있는 공자의 모습을 보았다. 공자의 고향에 있는 공자의 사당 바로 앞에서, 더구나 한국 여인의 손에서. 21세기에 이르러 공자는 한국 여인의 손으로 역사의 무대 위로 등장하고 있는 것이다. 무어라 형언할 수 없는 감동으로 가슴이 뭉클해진다. 눈시울이 뜨거워지기까지 한다.

공자는 이단을 전공하면 해로울 뿐이라고 했다. 그런데 지금의 사람들은 대부분 이단을 전공한다. 과도한 정신주의에 치우치든지 아니면 물질주의에 치우쳐서 살아간다. 바람직한 인간적 삶을 상실한 채 비틀거리며 살아가고 있는 것이 오늘날 사람들의 모습이다. 이제 인간적 삶을 되찾아야 한다. 공자의 중용적 삶을 되찾아야 한다. 그래서 각 개인이 주체가 되고 주인공이 되는 삶을 되찾아야 한다. 이러한 목마른 시기에 공자의 모습이 무대 위로 등장을 했다. 공자의 몸놀림은 조촐했지만 화려했다. 대지를 흔드는 지진 같은 장엄한 충격이었지만 하늘을 나는 학처럼 순결했다. 공자의 몸놀림은 분명 보는 이를 숙연케 만드는 그 무엇이 있었다.

공자의 사당에서 부활하기 시작한 공자의 몸놀림은 작은 시작에 불과하다. 그것은 아직 작은 성냥불에 불과하다. 그러나 그 불씨가 차츰 퍼지는 날에는 마침내 전 초원을 태울 것이다. 이제 아시아를 넘어 전 지구상을 골고루 밝히는 태양 같은 횃불이 될 것이다. 화려한 춤사위로 등장한 공자는 그 서곡일 것이다.

이제 공자의 사상을 맞이할 준비를 하자. 공자의 사상을 오늘에 되살려 참된 사람의 삶을 맞이해보자. 공자의 몸놀림을 대했을 때 일순 몸을 스치고 지나간 짜릿한 전율이 지금도 내 가슴에 강한 흔적을 남기고 있다.

〈위대한 스승 공자〉 중국 곡부 공묘대성전 2003

중국 국제공자문화절 2003

춤이 있는 공자문화절

권이혁 / 『춤』 2003. 12

중국 취푸(곡부)시에서 열린 '국제공자문화절'을 다녀와서

공자孔子의 고향인 취푸(곡부曲阜)에 가보고 싶은 소망은 오래전부터 있었지만 뜻을 이루지 못해오다가 2003년 9월 25일 이 소망이 이루어졌다. 공자 탄신 2554주년을 맞이하여 진행되는 국제공자문화절國際孔子文化節에 참석하기 위해서였다.

9월 25일 목요일, 아침 9시에 인천공항을 출발한 후 1시간 5분 만에 칭다오(청도靑島)에 도착했다. 일행은 성균관대학 유학·동양학부 교수 학생 20명, 예술학부 교수 학생 30명, 나(성균관대학교 이사장)와 김수준金守俊 부장 등 52명이다. 칭다오에서 버스 편으로 취푸까지 가는 데는 거의 8시간이 걸렸다. 도중에 점심이나 휴게소 정차 등으로 1시간 정도가 소요되었으니, 7시간이나 버스를 탑승한 셈이다. 나의 경험으로는 최장 버스 탑승시간이었다. 저녁 7시가 지나서 행당 영빈관杏堂 迎

賓館이라는 호텔에서 여장을 풀고 곧 만찬이 시작되었다. 취푸사범대학 전덕전田德全 총장과 묘윤전苗潤田 동대학 공자문화학원장, 대외협력처장 및 직원 등도 참석하여 인사를 나누었다. 취푸사범대학에는 취푸 본 캠퍼스에 200여 명의 교수, 600여 명의 부교수 등과 약 2만 4000의 학생이 있다고 알려준다. 르자오(일조日照)라는 도시에도 캠퍼스가 있다는 설명이다. 취푸사범대학은 공자문화대학으로 개칭될 예정이며, 이미 정문에는 2개의 대학명 간판이 걸려 있다.

9월 26일 금요일, 아침 9시에 대학 공자문화원 강당에서 '유학과 현대문명'을 주제로 하는 학술세미나 개회식이 거행되었다. 예상했던 것보다 훨씬 대규모의 학술회의였다. 전田 총장에 이어 나는 한·중 학술세미나가 지니는 뜻이 대단하며 양대학 간은 물론이고 한·중 양국 친선에 크게 도움을 줄 것이라고 했다. 성균관대 최영진崔英辰·유·동학부장과 취푸사범대 공자문화학원 묘苗 원장의 인사가 뒤를 이었다. 공자문화학원은 성균관대학교 유·동학부에 해당된다. 개회식이 끝난 후 모든 참석자들이 함께 기념촬영을 했고, 나는 예술학부 교수와 학생을 주축으로 하는 팀에 끼어 태산泰山에 올랐다. 취푸사범대 대외협력처 직원의 안내를 받아 1시간여 만에 도착했다. 1545미터 높이의 태산은 명산중의 명산으로 알려져 있으며, 진시황을 비롯하여 역대 황제들이 국가권력의 상징으로 숭앙하고 나라를 위한 제사를 거행한 성산聖山이라고 전해져왔다. 나라를 위한 제사를 봉선封禪이라고 한다.

중국 국제공자문화절 2003
한국 창작무용 〈공자〉

권이혁 / 베이징저널 2003.10.3~9

취푸 공묘대성전서 최초 공연

공자의 고향 산둥성 취푸(곡부)에 있는 공묘대성전에서 9월 28일 공자를 주제로 한 한국 창작무용 〈공자〉가 공연됐다. 한국무용단 30명은 이날 공자 탄신 2554주년을 맞아 취푸 공묘대성전에서 열린 '국제공자문화절 석전대제'에 참가, 공자의 제자들이 공자의 사상을 발전시키는 과정을 우아한 춤사위로 표현했다고 중국 언론이 보도했다. 언론은 취푸 공묘에서 외국 무용단이 공연한 것은 이번이 처음이라고 소개하고, 성균관대 김성기 교수가 "한국무용단은 앞으로 공자께 제사를 지내는 석전대제에 매년 참가하겠다"고 밝힌 것으로 전했다. 한국 무용가 임학선(성균관대 예술학부장) 씨가 안무한 〈공자〉는 공자의 인仁사상과 한국춤의 자연미가 조화를 이룬 일종의 무용서사시로 풀어가면서 문묘제례일무의 제의형식을 차용했다.

중국 취푸 국제공자문화절에서 권이혁이사장과 함께

중국 국제공자문화절 2003

공자 고향 사당에서 한국 창작무 공연

이종호 /『연합뉴스』2003. 9. 19

공자의 고향인 중국 산둥성 취푸(곡부)에서 공자를 주제로 한 한국 창작무용이 공연된다. 한국 무용가 임학선(성균관대 예술학부장) 씨가 안무한 〈공자〉가 취푸(곡부)시에서 열리는 공자 탄신 2554주년 기념 국제공자문화절 석전대제에 초청을 받아 9월 28일 공묘대성전孔廟대성전에서 공연되는 것이다. 26일 개막제에 이어 28일 석전대제(공자께 올리는 제사)를 하이라이트로 보름간 계속되는 이 행사는 중국정부의 전폭적인 지원 하에 매년 개최되는 중국의 대표적인 국가행사의 하나. CCTV를 통해 중국 전역에 방영된다.

유학의 본산이자 최고 상징인 공묘대성전에서 예전부터 공자를 제사할 때 추던 '문묘제례일무'를 제외하고는 무용을 공연하는 것 자체가 초유의 일이라고 성균관 측은 전한다. 안무자 임 교수는 "서구적 삶의 방식이 한계와 문제를 드러내면서 이를 극복하는 대안으로 인仁사상에 주목하는 경향이 뚜렷해지고 있다"며 세계

수십 개국의 외교사절과 총리급 정치인이 대거 참석하는 이번 행사를 한국무용과 동양사상을 전 세계에 알릴 수 있는 좋은 기회로 삼겠다고 말했다.

임 교수는 이 작품에서 인간의 존엄성과 행복에 지대한 관심을 가졌던 공자의 사상과 생애를 통해 '인간 공자'의 관점을 무용적으로 표현, 누구나 쉽게 이해할 수 있도록 했다고 설명했다. 일종의 무용서사시로 풀어가되 문묘제례일무의 제의형식을 차용했다. '일무'란 제사나 연희를 할 때 덕을 기리기 위해 추던 춤인데, 이번 작품에서는 각 장(탄, 학문, 고난, 임종, 부활, 등 총 5장)이 끝난 뒤 그 장의 내용에 대한 마음을 각기 다른 일무로 표현한다. 또한 공자의 삶에서 느껴지는 불, 물, 꽃 등 자연의 이미지와 악樂을 예禮의 근본으로 삼아 인仁을 실천하고자 했던 예악사상의 이미지를 거문고로 상징화했다.

한편으로는 한국 궁중음악인 '수제천'이 주는 무게와 학문을 상징하는 죽간의 대나무 소리를 타고 펼쳐지는 춤사위의 긴장감, 그리고 태극구조로 전개되는 한국춤의 곡선적인 아름다움이 어우러지면서 학문에 전념하며 고뇌하는 공자의 모습이 특이한 분위기로 연출된다. 춤사위 기법으로는 임 교수가 직접 고안한 태극구조의 필체筆體, 학체鶴體, 궁체弓體의 기법이 적용돼 자연과 하나가 되고자 했던 공자의 인사상과 한국춤의 자연미가 조화를 이룬다.

안무자 임 교수는 학문적 소양이 뛰어나 이론과 실기를 겸비한 무용가로 평가받고 있으며, 1998년 〈태극구조기본춤〉을 고안해 세계적인 무용지 『댄스 매거진』과 여러 국제학회에서 소개된 바 있다. 공자에 관한 작품인 만큼 성균관대 유학과의 이기동 교수가 대본을 썼고 김성기 교수가 내용 자문을 맡았다. 음악 신혜영(춘천교대 교수), 임학선무용단원 20여 명이 출연한다. 임 교수는 원래 〈공자〉를 2004년 5월 에술의전당 오페라극장에서 초연할 예정이었으나 중국에서 먼저 선보이게 됐다. 2004년에는 홍콩, 일본, 인도네시아 등 아시아와 미국, 유럽 등지에서 연차적으로 공연, 동양사상에 바탕을 둔 한국무용을 알려 나간다는 계획이다.

20

2003年中國曲阜國際孔子文化節 孔子誕辰2554年

China Qufu International Confucius Culture Festival, commemorating the 2,554th anniversary of Confucius' birthday, 2003

主題活動：明故城復建竣工，再現東方聖城古韵
Theme Activities: Completion of the restoration of the Ming Dynasty City Relics, which reproduced the charm of the ancient Oriental Holy City

主　　辦：國家旅遊局　山東省人民政府
Organizer: National Tourism Administration　People's Government of Shandong Province

開 幕 式：2003年9月26日於曲阜杏壇劇場舉行
Opening ceremony: The Apricot Platform Theater of Qufu, September 26, 2003

主 持 人：吕在模　濟寧市市長
Moderator: Lv Zaimo, mayor of Jining City

江　成　曲阜市市長　宣讀來賓名單
Jiang Cheng, mayor of Qufu City, reading the list of guests

致　　辭：蔡秋芳　山東省副省長
Addressor: Cai Qiufang, vice-governor of Shandong Province

出席開幕式的領導和貴賓有：全國人大常委會副委員長傅鐵山，中國工程院副院長沈國舫，國家知識產權局副局長邢勝才，中國工程院劉更另等9位院士，山東省人大常委會副主任曹學成，山東省副省長王軍民，山東省副省長蔡秋芳，山東省政協副主席王志民，山東省軍區副政委幸勝標，省級老領導蘇毅然、劉鵬、何法祥、盧洪、苗楓林、郭松年、徐建春、嚴慶清、趙林山、王克玉、王渭田、何宗貴、馬連禮、周星夫、周振興、丁方明、金寶珍、劉洪仁、孫恕之、李春珍，孔子後裔孔德懋，國際儒學聯合會秘書長曹鳳泉，中國孔子基金會副會長吕紹剛，北京清華民族畫院院長石林，書法家吕家書，中國文物學會圓明園研究委員會會長張純良，濟寧市委書記賈萬志、濟寧市市長吕在模等。來自美國、日本、韓國、印尼、馬來西亞等10餘個國家的來賓、僑胞3000多人，來自國內外60多家新聞單位的記者170多人。文化節期間中外遊客達40萬人次。

공자 탄신 2554주년 기념 중국 국제공자문화절 2003
(중국 취푸 공묘대성전)

중국 국제공자문화절 2004

임학선무용단, 중국 공자문화축제 개막공연

김경희 / 『연합뉴스』 2004. 9. 27

공자 탄신 2555주년을 기념하는 국제공자문화절國際孔子文化節 개막제가 2004년 9월 26일 오후 중국 산둥성 취푸(곡부)시의 야외극장인 싱탄(杏壇)극장에서 화려하게 펼쳐졌다.

국제공자문화절은 공자의 탄신을 기념해 중국 정부가 매년 개최하는 대규모 국제 문화행사. 개막식은 싱탄극장의 조명이 아름다운 빛을 발하기 시작하면, 행사 시작 몇 시간 전부터 차량과 보행자 통행이 전면 통제될 정도로 진행에 만전을 기하는 행사이다. 특히 올해 행사에는 축제에 빼놓지 않고 등장하는 주제가 격인 '치옌고 공쯔(千古孔子)'에 맞춰 성균관대 임학선 교수가 이끄는 임학선댄스위 무용단의 창작무용 〈공자〉가 발췌 공연돼, 공자를 매개로 한 한중 문화교류의 의미를 더했다. 임학선댄스위의 〈공자〉는 열정적 삶을 살았던 인간 공자의 일대기를 탄생, 학문, 고난, 임종, 부활 등 다섯 단계로 나눠 표현한 작품이다. 임 교수가 고안한 태극구조의 필체筆體, 학체鶴體, 궁체弓體를 활용해 공자의 유연한 삶의 모습을 한국춤의 부드러움으로 표상했으며, 각 단계마다 공자에게 드리는 제사인 '석전대제釋奠大祭'의 의식무인 '문묘일무文廟佾舞'를 재현해 공자를 기리는 춤사위와 그의 삶이 어우러지도록 구성했다.

행사에서는 공자의 업적을 기리는 내용의 '치옌고공쯔'에 맞춰 공자가 제자들에게 진리를 전파하는 학문 편을 압축적으로 공연했다. 임학선댄스위는『논어』가 새겨진 대형 죽간 등으로 웅장하게 꾸민 무대를 배경으로 공자와 제자들이 진리를 깨닫기 위해 죽간 속으로 빠져드는 과정을 유연한 몸놀림으로 전개했다. 공연이 절정에 다다르자 이들은 죽간을 펴고 접고 내리치는 과정을 빠르게 반복해 진리의 파장이 멀리 전해지는 과정을 형상화했으며, 이와 함께 공자의 가르침에 감사하는 '일무'가 재현돼 객석을 꽉 채운 2000여 명의 관중에게서 열렬한 박수를 받았다. 이외에도 무용단은 행사의 개시/종료 무대에 일무 복식을 한 채로 참여, 중국의 무용단과 합동공연을 펼쳐 자리를 빛냈으며 한국 연예인 박재훈, 이탈리아가 '아리랑'을 부르는 대목에서도 함께 공연했다. 앞서 25일 열렸던 전야제에서는 원작 그대로 〈공자〉의 일부를 선보이는 등 다채로운 공연을 펼쳐 이틀 내내 객석의 눈길을 끌었다.

중국 국제공자문화절 무용평론가 이상일과 함께 2004 (행단극장)

중국 국제공자문화절 2004

한국전통춤으로 공자 표현했다

박석규 / 『세계일보』 2004. 9. 29

"욕심껏 하지 못해 불만족스럽기는 하지만 첫걸음으로서 의의는 충분하다고 생각합니다."

9월 25~26일 이틀간 중국 산둥성 취푸(곡부)시에서 공자 탄신 2555주년을 기념해 열린 '국제공자문화절' 개막식에서 전통춤에 기반을 둔 창작무용 〈공자〉를 공연하고 돌아온 임학선 성균관대 교수는 29일 인터뷰에서 이같이 말했다.

임 교수는 이미 지난해 외국인으로는 처음으로 축제의 하이라이트에 해당하는 석전대제(釋奠大祭·공자에게 드리는 제사)에서 〈공자〉의 일부를 공연했었다. 그는 〈공자〉를 공연하게 된 동기에 대해 "성균관대 예술학부와 취푸대학이 2002년 겨울 교류를 시작하면서 이곳에서 대규모 공자문화축제가 열린다는 것을 알았는데, 나는 그 이전부터 '공자'를 주제로 한 춤을 구상 중이었고, 이들에게 내 계획을 소개하자 취푸대학 측이 적극적으로 공연을 추진해 성사됐다"고 말했다.

"처음부터 공자를 주제로 무용을 할 생각은 없었습니다. 그러나 1998년에 수원대에서 성균관대로 옮기면서 성대에서 해마다 거행하는 석전대제의 의식무용인 '문묘일무文廟佾舞'에 무용학적인 관심을 가질 필요가 있다는 생각이 들어 이때부터 공자와 동양철학에 관한 공부를 시작했습니다. 그 결과 한 축으로는 공자라는 인물의 생애와 다른 한 축으로는 '문묘일무'라는 공자 추모 춤을 결합해 작품을 만들었죠."

임 교수는 공자의 고향에서 〈공자〉를 공연한 감회에 대해 "내 작품이 '공자'를 소재로 삼은 것이기는 하나, 보편적 철학으로서 공자의 사상을 우리춤문화로 자리잡은 '문묘일무'와 한국전통춤을 갖고 표현했다는 점에서 의미가 있다"며 "향후 유럽 등 세계무대에서 〈공자〉를 선보여 승부를 하고 싶다"고 말했다.

중국 국제공자문화절 2004

세계무대서 공자로 승부 – 임학선무용단 중국서 공연

『한국일보』 2004. 9. 30

"욕심껏 하지 못해 불만족스럽기는 하지만 첫걸음으로서 의의는 충분하다고 생각합니다."

임학선 성균관대 교수가 이끄는 임학선무용단이 9월 25~26일 이틀간 중국 산둥성 취푸(곡부)시에서 공자 탄신 2555주년을 기념해 열린 '국제공자문화절' 개막식에서 전통춤에 기반한 창작무용 〈공자〉를 공연했다.

'국제공자문화절'은 공자 탄신을 기념해 매년 그의 고향인 취푸에서 열리는 중국의 대표적 국가행사의 하나. 임 교수는 이미 지난해 외국인으로는 처음으로 축제의 하이라이트에 해당하는 석전대제에서 〈공자〉의 일부를 공연한 바 있다. 올해는 취푸 싱탄(杏擅)극장에서 열린 개막식에서 축제의 주제곡처럼 사용되는 '치옌고 공쯔(千古孔子)'에 맞춰 자신이 안무한 〈공자〉의 일부를 선보였다.

임 교수는 "지난해 행사에 참가하면서부터 개막식 무대에 작품을 올리고 싶었다"며 "전막을 공연하지 못해 아쉽지만, 첫걸음으로 생각하고 앞으로 지속적으로 참가할 것"이라고 말했다.

임학선댄스위의 〈공자〉 공연은 임 교수가 공자를 주제로 하는 춤을 구상하고 있던 2000년 성균관대 예술학부와 취푸대 간의 교류를 시작된 가운데 취푸대가 적극적으로 공연을 제의하면서 성사됐다.

임 교수는 "언젠가 유럽 등 세계무대에서 〈공자〉를 선보여 승부를 하고 싶은 마음도 있다"며 "이번 공연은 이러한 국제무대 진출이라는 차원에서도 첫발이라고 생각한다"고 말했다.

중국 국제공자문화절 2004 (행단극장)

중국 국제공자문화절 2004

임학선댄스위 중국 취푸 공자문화절 개막공연, 우리 춤사위 공자를 깨우다

임인택 / 『한겨레』 2004. 10. 2

9월 25일부터 이틀 동안 중국 산둥성 취푸(곡부)시에서는 세계 4대 성인 가운데 한 명인 공자의 탄생과 학덕을 기리는 '국제공자문화제'가 열렸다. 국제공자문화제는 10월 10일까지 학술 심포지엄, 석전대제(공자를 기리는 제사) 등을 이어가는 국제공자문화절(이하 문화절)의 시작을 알리는 몸통 행사로서 그 개막 무대를 한국의 무용가인 임학선(성균관대 무용학과 교수) 씨와 그의 제자들로 구성된 40여 명의 임학선댄스위가 맡아 눈길을 끌었다.

외국 팀으론 첫 개막무대 공자 해석 '한 수 지도'

공자의 고향이자 유학의 전당으로 널리 알려진 취푸에서 중국 정부가 주관해 1983년부터 문화절을 시작한 이래 외국 팀이 행사의 마수걸이를 하기는 이번이 처음이다. 특히 이번 문화제는 공자 탄신 2555돌을 기념하는 것으로서 중국 관영방송인 CCTV에서 직접 행사를 연출하고 중국 전역에 생방송하는 등 규모에서 그동안의 행사를 압도했다. 한 인간으로서의 공자의 삶을 전통춤사위로 풀이한 창작무용 〈공자〉 가운데 고갱이라 할 수 있는 학문(공자가 진리를 전파하고, 그 가르침에 제자들이 감사해한다는 내용) 대목을 현지에 소개한 임 교수는 "아쉬움이 없지 않지만 이제 겨우 첫발을 뗐고, 특히 공자를 춤으로 해석할 수 있다는 걸 보여주며 현지에 한 수 가르쳐줬다고 생각한다"며 의의를 찾았다. 그동안 문화절에서 공자를 주제로 한 춤이나 연극 등 전통공연은 거의 시도되지 않았다.

"본래 의도 맘껏 못 살려 취푸 전막공연 다시 도전"

임 교수가 〈공자〉에 들인 품은 적지 않다. "학교에서 매년 열리는 석전대제에서 일종의 제사 춤이라 할 수 있는 문묘일무를 봤습니다. 춤의 옛 흔적이 남아 있을 거라 생각했고, 무용학적 가치가 있을 거라 기대했습니다." 그때가 5년여 전. 하지만 얼개조차 잡기가 쉽지 않았다고 한다. "대학 도서관을 뒤지며 문묘일무에 관한 자료를 찾고, 동양사상도 공부했습니다. 덕분에 우연히 일무에 대한 고문헌도 수집하게 됐죠." 취푸와 수많은 고증 자료들이 간직되어 있는 공묘(공자의 묘)를 수차례 오가며 〈공자〉를 최종 완성한 것이 올 2004년 5월. 성균관대와 학연을 맺고 있는 취푸사범대학 쪽에 적극적으로 자신의 작품과 의도를 알리면서 마침내 이번 공연이 성사됐다.

하지만 문화제가 가요와 댄스, 쿵후, 마술 등이 망라되는 대중 공연인 탓에 "작품의 본래 성격과 의도를 마음껏 살릴 수 없었던 아쉬움 또한 큰 무대"였다는 임 교수는 "한편으론 대중성과 예술성의 접목을 다시 고민하는 계기가 되기도 했다"고

전했다. 실제 26일 본공연 때는 기존의 바탕 음악이었던 '수제천'이 아닌, 대만의 인기 가수가 부르는 4박자의 '치옌고공쯔(千古孔子)'에 맞춰 역동적이면서도 속도감 있는 공연을 선보여 관객의 박수 소리를 키우기도 했다. 이제 그는 원전 〈공자〉의 전막공연을 목표로 다시 취푸 무대를 계획하고 있다. "〈공자〉는 공자를 주제로 한 춤이기 전에 바로 우리춤"이기 때문이다.

'임학선 댄스 위' 중국 취푸 공자문화절 개막 공연

우리 춤사위 공자를 깨우다

지난달 25일부터 이틀 동안 중국 산동성 취푸(곡부)시에서는 세계 4대 성인 가운데 한 명인 공자의 탄생과 학덕을 기리는 '국제공자문화제'가 열렸다. 국제공자문화제는 이달 10일까지 학술 심포지엄, 석전대제(공자를 기리는 제사) 등을 이어가는 국제공자문화절(문화절)의 시작을 알리는 몸통 행사로서 그 개막 무대를 한국의 무용가인 임학선(54·성균관대 무용학과 교수·사진)씨와 그의 제자들로 구성된 40여 명의 '임학선 댄스 위'가 맡아 눈길을 끌었다.

외국팀으론 첫 개막무대 공자 해석 '한수 지도'

공자의 고향이자 유학의 전당으로 널리 알려진 취푸에서 중국 정부가 주관해 1983년부터 문화절을 시작한 이래 외국팀이 행

국제공자문화제가 열린 취푸의 행단(杏壇)극장에서 '임학선 댄스 위' 무용수들이 25일 밤 9시(현지시각)께 거대한 죽간과 화려한 조명을 무대 배경으로 한 채 '공자'를 선보이고 있다.

한계레 신문 2004. 10. 2

중국 국제공자문화절 2004

혼란의 시대를 가르며 부활하는 〈공자〉의 휴머니즘적 접근

김남수 / 『몸』 2004. 5

성균관대 무용학과 임학선 교수는 공자에 대한 학술적 연구와 안무 작업을 동시에 진행하며, 우리 시대의 공자상을 공연 무대에서 새롭게 살리는 획기적인 시도를 하고 있다. 임학선댄스위는 2004년 5월 20~21일 양일간에 걸쳐 예술의전당 오페라극장에서 중국을 포함한 국내외의 어느 누구도 감히 엄두를 내지 못했던 거대 기획 공연 〈공자〉를 준비 중에 있다. 임학선 교수를 만나 〈공자〉에 대한 포부와 생각을 들어보았다.

김남수 공자에 대해 우리 사회는 논란에 휩싸여 갈팡질팡한다. 한쪽에선 "공자가 죽어야 나라가 산다"고 하고, 또 한쪽에선 공자의 본래 면목과 사상을 정확히 알아야 한다고 그런다.

임학선 진리와 신념이 사라진 현대의 아노미 상태를 근심하는 많은 미래학자들이

21세기의 대안적인 사상으로 공자를 선택했다. 우리가 가진 많은 문제, 인간성 상실이나 소외된 삶의 질곡, 지식과 진리의 괴리, 사회성에 대한 답이 공자에게는 소박하지만 깊은 학문적 실천으로서 제시되고 있다. 공자를 모르고 현대의 문명을 어떻게 치유할 수 있겠나.

김남수 그렇다면 공자에게 접근하는 새로운 시각과 해석이 있는지.

임학선 현대를 살고 있는 이 시각에서 공자를 재조명하자는 것이다. 공자를 기존의 성인군자로 표현해야 할 것인가? 그건 아닌 것 같다. 공부를 하면서 작품의 실마리가 성인군자가 아니라 '인간 공자'를 다뤄야겠다는 것이다. 일반 대중들도 쉽게, 아주 쉽게 이해할 수 있도록 접근했다.

김남수 어떻게, 얼마만큼 준비해온 것인가.

임학선 성균관의 문묘 석전대제를 봄가을로 지켜보며 공자를 무대에 올리고 싶다는 생각을 7년 남짓 품고 부화시켜왔다. 그럼에도 선뜻 시도하기 힘들었다. 왜냐하면 〈공자〉 공연을 통해서 우리 전통의 재창조라는 어려운 과제와도 맞물려 있었기 때문이다.

김남수 선생이 느끼는 공자의 인간적 매력은 무엇인가.

임학선 치열하게 열정적인 삶을 살았던 이가 공자이다. 정치가로서는 좌절했고 고난도 많이 겪었다. 결국 학자와 교육자의 길을 가며 제자들을 사랑하는 마음은 핏줄보다 더 깊었다. 자로가 죽고 안연이 죽었을 때, 흘린 공자의 눈물은 내 가슴에 미어지듯 다가온다.

김남수 공자의 따뜻한 언행의 에피소드가 『논어』에 즐비하다. 그것을 모두 아울러서 다룰 것인가.

임학선 이번 한 번으로 끝나서도, 끝낼 수도 없는 작품이다. 할 수 있는 제한된 여건에서 욕심내지 않고, 소화할 수 있는 범위에서 소화할 작정이다. 내년, 내후년, 그리고 먼 미래까지 장기적으로 생각한다. 제자들인 안연의 춤, 자로의 춤도 하고 싶다. 필생의 기획으로 생각할 정도로 공자에 대한 흠모의 정은 깊고 넓다.

김남수 어떤 춤이 공자를 옹위하고 그의 인생을 드러내나.

임학선 오랜 천착의 대상인 '문묘일무'를 통해서이다. 이번에 일무 무보가 수록된 명나라의 미공개 서적 20여 종을 최초 발굴했다. 공연 다음 날인 21일에 '유교문화축제'에서 일무에 대한 그간 연구를 발표하여 팔일무가 아닌 공자의 육일무를 학문적으로 정립할 생각이다. 차제에 '문묘일무'를 복원해야 하지 않나 싶다.

김남수 공자 하면 인仁과 예악禮樂인데 어떻게 녹아 있는지.

임학선 한 가지 예만 들자. 관객들은 '거문고의 춤'에서 악樂으로 완성되는 학문과 일체감을 느끼는 인仁의 마음을 느낄 수 있을 것이다. 이 공연은 현대인의 마음으로 공자의 연대기를 공감하면서 그의 사상을 함께 이해할 수 있도록 안무되었다. 이러한 이중구조이기 때문에 혹여 이해하기 어렵다는 반응이 있을지도 모르겠지만, 최대한 쉽게 가려고 한다.

김남수 창작 과정의 에피소드와 〈공자〉 공연의 미래를 들려달라.

임학선 창작의 영감을 자극하기 위해 취푸(곡부)에 하염없이 자주 갔다. 공자 탄생 2554주년 때는 중국의 공자문화제 측 초청과 배려로 공자묘와 태산에 올랐다. 여행에 참여한 '위' 단원들 모두 공자를 생생히 실감한 분위기였다. 자연스럽게 공자의 부활이 체험적으로 설득됐던 것 같아 고무적이었다. 또한 2555주년 기념 개막행사에 〈공자〉 전막이 초연 공연될 예정이다. 공자의 고향에서 한국춤의 신기원을 열어가겠다.

공자탄신 2555주년 국제공자문화절

중국 국제공자문화절 2009

공자에 대한 두 무용적 접근

이상일 / 『몸』 2009. 11

스펙터클과 계도啓導적 무용극의 중국(장지강) 대 압축된 예술양식과 표현적 작품의 한국(임학선)

동양사상의 정수精髓인 유교의 창시자 공자孔子를 그려내는 무용적 어프로치는 제의적 무용극 내지는 대중 취향의 전기傳記 형식, 또는 현대 미감의 영상 이미지나 추상적 양식 등 여러 가지가 있을 수 있다. 그러나 성인이나 위인, 영웅들에 대한 예술적 형상화는 그들이 초월적 존재가 되어갈수록 인간화시키기가 더 어려워진다. 평범한 인간의 차원을 넘어버린 붓다나 예수나 공자 같은 초월적 존재는 가장 인간적인 인간을 그려내려는 예술적 성향에서도 비인간적인 존재가 되기 쉽기 때문이다. 그런 까닭에 살아 움직이는 동적인 성인 공자의 이미지를 정적인 극장무대에서 형상화시키기란 힘들 수밖에 없다.

중국 인민해방군 가무단 무용 〈공자〉 (행단극장)

공자 탄신 2560주년 기념 개막공연 임학선댄스위 무용 〈공자〉 (공자문화회전 중심)

공자 탄신 2560주년을 기념하는 중국 산둥성 취푸(곡부)의 제25회 '국제공자문화절' 전야제와 개막식 9월 27~28일에 걸쳐 동시 공연된 무용작품 〈공자〉의 한국 대 중국 접근법은 비교예술사적 측면에서도 다루어봄직한 계기를 제공했다.

언어적 표현능력을 빌릴 수 있는 연극이나 영상드라마를 제외하면 추상예술인 무용이나 음악에서 성인 공자를 다룬 작품은 일찍이 없었던 것이 사실이고 2004년 서울에서 초연된 '임학선댄스위'의 〈공자〉가 그 효시였다. 그 〈공자〉의 일부 '죽간무竹簡舞'는 2003년 취푸 공자문화절에 이미 시연된 적이 있으며 베이징올림픽 개막식 죽간무의 선편을 놓았던 것이다. 유학정신을 이념으로 삼는 성균관대학교의 무용학과 임학선 교수가 2006년 한불 수교 120주년 기념으로 파리의 유네스코 본부 회의장 공연을 시작으로 세계 투어를 꿈꾸며 창작무용 〈공자〉를 몇 번이나 가다듬어 2008년 〈위대한(인류의) 스승 공자〉로 키워 나온 예술적 궤적은 침잠적이라 할 만하다. 그리고 마침내 중국 건국 60주년 행사와 더불어 공자 탄신 2560주년 '2009 국제공자문화절' 기념행사에서 한국의 임학선 안무 〈공자〉가 중국 인민해방군 가무단의 장지강 안무 〈공자〉와 함께 공자의 고향이자 공묘孔廟가 있는 취푸에서 전막 공연하기에 이르렀던 것이다.

중국 인민해방군 가무단의 수작秀作 가운데 어떤 것이 있는지, 또는 안무자 장지강張繼剛의 경력이 어떤지 모르는 우리로서는 창작 초연된 중국의 무용극 〈공자〉가 사회주의 체제의 집단 창작 작품이리라는 가정 아래 대규모 스펙터클한 무대가 되리라는 짐작은 가능하다. 아무리 집단 창작이라 하더라도 그 중심에는 개인적 재능으로서 장지강이라는 안무가의 창의성이 번득이지 않을 수 없으리라는 기대가 중국 가무극 〈공자〉에 대한 관심의 초점이었다. 장지강은 베이징올림픽 문화행사의 총지휘를 맡았던 장이머우 아래 무용 부문 예술감독으로 활약했던 안무가라 한다. 집단 제작인 만큼 중국 〈공자〉는 규모면에서 스케일이 크고 무대가 웅장한 것만은 확실하고, '무용극'임을 내세운 만큼 연극적 구성이 두드러지고 이야기 중심의 서사성이 공자에 대한 계몽주의적 교훈을 정면으로 부각시켰다.

우선 5막으로 된 구성 가운데 어머니에 대한 효孝사상과 홍수에 떠내려가는 어린이를 구하는 살신성인殺身成仁의 구체적 교훈이 그렇다. 그런 측면에서 보면 문화혁명 때 공자가 죽어야 나라가 산다는 극단적인 진보개혁파에 의해 철저히 망가진 공자의 가르침이나 유교사상이 이제 겨우 계도啓導 수준에서 다시 되살아나고 있는 것, 아니면 국가 차원에서 위인의 고향 취푸와 그의 공묘, 공부를 관광자원화하는 대對국민 이데올로기용 홍보 차원의 국책사업 일환으로 여겨진다. 주제와 대상은 다르지만 무대의 대형화와 스펙터클한 가극형식으로 혁명이데올로기를 대중 문화적 〈피바다〉라는 작품으로 국책사업화한 가까운 사례와 비교 가능하다.

그에 비하면 민간 차원에서 예술가적 창의력으로 무대화된 한국의 〈공자〉는 치밀한 구성으로 짜인 예술양식과 무용적 표현력에서 뛰어난 작품성과 예술성을 내세운다. 중국식 〈공자〉가 5막의 무용형식으로 그의 삶을 고조시키며 춘추전국시대의 사회적 혼란과 부패상을 내세워 소박한 민중적 '영웅, 성인聖人 대망론'을 펼쳐 나가며 관객들의 공감대를 확대시킨다면, 한국의 〈공자〉는 그의 탄생, 학문, 고난, 임종 등을 상징적으로, 무용 이미지로 이어 나가며 일무佾舞의 색감과 오브제를 활용해 극적 표현력을 강화한다. 무엇보다도 중국 〈공자〉에 일무의 원용이 없고 지나치게 연극적 활기만 두드러지는 점, 그리고 '죽간무', '거문고 춤' 같은 무용작품으로서의 일품逸品이 보이지 않는다는 것이 공자에 대한 사회 일반적 인식 내지는 연구성과의 미진함을 반증하는 것이라면, 공자의 임종을 딛고 일어선 꽃 든 제자들의 도열 일무형식은 확실히 한국의 〈공자〉가 창의적임을 입증하는 것이다.

프로그램이나 팸플릿이 배포되거나 판매되지 않는 중국 극장공연계의 현황에서는 안무가에 대한 정보를 얻기가 어렵고 작가의 창작 의도라든지 작품 구성, 혹은 장별章別 내용에 대한 해설이 전혀 사전에 알려지지 않는다. 따라서 그런 사전 설명에 따라 기획 의도나 작가의 암시에 흔들리지 않고 무대에 오른 그대로 '주어진' 작품 자체만 보고 평가하려는 나 같은 경우는 오히려 입장과 시각이 훨씬 자유로운 것이 사실이다. 그렇지만 이번 공연의 안무가 경력, 중국 측 출연진, 스태프 등을 파악할 수 없다는 것이 여간 답답하지 않았다. 소문에 의하면 중국 〈공자〉를 위한 물량공세로서 제작비가 200억 원대, 무대 출연진도 200명 선이라는 풍문이었다.

'오리지널 댄스 드라마 대형 무용극' 타이틀로 '2009 중국 취푸 국제공자문화절' 개막식 작품이 된 장지강의 〈공자〉 공연 주최는 산둥성 인민정부 산하 문화부와 교육부, 5000명을 수용한다는 취푸 야외 싱탄(杏壇)극장에는 안개 연막장치만이 아니라 측면 무대 이동장치와 물길을 틀 수 있는 수막水幕장치, LED 등 최첨단 과학기기가 총동원되었다. SED 첨단 과학기기가 어떤 기능을 하는지는 잘 알 수 없지만 무대장치는 전반적으로 장중했고, 특히 측면 사이드 윙 공간을 활용하는 무대미술에 많은 비용의 흔적이 보이는 만큼 무대세트 의존도가 높다. 속도감 있는 이동과 변화는 극적 효과를 높인다. 다채로운 조명효과와 의상 패션은 공자라는 성인을 다루는 고전적 양식보다 활력과 스피드감이 주축을 이루고, 그만큼 대중적 취향에 포커스를 맞춘 안무의 시선을 느끼게 한다. 스펙터클한 무엇인가를 보여줄 것이라는 기대는 마지막 장면에서 강물에 쓸려가는 아이를 살리려는 공동체 주민들과 공자의 현장을 구체화하는, 이른바 중국식 수막水幕 처리 방식, 곧 무대를 가득 채우는 압도적인 홍수 범람 장면의 형성일 것이다. 이런 스펙터클한 장면을 인력으로 채우려면 자연스럽게 집단군무에 맞춘 다수 출연 인원들의 동원이 필연적이지 않을 수 없다. 그러니까 필요 이상으로 동원된 무용수들의 집단 군무 형식이 미색만 탐하는 왕과 외설스러운 궁녀 집단 같은 잉여 인원들의 과시나 쓸데없는 회전무대로 처리되기도 한다. 그에 비하면 문화절 개막 전야제를 장식한 한국의 〈공자〉는 1000명 내외를 수용하는 신축 공자문화회관(會展中心)을 채운 관객들에게 첫째 서사적 양식의 구성, 둘째 밀도 있는 집중도와 유연한 이음새, 셋째 무용적 추상성을 통해 분명히 예술적 표현력이 불러일으키는 깊은 내면의 공감대를 마련했다 할 것이다.

중국 국제공자문화절 2009
공자 고향서 창작무용 〈공자〉로 호평받은 임학선 교수

장세정 / 『중앙일보』 2009. 10. 1

한국춤 세계화 위해 공자를 소재 삼아

"한국춤을 어떻게 세계인들에게 선보일까 고민하다 지명도와 보편성이 있는 공자를 소재로 삼게 됐습니다."

임학선 성균관대 무용학과 교수는 공자를 한국무용의 소재로 택한 배경을 이렇게 밝혔다. 그는 공자 탄신 2560주년(2009년 9월 28일)을 맞아 본고장 중국 산둥성 취푸(곡부)의 후이잔(會展) 문화센터 극장에서 창작무용 〈공자〉를 무대에 올렸다.

올해 25회째를 맞은 공자문화제에 외국 공연단으로는 유일하게 초청을 받은 임 교수를 현지에서 만났다. 이화여대에서 무용을 전공한 그는 1988년 서울올림픽 폐막식 〈떠나는 배〉를 안무했고, 서울시무용단 단장을 지냈다.

성균관대 무용과 재학생과 졸업생, 임 교수가 이끄는 무용단 임학선댄스위 소속 배우 등 40여 명이 함께한 이날 공연은 공자의 탄생·학문·고난·임종과 부활 등 5막으로 이뤄졌다.

탄생 장면에서는 공자가 10여 미터 붉은 천으로 표현된 탯줄을 끊고 미혼모였던 어머니 안징재顔徵在의 몸속에서 나오는 장면을 실감 나게 묘사했다.

이어 공자가 "배우고 수시로 익히면 즐겁지 아니한가(學而時習之 不亦悅乎)"를 비롯해 『논어』의 유명한 구절들을 읊조리는 장면, 위나라 왕비였던 남자南子 부인이 공자를 유혹하는 현란한 춤사위, 거문고를 켜며 이런 고뇌를 극복하는 공자의 인간적 모습, 죽간을 들고 제자 안자顔子와 치열하게 학문을 탐구하는 모습 등을 파노라마처럼 그려냈다.

중국 인민해방군 가무단이 창작해 전날 초연한 〈공자〉와 임 교수의 〈공자〉를 모두 지켜본 무용평론가 이상일 씨는 "중국 작품이 스케일을 내세웠다면 한국 작품은 표현력에서 완성도가 높았다"고 평가했다.

다음은 임 교수와의 일문일답.

장세정 공자의 고향에서 전막을 공연하긴 처음인데.

임학선 2003년 공자문화제 때 죽간을 소재로 한 춤을 일부 공연한 적은 있지만, 창작무용 〈공자〉의 전막을 중국 무대에 올린 것은 처음이다. 이번 작품은 2004년 한국 예술의전당에서 초연했고, 2006년에는 한·불 수교 120주년 기념으로 유네스코 초청으로 파리에서 공연했던 작품을 손질한 것이다.

장세정 어떤 부분을 수정했나.

임학선 공자 생애 소개를 줄이고, 스승과 제자가 주고받는 마음에 초점을 맞췄다. 공자 사상의 핵심인 인仁은 상대에 대한 배려인데, 그것을 춤으로 표현하고 싶었다.

장세정 유학을 별도로 공부했나.

임학선 대학원생들과 함께 3년간 옥편을 찾아가며 고전문헌 속에 숨은 춤의 원형을 찾아냈다. 유학과 교수들의 도움도 많이 받았다.

장세정 36명이 가로와 세로로 줄지어 추는 육일무가 인상적이었다.

임학선 공자의 사상인 공경·사양·겸양을 춤으로 표현한 것이다. 16세기 조선 문헌을 고증해 무보(舞譜: 춤동작을 악보처럼 기호나 그림으로 기록한 것)를 만들고 이를 춤동작으로 복원했다.

장세정 공연에 사용한 음악은.

임학선 공자에게 제를 올릴 때 쓰는 문묘제례악文廟祭禮樂, 국악합주곡인 수제천壽齊天, 공무도하가 등을 사용했다. 신혜영 음악감독이 이 작품을 위해 별도 창작한 작품도 사용했다.

장세정 앞으로 계획은.

임학선 2010년에 베이징에서 〈공자〉를 다시 무대에 올릴 생각이다. 공들여 복원한 팔일무의 유네스코 무형문화재 등재도 추진 중이다.

중국 국제공자문화절 2009

중국인 감동시킨 한국인 창작무 〈공자〉

김연정 / 『연합뉴스』 2009. 9. 30

‘인류의 스승’ 그려낸 몸짓… 중국서 전막공연

9월 28일 오후 8시(현지시각) 공자의 고향 중국 산둥성 취푸(곡부)에 있는 도시회전문화중심 극장. 입장 마감 1시간여 전부터 관객들이 하나둘 모여들어 1000여 객석이 가득 찼다. 이날 성균관대 재학생과 졸업생으로 구성된 무용단 임학선댄스위는 중국 정부가 주최한 공자 탄신 2560주년 기념 ‘국제공자문화절’ 본행사에서 75분간 창작무 〈공자〉를 선보였다.

오후 8시 30분께 종소리가 울리며 공연이 시작되자 장내는 순식간에 침묵에 휩싸였다. 상서로운 기운이 느껴지는 배경음악과 함께 니구산과 근처 호수를 형상화한 보랏빛, 푸른빛 옷 동자들이 생명의 태동을 암시하는 춤사위를 펼치자 이윽고 탯줄을 의미하는 빨간 줄이 무대를 가로질렀다. 아기 공자가 탄생하는 순간이었다.

이어진 '학문의 장'에서는 맑은 물소리와 함께 흰옷을 차려입은 공자가 등장해 낭랑한 목소리로『논어』의 구절을 읊었다. "배우고 제때 그것을 익히면 어찌 즐겁지 아니한가…." 낭송되는『논어』를 배경으로 한 '죽간 춤'은 치열하게 학문을 갈고닦는 과정을 담아냈다. '고난의 장'에서는 어두운 무대 위의 한 줄기 빛을 따라 분홍 옷을 입고 부채를 든 위나라 왕비 남자南子가 공자를 연모해 그를 유혹하는 춤사위를 벌였다. 왕비와 서로 밀고 당기며 혼란스러워하던 공자는 무대 좌우로 펼쳐진 거문고 줄에 양팔을 얹고 제자들과 함께 거문고를 켜면서 마음을 다스렸다. 은색 옷을 입은 여성 무용수 10여 명이 나란히 줄지어 선율에 따라 물결을 그리는 '거문고 춤'을 선보이자 관객들은 탄성을 연발했다. 이어서 '공자의 임종'. 구슬픈 공무도하가가 배경음악으로 깔리고 뒷모습의 공자는 한 걸음씩 고향을 향해 되돌아갔다. 하늘에 닿을 것같이 휘청거리는 '솟대' 사이로 제자들이 서성거리는 모습은 스승을 만나고 싶어 하는 그리움을 담았다. 이 공연의 하이라이트인 '부활의 장'에서 공자는 한 송이 꽃으로 다시 피어난다. 스승의 부활을 기뻐하며 제자들은 꽃과 피리를 들고 일무를 펼쳤다.

장엄한 분위기 속에 출연진 전원이 여섯 줄로 서서 춤사위를 주고받은 6일무를 끝으로 공연은 막을 내렸고, 박수 소리는 끊이질 않았다. 문묘제례악, 수제천, 공무도하가 등 전통과 현대를 넘나드는 음악을 사용하고 16세기 문헌에 나온 원형의 춤사위를 고증해 만든 창작무 〈공자〉는 인류의 영원한 스승 공자의 생애와 사상을 깊이 있고 충실히 담아냈다는 평가를 받았다. 공연이 끝나고도 자리에 한참 머무른 현지 관객 송한(21·여) 씨는 "공자 고향인 취푸 사람이기도 하고 원래부터 공자에 관심이 많았다"며 "오늘 공연에서 임종과 부활 부분에 피리와 솟대를 들고 춘 일무가 특히 감동적이었다"고 말했다.

중국 국제공자문화절 2009

中 공자문화절에 韓 무용단 공연… 외국 팀 첫 사례

김연정 / 『연합뉴스 2009. 9. 27

성대 졸업생·재학생 40명 창작무 발표

세계 최초로 공자를 소재로 만들어진 국내 창작무용 작품이 중국 정부 초청으로 공자의 고향 무대에 선다.

9월 27일 공연 관계자들에 따르면, 임학선 성균관대 무용학과 교수가 이끄는 무용단 임학선댄스위는 28일 오후 8시(현지시각)부터 중국 산둥성 취푸(곡부)의 공자문화회전중심 대강당에서 70여 분간 창작무 〈공자〉의 전막공연을 한다.

공자 탄신 2560주년을 맞아 열리는 국제공자문화절 행사에서 성균관대 졸업생·재학생 40명으로 구성된 한국무용단이 외국 팀으로는 처음으로 본공연을 맡게 된 것. 매년 9월 28일 개막하는 공자문화절 행사는 중국 정부 주관으로 공자의 탄생지에서 열리는 중국 최대 규모의 문화행사이다. 1983년부터 시작돼 올해로 27번째를 맞는다.

특히 올해 2009년 행사는 공자를 부각시킨 지난해 베이징올림픽의 영향으로 중국에 공자 열풍이 부는 가운데 열리는 행사여서 주목받고 있다.

창작무 〈공자〉는 임 교수가 성균관 석전대제(釋奠大祭·공자에 대한 제사)에서 행해지는 제례의식 문묘일무文廟佾舞의 원형과 중국 고문서를 연구한 결과를 바탕으로 만든 작품이다. 공자를 소재로 한 장편 창작무용으로는 세계 최초로 2004년 국내에서 전막 초연됐다. 탄생–학문–고난–임종–부활 등 총 5장으로 구성돼 있으며, 공자의 삶과 사상이 한국적 리듬과 몸짓을 담은 춤사위로 표현됐다.

임학선댄스위는 2003년과 2004년 공자문화절에 초청을 받아 개막공연을 한 적이 있다. 이번 초청공연의 예술총감독을 맡은 임학선 교수는 "중국 본토에 우리 문화로 재해석된 공자를 주제로 한 무용작품을 소개하게 돼 자긍심을 느낀다. 이번 공연을 계기로 한국과 중국이 더욱 폭넓게 문화교류를 했으면 한다"고 말했다.

27일 저녁 열리는 전야제(개막공연)에는 베이징올림픽에 참여한 유명 스태프와 무용수 200여 명이 참여하는 중국 측 창작무 〈공자〉도 공개될 예정이다.

중국 국제공자문화절 2009

중국의 대륙적 규모에 비견되는 우리춤의 진정성에 긍지 있다

이정후 / 『댄스포럼』 2009. 11

중국 공자문화축제에서 〈공자〉를 공연한 임학선 씨

이정후 공자축제 개막공연에 참여를 했는데…

임학선 올해 2009년은 공자 탄신 2560주년을 맞는 해이다. 공자문화축제는 공자 탄신일(9월 28일)을 기념해서 매년 열리는데 5년마다 큰 규모로 치러진다. 이번 행사는 베이징에서부터 취푸(곡부)로 이어지는 것이었다. 베이징에서는 국제유학연합회에서 주최하는 대규모 학술대회가 개최되었고, 취푸에서는 다양한 문화행사가 열리는데, 베이징 학술대회에 참여하였던 약 300명의 교수들이 야간열차를 타고 취푸로 이동하여 공자문화축제에 참가하게 된다. 나는 이번에 베이징에서부터 취푸로 이어지는 행사에 함께 참여하였다. 그동안 공자를 제사하는 춤 문묘일무文廟佾舞와 무용 〈공자〉를 개발하여 여러 차례 행사를 한 것이 계기가 되었다고 할 수 있다. 나는 9월 22일 인천공항을 출발해서 베이징에서의 논문 발표를 마치고, 9월 26일 밤 야간열차를 타고 27일 아침에 다른 교수들과 함께 취푸에 도착했다. 이번 공연단의 규모는 단원과 스태프를 포함해 모두 55명이었다. 2003년부터 공자문화축제에 꾸준히 참가하였지만 이번에 처음으로 무용 〈공자〉의 전막(75분)을 공자 탄신일에 메인 공연으로 하였다.

이정후 현지 반응은…

임학선 솔직히 말하면 나의 예상을 뛰어넘는 것이었다. 그쪽 사람들이 많이 놀란 것 같다. 금년에는 중국도 〈공자〉라는 제목의 무용작품을 처음으로 만들어 공연하였기 때문에 한·중 두 나라의 무용작품을 비교해볼 수 있는 좋은 기회였다. 축제 총책임자의 말로는 약 200억의 예산에 200명 규모로 만들어진 것이라고 한다. 인민해방군 가무단의 중국 작품은 대규모 작품이었고, 이에 비하면 우리의 것은 40명이 출연하는 아주 작은 규모였다. 중국은 9월 27일 개막제(행단극장, 야외) 공연이었고, 우리는 공자 탄신일 공연(공자문화회전중심, 실내)으로 이루어졌다. 두 작품이 동시에 메인 공연으로 소개되는 것이어서 상당히 긴장했다. 중국 공연은 대규모의 큰 공연이 될 것으로 예상했기 때문에 우리는 소규모 작품이지만 예술성을 가지고 승부를 해보자는 생각으로, 그 더운 7, 8월의 훈련을 강화하여 작품의 디테일을 잡아갔다. 단원들은 고된 연습일정을 잘 견뎌주었고, 예상외로 관객들의 반응도 좋았다.

이정후 중국 문화 교류에도 일조를 하는 계기가 될 것 같은데…

임학선 이번 공연이 중요한 계기가 될 것 같다. 중국 전역에 이번 행사가 소개되었고 TV 뉴스 황금시간대에 계속 방송되었다고 들었다. 11월부터는 우리의 작품을 특집으로도 다룬다고 한다. 이번 행사를 계기로 베이징에서도 공연 제의가 들어오고 다른 지역에서도 계속 관심을 보여오고 있다. 그래서 2010년에는 더 의미 있는 행사들로 이어질 것으로 기대하고 있다.

이정후 애정을 갖고 오랜 시간 공들인 결과가 나오는 것 같다.

임학선 공연은 2003년부터지만 1998년부터 시작된 준비기간까지 합하면 짧은 시간은 아닌 것 같다. 2004년 서울 예술의전당 오페라극장 전막 초연 이후, 전막공연이 외국에 소개된 것은 2006년 프랑스 파리 유네스코 공연이 처음이었다. 그리고 이번이 두 번째이다. 프랑스 공연에서 이미 우리의 작품이 승산 있다는 자신감을 갖기는 했지만, 공자의 고향인 중국 공연이 가장 어려운 공연이 될 것이라는 생각이었다. 때문에 준비기간 내내 긴장하였고 실제로 가장 긴장되는 공연이었다. 중국 본토에서의 공연은 나름대로 성과가 있었던 것으로 느껴진다.

이정후 본토에서 공연하는 부담감이 상당히 컸을 텐데…

임학선 이번에 한국과 중국의 두 작품이 동시에 무대에 올라갔기 때문에 부담이 너무 컸다. 중국인들의 정서적인 측면을 생각해보았을 때, 우리의 템포와 리듬 그리고 한국춤으로 해석된 공자가 그들의 정서와 문화예술적 차이를 어떻게 줄일 수 있을까가 가장 큰 고민이었다. 그래서 그동안 여러 차례 공연을 하면서 그냥 지나쳐버릴 수도 있었던 작은 장면 하나하나의 디테일에 가장 많이 신경을 썼다. 그 결과 작품이 많이 깔끔해진 것 같다.

이정후 관객 수준은 어땠나…

임학선 우리 작품의 조명디자인을 맡은 독일인 안드레아스 린케스는 피나 바우쉬와 함께 공연을 많이 다녔던 사람이다. 그가 나에게 조심스럽게 말을 해주었다. "서양이나 한국과는 관객의 정서가 많이 다르니까 놀라지 마라. 중국인들은 아무리 잘해도 커튼콜 때 박수를 잘 안 친다"고 귀띔을 해주었다. 그래서 나는 나름 근사하게 짠 커튼콜을 반으로 줄이고, 내심 걱정을 했다. 행여 관객들의 반응 때문에 단원들이 공연에서 힘을 내지 못할까봐 말이다. 공연이 시작된 후 처음 조금 웅성거렸다. 걱정이 되었다. 그런데 시간이 갈수록 믿기지 않을 정도로 조용해졌다. 어떤 장면에서는 작은 함성이 터져 나오기도 하고, 중간중간 박수도 나오고, 카메라 플래시도 터지고, 마지막 장면에서는 '핸드폰 카메라가 동시에 일제히 켜지는' 장면이 공연처럼 연출되기도 했다. 우리의 사고로는 도저히 이해되지 않는 일이지만 이 장면에 대한 나의 생각은 이렇다. 이번 공연의 무대는 무용수들이 춤추는 무대뿐만 아니라 개인의 감동이 만들어내는 자신들만의 작은 무대가 되었다고 나는 의미를 둔다. 이것이 중국식의 '무용과 관객의 만남'이 아닌가 싶다. 중국인들의 정서에는 아무런 문제가 되지 않는 광경이었다. 공연이 끝나고 나서도 그렇게 박수를 많이 칠 수가 없었다. 커튼콜을 괜히 줄였나 하는 생각을 하면서도 참 다행이라는 안도의 숨을 쉬게 되었다. 베이징에서 우리 공연을 보러 오신 분들도 꽤 있었는데 그분들 말 역시 이런 경우는 보기 드문 것이라고 하며 매우 감동적이고 성공적인 공연이었다고 격려를 아끼지 않았다. 사실 나는 이번 공연에서 열심히 뛰는 단원들의 모습을 보면서 많이 놀랐다. 출연자들 또한 중국 공연에 대한 긴장 때문인지, 아니면 관객들의 그런 반응 때문이었는지, 한순간의 오차도 없이 너무나도 훌륭하게 잘해주었다. 단원들 말이 "선생님께서 그렇게 칭찬을 많이 해주신 적이 없다"라고 하였다. 내가 너무 칭찬에 인색했던 것 같다. 그날 공연을 관람하셨던 모든 분들이 환호성을 보내주어 너무 감사하다.

이정후 이번 공연의 성과를 말한다면…

임학선 이번 공연은 성균관대 총장님 이하 각 부처의 처장님들이 관람하셨는데 많은 감동을 받았다며 공연단에게 칭찬을 아끼시지 않았다. 대학 문화를 꽃피울 수 있는 중요한 계기가 되지 않았나 싶다. 사실 나는 오래전부터 준비한 일이다. 대학 문화를 살려야 무용이 대중화될 수 있다는 것, 젊은 층을 끌어들이지 않으면 춤 발전이 어렵다는 것. 학교 캠퍼스를 공략했을 때 무용과는 관련이 없었던 학생들, 무용을 처음 보는 학생들이 춤을 보고 어떻게 느낄까? 이런 부분에 오랫동안 관심을 가지고 대학 내의 공연을 추진해왔다. 우리가 관객에게 한 발 다가고자 했던 기획공연은 좋은 반응이어서 앞으로 우리 관객을 조금 더 확보할 수 있겠다는 그런 확신이 생겼다. 아마도 학교 차원에서도 춤예술을 다시 인식하는 계기가 된 것 같다. 성과 중의 하나라고 생각된다, 이번 중국 공연은 작게는 개인 작품이지만, 조금 더 크게 보면 학교의 브랜드고, 조금 더 크게 보면 국가 브랜드라는 생각을 여러 사람이 하게 되었다. 좀 더 잘 다듬어서 상품화하여 국제무대에 적극 활용할 필요가 있겠다는 생각이다. 학교 관계자 외에도 여러 분야의 사람들이 취푸에 함께 동행했다. 앞으로 잘하면 매니저도 생길 것 같고, 그래서 두루두루 성과가 많이 있었다.

이정후 현재까지 우리나라에서 무용은 전문 디렉터나 매니저 없이 공연이 이루어지고 있는데 좋은 선례가 되는 계기인 것 같다.

임학선 중국 공연에 함께 가셨던 다른 분야의 사람들이 많이 좋아했다. 무용을 처음 접하는 분들도 있었다. 이제 〈공자〉 공연으로 국제무대 진출은 시작된 셈이다. 금년부터는 제자들에게도 공연 기회 제공은 적극적으로 하려고 한다. 대학에 다니면서 또는 대학 졸업과 동시에 개성 있는 자신들의 작품을 발표하면서 커갈 수 있는 5년, 10년의 장기 계획을 세운다고 하면, 조금씩 새로운 발판을 만들어가게 되지 않을까 하는 생각이다.

이정후 한국에서는 어떤 공연이든 단발성으로 끝나기가 쉬운데…

임학선 관객보다는 오히려 무용 관계자들이 재공연에 별 흥미를 갖지 않는 것 같다. 그래서 이에 대한 지원도 매우 보수적이다. 좋은 작품도 그저 몇 번의 공연으로 끝나는 경우가 많다. 그런데 나는 해를 거듭하면서 점점 더 재미를 느끼며 무용 〈공자〉를 만들어가고 있다. 작품의 미비점을 계속 보완하는 작업을 끈기 있게 하고 있다. 다행스럽게도 해를 거듭하면서 더 좋은 반응으로 다가오는 것을 실감하게 된다. 그리고 세계적인 추세의 영향 덕분에, 문화 흐름에 예술성을 뒷받침하는 철학이나 사상이 공자라는 동양사상에 맞물려 있어 세계인들이 주목할 수 있는 그런 작품으로 주목을 받게 되었다. 공연을 통해 성인 공자가 보편적으로 일상에서 만날 수 있는 사람으로 인식되면서 관객들이 재미를 가지고 즐기게 되는 것 같다. 작품에 대한 나의 생각은 이렇다. 아직까지 소개하지 못한 공자의 다양한 에피소드로 볼거리를 제공해주되 나름대로의 품격이 있었으면 좋겠다는 생각이다. 제품도 명품을 만들어놓으면 대를 이어서 가듯이, 무용 〈공자〉도 그런 작품으로 남고 싶다.

이정후 공자에 대한 연구를 하게 된 계기가 있나…

임학선 한국춤을 가지고 세계인의 이목을 집중시킬 수 있는 것이 무엇인가 생각하며 찾기 시작한 것이 엉뚱하게도 공자님이었다. 거기에 내가 가장 매력을 느꼈던 것이 바로 그를 공경의 마음으로 섬기는 '문무일무'라는 춤이 있다는 것이다. 사실 그 춤 속에는 보편적인 인류의 삶의 가치를 찾을 수 있는 가장 중요한 것이 있다. 그것을 쉽게 말하면, 너와 내가 함께하는 이 세상에서 가장 중요한 것이 바로 '서로가 주고받는 마음(授受之禮)'이라는 것이다. 이러한 내용을 표현한 것이 예로부터 전해지는 문묘일무의 춤사위이다. 이 춤은 춤사위를 그림으로 그린 무보의 형식으로 남겨지게 되었다. 그러니까 무용 〈공자〉에서도 스승과 제자가 서로 나누는 그런 진정한 마음의 정을 과장되지 않은 진솔한 춤으로 나타낸 것이다.

이정후 공자에 대한 핵심을 잡는 연구가 쉽지는 않았을 텐데…

임학선 문묘일무에 담겨 있는 진정한 의미를 터득하지 못했다면 작품의 핵심을 잡아내기가 매우 힘들었을 것이다. 일무의 춤사위 하나하나를 분석하면서 이 춤이 만들어진 철학적 배경과 사상 그리고 그 춤의 역사에 대해 알게 되었다. 서로의 마음을 담은 춤이 바로 문무일무인데, 무용 〈공자〉에도 그 핵심을 클라이맥스로 잡아 스승과 제자가 학문을 통해 느끼게 되는 다양한 감정을 표현하였다. 초연 때는 그런 것까지 디테일하게 잡아내지 못하였다. 후에 그러한 내용을 포함시켜 작품을 보완한 것이다. 초연 때는 작품의 주제를 '인간 공자'로 하였다. 성인 공자에서 인간 공자로 표현하는 것도 굉장히 축소했다고 생각했는데, 해를 거듭하면서 그것도 너무 광범위했던 것이라는 생각을 하게 되었다. 그래서 인간에서 스승의 삶으로 축소시켜 작년 30주년 공연에서 〈위대한 스승(The Great Teacher) 공자〉로 발표하였다. 사람들이 나의 작품을 보고 무엇을 어떻게 느끼겠는가 하는 문제도 중요하지만, 내 스스로 그런 것을 알게 되었다는 것이 큰 보람이다. 그리고 그런 진정성이 좋은 반응으로 이어지게 된 것 같다.

이정후 앞으로 추진해보려는 계획이 있나…

임학선 단원들의 소극장 춤 공연 활동을 적극 추진하고 있다. 그래서 1989년 개관하고 그동안 활동을 접어두었던 두리춤터를 활성화시키려고 준비 중이다. 우선 10월 30일과 31일에 '임학선댄스위 레퍼토리 공연'으로 소극장 문을 다시 연다. 이번 공연에서는 재치 있는 작품으로 관심을 갖게 하는 유혜진, 단단한 안무력으로 무용계의 기대를 모으고 있는 정보경, 참신하고 진솔한 마음으로 우리에게 다가온 이보름의 작품이 올려진다. 보다 다양한 기획으로 '보고, 배우고, 즐기고, 얻어갈 것'이 있는 복합문화공간으로 두리춤터를 만들고 싶다.

이정후 공연 계획은…

임학선 2010년 3월 대만 공연과 5월 스승의 날을 기념하는 무용 〈공자〉 공연이 확정되어 있고, 베이징 공연은 협의 중이며, 성균관 대성전에서의 공연도 예정하고 있다. 2008년에 숭례문 화재 사건으로 인해 성균관 대성전에서의 공연이 이루어지지 못했는데 지금은 상황이 많이 달라져 가능할 것 같다. 이와 함께 매달 단원들의 두리춤터 소극장 공연이 계획되어 있으며, 단원들의 국제무대 진출도 조금씩 이루어 나가게 될 것이다.

이정후 더 하고 싶은 말이나 바람은…

임학선 조금씩 우리의 변화를 보여주고 싶다. 그것은 아마도 단원들에게 거는 나의 기대가 될 것이다. 4층으로 된 두리춤터 공간 전 층을 모두 활용하는 방법을 기획팀과 함께 고민하고 있으며, 우리춤의 시장성을 확보하는 문제도 생각 중이다. 작지만 품격이 있으면서도 차별화된 예술문화공간에서의 새로운 작품을 기대해주기 바란다. 새롭게 문을 여는 두리춤터 공간은 참신한 생각을 가진 젊은 친구들이면 누구나 참여할 수 있다. 관심 있는 신인들과 선생님들의 많은 조언을 바란다.

중국 국제공자문화절 2009

취푸의 하늘 아래 펼쳐진 한국춤 〈공자〉와 무용담舞踊談을 추억하며

송해룡 / 『댄스포럼』 2009. 11

글로벌 금융위기로 인해 2009년은 우리 각자에게 여러 형태의 새로운 삶의 경험을 체험토록 하고 있다. 양극화 현상으로 대변되는 빈부격차의 확대, 학력의 자본화를 뚜렷하게 나타내는 명문대 쏠림 현상, 과도한 사교육비 지출 등에서 보듯이 우리 사회는 새로운 질서를 이곳저곳에서 요구하고 있다. 마치 다양한 세력이 군웅할거했던 2500년 전의 춘추전국시대처럼 말이다. 하늘을 중심으로 사유하던 제천帝天 사상의 천지天地를 바꾸고, 사람을 중심으로 새로운 사회질서를 만들어냈던 공자는 당시 춘추시대의 시대의식을 명확하게 꿰뚫어본 사람이다. "난세가 영웅을 만든다"는 말처럼 한 시대의 격랑은 역사에 길이 남을 성인聖人을 탄생시켰다. 성인들의 말과 가르침은 인간의 삶에 많은 영향을 주었지만, 공자만큼 정치적인 격변에 따라 그 의미와 해석이 혹독하게 다르게 나타난 성인은 없다고 하여도 지나친 말은 아닐 것이다. 공자 이야기를 여기서 언급하는 것은 필자가 이번 9월에 매우 독특한 경험을 하였고, 이 경험에 가장 큰 영향을 준 것이 바로 공자와 관련된 무용이었기 때문이다. 무용이 시대의식을 표현하는 중요한 예술이라는 교과서적인 이야기는 수없이 들어왔지만, 이것을 내 마음으로 체험한 것은 이번이 처음이었다.

2009년 9월 28일은 공자 탄신 2560주년을 기념하는 석전제를 행하는 날이다. 이번 행사는 중화민국의 60주년 기념행사와 나란히 하면서 그 의미가 어느 때보다 돋보였다. 유학의 인의예지仁義禮智를 건학 이념으로 삼는 성균관대학교는 이러한 시의적인 의미와 함께하면서 공자가 태어난 산둥성 취푸(곡부)에서 이 기념행사를 주관하였다. 이 행사는 성균관대학교 서정돈 총장이 세계유교 연합회 이사장으로 취임하는 의미도 있었지만, 중요한 것은 '공자의 나라'인 중국에서 조명하는 공자의 사상은 우리가 보고 배워온 것과 어떠한 차이점이 있는지 몸소 체험할 수 있었다는 점이다. 필자는 이번 취푸 여행을 통해 정말로 남다른 체험을 하였다. 우리말에 "꿈에도 생각지 못했다"는 표현을 쓰는데, 이 말 그대로였다. 공자와 공자의 사상이 21세기를 선도하려는 중국을 새로운 국가로 만들어가는 데 있어 망망대해의 등대와 같은 역할을 하고 있음을 확인할 수 있었다. 공자가 또한 21세기 새로운 문화를 창조하는 발전기로 활용되고 있음을 필자는 여러 곳에서 볼 수 있었다. 필자는 유학자의 집안에서 태어나고 자라서 공자 말씀을 한두 구절 듣고 외우면서 살았지만, 공자의 예술에 대한 말씀과 사랑의 마음을 제대로 읽지는 못하였다. 예술을 아끼고 진흥시켜야 한다는 공자의 메시지를 진정 몰랐던 것이다. 이것을 단번에 깨우치게 된 계기는 다름 아니라 바로 임학선 교수가 연출하여 시연한 〈공자〉였다. 이번 공자 탄신 2560주년에 초청을 받은 임학선 교수 무용단은 문자 그대로 취푸를 새롭게 디자인하였다 해도 맞는 말이다. 〈공자〉에 함께 들어 있는 팔일무八佾舞의 위용과 섬세함은 중국인들의 마음을 사로잡기에 충분했다. 정말로 그 표현의 끌어당김은 어떠한 구심력보다 강력했다. 아직은 외국인 공연을 칭찬하는 데 인색한 중국인들이 당시 얼마나 많은 박수와 환호를 보냈는지 모른다. 2시간 정도의 공연시간에 숨을 죽여가며 관람한 전 세계에서 온 수백 명의 사람들은 공연 〈공자〉를 통해 하나가 되었으며, 취푸는 다시금 공자의 성지聖地로서 인식되었다. 참으로 놀라운 일이었다. 공자는 『논어』 팔일편 23장에서 음악에 대해 이렇게 이야기하였다.

> *樂其可知也(악기가지야). 始作翕如也(시작흡여야). 從之純如也(종지순여야). 皦如也(교여야). 以成(이성) (음악은 알 수 있는 것이니, 처음 시작할 때 화합한 듯하게 해서 이어짐에 조화한 듯하며 끊어지지 않는 듯하여 한 악장을 이루는 것이다.)*

21세기는 문화의 시대이며, 문화를 토대로 하여 콘텐츠를 제작하는 능력에 따라 사회 발전이 좌우될 것이라는 주장에 대부분 지식인이 동의하고 있다. 필자 역시 이와 같은 관점을 지지하고 탐구하는 사람이지만, 과연 이것을 실현하고 뒷받침할 수 있는 이론적인 배경을 어디에서 끌어낼 수 있을지는 막연하였다. 전통과 첨단을 만나게 하여, 이것에서 소위 말하는 시너지 효과를 만들어내야 한다고 하지만, 그 구체성은 참으로 막연하였다. 그러나 이번에 체험하게 된 공연 〈공자〉를 통해 필자는 그 구체성을 그려볼 수 있게 되었다. 한편, 공자의 말씀 중에서는 제나라에서 소韶라는 음악을 들으시고 배우신 뒤로는 석 달 동안 고기 맛을 알지 못하시고 말씀하는 부분이 있는데 이러했다.

"음악이 이에 이를 줄 몰랐다(不圖爲樂之至於斯也)."

바로 필자는 취푸에서 공연 〈공자〉를 보고 체험하면서, 우리의 콘텐츠 능력을 이처럼 평가하고 싶었다. 21세기에는 스토리텔링 능력이 없는 사람, 디자인 능력이 없는 사람은 일어설 수 없다고 하는 말이 있는데, 공연 〈공자〉는 이 점을 크게 깨우쳐준 중요한 계기가 되었다. 『논어』 태백편 8장의 공자 말씀을 수없이 읽었지만, 그 의미가 이제 다가왔다.

子曰 興於詩, 立於禮, 成於樂 (공자께서 말씀하셨다. 시를 통해 흥하며, 예에서 서며, 춤과 음악을 통해 이룬다.)

춤과 음악을 통해서 인간은 완성될 수 있다는 것을 예리하게 제시한 말씀이다. 참으로 춤과 음악은 인간을 사람으로 거듭나게 한다. 문화선진국에서는 춤과 음악이 다양한 형태로 나타나고, 창조적 에너지를 갖는 것을 볼 수 있다. 그래서인지 공자의 다음 말씀은 가슴을 여미게 한다.

禮云 禮云, 玉帛云乎哉. 樂云樂云, 鐘鼓云乎哉 (양화편 11장 : 예라고 말하며, 예라고 말하지만, 그것이 옥과 비단만을 말하는 것이겠는가? 악이라고 말하며, 악이라고 말하지만, 그것이 종과 북만을 말하는 것이겠는가?)

이 말을 통해 무용의 의미와 존재가치를 날카롭게 보여주었다면 잘못된 해석일까? 필자는 단연코 아니라고 말할 수 있다. 바로 본 것이다. 취푸에서 본공연 〈공자〉는 공자의 일대기를 표현하였지만 그 의미를 시의적으로 적절하게 구현시키면서 새로운 시대의 탄생을 알렸으며, 한·중 간의 문화교류가 어떠한 형태로 새롭게 이루어져야 할지 보여주었다.

공자를 추모하는 취푸의 대성전대성전은 규모 면에서 우리의 대성전을 앞섰지만, 21세기는 규모를 넘어서 그 내용, 즉 콘텐츠 능력이 더욱 큰 의미를 갖는다. 취푸의 대성전은 문화혁명의 와중에서도 보존이 되었다. 거친 풍랑의 격변기 속에서도 저우언라이(주은래) 수상은 홍위병에게 공자 대성전의 역사적 가치를 설명하며, 보존을 부탁했다고 한다. 중국 지도자의 높은 문화의식과 덕목을 보여주는 일이라 아니할 수 없다. 우리나라 지도자의 문화인식도 이에 뒤떨어지지 않는다고 생각하지만, 여전히 우리 것에 대한 자부심, 역사인식은 보다 크게 고양되어야 할 필요가 있다. 팔일무의 원형은 유일하게 우리나라에 남아 있다. 우리가 이것을 보존하고 발전시키지 않았다면, 소중한 세계문화유산이 소리 없이 사라졌을 것이다. 이것을 지키고 발전시킨 우리 학자들의 노력은 찬사를 받아야 할 것이다. 그러나 전통에 대한 공경의 마음은 여전히 낮은 것을 볼 수 있다. 한 사람의 시작은 미약하였지만 그 나중은 창대한 것이 바로 문화 창조 능력이라는 믿음이 절실해지고 있는 요즘이다. 이번 2009년 9월 산둥성 취푸에서 함께한 2560주년 공자 석전제가 준 문화적 자부심과 창조성에 대한 믿음은 우리 모두에게 소위 '무용담舞踊談'의 꽃을 피우게 하였다. 취푸의 하늘에서 본 '공자무'와 '팔일무'가 지나가는 전설이 아니라, 우리의 문화적 역량을 글로벌 시대에 펼치는 '콘텐츠 킹(Contents King)'으로 도약할 수 있도록 하는 콘셉트를 개발해야 할 것이다. 이러한 양질의 문화콘텐츠를 바탕으로 중국을 넘어서 유럽으로 진출을 한다면, 새로운 '문화킹덤(Culture Kingdom)'을 구축할 수 있을 것이다. 2009년 9월은 신종플루의 대유행, 황사 현상, 취업률 저하, 양극화 현상의 심화 등 우울하고 부정적인 뉴스가 매스미디어의 의제로 다루어지면서 내 마음을 우울하게 하였지만, "공자무"는 용기와 희망 그리고 자신감을 다시금 심어주었다. 벌써 한 달이나 지난 취푸 여행이지만, 여전히 생생하게 남아 있다. 이러한 소회와 감회를 바탕으로 나는 학생들에게 이런 말을 하였다.

"우리에겐 무용담武勇談이 아니라, 무용담舞踊談이 필요하다."

내가 무용담舞踊談을 말할 수 있는 지식과 안목을 갖고 있을까 하는 두려움이 있지만, 너무나 벅찬 감동을 받아서 관람자의 한 사람으로 그 마음을 전한다. 무용담 만세!

2009 국제공자문화절 개막 공연 후 성균관대 총장, 취푸사범대 총장(중앙)과 함께

중국 국제공자문화절 2009

한국적 대중화를 모색해야

옥예슬 / 『성대신문』 2009. 4. 13

무용계의 위기 속, 한국무용은 현대적 장르의 무용들에 밀려 정체돼 있다는 평가를 받고 있다. 그러나 임학선 교수의 〈위대한 스승(The Greate Teacher) 공자〉(이하 〈공자〉)는 국제무대에서 호평을 받으며 발전하고 있다. 이는 동양적 주체성을 잃지 않고 '공자'라는 동서양 공통의 관심거리를 소재로 한국의 미가 물씬 풍기는 동작으로 구성됐기 때문이다. 또한 인의예지를 중시하는 '대학자 공자'가 아닌 번뇌하는 '인간 공자'를 그려 일반인들에게 친숙하게 만든 색다른 시도도 한몫했다.

옥예슬 〈공자〉와 같이 유교, 동양철학과 접목한 무용을 창작하게 된 이유가 있나?

임학선 10년 전에 우리 학교로 오게 되면서 성균관과 석전대제에 관심을 갖게 됐다. 이를 계기로 동양철학에 대해 공부하게 됐는데, 상호 간의 예의범절과 같이 유학에서 말하고자 하는 것들이 현대에도 무리 없이 적용된다는 것을 깨우치게 됐다. 게다가 유교에서 말하는 '예악'이 예법과 음악뿐 아니라 무용까지 포함하는 개념이라는 것을 발견한 뒤에는 무용과 유교의 융합을 적극적으로 시도하게 됐다. 이러한 결과로 2004년에 〈공자〉를 처음 선보였고, 그 후로 일반 대중들에게 쉽게 다가서는 무용을 목표로 수정을 거듭하고 있다.

옥예슬 흔히 예술에서 대중성과 예술성이 공존할 수 없다고 하는데?

임학선 그 말은 예술의 대중화를 구현하는 방식에 따라 결과가 달라질 수 있다. 〈공자〉에 있어 내가 추구하는 대중화란 수준을 낮춰 쉽게 가자는 것이 아니다. 오히려 서양과 차별화된 한국적 춤사위로 좀 더 세밀한 테크닉을 가미하여 대중과 '소통'이 가능한 질 높은 작품을 만드는 것이다. 즉 대중에게 다가서기 위한 많은 연구를 진행하고 이로써 무용이 지닌 품격을 유지하는 것이 곧 무용의 대중화라고 생각한다.

옥예슬 무용계의 새싹이라고 할 수 있는 대학 무용계에 아쉬운 점이 있다면…

임학선 우리나라 대학의 무용과들은 각 학교별로 뚜렷한 특징 없이 비슷한 교육과정으로 운영된다. 이렇다 보니 판에 박힌 무용수들이 배출되고, 무용계의 진정한 발전은 지체되는 측면이 있다. 그나마 우리 학교는 '성균관'이라는 이름에 맞게 학생들에게 문묘일무를 가르치는 등 특색 있게 운영되고 있다. 또한 무용과 학생들이 유학 수업을 듣고 있으며, 거꾸로 유학과 학생들이 무용을 배워서 공연을 할 예정이다. 이렇듯 다른 학문과 교류하면서 자칫 한쪽으로만 치우칠 수 있는 사고를 더욱 유연하게 해야 작품을 통해서도 대중에게 더욱 친화력 있게 다가설 수 있다고 생각한다.

옥예슬 우리나라 무용의 한계와 극복 방안에 대해 말해본다면?

임학선 가장 큰 한계는 바로 한국무용의 범위가 국한돼 있다는 점이다. 예술적인 무용의 틀에 갇혀 항상 미적인 요소에만 중점을 두다 보니 기교를 넘어선 것들을 시도해보지 못한다. 하지만 좀 더 시야를 넓혀보면, 무용은 다른 분야들과 접목할 수 있는 가능성이 무궁무진하다. 무용과 '공자'를 춤으로 표현한다는 것이 겉으로 전혀 어울리지 않아 우려했던 사람들의 기대를 뒤엎고 성공할 수 있었던 데에는 틀을 깨려는 사고가 있었다. 이렇듯 무용이 예술임은 물론 철학이자 과학이라는 생각을 지니고 장르를 넘나드는 진정한 종합예술로 거듭날 수 있도록 해야 한다. 이를 통해 창의적 생각을 하도록 분위기를 조성하고 재능 있는 인재들을 발굴해야 한다.

5. 독일 프랑크푸르트 국제도서전 2005

독일 프랑크푸르트 국제도서전 2005

무보집 펴낸 임학선 성대 교수 22일 독일 공연

윤정국 /『동아일보』2005. 10.15

봄가을 1년에 두 번 거행되는 성균관 석전대제(釋奠大祭·공자와 그 제자들 및 한국의 유학자들에게 지내는 제사로 국가무형문화재 85호)에서 2004년부터 제자들을 이끌고 문묘일무(文廟佾舞·공자에게 제사를 올릴 때 추는 의례 춤)를 공연해온 임학선 성균관대 무용학과 교수가 한국과 중국의 문묘일무를 총망라한 무보집舞譜集『문묘일무보 도해』를 펴냈다.

임 교수는 지난 3년 동안 한국과 중국의 도서관과 고서점 등을 발로 뛰어다니며 발굴한 17종의 무보舞譜를 엮어 만든 이 책을 독일 프랑크푸르트 국제도서전(10월 19~23일)에 출품한다. 아울러 제자들로 구성된 무용단 '임학선댄스위'를 이끌고 가 22, 23일 프랑크푸르트 도서전시장 이벤트홀에서 문묘일무와 함께 창작춤 〈공자〉 공연도 가질 예정이다. 귀로에는 세계적인 무용가 피나 바우쉬의 초청으로 독일 부퍼탈에서 공연한다.

"이번 연구를 통해 문묘일무의 뿌리와 의미를 찾을 수 있었어요. 하늘과 땅과 인간이 하나 되는 염원이 담겨 있고, 동양의 예의범절이 다 들어 있는 춤이란 걸 알게 되었습니다. 유럽인들에게 동양문화의 정수를 보여주고 싶어요."

문묘일무는 공자를 칭송하고 기리는 제례祭禮의 춤으로 알려져왔으나 원래 공자 이전 중국 고대로부터 전해 내려오는 춤이었다는 것이 임 교수의 설명. 고대 중국에서는 왕위를 물려줄 때나 전쟁에 나갈 때처럼 중요한 일이 있으면 집단적으로 춤을 즐겼다는 것이다. 우리나라에는 1116년 고려 예종 때 중국 송나라로부터 문무文舞와 무무武舞가 모두 포함된 일무가 전래됐으며 그 후 1000년 가까이 원형에 가까운 모습대로 석전대제에 올려지고 있다. 그러나 중국에서는 명나라 때 공자 제사에 사용하기 위해 특별한 목적으로 만든 문묘일무의 무보에 문무의 춤사위만 전해지고 있다.

임 교수는 "우리나라에서만 문무와 무무를 모두 합친 일무가 원형대로 전승돼오고 있어 자긍심을 느낀다"고 말했다.

임 교수는 문묘일무의 역사와 춤사위 구조를 밝힌 책 『문묘일무의 이해』도 내놓을 예정이며, 2006년에는 한국-프랑스 수교 120주년 기념 파리 공연과 강연도 추진 중이다.

독일 프랑크푸르트 국제도서전 2005

그림으로 만나는 문묘일무

김용래 / 『연합뉴스』 2005. 11. 8

문묘일무文廟佾舞. 약 1000년 동안 성균관 석전대제(釋奠大祭·공자에 대한 제사)에서 행해진 의식 무용이다. 공자의 공덕을 칭송하고 기리는 제례의 핵심으로 유교의 예악사상이 담겨 있다.

중국 송나라에서 우리나라에 전래된 것은 800여 년 전 고려 예종 때(1116)이다. 이때 들어온 춤은 문무文舞와 무무武舞를 모두 포함해 오늘날까지 석전의식에서 치러지고 있지만, 중국의 경우 명나라 때 공자 제사에 사용하기 위해 특별한 목적으로 만든 문묘일무의 무보舞譜에는 문무만이 다뤄지고 있다고 한다.

서울시무용단장을 역임한 성균관대 무용과 임학선 교수가 춤동작이 그림으로 그려진 16~17세기의 문묘일무 무보들을 발굴, 고문헌 연구를 바탕으로 춤사위 복원 작업을 벌여 7년여 만에 그 연구 성과를 책으로 펴냈다.

『궐리지闕里誌』, 『남옹지南雍誌』, 『황조태학지皇朝太學誌』 등 춤사위들을 그림과 술어로 풀어놓은 중국 사료 13개와 『춘관통고春官通考』, 『속수성적도후학록續修聖蹟圖後學錄』 등 한국 쪽 사료 4개를 모아 묶었다. 또한 부록으로 춤사위 용어를 해설하고 문헌별 문묘일무의 특징을 실어놓았다.

책은 10월 22일과 23일에 독일 프랑크푸르트 국제도서전에서 전시됐으며, 한국관 이벤트홀에서 직접 문묘일무를 시연하기도 했다.

문묘일무의 역사적 배경과 변화를 다룬 이론서 『문묘일무의 이해』도 곧 출간될 예정이다.

독일 프랑크푸르트 국제도서전 문묘일무 공연 2005

6. 태국 람캄행 대왕의 날 공연 2005

태국 람캄행 대왕의 날 공연 2005

태국서 한국전통춤 선보이는 임학선 성대 교수

노현 / 『매일경제신문』 2005. 1. 17

"쓰나미 소식을 접하고 얼마나 놀라고 가슴 아팠는지 몰라요. 우리춤이 희생자들 넋을 기리는 데 조금이라도 도움이 됐으면 좋겠습니다."

지난해 중국 산둥성 취푸(곡부)시에서 열린 공자 탄신 2555주년 기념 국제공자문화절 행사에서 전통춤에 기반을 둔 창작무용 〈공자〉를 공연해 화제를 모았던 임학선 성균관대 교수가 자신이 이끄는 무용단 '임학선댄스위'를 이끌고 2005년 1월 17일 태국 무대에 선다.

임 교수는 현지시간 17일 오후 7시, 방콕 소재 람캄행대학에서 열리는 람캄행 대왕 탄생일 기념 축전에서 90분에 걸쳐 공연을 펼친다. 외국인으로는 유일하게 오르는 무대이다.

그는 17일 공연에서 부적의 의미를 춤으로 승화시켜 이 세상의 모든 부정을 씻어내는 생명굿의 의미를 담아낸 〈붉은 부적〉, 죽은 넋을 위로하고 달래 극락왕생의 의미를 담고 있는 〈태평무〉 등 전통춤과 창작춤 6편을 무대에 올린다.

"람캄행은 우리나라로 치면 세종대왕쯤 되는, 태국에서 가장 추앙받는 역사적 인물입니다. 해마다 1월 17일이 되면 국가적으로 성대한 축하행사를 펼치는데, 지난해 말 남아시아를 덮친 쓰나미 때문에 축하공연뿐 아니라 희생자들의 넋을 기릴 엄숙한 공연도 해달라고 부탁하더군요. 그래서 〈붉은 부적〉과 〈천도〉를 공연의 시작과 끝에 배치할 생각입니다."

임 교수 일행이 기념행사에 초청된 데는 〈공자〉가 직접적 계기가 됐다. 지난해 중국 공연 실황을 담은 DVD를 본 태국 문화부 측에서 람캄행 축전에서 〈공자〉를 공연해달라고 부탁해온 것. 태국 정부 차원에서 한국춤을 소개하기는 이번이 처음이다. 비록 촉박한 준비 일정과 여러 무대사정 때문에 프로그램은 변경됐지만 임 교수는 이번 공연에 상당한 의미를 부여하고 있다.

"태국은 자국 전통문화에 대한 자부심이 높은 나라입니다. 특히 무용에 대한 애정은 너무나 각별해서 남녀노소 누구나 전통춤을 출 수 있을 정도입니다. 이런 점 때문에 외국 유명 무용단도 태국을 자주 찾습니다. 이번 공연이 쓰나미 희생자들의 넋을 기리는 동시에 한국춤이 가진 예술성을 국제적으로 평가받을 수 있는 기회가 될 것으로 기대합니다."

임 교수는 "언젠가 세계무대에서 〈공자〉를 선보여 진검승부를 하고 싶다"며 "현재 프랑스 측과도 구체적인 이야기가 오가고 있는 만큼 조만간 유럽 무대에 〈공자〉를 올릴 수 있을 것"이라고 덧붙였다.

Choreography LIM HAK SUN
"วันพ่อขุนรามคำแหงมหาราช"
King Ramkhamhaeng The Great Day
17 January 2005 pm 7:00
Ramkhamhaeng The Great Hall
■ Embassy of the Republic of Korea ■ Ministry of Tourism and Sports / Thailand ■ Ministry of Culture / Thailand

람캄행 대왕극장 공연

เสาร์ 14.00 น. และ 19.00 น. อาทิตย์ 19.00 น.) ณ โรงละครกรุงเทพ ถนนเพชรบุรี

เทศกาลละครธรรมะ

เทศกาลละครธรรมะ ครั้งที่ 1 ได้เริ่มต้นให้บุคคลที่ใฝ่ในธรรมเข้าไปซึมซับรสธรรม แต่หลายคนยอมรับว่าเบื่อเล็กน้อยในรูปแบบเดิมๆ โดยกิจกรรมมีตั้งแต่ ละครธรรมะ Buddhism Plays ที่เข้าใจง่าย ด้วยลีลาของนักแสดงระดับมืออาชีพสื่อสารด้วยกิริยาบทมากกว่าคำพูด เมื่อจบจากละครจะมีการเสวนาธรรม พอแดดร่มลมตก 17.00 น. จะพบกับกิจกรรม เอนหลังฟังเพลงดนตรีจีวัน ดนตรีจากพิณแก้ว ดนตรีจากเด็กจุก สุขใจ ละอองฟอง Quartet ขลุ่ย ซอ ไวโอลิน และดนตรีภาคเหนือทั้งหมดนี้จะสลับสับเปลี่ยนมามอบความบันเทิงในรูปแบบที่แฝงธรรมะให้ซึมซับกับแบบไม่รู้เนื้อรู้ตัว เมื่อฟังดนตรีจนเคลิ้มได้ที่กิจกรรมสุดท้ายของวัน ล้วงลึกลวดลาย Art Exhibition ทั้งปั้น ทั้งวาด สาธิตทำอาหารชีวจิต สารพัดจะทำที่มุมนี้ หนึ่งวันให้กับธรรมะที่นี่ถือว่าครบสมบูรณ์ งานจะจัดขึ้นทุกวันเสาร์และอาทิตย์ไปจนถึงวันอาทิตย์ที่ 13 กุมภาพันธ์ ไม่เสียค่าเข้าชม เป็นการทำบุญตามจิตศรัทธา ที่ภัทราวดี เธียเตอร์ โทร.0-2412-7287-8

ลิม ฮัก ซอน แดนซ์ วี ทรูป

การแสดงนาฏศิลป์ประยุกต์ที่รวบรวมเอาการแสดงจากสาขาต่างๆ ไม่ว่าจะเป็นการตีกลอง นาฏศิลป์ การร่ายรำ หรือแม้กระทั่งบัลเลต์ส่งตรงจากประเทศเกาหลีมาถึงประเทศไทยเป็นครั้งแรก ด้วยความร่วมมือของบริษัทซัมซุง และมหาวิทยาลัยรามคำแหง เนื่องในวันครบรอบวันก่อตั้งมหาวิทยาลัยรามคำแหง การแสดงทั้งหมดไม่มีการหักค่าใช้จ่ายแต่อย่างใด โดยจะมีการจัดแสดงขึ้นในวันที่

เยาวชนด้านศิลปวัฒนธรรมร่วมสมัย จึงขอเชิญชวนเยาวชนที่สนใจที่จะเข้าร่วมโครงการ สามารถสมัครได้ทางไปรษณีย์ โทรสาร หรือสมัครด้วยตนเองที่ ศูนย์หอศิลป์ สำนักงานศิลปวัฒนธรรมร่วมสมัย ชั้น 7 กระทรวงวัฒนธรรม ถ.สมเด็จพระปิ่นเกล้า บางยี่ขัน ภายในวันที่ 20 มกราคม 2548 หรือโทรศัพท์ 0-2883-5355 ต่อ 1705-9 โทรสาร 0-2883-3512 เพื่อที่จะเข้าค่ายเยาวชนในเขตพื้นที่กรุงเทพฯ ในวันที่ 28-30 มกราคม 2548 ณ อนุสรณ์สถาน 14 ตุลา ราชดำเนิน

ปกิณกะ

ส่งความสุขแบบประชานิยมกับร้านหนังสือเดินทาง

วันเสาร์ที่ 15 มกราคม 2548 เวลา 17.00 น.

จิบไวน์แดงนิวซีแลนด์พร้อมสนทนากับ ดร.วรากรณ์ สามโกเศศ เจ้าของผลงาน First Best และวันเสาร์ที่ 22 มกราคม 2548 เวลา 17.00 น. จิบชาอู่หลงไต้หวันพร้อมขนมหวานญี่ปุ่นและสนทนากับ ดร.สุวินัย ภรณวลัย เจ้าของผลงานแกะรอยทักษิโนมิคส์กับความจำเป็นของทางเลือกที่สามฯ และในวันเสาร์ที่ 29 มกราคม 2548 เวลา 17.00 น. จิบไวน์ขาวเคล้าเสียงเพลงแจ๊ซและพบกับ วันชัย ตันติวิทยาพิทักษ์ บรรณาธิการนิตยสารสารคดี เจ้าของผลงาน คน เขื่อน น้ำ ป่า กาแล็กซี และผมซักฟอก พร้อมรับสิทธิพิเศษเมื่อซื้อหนังสือทุกเล่มจากสำนักพิมพ์ Openbook 3 เล่ม ในราคา 2 เล่ม หรือซื้อสองแถมหนึ่ง ตลอดเดือนมกราคม

เทศกาลหนังสือเด็ก ที่เอเชียบุ๊คส์

สำหรับช่วงปิดเทอมที่กำลังจะมาถึง บริษัท เอเชียบุ๊คส์ ทุกสาขา ขอเชิญผู้ปกครองทุกท่านพาบุตรหลานมาเลือกซื้อหนังสือในงาน Children's Festival: Magic of Reading ตั้งแต่วันนี้ - 17 กุมภาพันธ์ 2548 เด็กๆ จะได้พบกับหนังสือภาษาอังกฤษใหม่ๆ มากมายจากทั่วทุกมุมโลกกว่า 1,000 รายการ ที่จะช่วยเปิดโลกทัศน์ แต่งแต้มจินตนาการและสร้างเสริมทักษะการเรียนรู้ พร้อมการประกวดวาดภาพ My Super Hero นอกจากนี้ เด็กๆ ยังได้สนุกกับการลุ้นรับของขวัญ Magic Prizes พร้อมกับ Magic Coupon จำนวน 1, 2 และ 3 ใบ เมื่อซื้อครบ 1,500 / 2,500 และ 3,500 บาท ตามลำดับ และเมื่อสะสม Magic Coupon ครบ 4 ใบ เด็กๆ จะได้รับบัตรส่วนลด 15% พร้อมของขวัญพิเศษ และของสมนาคุณเพิ่มเติมด้วย บัตรสมาชิก 1 Year Junior Member Card เมื่อซื้อครบ 2,500 และ 3,500 บาท เพื่อใช้เป็นส่วนลดในการซื้อหนังสือหมวดเด็กและเยาวชนในครั้งต่อไป ประกวดวาดภาพ My Super Hero ขอเชิญชวนน้องๆ อายุระหว่าง 3-12 ปี ส่งผลงานการวาดภาพในหัวข้อดังกล่าว เพื่อชิงรางวัลมูลค่า 3,000 /

ข้อมูลเพิ่มเติมได้ที่แผนก Customer Service โทร 0-2715-9000

สสส.เชิญชวนเยาวชนไทยเข้าร่วมประกวดโคร

No Smoking Acting Contest

สำนักงานกองทุนสนับสนุนการสร้างเสริมสุขภาพ ร่วมกับ บริษัท นาราซีซเท็ม ขอเชิญชวนเยาวชนคน ที่มีความคิดสร้างสรรค์ และกล้าแสดงออกเข้าร่วมแ ในโครงการ "No Smoking Acting Contest" เว เปิดโอกาสให้เยาวชนไทยได้ใช้จินตนาการสร้างสรรค์ ผ่านทางการแสดงที่ไม่จำกัด อาทิ การร้องเพลง วงด จินตลีลา ทอล์กโชว์ เล่นลิเก ละครเวที หรือเชียร์ลีด เป็นต้น ซึ่งการแสดงต้องสามารถสนับสนุนแนวคิดข รณรงค์ไม่สูบบุหรี่ของเยาวชนไทย ชิงรางวัลทุนการศึ พร้อมโล่ประกาศเกียรติคุณจาก สสส.โดยผู้ที่เข้าประ จะต้องมีอายุระหว่าง 13-18 ปี และกำลังศึกษาอยู่ใน โรงเรียนระดับมัธยมศึกษาตอนต้นและตอนปลายใน เขตกรุงเทพฯ และปริมณฑล ตลอดจนโรงเรียนในเข ภาคกลาง สมัครในนามโรงเรียน โดยคัดเลือกเป็นตั จากโรงเรียน โรงเรียนละ 1 ทีม สามารถส่งเข้าประก ได้ทั้งแบบเดี่ยว คู่ หรือเป็นกลุ่มไม่เกิน 4 คน เยาว ผู้สนใจสามารถส่งใบสมัครมาที่ บริษัท นาราซีซเท็ม 129 ซ.พัฒนาการ 56 ถ.พัฒนาการ สวนหลวง กทม 10250 โทร.0-2722-7311-3 เปิดรับสมัครตั้งแต่บัดนี้ จนถึงวันที่ 20 มกราคม 2548

ศูนย์มานุษยวิทยาสิรินธร

ชวนท่องแดนมนุษย์บ้านเชียง

วันที่ 25-27 กุมภาพันธ์ 2548 นี้ ศูนย์มานุษยวิ สิรินธร (องค์การมหาชน) ขอเชิญผู้สนใจร่วมกิจกรร ท่องเที่ยวทางวัฒนธรรมเขตอีสานเหนือ ในหัวข้อ "ท่องแดนมนุษย์บ้านเชียง" ร่วมสัมผัสและศึกษาเรียน ในแหล่งโบราณคดีก่อนประวัติศาสตร์ที่พบร่องรอย อารยธรรม และโครงกระดูกมนุษย์เมื่อหลายพันปี ประกอบด้วย เมืองโบราณโนนเมือง อ.ชุมแพ จ.ขอน แหล่งโบราณคดีภูพระบาท จ.อุดรธานี และแหล่งโบ บ้านเชียงที่มีชื่อเสียงระดับโลก ซึ่งแต่ละแหล่งจะเป็น เรียนรู้เรื่องราวก่อนประวัติศาสตร์ได้อย่างชัดเจน สัม โลกล้านปีกับ พิพิธภัณฑ์ไดโนเสาร์ภูเวียง และสุสาน ล้านปี ชมแหล่งทอผ้าพื้นเมือง ชิมอาหารพื้นเมืองเลื่อ พร้อมชมการแสดงพื้นบ้าน ผู้สนใจชำระค่าลงทะเบีย ท่านละ 4,300 บาท โดยแจ้งความประสงค์สำรองที่นั พร้อมชำระเงินก่อนวันที่ 15 กุมภาพันธ์ 2548 รับจำ จำกัด สอบถามรายละเอียดเพิ่มเติมโทร.0-2880-942 ต่อ 3315

ใครต้องการฝากข่าวกิจกรรมทางด้านบันเทิง สามารถส่งมาได้ที่ panitas@posttoday.com หรือส่งมาที่คอลัมน์ปฏิทิ เช็กชั่นแมกกาซีน หนังสือพิมพ์ โพสต์ทูเดย์ ชั้น 2 อาคารบางกอกโพสต์ เลขที่ 136 ถนน ณ ระนอง แยกสุนท คลองเตย กรุงเทพฯ 10110 หรือโทรสาร 0-2671-3132

7. 한·불 수교 120주년 기념
프랑스 파리 유네스코 공연 2006

한·불수교 120주년 기념 프랑스 파리 유네스코 공연 2006

임학선무용단 창작무용 〈공자〉 파리 공연

이준삼 / 『연합뉴스』 2006. 10. 19

한·불 수교 120주년 기념 유네스코 주최

임학선 성균관대 무용학과 교수가 이끄는 무용단 '임학선댄스위'의 창작무용 〈공자〉가 10월 24일 오후(현지시간) 프랑스 파리 유네스코(UNESCO) 본부에서 공연된다. 2006년 올해 한불 수교 120주년을 맞아 프랑스 유네스코 본부와 주불 한국 대사관이 공동 주최하는 행사로 한국 창작무용이 유네스코에서 공연되는 것은 매우 이례적인 일이다. 마쓰우라 고이치로 유네스코 사무총장도 공연을 관람한다.

무용 〈공자〉는 무용수 70여 명, 국악관현악단 30여 명 등 모두 100여 명이 출연하는 대작이다. 2003년과 2004년 9월 공자의 고향인 중국 산둥성 취푸(곡부)시에서 열린 공자문화축제에 초청돼 선보이며 크게 주목을 받았다. 2004년 5월 한국무용으로는 처음 예술의전당 오페라극장을 대관 받아 공연하면서 화제를 모았고 이번 파리 공연이 적극 추진되는 계기가 됐다. 공자의 생애와 사상을 주제로 한 〈공자〉는 국가무형문화재 제85호인 성균관 석전대제(釋奠大祭·공자에 대한 제사)에서 행해진 제례의식 '문묘일무文廟佾舞'를 창작화한 작품이다.

공자의 생애를 탄생, 학문, 고난, 임종 등 크게 4장으로 구분한 작품은 각 장마다 공자의 생애와 사상을 표현한 안무 끝부분에 문묘일무를 배치해 그를 존경하는 공자의 제자들과 현대인들의 마음을 담아냈다. 특히 문묘일무 춤동작은 하나하나가 철저한 역사적 고증을 거쳐 창작된 것으로, 임 교수는 문묘일무 무보가 수록된 한국과 중국의 고문헌을 뒤져 고대무용의 역사와 철학적 배경, 춤사위 구조 등을 꼼꼼하게 분석한 뒤 수년간 동작을 다듬어왔다.

임 교수는 또한 프랑스 호아이오몽(Royaumont) 문화재단 초청으로 10월 26일부터 11월 4일까지 프랑스 무용가, 안무가, 무용교사들을 상대로 문묘일무의 역사와 철학적 배경, 춤사위 구조, 변이 양상 등을 지도하는 워크숍도 현지에서 진행한다. 임 교수는 "유네스코는 '다음 세기엔 공자의 사상이 세계를 이끌어가게 될 것'이라고 전망했다"면서 "공자의 생애와 사상을 한국적 춤으로 표현한 〈공자〉의 파리 공연은 무척 의미가 깊다"고 말했다. 임 교수는 1970년대 후반 이후 〈도르래〉, 〈새다림〉, 〈인다리〉, 〈우리, 둘〉, 〈날개옷〉, 〈민들레 왕국〉 등 다수의 작품을 통해 지극히 한국적인 전통을 현대성과 접목시키는 '창작 한국무용' 작업에서 성과를 쌓았으며 서울예술단 감독, 서울시무용단 단장 등을 지냈다.

한·불수교 120주년 기념 프랑스 파리 유네스코 공연 2006

파리서 〈공자〉 공연한 임학선 교수

이준삼 /『연합뉴스』 2006. 10. 25

한국 창작무용 세계화 위한 첫 실험

"춤이 가진 내적 의미를 잘 살린다면 얼마든지 세계무대에 진출할 수 있습니다. '문묘일무文廟佾舞'를 바탕으로 한 〈공자〉의 파리 공연은 바로 이 점에서 의미가 있다고 생각해요."

유네스코 각국 대표부 대사 및 세계 문화예술인 등 1400여 명이 지켜보는 가운데 10월 24일 오후(현지시간) 파리 유네스코 본부에서 창작무용 〈공자〉를 공연한 임학선 성균관대 무용학과 교수는 파리에서의 〈공자〉 공연에 대해 "한국 창작무용의 세계화에 대한 실험"이라며 의미를 부여했다.

10대 초반 나이에 무용을 시작한 임 교수가 한국 창작무용의 세계화 가능성에 관심을 갖기 시작한 것은 한국 민속무용단으로 유럽 투어에 참가한 30여 년 전의 일. 임 교수는 “당시 3개월간 유럽 투어에 참가하면서 세계 문화의 중심지라는 유럽의 문화를 많이 느낄 수 있었다”면서 “언젠가는 (내가 만든) 작품을 가지고 세계무대에 설 수 있기를 바랐다”고 말했다.

1990년 창작 작품 〈민들레 왕국〉을 가지고 처음으로 홍콩 초청공연을 한 이후 지난 10여 년간 지속적으로 해외 공연을 추진해온 그는 한국적 미와 동양철학을 함께 담아낼 수 있는 작품 연구에 매진해왔다. 특히 5년 전 서울시무용단장을 그만둔 뒤에는 중국 고문서까지 연구해가며 성균관 석전대제에서 행해진 제례의식 ‘문묘일무’의 원형 연구에 매진해왔다. 그렇게 해서 탄생한 것이 바로 〈공자〉이다. 그러나 처음부터 〈공자〉가 무용계 내외에서 대접받았던 것은 아니다. 공자의 삶과 사상을 한국적 리듬과 몸짓을 담은 춤사위로 표현한다고 했을 때는 주변에서 회의적 시각도 많았다.

임 교수는 “5년 전 ‘문묘일무’로 창작무용을 한다고 했을 때는 주변 사람들 모두가 반신반의했다”면서 “중국 공연을 잇따라 성사시키고 예술의전당과 같은 무대에 공연을 올리면서부터, ‘이런 무용도 통하는구나’라고 인정하기 시작했다”고 설명했다.

“고급문화를 더 많은 사람들에게 쉽게 전달한다는 의미에서 대중성을 추구한다”는 그는 이번 파리 공연이 일반 공연장이 아닌 유네스코 대회의실이라는 ‘열린 공간’에서 진행됐음을 특히 강조하기도 했다.

“아직도 갈 길이 멀다”고 말하는 임 교수. 2008년 세계인이 주목하는 베이징 올림픽 무대에 초청받아 공연하는 것이 ‘현재의 목표’라는 그는 조만간 미국, 중국 공연 등을 또다시 추진할 계획이다.

한·불수교 120주년 기념 프랑스 파리 유네스코 공연 2006

세계무대에 선보인 한국무용 〈공자〉

이준삼 /『연합뉴스』 2006.10.25

임학선무용단 파리 유네스코 본부서 열연

유네스코 대사·문화예술인 기립박수

해외 대형 뮤지컬과 유명 연극의 틈바구니 속에서 점점 설 자리를 잃어가는 한국무용. 그러나 10월 24일(이하 현지시간) 파리 유네스코 본부에서 올려진 한 편의 공연은 여전히 토종 창작무용이 세계무대에서 통할 수 있음을 입증했다. 이날 오후 8시 한불 수교 120주년을 맞아 임학선 성균관대 무용학과 교수가 지도하는 창작무용 〈공자〉가 공연된 곳은 세계문화유산 정책을 총괄하는 파리 유네스코 본부. 유네스코에서 한국 전통공연이 올려진 적은 여러 차례 있었지만, 우리 순수 창작무용이 공연된 것은 이번이 처음이다. 더구나 유네스코 대회의장을 공연무대로 사용한 것도 한국 공연으로는 유례가 없다. 공연장 규모는 1200여 석. 그러나 동양사상의 원조 격인 공자의 삶과 한국미의 정수를 함께 엿볼 수 있다는 입소문이 돌면서 일찍부터 관람 문의가 잇따랐다. 신청자들이 몰리면서 유네스코 측은 200여 석의 임시 좌석을 마련해야 했다.

장중한 리듬의 배경음악과 함께 물의 기운과 산의 기운을 형상화한 홍의, 녹의 동자들이 녹아내릴 듯한 춤사위를 전개하자 파란 눈동자들이 무용수들의 춤사위에 꽂혔다. 그리고 춤사위와 배경음악이 격렬해지고 급박해짐에 따라 위대한 인물의 탄생을 직감했다. 이어진 '학문의 장'. 급박했던 리듬과 춤사위는 금방 사라지고 평온함과 고요함이 찾아온다. 청량한 대숲에 앉아 있는 듯한 이미지의 음악이 깔리고 『논어』를 읊조리는 공자와 제자들의 낭랑한 목소리가 들려온다. 무용수들은 공자가 학문을 갈고닦았던 치열한 도정의 과정을 격렬한 이미지의 '죽간 춤'으로 형상화했다. 죽간을 펴고 접고 내리치는 과정을 빠르게 반복하며 진리의 파장이 멀리 전해지는 과정을 전달했다. 한 여인의 끈질긴 유혹을 물리치고 학문의 길을 걸어가는 과정을 담은 '고난의 장'에서는, 10여 명의 여성 무용수들이 전통무용과 현대무용이 멋들어지게 어우러진 '거문고 춤'을 소개했다. 특히 화려한 옛 복식을 갖춰 입은 여성 무용수들이 무대장치인 거대한 거문고 현의 움직임을 따라 숨막힐 듯한 춤사위를 선보일 때마다 장내에는 기막히다는 탄성을 담은 커다란 박수 소리가 터져 나왔다. 무엇보다 관객들에게 깊은 인상을 남긴 것은 무용수들이 붉은 예복을 갖춰 입고 펼쳐낸 '문묘일무'. 공자를 추모하는 현대인들의 간절한 마음이 담긴 일무는 묘한 절제미와 함께 보는 이들에게 평온함을 선사했다. 전통음악과 대중음악, 때로는 부드럽고 때로는 강렬한 춤사위가 천변만화한 가운데 전개된 70여 분간의 열연이 펼쳐졌다. 유네스코 각국 대표부 대사들과 문화예술계 인사 등 1400여 명의 관객은 공연이 끝난 뒤 십여 분간의 기립박수로 공연단의 긴 노력에 화답했다. 공연에 앞서 마르시오 바르보사 유네스코 사무부총장은 "유네스코 대회의장에서 한국의 창작무용 〈공자〉를 공연하게 된 것을 축하한다"면서 "모두가 한국을 잘 알 수 있는 기회가 되길 바란다"고 축사했다.

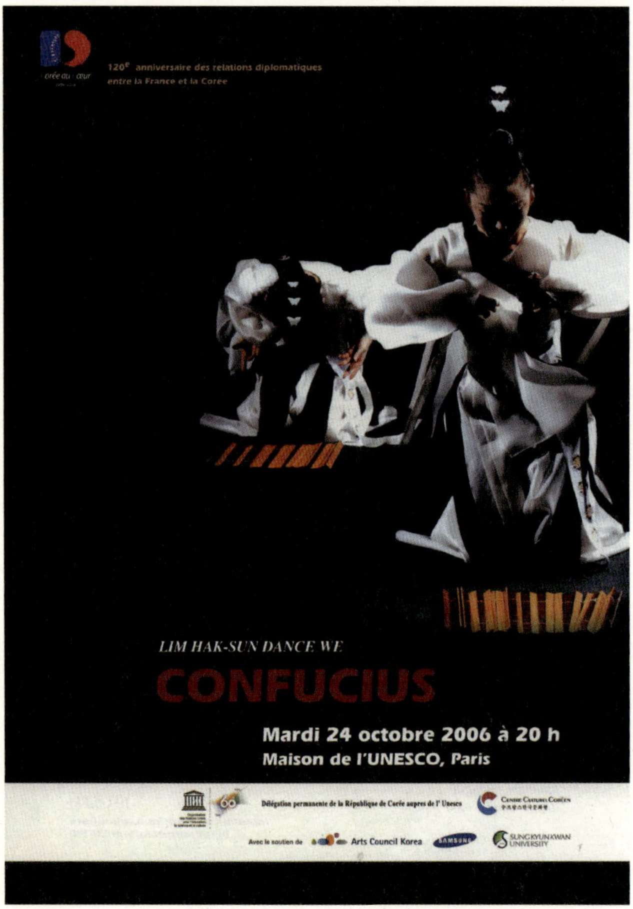

한·불 수교 120주년기념 프랑스 파리 유네스코공연

한·불수교 120주년 기념 프랑스 파리 유네스코 공연 2006

“한국춤사위 환상적”, 임학선무용단 파리 공연 호평

금동근 / 『동아일보』 2006.10.26

10월 24일 프랑스 파리 유엔교육과학문화기구(UNESCO·유네스코) 본부에서 한국 창작무용 〈공자〉가 공연돼 1400여 명의 관객에게서 호평을 받았다. 한국-프랑스 수교 120주년 기념행사의 일환으로 열린 이날 공연에서 임학선 성균관대 교수가 이끄는 무용단 ‘임학선댄스위’는 각국 외교관과 문화예술인 등이 지켜보는 가운데 한국적 리듬과 춤사위를 맘껏 펼쳤다. 공연이 끝나자 관객 전원이 기립해 무용단에 박수갈채를 보냈다. 〈공자〉는 공자의 삶과 사상을 형상화한 작품으로 공자의 탄생, 수학修學, 고난, 임종 등을 묘사했다.

한·불수교 120주년 기념 프랑스 파리 유네스코 공연 2006

“문묘일무 현대예술의 극치” 춤 〈공자〉 파리 유네스코 본부 감동시키다

안현정 / 『유교신문』 2006.11.15

지난 10월 24일 오후, ‘임학선댄스위’의 창작무용 〈공자〉가 프랑스 파리 유네스코 본부를 가득 메운 가운데, 세계 각국의 주불 외교관 및 유네스코 관계자 등의 박수갈채 속에서 그 화려한 막을 내렸다. 한불 수교 120주년을 맞아, 주불 한국대사관과 프랑스 유네스코 본부의 공동 주최로 개최된 이번 공연은 동양의 ‘창작춤’으로는 최초로 유네스코 본부에서 공연된 것으로, 미리 마련된 1200석이 공연 전에 모두 예약이 종료될 정도로 세인의 이목을 집중시켰다.

지난 2004년 5월 예술의전당 오페라극장에서 한국춤으로는 초연됐던 〈공자〉는 공자의 고향인 산둥성 취푸(곡부)시에서 열린 공자문화축제에 초대될 정도로 작품성이 뛰어난 대작이다.

공연을 기획한 성균관대 무용학과 임학선 교수는 “공자의 생애를 탄생·학문·고난·임종 등 크게 네 부분으로 나누어 공자의 사상과 문묘일무의 ‘예禮’를 고스란히 담아내 민족과 국가를 초월한 '인仁의 정신'이 표출되도록 연출하였다"고 말했다. 이번 공연은 유네스코 본부라는 장소의 제약을 극복하고자 '90분의 대작'을 완성시킬 극장식 무대를 독일에서 공수해와 '춤'과 '무대'가 완벽한 조화를 이룬 공연이라는 평과 함께, 관람객 전원의 기립박수를 받기도 했다.

세계 예술의 정수가 모인 프랑스 파리에서 동양의 예술이 높은 평가를 받는다는 것은 상당히 놀라운 사건으로 기록될 만하다. 특히 "동양적 정서를 담은 현대예술"이라는 찬사를 받은 이번 공연은 한국의 유교를 '춤'이라는 예술적 언어를 통해 세계에 알릴 수 있는 소중한 계기를 마련했다는 점에서 높게 평가할 만하다.

한·불수교 120주년 기념 프랑스 파리 유네스코 공연 2006

세계를 감동시킨 한국의 몸짓 성균관대의 춤사위

『성균회보』 2006. 12. 10

모교 무용학과 임학선 교수 창작무 〈공자〉 파리서 공연

2006년 지난 10월 프랑스 파리에서 유럽연합동문회 창립총회를 열어 성균인 글로벌 네트워크를 완성하고 국경을 초월한 화합을 통해 동문들의 저력을 과시한 바 있다. 이와 때를 같이해 한국-프랑스 수교 120주년 기념행사의 일환으로 프랑스 파리 유네스코 본부서 열린 공연에서 모교 무용학과 임학선 교수와 학생들이 한국춤의 진수를 선보여 세계 문화예술인으로부터 박수갈채를 받았다.

특히 모교의 정신적 이념이자 유학의 창시자인 공자의 삶과 사상을 바탕으로 한국적 리듬과 몸짓을 춤사위로 표현한 창작무용 〈공자〉를 세계무대에 선보여 더욱 의미가 크다. 임 교수는 5년 전부터 중국 고문서까지 연구해가며 성균관 석전대제(공자에 대한 제사)에서 행해진 제례의식 '문묘일무'의 원형 연구에 매진해왔으며, 오랜 준비과정을 통해 탄생한 것이 바로 창작무용 〈공자〉다.

어려서부터 무용을 시작한 임 교수가 한국 창작무용의 세계화에 관심을 갖기 시작한 것은 한국 민속무용단으로 유럽 투어에 참가한 30여 년 전의 일. 임 교수는 문화가 삶의 중심이 되어 있는 그곳에서 '언젠가는 작품을 통해 유럽 무대에 오르리라' 마음먹었다고 한다. 지난 파리 공연을 통해서 30여 년 전 자신과의 약속은 지킨 셈이다.

임 교수는 "특히 이번 파리 공연은 유럽연합동문회 창립총회와 함께 어우러져 현지 동문들이 성균 가족임이 자랑스러웠다는 말을 들어 더욱 뿌듯했다"며 "앞으로도 기회가 닿는 대로 세계 각지에 있는 동문들에게 '성균인의 얼'을 선보여주고 싶다"고 말했다.

임 교수의 꿈은 아직 끝나지 않았다. 2008년 베이징올림픽 무대에 초청받아 공연하는 것이 또 다른 목표이다. 뿐만 아니라 조만간 미국, 중국 등 여러 나라에서 한국의 몸짓, 성균관대의 춤사위를 창작무용 〈공자〉를 통해서 널리 알릴 것이다. 저서로는 성균관대학교 출판부 발행 『문묘일무보 도해』(2005), 『문묘일무의 이해』(2006) 등이 있다.

8. 프랑스 호아이오몽 문화재단 초청 문묘일무 워크숍 2006

프랑스 호아이오몽 문화재단 초청 문묘일무 워크숍 2006

동방 전통문화를 발굴하는 한국의 임학선무용단

중국무도가협회 / 『무도신식』 2006. 11. 15

호아이오몽 무용연구 및 창작센터(CRCC)는 프랑스 호아이오몽 문화재단(Royaumont Foundation)의 일개 부문이다. 2006년 이 연구 및 창작센터에서는 비서방문화의 오래된 무용에 대해 관념적인 문을 열었다. 특히 주목할 것은 아시아 전통의식 무용 및 대대로 구전되어온 역사적 유산이 더욱 눈에 띈다.

전통이라는 것은 현대를 주목하는 하나의 질의적 수단으로 보일 수 있다. 그렇다면 전통은 오늘 이 시대를 살아가는 사람들이 우리 조상의 무용을 다시 회복할 가능성이 있는 잠재적 자원이다. CRCC의 각 창작 부분은 특수 전경, 양식, 형성과정 및 음악적 관계 등 다양한 변별 요소도 검토한다.

그 중 레퍼토리(Repertory) 창작실에서 최초로 관여하게 될 연구 분야가 한국의 유교무용(佾舞)으로 정해졌다. 중국의 철학가인 공자(기원전 551~기원전 479) 사상에 의하면, '예禮, 악樂, 사射, 어御, 서書, 수數'는 하나의 인간이 이 세상에 조화를 이루며 융화하기 위해 필연적으로 연마해야 할 예술적 형식이다. 2000년에 걸쳐서 이러한 형식적이고 세심하며 깊이 있는 유교무용이 한국의 제사의식 중에 자리 잡고 있었다. CRCC는 이번에 한국 임학선무용단의 설립자 및 예술감독 임학선 교수를 초청하여 이번 '레퍼토리 워크숍'에 참여하도록 하였으며 그와 관련된 이론 및 실기 강연회를 가졌다.

임학선 교수는 13세부터 무용을 학습하여 이화여자대학교에서 무용을 전공하였고, 한양대학교에서 박사학위도 받았다. 그는 무용 연기자 및 감독으로서의 전문성 등 두 분야에서 지식 및 기능을 갖추었다. 현재 한국 성균관대학교의 무용학과 교수로 재직 중이다. 그는 1984년 그의 학생들과 같이 임학선무용단을 만들었다. 한국 최고의 무용단으로서 창단 이래 한국 국민의 정감 속에서 독특하고 창조력 있는 전통무용을 창작하여 한국 내 고전무용에 새로운 추진력을 전송하였다. 그의 무용단 및 연구센터에서는 현재와 같은 큰 틀 속에서 한국 고전무용 및 새로운 시도 사이에서의 관계에 많은 관심과 발전을 주목하고 있다. 2004년에는 〈공자〉 무용을 창작하였다.

전통무용 속의 표현의 자유를 강화하는 것은 한국무용계에서는 아주 제한적이다. 그러나 임학선무용단의 창작무용 자체는 많은 활동을 통해서 한국무용의 현대화에서 현실로 되어버렸다. 현재 무용단이 추구하는 것은 무용의 새로운 형식 및 한국무용의 대중화이며, 여러 개의 주제 및 독특한 표현 기술의 발전에 힘을 기울이는 것은 아니다. 그들의 예술적 목표는 모든 사람이 부담 없이 공감하며 표현에 참여할 수 있게 발전하는 것이다. 따라서 무용단은 일상생활 속 현실을 통하여 무용의 소재를 발굴하며 현대인의 특징적 예술로 승화하는 것에 온 힘을 쏟는다. 한국 고대

무용에 대해서는 전통적 관습 및 무용언어에 집착하지 않고 하나하나의 동작에 의미 부여를 시도하고 있다. 그들은 일상생활 속 하나의 자연적인 동작을 생각함으로써 무용에 더 많은 구체적 해석을 제공할 수 있다고 믿고 있다. 형식과 관례적인 동작을 중요시하는 한국인들은 아름다움의 특징에 따라 재차 창조 및 갱신을 하였으며 극히 섬세한 동작으로 기술을 표현하여 무용 속의 시적인 감정을 현실화하였다.

임학선무용단의 예술 활동도 무척 활발하다. 그의 족적은 국내 및 해외에 분포되어 있다. 그들의 해외 공연으로 무용단은 관객으로부터 지대한 관심을 받고 있다. 그리고 "현대 한국무용의 표현은 한국 국민 정감의 또 하나의 발산이다"라는 긍정적 평가를 받고 있다. 그러므로 임학선무용단은 한국 본토에서의 무용공연 외에 멀리 해외 공연들을 통하여 한국무용의 진정한 아름다움 그리고 문화의 우수함과 특징을 지구 방방곡곡에 전파하고 있다.

임학선무용단은 무용의 이론적 연구를 위하여 무용의 전문성 및 이론적 논단을 세우기 위해 힘을 기울이는 중이다. 그 외 21세기 한국무용의 계파를 초월하고 세계무용의 발전을 촉진하기 위한 야심찬 계획을 갖고 있다.

프랑스 호아이오몽 문화재단 초청 유럽 안무가 대상 =문묘일무 워크숍 2006

프랑스 호아이오몽 문화재단 초청 문묘일무 워크숍 2006

동양의 미덕을 서양인의 마음에 심어준 여정

박지선 / 『댄스포럼』 2006. 11

호아이오몽으로 향하는 길

우리나라와 프랑스가 외교관계를 이룬 한불 수교 120주년을 기념하여 '임학선댄스위'는 창작무용 〈공자〉 전막(90분)을 2006년 10월 24일 프랑스 파리의 유네스코 무대에 올렸다. 그동안 우리 단원들이 열심히 연습한 보람이 있어 이 공연은 프랑스 관객들의 절찬 속에 기대 이상의 성과를 거두고 막을 내릴 수 있었다.

공연을 마친 후 쉴 법도 했건만, 내가 아는 임학선 교수님은 하루라도 쉬실 분이 아니다. 마치 필연적인 양 이후의 일정이 잡혀 있었다. 10월 26일부터 11월 4일까지 열흘 동안 호아이오몽(Royaumont) 재단이 주최하는 '레퍼토리 워크숍'에서 〈태극구조기본춤〉과 〈문묘일무文廟佾舞〉의 이론과 실기 지도를 맡으셨고, 나는 조교로서 이 여정에 동행하게 되었다. 워크숍의 일정은 10시부터 1시까지 한국춤 테크닉과 이론 강의, 2시 30부터 6시 30까지 일무를 배우는 시간으로 꽤나 빡빡했다.

호아이오몽의 무용 프로그램은 세계적으로 유명한 안무가들이 초청되어 프로그램을 진행하였는데, 동양의 안무가로는 처음으로 교수님께서 초청을 받아 이루어진 것이다. 세계 제일의 문화국 프랑스의 초청으로 그들과 함께 춤에 대한 의견을 나눈다고 하는 사실 하나만으로도 벌써 가슴 벅차는 설렘을 자제할 수 없었다.

음양이 극도로 압축된 한국의 기본춤

음양의 이론은 세상의 만물을 2개로 나누어 이분법적으로 보는 사상이다. 또한 이 이론은 동양 전반의 철학에 그치지 않고 서양에도 널리 알려져 보편화되어 있다. 동양의 것이 서양에까지 널리 펴져 있다고 하는 사실은 그만큼 음양이론이 매력있고 가치 있는 것으로 인정되어 통용되는 것으로 생각할 수 있다.

우리의 선조들이 간직한 위와 같은 사상이 한국의 전통무용에 그대로 담겨 있음은 이론의 여지가 없다. 따라서 자연스레 음양이론을 기본으로 하여 그 표현을 단순하고 소박한 몸짓들로 나열하여 만든 것이 한국의 기본춤이다. 이번 호아이오몽의 일정에서는 교수님이 1998년 고안한 〈태극구조기본춤〉과 신무용기의 거장이신 황무봉 선생님의 춤이 김매자 선생님을 중심으로 전해진 〈황무봉의 기본춤〉을 선보였다.

이와 같은 기본춤을 한국의 춤 현장에서는 연중무휴로 행한다고 해도 과언이 아닌데, 우리는 이 춤에서 심오한 뜻을 찾으려 하지 않고 반복과 습관을 앞세우는 경향이 있다. 하지만 참가자들은 어디서 본 듯한 생각들을 유추하는 듯, 혹은 처음 접해보는 한국춤에서 심오한 의미를 찾아보고자 애쓰는 모습들이 역력했다. 조금은 어설프지만 그들의 몸짓이 그토록 아름다워 보였던 것은 아마도 이처럼 노력하는 모습이 존재했기 때문에 가능했던 것 같다.

몇몇은 이 춤을 추면서 전율을 느낀다고 했다. 심장박동은 빨라지지만 정작 마음은 차분해지면서 흥분 아닌 흥분 상태에 도달하는 춤, 정화 작용이 가능한 춤이 한국의 춤이라고 생각해본다. 그 이유는 무엇인가. 아마도 한국춤 속에 음양이 골고루 구색을 맞추어 조화를 이루고 화합하게 하기 때문이 아닐까? 음과 양은 하나만 존재하거나 또는 하나의 성격이 다른 하나, 즉 상대방의 성격보다 무시되어 감소되면 불안정을 초래한다. 그런데 한국춤은 작게는 춤사위에서부터 크게는 방향과 구성 면에서 어느 한 곳 빠뜨리지 않고 곳곳에 음양이 녹아들어 스며들어 있다. 한국춤을 추며 몸에서 전율을 느낀 것은 아마 도처에 잠재해 있는 음양을 몸으로 깨워서 살아 숨 쉬게 했기 때문일 것이다.

미니멀의 극치에 다다른 대표작 일무

일무는 유교제례무儒教祭禮舞로서 문덕文德을 상징하여 피리와 꿩깃을 들고 춤추는 문무文舞와, 무덕武德을 상징하여 도끼와 방패를 들고 춤추는 무무武舞가 있다. 이 춤의 동작은 동양의 예악禮樂사상이 심도 있게 내포되어 있기 때문에 극도로 절제된 춤사위 하나하나에 우리가 일상에서 지녀야 할 예의범절을 담고 있어 참가자들에게 놀라움으로 받아들여졌다.

호아이오몽에서는 많은 레퍼토리 중에서 왜 '일무'를 택했을까? 수잔 버지는 "미래 현대무용의 운명이 공자무(일무)에 있다"고 말했다고 한다. 이는 동양의 무용에 그네들의 춤에는 없는 심오함이 있기 때문이라는 것을 간파했기 때문이라는 생각이 든다. 참가자들이 일무를 추고 있는 모습을 가만히 보고 있노라면 그들도 그런 생각을 차츰 해가는 것 같았다. 너무나도 깊이 빠져들고 있는 모습들이 큰 아름다움으로 다가왔다. 한국 학생들에게 일무는 재미없는 춤으로 정평이 나 있는 것과 대조를 이루고 있어 많은 것을 느끼게 한다.

오늘날 미니멀의 대표로 인식되고 있는 작품, 일무의 춤사위를 배운 지 며칠이 지난 뒤에 참가자들은 춤동작이 무슨 의미를 갖고 표현한 것인지 질문을 던지기 시작했다. '일음一音 일자一字 일무一舞'로 구성되어 있는 춤동작이 각각 무엇을 의미하는지에 대한 강의가 학문적 성찰을 닦는 시간에 이어지자, 모든 이들은 감탄하며 온화한 미소로 연신 고개를 끄덕이는 것으로 대답을 대신했다. 그 속에는 깨달음에 대한 경건함이 깃들어 있었다. 사막에서 오아시스를 만난 것처럼, 그 오아시스를 보는 것으로도 갈증이 해소될 것 같은데 여기에 모인 참가자들은 그 물을 직접 맛본 것과 다름없다. 가슴에 충만해지는 기쁨과 몸이 윤택해지는 희열을 체험했을 것이다. 내가 그랬던 것처럼 몸과 마음이 하나 되어 빛을 발하는 최상의 경지에 한 발짝 내딛는 기분에 충만했을 것이라고 믿어 의심치 않는다.

일무에 함축되어 있는 동양의 미덕 '수수지례授受之禮'를 설명하는 시간에 참가자들은 가장 큰 관심을 보였다. 교수님은 "존경과 겸손으로 세 번 사양한다고 하는 동양의 미덕"에 대해 소위 "왕위王位를 서로 주고받을 때 예의로서의 수수지례"를 쉽게 설명해주셨다. 동양인들은 비단 작은 선물을 주고받을 때에도 세 번 사양하고 마지못해 고마움으로 받는 미덕을 지니고 있다는 예를 덧붙였는데, 이들에게는 이러한 사고가 굉장히 이색적으로 다가왔고 웅성거림 속에 "You shouldn't have"를 반복하며 호탕한 웃음을 자아냈다. 그러면서 한 친구가 "나는 선물을 주면 얼른 받는다"라고 하여 웃음바다의 파도가 물결쳤다.

이 이야기를 듣고 있던 수잔 버지가 말하기를, "서양인들은 지금까지 그 누구도 마음을 이야기하는 사람이 없었다. 서양인들은 가슴(마음, 감성)을 말하기보다는 머리(이성)를 먼저 생각한다"고 했다. 이것이 동양과 서양의 가장 큰 차이일 것이다. 이러한 동양의 정서에 매료되어 수잔 버지는 현재 일무 연구에 큰 공을 세운 임학선 교수님을 특별히 초청하였고, '마음'에 대한 것을 자신을 비롯한 유럽의 안무가들과 공유하고 싶었던 것이다. 그녀가 현대무용의 미래는 동양의 의식무용에 있을 것이라고 예언한 것처럼, 앞으로의 현대무용을 위해 동양의 의식무용 일무를 배움으로써 오늘날 유럽에서 활동하고 있는 안무가들의 시야를 넓혀주기 위함이었으리라.

열흘간 노력의 결실을 맺다

이제 모든 일정이 끝나고 마지막으로 공연만이 남아 있다. 이제까지 갈고닦은 참가자들의 기량을 한껏 발휘하여 관객들 앞에서 선보이는 일만이 남은 것이다. 공연 순서는 이제까지 연습했던 것과 같이 〈태극구조기본춤〉과 〈황무봉의 기본춤〉으로 한국춤의 테크닉을 먼저 선보인 후에 일무를, 중국 명나라 때의 문헌 『남옹지』를 500여 년 만에 재연하였고 한국 일무는 새로 복원된 문무와 무무를 선보였다.

7명의 춤을 보고 있노라니 수잔 버지가 했던 말이 생각났다. 긴 식탁에 마주 앉아 호아이오몽 재단 이사장님과 함께하는 어느 날의 식사시간에 수잔 버지는 교수님에게 경이로움을 표했다. "참가자들의 몸이 처음에는 늘어져 있는 상태였는데 불과 며칠 만에 몸이 보기 좋을 정도의 적절한 긴장감을 지니게 되었다"라고 하면서 "교수님의 춤과 그 이론이 매우 명확하기 때문이다"라는 말을 덧붙이며 한국춤의 호흡에 의한 춤동작의 변화에 대해 놀라움을 금치 못했다.

그들의 춤 수행 능력 향상에 대한 나의 견해 또한 전혀 다르지 않았다. 물론 나는 이들이 엄격하게 선정되어 이 워크숍에 참가한 만큼 첫 수업에서부터 이색적인 동양의 춤을 생각보다 쉽게 받아들인다고 생각했다. 그런데 달리는 말에 채찍질을 더한다고 하는 주마가편走馬加鞭처럼 교수님께서 소상한 설명과 시범으로 이들을 단련시키니 하루가 다르게 이들의 춤이 새롭게 태어나는 것만 같았다. 이러한 느낌은 비단 나뿐만 아니라, 수잔 버지 선생을 비롯한 워크숍 관계자로 하여금 그들의 놀라운 발전에 마음속으로 아낌없이 박수갈채를 보내게 해주었다.

이번 호아이오몽 레퍼토리 워크숍의 대미를 장식하는 이 공연, 꾸준한 연습에 힘입은 그들은 하나 되는 몸짓으로 하나의 기운을 형성하였고, 춤을 의식적으로 행하려는 노력 속에서 집중력이 만들어낸 기운은 거대한 원으로 나타났다. 이 공연이야말로 이날의 관객들에게 동양의 아름다움에 넋을 잃을 정도의 환호를 가져다주었고, 이와 함께 워크숍의 알찬 결실을 맺을 수 있었다.

얘깃거리

이론 시간에 서양인 참가자들이 가장 큰 관심을 보였던 것은 아마도 "세 번 겸손하게 사양한다고 하는 동양 미덕"의 표현이었으리라. 이 동양의 미덕에 관한 이야기가 얼마나 인상 깊었으면, 수업시간의 연장선상으로 공연을 마친 후에까지 이어졌을까.

임학선 교수님은 모든 참가자들에게 나누어줄 성균관 대성전이 새겨진 기념품을 준비해갔다. 이 선물을 참가자들에게 전달해줄 때의 사연 하나를 소개함으로써 이번 교육성과 중 큰 보람을 찾아 함께 나누고자 한다. 그것은 마침 공연을 마치고 뒷정리를 함께하면서 발생한 일이었다. 교수님이 한 참가자에게 선물 하나를 내밀었는데, 이 친구 첫 반응이 대뜸 "No!"였다. 순간 당혹감에 잠시 난감해하시던 교수님이 이내 웃으시며 다시 선물을 받기를 청하는 동작을 취하셨지만, 이번에도 역시 조금 물러서며 말끝을 올려 또 "No~"라고 했다. 세 번째로 교수님이 그 친구와 바짝 거리를 좁히며 환한 미소와 함께 선물을 건네자 그때서야 비로소 그는 따뜻한 미소를 곁들여 "Thank you!"라고 말하고는 이내 함박웃음을 보여주었다. 길지 않은 비교적 짧은 동안이었지만 그는 "세 번 사양하는 동양 미덕"을 몸소 실천한 우등생임에 틀림이 없으리라.

우리는 그날의 모든 일정을 마치고 8시에 이르면 저녁식사를 위해 식당으로 모인다. 이때부터는 이런저런 화제로 토론의 장을 펼치게 되는데, 이야기는 식사 후에도 이어져 삼삼오오 짝을 이루어 살롱으로 자리를 옮겨 와인을 마시거나 다과를 들면서 밤늦게까지 대화를 계속하기도 한다. 이때의 화제는 워크숍 일정에서 이루어졌던 것 이외에도 같이 춤을 추는 사람으로서 나눌 수 있는 모든 이야기들이 총동원되었다. 여러 이야기들은 한순간 도마에 올랐고 이를 반찬 삼아 깔깔거리기도 하면서 즐거운 한때를 만끽했다.

이처럼 끊임없이 입을 놀리곤 했어도 몸은 입으로 풀 수 있는 것이 아니다. 파리 공연을 위해 하루도 쉬지 않고 움직여온 나는 호아이오몽에 와서부터 이전에 움직였던 만큼 몸을 쓰지 않아서 몸이 찌뿌드드했다. 그래서 일정을 마치고 저녁식사를 한 후 내 몸과 마음이 시키는 대로 무용실로 향했다. 아무도 없는 운치 있는 무용실에서 홀로 춤을 추는 기분은 가히 최고라 말하지 않을 수 없었다. 혼자만의 시간을 만끽하고 있을 즈음 참가자 중 두 사람이 들어왔고 우리는 스스럼없이 춤으로 대화했다. 이렇게 함께 자유로이 춤을 추며 호흡한 시간은 한동안 내 머릿속을 배회하다가 그 순간을 불현듯이 기억하게 할 것이다.

우리가 함께 춤을 나눈 것과 같이, 그들은 '배운다'의 개념이 아닌 '나눈다'라는 의식이 깊게 뿌리박혀 있었다. 그래서 '스터디(study)'가 아닌 '아틀리에(atelier)'라는 명칭을 쓴다. 강의식, 주입식의 수업방식을 지양하고, 서로의 생각을 나누는 토론식을 지향한다. 그래서인지 끊임없이 자기 자신에게 질문을 던지고 그에 대한 답을 찾고자 노력할 뿐 아니라, 자신이 알고 있는 지식들을 이 자리를 통해 함께 나누며 생각해보고, 느낀 바를 서로 이야기하며 많은 가능성을 열어놓고 있었다.

가능성을 중요시한다는 것은 가장 작은 단위인 개인의 개성을 중시한다는 것이다. 하나의 질문을 받고 그것에 대해 깊이 생각하는 것은, '나' 또는 '나의 마음'이라는 하나의 점에서 시작하여 구부러졌거나 혹은 급격히 각이 진 기나긴 선線의 속을 여행하는 것이다. 기나긴 여정을 마치고 돌아온 나는 내면의 성숙해진 나의 마음을 나 스스로가 볼 수 있었다. 궁극적으로 자기 자신에게서 답을 찾게 되는 이와 같은 방황은 흡사 유기적으로 연결되는 태극太極과 무극無極의 끊임없는 활동과도 같았다. 그러므로 이러한 종류의 방황은 몸과 마음을 풍요롭게 해줄 수 있는 의미 있는 방황이라 하겠다.

이번 프랑스 호아이오몽 재단이 주최하는 워크숍에의 참석은 나에게는 의미 있는 하나의 방황이 되어주었다. 그리고 지금 이 순간 나 자신은 그 방황 속에서 빠져나와 원위치로 돌아와 한층 풍요로워지고 성숙함이 깃들어진 것만 같았다.

또한 이번 워크숍의 가장 큰 의의는 모든 것이 통하는 세계화 시대에 동양의 의식무용인 일무를 통해 호아이오몽에 우리와 함께 머물렀던 모든 이의 마음속에 동양의 미덕을 심어준 일이라고 생각한다. 우리가 심고 온 그 씨앗이 발할지 그렇지 못할지의 여부는 확신할 수 없다. 하지만 그들의 느낌을 함께 나눈 아틀리에를 통한 공연을 함으로써 막을 내린 결과를 보면, 그들의 마음속에 심어진 동양의 씨앗은 뿌리를 내리고 줄기를 세우고 잎과 열매를 맺을 수 있을 것이라 생각한다.

프랑스 호아이오몽 문화재단 초청 문묘일무 워크숍 2006

프랑스 호아이오몽 문화재단 초청 문묘일무 워크숍 2006

문묘일무 현대예술의 극치

안현정 / 『유교신문』 2006. 11. 15

서양 안무가들 격찬, 깊은 관심 가져

파리에서 북쪽으로 35킬로미터 떨어진 위치에 있는 호아이오몽(Royaumont)은 깊은 역사를 간직한 수도원이다. 현재 이 수도원은 프랑스의 대표적인 문화예술센터로 활용되고 있다.

'왕의 수도원'이라 불리는 이곳은 혁명 이후 방직공장으로 전락했으나, 40여년 전 한 예술애호가에 의해 '인간 학문의 진보를 위한 호아이오몽 재단'으로 발전하게 되었다. 최근에는 학문보다는 예술, 특히 음악과 무용 분야에서 집중적인 지원이 이루어지고 있다.

10월 26일부터 11월 4일까지 성균관대 무용학과 임학선 교수는 문묘정신을 행위로 기록한 '문묘일무'의 워크숍을 진행하고자 이곳을 방문했다. 엄격한 심사 끝에 선발된 이스라엘·그리스·프랑스 등에서 온 8명의 안무가에게 문묘일무의 역사, 철학적 배경, 춤사위 구조 등을 지도한 그는 하루 8시간 이상의 강도 높은 수업 후에도 지칠 줄 모르는 열정으로 연습에 임하는 그들의 태도에 깊은 감명을 받았다.

임 교수는 "국내에서는 중국춤으로 치부되는 문묘일무가 선先지식이 전혀 없는 외국인들에게 '현대 미니멀(단순미) 예술의 극치'라는 평가를 받는 것은 상당히 고무적인 일"이라고 평가했다. 이어서 "공자만을 모시는 중국은 석전이 '공묘'에서 이루어지지만, 우리는 공자를 비롯한 여러 선현을 '스승'의 예로 대한다는 의미에서 '문묘'에서 이루어진다"며 "문무文舞와 무무武舞가 함께 어우러져 그 원형을 온전히 복원한 나라는 우리뿐"임을 강조했다.

특히 이번 워크숍에 참가한 학생이 한국으로의 유학을 결심할 만큼 '문묘일무'의 가치에 세계가 주목하고 있다는 점은 현재 '서구의 것'만을 쫓는 우리의 자세에 상당한 검토가 필요하다는 점을 반영한다. 이에 대해 임 교수는 "앞으로 문묘일무를 세계를 비롯한 국내 일반에 알리는 데 많은 노력을 기울일 것"이라면서 "세계가 우리에게 주목하는 한, 우리의 전통은 반드시 지켜질 것"이라고 말했다.

9. 대만 석전대제 참가 및 〈공자〉 순회공연 2010

대만 석전대제 참가 및 〈공자〉 순회공연 2010

임학선댄스위 한국 창작무용 〈공자〉 합작 대만 남·북부 공연

이기상 / 『댄스포럼』 2010. 4

2010 춘계 석전 및 '세계의 공자: 공묘와 사전' 국제학술대회

대만(타이완)에서 2010년 3월 19~22일, 한국·중국·대만·미국·일본·싱가포르 등지의 각국 학자들이 모여 국제 행사를 거행하였다. 타이베이시 공묘에서 열린 2010년 춘계 석전 행사에 참여하고, '세계의 공자: 공묘와 사전'이란 주제로 국제학술대회를 진행하였다. 공자 탄신 2560년이기도 한 2010년의 이번 행사는 타이베이 시정부가 주최하였으며, 타이베이시 공묘와 불광대학 인문학원이 공동 주관하였다.

19일의 개막식에는 공자의 79대 적손인 공수장 봉사관도 친히 자리를 함께해서 더 의미가 있었다. 본 개막식에서는 모두 다섯 팀의 일무단이 공연을 하였는데, 그 가운데 한국 성균관대학교의 임학선 교수가 이끌고 온 임학선댄스위 일무단이 단연 주인공이었다. 대만의 각종 매체는 임학선 교수의 '댄수위' 무용단이 연출한 일무의 프로다운 기교와 우아함을 특별히 보도하였는바, 각종 신문 지면은 한국 일무의 붉은색 무복으로 장식되었다. 이번 행사의 주최자인 타이베이시도 임학선댄스위 일무단을 특별히 존중하였기에 오직 임학선 교수만이 무대 위에 올라 일무의 의의를 설명하도록 안배하였다. 개막식이 끝난 후 대만과 외국 기자들은 임학선 교수를 둘러싸고 어떻게 전통적인 일무를 그렇게 우아하고 기술적으로 표현할 수 있는지 질문을 던졌으며, 성균관대학교 및 임학선댄스위의 원형 보존 및 표현의 아름다움은 반드시 배워야 할 가치가 있다고 입을 모았다.

타이베이 공묘대성전 석전대제 〈문묘일무〉 공연

20일에는 모든 학자가 공묘로 이동하여 춘계 공자석전에 참여하였다. 이번에도 댄스위 일무단은 대성전에서 공연을 요청받았고, 이어진 훌륭한 연출은 현장에 모인 많은 대만 및 외국 각지의 참가자들로부터 큰 성원을 받았다. 공연이 끝난 후 임학선 교수와 일무단은 많은 사람들로부터 끊임없이 동반 촬영을 요청받았으니, 현장에서 촬영된 사진에는 거의 빠짐없이 붉은색 무복이 들어갈 정도였다.

21~22일의 이틀간은 '세계의 공자: 공묘와 사전' 국제학술대회 기간이었다. 이 대회의 발기인은 郝龍斌 타이베이시 시장, 黃呂錦茹 타이베이시 민정국 국장, 그리고 학술고문인 이기상 불광대학 교수였다. 이번 학술회의에는 거의 모든 동·서양의 문묘·석전·예악·무도에 관한 학자들이 함께 모였으며, 대북의 하워드 호텔 국제회의실에서 거행되었다. 이번 회의에는 미국·중국·대만·싱가포르·일본·한국 등에서 모두 16편의 논문이 발표되었다. 그 가운데 한국에서만 모두 5편의 논문이 발표되었을 정도로 한국은 점유율 면에서 높은 비중을 차지하였다.

과거 유학과 공자에 대한 연구는 주로 철학 영역에만 집중되었으며, 공자에 대한 석전의식 및 문묘의 예·악·무에 대한 연구는 상당히 드물었다. 그러나 이번 회의는 이러한 경향에 새로운 이정표를 세운 기념비적인 행사였으니, 이 점에서 상당한 의의가 있다고 할 수 있다. 이번 행사를 총 기획한 이기상 교수(대만 불광대 역사학과)는 "본 회의가 철학 영역만의 전유를 뛰어넘어 일무·제전·석전·음악·음찬 등 영역에서 훨씬 다양한 문묘 연구가 이루어졌다는 데서 큰 의의를 찾을 수 있다"고 총평하였다. 이는 모두 성균관대학교에서 온 학자들의 노력의 결과이며, 아울러 2010년 2월에 설립된 국제석전학회(회장 임학선)가 문묘 연구의 다양화를 이끈 노력의 결실이기도 하다.

이번 국제적인 행사를 돌아볼 때, 대만에서 처음으로 관이 주최한 행사가 이처럼 커다란 성공을 거둘 수 있었던 것은 타이베이시정부가 학자를 존중함으로써 모든 행사를 온전히 학술적인 성격으로 진행할 수 있도록 했기 때문이며, 아울러 또 한 가지 중요한 요인은 한국 성균관대학교의 학자 및 일무단이 뛰어난 공헌을 했기 때문이다.

'공자, 춤으로 나서다' 고전적 전통무와 현대적 창작무 대만(타이완) 불광대학 초청 임학선댄스위 대만 남북분원 순회공연

3월 23일 타이베이시정부가 주최한 행사가 끝난 후 각국의 학자들은 모두 귀국하였으나 오직 한 명의 예술가와 그가 이끄는 일무단은 떠나지 않았다. 바로 임학선 교수와 그의 임학선댄스위 무용단이다. 대만 불광대학이 예술과 문묘일무를 사랑하는 대만 관중을 위해 두 차례의 남북 순회공연을 요청했기 때문이다. 불광대학의 이기상 교수는 말하기를, 몇 년 전에 한국서 상연된 임학선 교수의 〈공자〉 공연을 관람한 후 큰 감명을 받았으며, 가장 오래된 전통무를 이처럼 아름다움과 우아함과 춤과 음악으로 융합하여 사람을 감동시킨 것은 일찍이 본 적이 없어 감탄하였다고 하였다. 이기상 교수는 아마도 이 작품이 세계에서 처음으로 孔子를 주제로 한 무용극 예술일 것이라고 생각하였다. 이러한 연고로 그가 임학선 교수에게 대만 관중을 위한 예술의 향연을 요청하였던 것이다.

이에 '공자, 춤으로 나서다'를 주제로 한 포스터와 보도와 토론 및 관중들의 감탄·감동·기립박수는 대만의 남북 관중의 마음과 눈을 양광처럼 따스하게 사로잡았다. 24일의 무대는 바로 임학선과 임학선댄스위의 것이었다. 불광산의 자체 방송국도 21일 이미 대북대에 와서 인터뷰를 하였다. 26일 저녁에는 대만에서 두 번째로

임학선댄스위 〈위대한 스승 공자〉 대만 순회공연 2010

큰 도시인 가오슝(高雄)에서 다시 한 번 고전 전통무인 일무와 현대 창작극인 〈공자〉를 상연하게 된다. 이 공연은 다시 한 번 대학 캠퍼스에서, 예술문화계에서, 청년 지식인들의 토론에서 커다란 반향을 일으킬 것이다. 각 신문 매체들은 임학선 교수와 임학선댄스위에 대해 커다란 찬사를 표하고 있다. 〈공자〉는 우아한 아름다움으로 사람을 감동시키고, 나타내기 어려운 예악을 춤으로 잘 표현해냈다는 것이다. 임학선 교수와 단원들은 공자의 내면적 아름다움을 우아한 자태의 춤으로 드러내고, 또한 대만 관중들의 마음속에 우아한 자태의 춤으로 들어왔다. 공자는 세계의 공자요, 우리 모두 한 사람 한 사람의 공자인 것이다.

대만 석전대제 참가 및 〈공자〉 순회공연 2010

한국 교수가 2000년 전 공자의 무舞를 깨웠다

이경원 / 『서울신문』 2010. 3. 25

대중가요나 드라마에만 한류韓流가 있는 게 아니다. 임학선 성균관대 무용학과 교수가 부활시킨 공자 춤 '일무佾舞'에 중국과 대만(타이완)의 반응이 대단하다. 공자의 나라 중국과 타이완조차 해내지 못했던 일무 원형 복원을 한국 무용가가 해냈다는 점에서 큰 반향을 일으키고 있다.

임 교수가 이끄는 무용단 '임학선댄스위'는 3월 24일 대만 타이베이 불광산佛光山 별원에서 〈우추쿵쯔(舞出孔子) – 공자, 21세기에 춤추다〉를 선보였다. '세계의 공자 – 국제학술연구토론회' 행사의 하나로 대만 정부가 공식 초청해 이뤄졌다. 이날 공연은 물론 26일 마지막 공연까지 표가 완전히 매진됐을 정도로 현지 반응이 뜨겁다. 공자의 79대 후손도 공연장을 직접 찾았다.

10년 고증 끝에 사라진 반족 춤 복원

50분 동안 펼쳐진 공연은 공자와 제자들이 죽간竹簡을 펴고『논어』를 읽는 '학문', 공자가 거문고 연주를 통해 마음을 다스리는 '거문고', 혼란스러운 세상 속에서도 학문에 집중하는 '논쟁', 공자의 마지막과 공자를 그리워하는 제자들의 솟대 춤이 인상적인 '가시는 님, 보내는 마음' 등 크게 5개 주제로 구성됐다.

10년간의 역사적 고증 끝에 일무 복원에 성공, '공자 춤꾼'이라는 별칭이 붙은 임 교수는 현지 공연을 끝낸 뒤『서울신문』과의 국제전화 통화에서 "일무는 문무文舞와 무무武舞로 구성돼 있지만 중국과 대만에서는 무무가 거의 사라져 문무만 맥을 잇고 있었다"며 "우리가 무무를 원형 그대로 살려내 공자의 나라에 보여주게 된 것"이라고 말했다. 중국의 공자 춤 원형을 역설적이게도 한국만이 보존하고 있는 셈이다. 임 교수는 2003년 중국 국제공자문화절에 초청돼 공자 사당인 공묘孔廟에서 복원한 일무를 처음 선보였다.

역동적 표현, 동작 창의성 돋보여

중국과 대만도 일무를 복원하려는 시도는 있었다. 하지만 현대적 감각을 숭시한 탓에 전통춤사위를 훼손시킨다는 반발이 따랐다. 임 교수의 일무는 이 같은 우려를 잠식시켰다. 임 교수는 "고대문헌 연구를 통해 원형에 충실하면서도 21세기에 맞게 재해석한 것이 좋은 반응을 끌어낸 것 같다"며 "지금도 성균관에서 봄가을 제례 때 일무를 하지만 관광상품화 등 좀 더 활성화 노력이 필요하다"고 강조했다. 대만 현지 언론은 "인간의 생명력을 역동적으로 표현, 동작의 창조성이 돋보인다"고 평가했다.

유네스코 문화유산 등재 가능성도 조심스레 점쳐진다. 2006년 프랑스 파리 유네스코에서도 선보였던 한국의 일무는 전통에 가장 가깝다는 평을 받고 있어 중국이나 대만 일무보다 채택 가능성이 매우 높다는 관측이다. 황진흥 타이베이 중앙연구원장은 "3국의 일무 가운데 유네스코 문화유산에 올라야 할 것은 한국의 일무"라면서 "한국에서 이를 추진하면 적극 지원하겠다"고 밝혔다.

일무佾舞, 공자의 예악 사상을 형상화한 춤

공자를 기리는 제례에서 가로세로 8명씩 줄지어 64명이 함께 추는 팔일무八佾舞가 특징이다. 고대 중국에서 탄생됐지만 청나라 때 원형이 사라져버렸다. 우리나라에는 고려 예종 11년 때인 1116년 중국을 통해 들어왔다. 조선시대까지는 일무가 국가 중대사로 여겨졌으나 일제 강점기를 거치면서 대부분의 춤사위가 소실됐다.

佾舞

'임학선 댄스 위'가 24일 타이완에서 선보인 일무 공연. 가로 세로 8명씩 줄지어 함께 추는 팔일무가 특징이다.

대중가요나 드라마에만 한류(韓流)가 있는 게 아니다. 임학선(사진·60) 성균관대 무용학과 교수가 부활시킨 공자(孔子) 춤 '일무'(佾舞)에 중국과 타이완의 반응이 대단하다. 공자의 나라 중국과 타이완조차 해내지 못했던 일무 원형 복원을 한국 무용가가 해냈다는 점에서 큰 반향을 일으키고 있다.

용어 클릭 ●**일무(佾舞)** 공자의 예악 사상을 형상화한 춤. 공자를 기리는 제례에서 가로 세로 8명씩 줄지어 64명이 함께 추는 팔일무(八佾舞)가 특징이다. 고대 중국에서 탄생됐지만 청나라 때 원형이 사라져 버렸다. 우리나라에는 고려 예종 11년 때인 1016년 중국을 통해 들어왔다. 조선시대까지는 일무가 국가 중대사로 여겨졌으나 일제 강점기를 거치면서 대부분의 춤사위가 소실됐다.

韓國교수가 2000년전 孔子의 舞를 깨웠다

임학선 성대 무용학과교수
10년간 고증 끝 완벽 재현
中·타이완 것보다 전통적
세계문화유산 등재 가능성

임 교수가 이끄는 무용단 '임학선 댄스 위'는 24일 타이완 타이베이 불광산 법원에서 '우추쿵쯔(舞出孔子)-공자, 21세기에 춤추다'를 선보였다. '세계의 공자-국제학술연구토론회' 행사의 하나로 타이완 정부가 공식초청해 이뤄졌다. 이날 공연은 물론 26일 마지막 공연까지 표가 완전히 매진됐을 정도로 현지 반응이 뜨겁다. 공자의 79대 후손인 황뤼진루도 공연장을 직접 찾았다.

●10년 고증 끝에 사라진 반쪽춤 복원

50분 동안 펼쳐진 공연은 공자와 제자들이 죽간(竹簡)을 펴고 논어를 읽는 '학문', 공자가 거문고 연주를 통해 마음을 다스리는 '거문고', 혼란스러운 세상 속에서도 학문에 집중하는 '논쟁', 공자의 마지막과 공자를 그리워하는 제자들의 슬픈 춤이 인상적인 '가시는 님 보내는 마음' 등 크게 5개 주제로 구성됐다.

10년간의 역사적 고증 끝에 일무 복원에 성공, '공자 춤꾼'이라는 별칭이 붙은 임 교수는 현지 공연을 끝낸 뒤 서울신문과의 국제전화 통화에서 "일무는 문무(文舞)와 무무(武舞)로 구성돼 있지만 중국과 타이완에서는 무무가 거의 사라져 문무만 맥을 잇고 있었다."며 "우리가 무무를 원형 그대로 살려내 공자의 나라에 보여주게 된 것"이라고 말했다.

중국의 공자 춤 원형을 역설적이게도 한국만이 보존하고 있는 셈이다. 임 교수는 2003년 중국 국제공자문화절에 초청돼 공자 사당인 공묘(孔廟)에서 복원한 일무를 처음 선보였다.

●역동적 표현, 동작 창의성 돋보여

중국과 타이완도 일무를 복원하려는 시도는 있었다. 하지만 현대적 감각을 중시한 탓에 전통 춤사위를 훼손시킨다는 반발이 따랐다. 임 교수의 일무는 이 같은 우려를 잠식시켰다. 임 교수는 "고대 문헌 연구를 통해 원형에 충실하면서도 21세기에 맞게 재해석한 것이 좋은 반응을 끌어낸 것 같다."며 "지금도 성균관에서 봄가을 제례 때 일무를 하지만 관광상품화 등 손 활성화 노력이 필요하다."고 강조했다. 타이완 현지 언론은 "인간의 생명력을 역동적으로 표현, 동작의 창조성이 돋보인다"고 평가했다.

유네스코 문화유산 등재 가능성도 조심스레 점쳐진다. 2006년 프랑스 파리 유네스코 본부에서도 선보였던 한국의 일무는 전통에 가장 가깝다는 평을 받고 있어 중국이나 타이완 일무보다 채택 가능성이 매우 높다는 관측이다. 황진흥 타이베이 중앙연구원 은 "3국의 일무 가운데 유네스코 문화유산에 올려야 할 것은 한국의 일무"라면서 "한국에서 이를 추진하면 적극 지원하겠다."고 밝혔다.

이경원기자 leekw@seoul.co

서울신문 2010. 3. 25

대만 석전대제 참가 및 〈공자〉 순회공연 2010

〈공자〉로 한국 문화 세계에 알린다

백진엽 / 『머니투데이』 2010. 3. 24

성대 임학선 교수팀, 대만에서 성황리에 일무 공연

세계적으로 동양사상에 대한 관심이 높아지면서 '공자'도 재조명되고 있다. 성인으로서의 공자에 대한 연구도 늘어날 뿐 아니라, 최근에는 인간 공자에 대한 관심도 늘고 있다. 이런 상황에서 공자를 주제로 우리 문화예술을 세계에 알리는 데 앞장서는 인물이 있다.

3월 20일 대만(타이완) 타이베이에서 열린 '대만 공묘대성전, 세계의 공자 - 국제학술연구토론회'에서 외국 팀으로는 처음으로 일무(제례에서 일렬로 줄지어 추는 춤) 공연을 펼친 팀이 있어 주목을 받았다. 성균관대 무용학과 임학선 교수가 이끄는 성대 일무팀이었다. 임 교수팀은 이날 타이베이시 초청으로 참가해 일무 공연을 펼쳤고 현지 관계자들로부터 호평을 받았다.

임 교수팀의 공연을 지켜본 현지 사람들은 "한국에서 문묘일무의 원형을 가장 잘 갖추고 있다"고 격찬했다. 현지 언론들도 "인간의 생명력을 역동적으로 표현, 동작의 창조성이 돋보인다"고 입을 모았다. 문묘일무는 공자가 탄생한 중국에서는 청나라 때 변형돼 원형을 찾을 수 없게 됐다. 하지만 임 교수는 과거 문헌의 분석을 통해 전통 일무의 원형을 복원하는 대작업을 펼치고 있다.

임 교수는『머니투데이』와의 인터뷰에서 "한국의 문화예술을 가지고 보다 넓은 무대에서 공감대를 얻어내려면 모두가 아는 내용으로 접근해야겠다고 생각했다"며 "내가 성대에서 재직을 하고 있다 보니 유학을 접하게 됐고, 때문에 문묘일무를 원형 고증에 의해 복원하고, 공자를 주제로 세계에서 처음으로 창작무용을 만들게 됐다"고 말했다.

임 교수의 공연을 본 뒤 공자의 79대 후손인 쿵추이창(공수장孔垂長)은 "봄제사와 함께 공자의 뜻을 알리는 학술대회가 함께 열려 더 뜻깊은 행사라 생각한다"며 "봄가을에 열리는 제례만으로는 부족하고 전시공연 활성화, 관광상품 개발 등으로 생활 속에서 공자를 느낄 수 있도록 해야 한다"며 임 교수에게 감사해한 것으로 전해졌다. 이 자리에는 쿵씨와 함께 황뤼진루 타이베이 민정국장, 하오룽빈 타이베이 시장, 이기상 중국역사학회장, 황진흥 타이베이 중앙연구원장 등이 공연을 지켜봤다.

임 교수팀은 3월 24일과 26일에도 대만에서 창작무용 〈공자, 21세기에 춤추다〉를 공연한다. 이는 일무를 21세기적으로 재해석한, 또 성인 공자가 아닌 인간 공자를 보여주는 작품이다. 이미 이틀간의 공연은 객석이 모두 매진될 정도로 현지의 뜨거운 관심을 끌고 있다.

임 교수는 "처음에는 주변에서 '공자'로 무용을 하는 게 가능할까라며 의아해했다. 하지만 지금은 나조차도 예상치 못할 정도로 반향이 좋다"며 뿌듯해했다. "동서양, 세계가 하나의 주제를 가지고 대화를 하면 동서양이 하나가 된다는 생각이고, 그 방법의 하나가 문화예술"이라는 임 교수는 "앞으로도 끊임 없는 연구와 작품 작업, 공연 등으로 우리 문화예술의 우수성을 국제무대에 알리겠다"고 다짐했다.

대만 석전대제 참가 및 〈공자〉 순회공연 2010

임학선 교수, 대만서 창작춤 〈공자〉 선보여

임은진 / 『연합뉴스』 2010. 3. 24

임학선 성균관대 무용학과 교수가 이끄는 무용단 '임학선댄스위'는 대만(타이완) 타이베이시 초청으로 3월 24일과 26일 대만 불광산佛光山 별원에서 〈우추쿵쯔(舞出孔子) – 공자, 21세기에 춤추다〉를 공연한다고 24일 말했다.

〈우추쿵쯔〉는 공자의 사상과 생애를 살펴보는 창작무용으로, 특히 가로세로 8명씩 모두 64명이 줄지어 서서 함께 추는 춤인 팔일무八佾舞가 특징이다. 이 작품은 2003년 중국 국제공자문화절에 초청돼 공자의 고향인 산둥성 취푸(곡부)에 있는 공자 사당인 공묘孔廟에서 초연된 이후 2005년 독일 프랑크푸르트 국제도서전과 2006년 프랑스 파리 유네스코 공연 등지에서 선보여 호평받은 바 있다.

50분 동안 진행되는 〈우추쿵쯔〉는 공자와 제자들이 죽간竹簡을 펴고 『논어』를 읽는 '학문', 공자가 거문고 연주를 통해 마음을 다스리는 '거문고', 혼란스러운 세상 속에서도 학문에 집중하는 '논쟁', 공자의 마지막과 공자를 그리워하는 제자들의 솟대 춤이 인상적인 '가시는 님, 보내는 마음', 공자를 기리는 현대인을 그린 '환희의 일무' 등 모두 5개 주제로 구성됐다.

임 교수는 "중국에서는 일무가 청나라 때 변형돼 원형을 찾을 수 없지만 과거 문헌을 통해 이를 복원했다"며 "이 작품을 통해 공자가 취한 학문적 자세와 사회적 태도가 현대인에게 어떻게 읽혀야 하는지를 다시금 생각할 수 있길 바란다"고 말했다.

대만 석전대제 참가 및 〈공자〉 순회공연 2010

임학선 교수 창작무용 〈공자〉 대만서 선보인다

안길수 / 『서울경제』 2010. 3. 25

임학선 성균관대 무용학과 교수가 이끄는 무용단 임학선댄스위는 대만(타이완) 타이베이시 초청으로 3월 24일과 26일 대만 불광산(포광산) 베위안에서 〈우추쿵쯔(舞出孔子) – 공자, 21세기에 춤추다〉를 공연한다고 24일 밝혔다.

〈우추쿵쯔〉는 공자의 사상과 생애를 살펴보는 창작무용으로, 특히 가로 세로 8명씩 모두 64명이 줄지어 추는 팔일무八佾舞가 특징이다. 이 작품은 지난 2003년 중국 국제공자문화절에 초청돼 공자의 고향인 산둥성 취푸(곡부)에 있는 공자 사당인 공묘孔廟에서 초연된 후 2005년 독일 프랑크푸르트 국제도서전과 2006년 프랑스 파리 유네스코 공연 등에서 선보여 호평을 받았다.

50분 동안 진행되는 〈우추쿵쯔〉는 공자와 제자들이 죽간을 펴고 『논어』를 읽는 '학문', 공자가 거문고 연주를 통해 마음을 다스리는 '거문고', 혼란스러운 세상 속에서도 학문에 집중하는 '논쟁', 공자의 마지막과 공자를 그리워하는 제자들의 솟대

춤이 인상적인 '가시는 님, 보내는 마음', 공자를 기리는 현대인을 그린 '환희의 일무' 등 모두 5개 주제로 구성됐다.

대만 석전대제 참가 및 〈공자〉 순회공연 2010

우리 일무 공연 대만을 매혹시켰다

이홍익 / 『유교신문』 2010. 4. 1

임학선무용단 공연 꽉 찬 관객, 찬사 이어져

임학선 성균관대학교 무용학과 교수가 이끌고 온 임학선댄스위 일무단의 일무 공연이 대만(타이완)을 매혹시켰다. 3월 19일부터 22일까지 '세계의 공자: 공묘孔廟와 사전祀典'을 주제로 타이베이에서 열린 국제학술대회 개막식에서 선보인 임학선댄스위의 일무 공연은 대만의 각종 매체를 화려하게 장식했으며, 학술대회가 끝난 후 대만 불광대학佛光大學의 요청으로 두 차례 단독 공연이 이어졌다. 두 차례의 공연이 만원이었음은 물론이다.

50분간 펼쳐진 공연은 공자와 제자들이 죽간을 펴놓고 『논어』를 읽는 '학문', 공자가 거문고 연주를 통해 마음을 다스리는 '거문고'에 이어 '논쟁', 솟대 춤이 인상적인 '가시는 님, 보내는 마음'으로 이어졌다.

임학선 교수는 국내 모 일간지와의 인터뷰에서 "고대문헌 연구를 통해 원형에 충실하면서도 21세기에 맞게 재해석한 것이 좋은 반응을 이끌어낸 것 같다"고 밝혔다.

공연에 대한 현지의 열렬한 반응은 대만의 주요 언론 매체인 『연합보』가 "각종 신문 지면은 한국 일무의 붉은색 무복으로 장식되었다. 이번 행사의 주최자인 타이베이시도 임학선댄스위 일무단을 특별히 존중하였기에 오직 임학선 교수만이 무대 위에 올라 일무의 의의를 설명하도록 안배하였다. 개막식이 끝난 후 대만과 외국 기자들은 임학선 교수를 둘러싸고 어떻게 전통적인 일무를 그렇게 우아하고 기술적으로 표현할 수 있는지에 대해 질문을 던졌으며, 성균관대학교 및 임학선댄스위의 원형 보존 및 표현의 아름다움은 반드시 배워야 할 가치가 있다고 입을 모았다"고 보도할 정도였다.

『연합보』는 3월 24일 타이베이시와 26일 가오슝(高雄)시에서 열린 공연에 대해서도 찬사를 아끼지 않았다.

"24일의 무대는 바로 임학선과 임학선댄스위의 것이었다. 26일 저녁에는 대만에서 두 번째로 큰 도시인 가오슝에서 다시 한 번 고전 전통무인 일무와 현대 창작극인 〈공자〉를 상연하게 된다. 이 공연은 다시 한 번 대학 캠퍼스에서, 예술문화계에서, 청년 지식인들의 토론에서 커다란 반향을 일으킬 것이다."

현지 언론은 "〈공자〉는 우아한 아름다움으로 사람을 감동시키고, 나타내기 어려운 예악을 춤으로 잘 표현해냈다. 임학선 교수와 단원들은 공자의 내면적 아름다움을 우아한 자태의 춤으로 드러내고, 또한 대만 관중들의 마음속에 우아한 자태의 춤으로 들어왔다. 공자는 세계의 공자요, 우리 모두 한 사람 한 사람의 공자인 것이다”라며 임학선 교수 무용단 공연의 아름다움을 전하고 있다.

한편 이번 공연을 통해 우리 일무의 유네스코 세계문화유산 등재 추진 움직임도 보이고 있다. 동양의 일무 가운데 전통에 가까운 우리 일무의 세계문화유산 등재에 대해 황진홍 대만 중앙연구원장이 “3국의 일무 가운데 유네스코 세계문화유산에 올라야 할 것은 바로 한국의 일무”라며 적극 지원에 나서겠다고 밝힌 것이다.

대만 석전대제 참가 및 〈공자〉 순회공연 2010

타이베이시 춘계 석전 기념 국제학회 문묘연 세계화, '성균관' 기여 커

안현정 / 『유교신문』 2010. 4. 1

지난 3월 19일에서 22일까지 대만(타이완) 타이베이 공묘孔廟에서는 한국·중국·대만·미국·일본·싱가포르 등지의 각국 학자들이 모여 2010년 춘계석전행사에 참여하고, '세계의 공자:공묘와 사전祀典'를 주제로 국제학술대회를 진행했다. 이번 행사는 타이베이시 정부가 주최하였으며, 타이베이 공묘와 불광대학佛光大學 인문학원人文學院이 공동 주관하였다.

19일 개막식에는 공자의 79대 적손인 쿵추이창(孔垂長) 봉사관奉祀官도 친히 자리를 함께했고, 성균관대 임학선 교수가 이끈 댄스위 일무단이 참여했다. 20일에는 모든 학자가 공묘로 이동해 춘계 공자 석전에 참여했다.

21~22일의 이틀간은 '세계의 공자: 공묘와 사전'을 주제로 국제학술대회가 열렸다. 이 대회의 발기인은 하오룽빈(郝龍斌) 타이베이 시장, 황뤼진루(黃呂錦茹) 타이베이 민정국 국장 그리고 이번 학술회의에는 거의 모든 동·서양의 문묘·석전·

예악·무도에 관한 학자들이 함께 모였으며, 타이베이의 하워드 호텔 국제회의실에서 진행되었다. 이번 회의에는 미국·중국·대만·싱가포르·일본·한국 등에서 모두 16편의 논문이 발표되었고, 한국에서만 모두 5편의 논문이 발표됐을 정도로 점유율 면에서 큰 비중을 차지했다.

과거 유학과 공자에 대한 연구는 주로 철학 영역에만 집중되었으며, 석전의식 및 문묘의 예·악·무에 대한 연구는 상당히 드물었다. 그러나 이번 회의는 이러한 경향에 새로운 이정표를 세운 기념비적인 행사였다는 점에서 상당한 의의가 있다. 이번 행사를 기획한 이기상 교수는 "본 회의가 철학 영역만의 점유를 뛰어넘어 일무·제전·석전·음악·음찬飮饌 등 영역에서 훨씬 다양한 문묘 연구가 이루어졌다는 데서 큰 의의를 찾을 수 있다"고 총평하였다. 이는 '국제석전학회'와 성균관을 비롯한 국내 학자들이 문묘 연구의 다양화를 이끈 노력의 결실이라고 할 수 있다.

대만 국제일무교류공연 2010

10. 한·중 문화교류 베이징대 초청공연 2010

한·중 문화교류 베이징대 초청공연 2010

우리 학교 무용극으로 하나 된 한·중

윤이삭 / 『성대신문』 2010. 9. 13

우리 학교 무용학과의 창작무용 〈위대한 스승(The Great Teacher) 공자〉가 중국 베이징대학교에 진출했다.

스승으로서의 공자의 일생을 조명하고, 공자와 제자가 나누는 학문의 즐거움과 고뇌의 모습을 표현한 이 무용의 공연단은 우리 학교 무용학과 임학선 교수의 지도 아래 학부 및 대학원생 40여 명으로 구성됐다. 국제무대 진출을 목적으로 만든 〈위대한 스승 공자〉는 2004년 초연된 이후 여러 차례 국내외 무대에서 호평을 받아왔다. 특히 공자와의 연이 깊은 대만이나 중국에서 무용단의 공연을 요청하는 경우가 많았고, 올해 초 대만의 불광대학에서도 공연한 바 있다.

이번 공연은 우리 학교 서정돈 총장이 세계유학연합회의 이사장직에 취임했을 당시 베이징대학교가 〈위대한 스승 공자〉 공연을 직접 초청하면서 추진됐다.

공연을 통해서는 한·중 문화교류 확대와 함께, 한국과 우리 학교의 국제적 인지도 상승효과를 기대할 수 있다. 특히 우리 학교가 베이징대학교와 학문 분야의 다양한 교류를 하고 있지만, 학문을 넘어 문화예술 분야로도 확장됐기 때문에 국제적 관계가 더 돈독해질 것으로 예상된다.

이와 관련해 무용학과의 임학선 교수는 "보다 적극적으로 우리 대학을 국제무대에 알릴 수 있게 돼 큰 보람을 느꼈다"면서 "베이징대학교와의 문화적 교류가 지속됐으면 좋겠다"고 이번 공연에 임하는 소감을 밝혔다.

중국 북경대 100주년 기념관 공연

한·중 문화교류 베이징대 초청공연 2010

중국에서 올린 한국의 〈공자〉

정향숙 / 『댄스포럼』 2010. 11

임학선댄스위 단원대표로 몸담고 있는 나는 여러 행사를 치러왔지만 이번 가을은 좀 특별했다. 〈공자〉의 베이징 공연 때문이었다. 몇 번을 올린 공연이었지만 사실 매우 부담스러운 공연이기도 하다. 총 50명 이상의 출연진 그리고 국내, 해외에서 오는 여러 명의 스태프들이 정말 많은 시간과 노력을 기울여야 하는 공연임을 잘 알고 있기 때문이다. 또한 특별히 〈공자〉라는 작품이 중국에 초대되어 간다는 것 자체가 매우 부담이었다. 중국인들이 전통문화의 세계화 전략으로 공자를 내세우고 있는 것뿐 아니라 무용극으로도 무대화된 바가 있어 이번 베이징대학 100주년 기념관에서 치러지는 한국의 〈공자〉 공연은 관심의 대상이 되기에 충분하였다. 또한 100주년기념관은 대학 극장이지만 명실상부하게 베이징을 대표하는 공연장이기도 하다. 볼쇼이 등이 공연을 하였으며 매우 까다로운 초청 조건 등으로 흔히 공연을 올릴 수 있는 장소가 아니라고 알고 있다.

7월… 이번 여름도 통째로 어두운 무용실에서 땀 냄새 부비며 지내야 하는구나. 나의 머릿속은 온통 어수선했다. 한두 명도 아닌 50여 명의 무용수들과 석 달을 마주 보며 연습할 생각을 하니 참으로 깜깜한 노릇이다. 게다가 나는 무용단의 맏언니이지 않은가. 묵직한 책임감과 함께 의지와 상관없이 무용수들에게 독설을 퍼부을 내가 그려지더란 말이다. 하루에도 땀에 젖은 티셔츠를 몇 벌씩 갈아입으며 춤추는 단원들과 학생들에게 좋은 소리는 못할망정 그들의 부족한 점을 지적해야만 하는 모습이 말이다. 연습은 시작됐고 임학선 교수님, 단원들, 재학생들 우린 그렇게 같은 공간에서 한국의 〈공자〉를 만들어갔다.

프랑스 유네스코 본부, 중국 취푸(곡부) 등 해외뿐 아니라 국내에서도 올린 작품이었지만 공연이 회를 거듭할수록 임학선 교수님은 〈공자〉 작품에 실은 철학적 기반이 더욱 튼튼하고 견고해지는 듯했다. 2004년 초연부터 늘 교수님의 〈공자〉와 함께했건만 때마다 교수님은 표현방식을 달리하신다. 한 인간의 모습으로 비춰진 공자, 스승의 모습으로 비춰진 공자 그리고 그 안에서 지켜질 예의범절, 마음의 정, 소통을 일무로 표현하여 관객에게 더욱 쉽게 가려고 하신다. 또한 순서와 동작에 연연해 있는 무용수에게 내면의 호흡이야말로 한국의 춤이 세계로 진출할 수 있게 한다는 확신을 가지고 우리를 지도하셨다. 후배들을 지도하는 내가 부끄러워지는 순간이었다.

9월 말 베이징행 비행기에 타 있는 내게 어느새 새로운 긴장감이 찾아왔다. 중국의 취푸에서도 공연을 성공적으로 올린 바 있지만 베이징은 관객들의 문화적 수준이 매우 높으며 〈공자〉를 다룬 작품이라는 것만으로도 분명히 자신들의 것과 비교를 하게 될 것이다. 도착하자마자 교수님과 무대 작업이 한창 진행 중인 극장으로 향하였다. 극장의 무대 크기가 오페라하우스 정도 되는 듯했다. 초연 때부터 조명을 디자인해주었던 독일의 안드레아스 린케스(피나바우쉬 무용단 조명감독)가 보인다. 반가움에 달려가 인사를 하니 공연이 다가왔음이 피부로 느껴지는 듯했다. 베이징대학에서 박사과정을 밟고 있는 자랑스러운 댄스위 후배들이 2명이나 있어 그곳의 상세한 설명을 들을 수 있었다. 현지 티켓이 다 팔린 상태이고 매우 중요한 손님들이 온다는 소식까지 들리니 힘들다고 불평하지 말고 좀 더 열심히 할걸 하는 후회가 밀려왔다. 공연날 아침 분주히 움직인 우리는 극장에서 소품을 정리하고 리허설을 하고 서로의 분장을 도와주며 그렇게 공연시간 전까지 시간을 보냈다. 막이 올라가고 50명의 무용수들은 한마음이 되었다. 아니, 안무자인 교수님과 스태프들 모두가 말이다. 왠지 타향이라 그런가 더 합심이 된 느낌이었다. 공연을 마치고 박수 소리를 들으며 공연이 성공적으로 끝났음을 느낄 수 있었다.

공연을 마치고 무대에서 뵐 수 있었던 분은 중국의 안무가이자 중국 정부의 장군인 장지강이었다. 베이징올림픽의 안무를 한 그는 우리에게 찬사를 보내주었다. 우리의 움직임과 상징적 장면, 특히 미니멀적인 요소들의 결합으로 인해 깊은 인상을 받았다며 아낌없는 박수를 보내주었다. 한여름의 노고가 씻겨 내려가는 순간이었다. 아직 식지 않은 땀을 닦으며 그 이야기를 듣고 있는 후배들이 너무 대견스럽고 아름다워 보여 잠시 눈시울이 뜨거워졌다. 나도 참 주책스럽지 뭔가. 한국의 무용극 〈공자〉가 완성되어 중국의 중심에 서기까지 조금은 오랜 시간이 걸렸지만 우리의 한국창작춤이 세계에 진출하여 더욱 빛을 발할 수 있다는 것을 믿어 의심치 않게 한 날이었다.

공자의 명언 중에 "멈추지 않는 이상, 얼마나 천천히 가는지는 문제가 되지 않는다"고 하였다. 우리의 창작춤은 조금씩 세계 속에 스며들어 자리를 잡아 갈 것이다. 멈추지 않고 항상 연구하시는 임학선 교수님뿐 아니라 또 한국춤을 알리기 위해 노력하시는 여러 안무가들이 있으니 말이다. 지독히 더웠던 여름, 그리고 짧았던 가을을 지나 겨울의 초입에 들어서니 나에겐 조금은 힘들었지만 특별했던 한 해 2010년이 머릿속에 지나간다.

북경대 공연후 장지강 외 중국 무용가들과 함께

11. 한·중 수교 20주년 기념 문화교류 공연 2012

한·중 수교 20주년 기념 문화교류 공연 2012

한·중 석전대제 중국 산둥대서 개최

인교준 / 『연합뉴스』 2012. 5.18

원형 보존한 한국 석전대제, 중국에 소개 눈길

유교문화의 본토인 중국에서 한중 양국의 '석전대제 악무 합동공연'이 개최됐다. 이번 행사는 2012년 한중 수교 20주년을 맞아 문화관광부 후원과 성균관(관장 최근덕) 주최로 5월 18일 오후 산둥성 소재 산둥대학 체육관에서 열렸다. 한국 측에서 성균관, 성관관대 무용학과와 중앙대 국악과 학생 60명이, 중국 측에서 산둥대 예술대학 학생 60명이 참석했다. 공연은 1부는 문묘제례악 바탕의 석전 의례, 2부는 한중 소품 전통공연, 3부는 한중 합동 관현악 연주로 이어졌다.

석전대제는 문묘에서 공자를 비롯한 유교 성인들을 추모하고 제사를 지내는 의식이다. 이는 원래 중국이 원조지만 보존은 한국이 더 잘 돼 있다. 한국의 성균관 석전대제는 국가무형문화재 제85호로 지정돼 매년 춘기, 추기로 나눠 열린다. 이는 공자·맹자를 포함해 중국 측 21명, 퇴계·율곡 등 한국 측의 18명 성현을 기리는 제사의식이다. 특히 문묘제례악, 팔일무, 제관의 복장, 의식 등에서 그 원형을 가장 잘 보존한 것으로 평가받고 있다.

주중 한국문화원의 김진곤 원장은 "이번 산둥대학 행사는 석전대제의 첫 번째 한중 합동공연이고 원형을 잘 유지한 한국의 석전대제를 알린다는 점에서 한중 문화교류 사업적 의의가 크다"고 평가했다.

한·중 수교 20주년 기념 석전대제 합동공연 (중국 산둥대학)

한·중 수교 20주년 기념 문화교류 공연 2012

한국 무용가 임학선의 〈공자〉, 대학로에 서다

김승현 / 『한팩뷰』 2012. 2

한국 무용가 임학선, 1970~1980년대 김매자 선생과 함께 한국무용 창작의 새로운 길을 낸 창무회의 '맏언니'이다. 최근 그의 트레이드마크는 공자의 일생을 소재로 한 〈공자〉다. 10년 가까이 이 작업에만 몰두해온 그가 2004년 서울 예술의전당 오페라극장 초연 이후 처음으로 아르코예술극장 대극장 무대에 오른다. 그동안 그의 〈공자〉는 학교에서 더욱 세밀하게 수정, 보완되어 프랑스, 중국 등 해외 무대에만 선보이다가 마침내 그의 고향 같은 무대 아르코예술극장에 돌아온 것이다. 공연을 2주 앞둔 2012년 1월 20일 오후 연습실에서 그를 만났다.

김승현 한국 무용가 임학선, 선생님의 춤을 생각하면 여러 가지 작업이 있지만 최근 전념하고 있는 〈공자〉가 가장 먼저 떠오릅니다. 언제부터 공자를 소재로 한 춤에 뜻을 두게 됐습니까.

임학선 1998년 성균관대학에 부임하면서부터입니다. 성균관대학에서는 매년 봄과 가을 두 차례 공자를 기리는 석전대제가 열리는 등 유학이 떠오르지 않습니까. 또 인문학 기반도 여느 대학보다 탄탄합니다. 특히 석전대제에서 공자를 기리는 일무를 보면서 공자를 주제로 춤을 만들어보면 어떨까 하는 생각을 갖게 됐습니다.

김승현 공자의 춤을 만들려면 준비과정이 만만치 않았을 것 같습니다. 우선 무형의 그의 철학을 유형의 춤으로 만들기 위한 공부가 적지 않았을 것 같은데요.

임학선 공자를 소재로 작품을 만들려다 보니 우선 공자를 알아야 했습니다. 책을 뒤져보니 중국, 한국에 무보舞譜만 20여 권이 됐습니다. 짧은 한자실력에 옥편을 찾아가며 국역본과 대조해 이해하는 데만 꼬박 3년이 걸렸습니다. 그렇게 해서 나온 책이 초연 다음 해인 2005년에 출판한 『문묘일무보 도해』입니다. 이 책은 2006년 대한민국학술원 선정 우수학술도서에 선정되기도 했습니다. 문묘일무보에 수록된 술어를 알기 쉽게 풀어 번역하며 문묘일무의 세세한 내용을 분석한 책이지요. 이어 2006년 『문묘일무의 이해』라는 책을 썼습니다. 단순히 공자의 공덕을 칭송하기 위한 춤으로만 알려지고 이해되어왔던 문묘일무가 무용사적으로 얼마나 중요한 의미를 갖고 있는지 분석했습니다. 문묘일무의 연원을 역사적으로 재해석하고 누락됐던 사료들을 재편집해 단순한 찬무讚舞의 의미를 넘어 당대의 사회적 신분과 지위체계를 압축해놓은 춤의 형식으로까지 문묘일무의 의미를 확장했다는 평가를 받았습니다. 그리고 2011년 봄 『문묘일무의 예악사상』이라는 책을 펴냈습니다. 간단히 말해서 오늘날 대학을 상징하는 문묘의 공간에서 학생들이 스승을 공경의 예로 섬기는 의식춤이 문묘일무입니다. 그러나 이 춤이 지니는 진정한 의미는 학생들이 스승을 섬기는 데 한정한 것이 아니라 스승과 제자가 서로의 마음을 나누는 것에 있다고 봅니다.

김승현 이론 작업이 먼저 이루어지고 작품은 그다음이었네요.

임학선 그렇습니다. 어느 정도 이론적 틀이 잡힌 2002년 본격적인 작업에 착수, 공자의 고향인 중국 산둥성 취푸(곡부)에서 필드워크(Field work) 작업에 들어갔습니다. 그런데 거기서 국제공자문화절 행사가 열린다는 것을 처음 알았습니다. 그래서 2003년 취푸(곡부)에서 열린 국제공자문화절에 참여하기 위한 15분짜리 작품이 〈공자〉의 시작이었습니다.

김승현 전막 초연은 2004년이었지요. 이 낯선 작품에 대해 회의적인 시각도 없지 않았을 텐데요

임학선 지금은 그렇지 않지만 처음에는 여러 가지 말이 많았지요. 유학을 무용의 소재로 끌어온다는 것이 가능할 것인가, 고리타분한 유학으로 뭘 할 것인가, 심지어 왜 중국 사람을 소재로 하느냐는 말까지 있었습니다. 더욱이 예술의전당 오페라극장 무대에서 처음으로 하는 한국창작춤 무대여서 공연이 과연 성공할지 의심이 많았습니다. 하지만 그런 어려움을 넘어 저의 대표 레퍼토리로 자리 잡아 한국무용의 힘을 세계에 자랑하는 글로벌 레퍼토리가 됐습니다.

김승현 초연 작품은 어떻게 구성됐지요.

임학선 사람들이 공자 하면, 인仁 사상을 떠올리거나 위대한 성인을 떠올립니다. 하지만 저는 스승으로서의 공자뿐만 아니라 인간으로서의 공자를 중심으로

무용작품이 될 만한 에피소드를 모아 구성했습니다. 제사 형식의 춤, 일무도 작품의 한 형식으로 차용했으며 석전대제의 의식절차 등도 참조해 공자의 삶을 모두 5개의 장으로 구성했습니다.

김승현 공자의 생애는 흔히 15세에 지우학志于學, 30에 이립而立, 40에 불혹不惑, 50에 지천명知天命, 60에 이순耳順, 70에 종심소욕從心所欲이나 불유구不踰矩로 요약됩니다. 이렇게 명쾌한 삶의 여정은 더 이상 없을 것으로 생각됩니다. 이를 어떻게 작품에 녹여 넣었나요.

임학선 탄생 부분은 간단히 했습니다. 춘추전국시대의 혼란기에 누군가 세상을 구원하는 영웅이 나타나기를 기대하는 모습을 담아냈습니다. 2장은 지우학, 학문에 뜻을 두는 장면을 그렸고, 3장은 천명, 하늘의 뜻을 따르는 과정을 나타냈습니다. 특히 이 장면은 공자와 안자의 논쟁, 대결로 풀어냈습니다. 불혹에서부터 지천명을 넘어 이순에 이르는 과정을 치열한 2인무로 그려냈습니다. 4장은 죽음입니다. 공자가 나이 70에 이르러 죽음을 맞이할 때 하늘의 북두칠성처럼 그의 학문과 도덕이 높아 모든 것이 법규와 이치에 맞지 않는 것이 없었습니다. 인생의 희로애락을 담대하게 받아들이는 그 관조의 미학, 달관의 철학에서 긍정의 역사, 세계를 포착해내려 노력했습니다.

김승현 일무는 이 작품에서 어떻게 활용됐나요.

임학선 일무는 유가의 예악사상이 담긴 정수입니다. 일상생활의 예의범절 하나하나를 춤사위로 만든 것이 일무입니다. 모든 시대에 있어 그 사회는 기본적으로 갖추어야 할 에티켓이 있습니다. 서로 공경하고 스스로 낮추어 사양하고 양보하고 겸양하는 그런 삶의 핵심을 다루고 있습니다. 스승과 제자의 단순한 학문적 논쟁이 아니라 인간으로서 사랑하는 마음을 담아냈습니다. 또 스스로를 그런 경지에 이르도록 다스리는 기본 덕목이며 최고의 철학을 담고 있습니다. 저는 이 작품을 단순한 볼거리로 만들지 않았습니다. 사회성을 담아내려 노력했습니다. 아는 것으로 그치지 말고 예의에 어긋나지 않게 실천하는 공자의 노력에 초점을 맞춘 교육적인 춤이지요.

김승현 작품을 보면 일무가 그대로 사용되지 않고 현대적으로 많이 변형된 느낌입니다.

임학선 그렇습니다. 하지만 저는 일무를 단순히 전통의 현대화를 위한 레퍼토리로 연구하지 않았습니다. 춤의 가치, 철학, 춤이 어떻게 만들어졌는지 그 시원始原을 밝히기 위해 추적했고 그 결과물이 이미 말씀드린 세 권의 책입니다. 원시시대 예악은 주나라 시대에 확립됐습니다. 공자 이후 황제를 중심으로 한 예악에서 인간을, 사람을 중시하는 예악으로 변하기 시작했습니다. 고대 주나라 황제를 기리는 행사가 나중에 와서는 사람과 사람이 지키는 예의범절이 담긴 최고의 전범으로 탄생하게 된 거지요. 그런 일무의 정수를 관객들이 느낄 수 있다록 최선을 다했습니다.

김승현 공자는 학문도 학문이지만 예와 악, 그 깊은 학문을 포함하는 형식과 음악을 중히 여겼습니다. 그래서인지 선생님의 작품에는 공자의 음악적 형상화가 매우 독특하게 다가옵니다.

임학선 공자의 시대는 악가무樂歌舞, 즉 음악과 노래와 춤이 하나인 시대였습니다. 노래와 연주 속에서 공자와 성인들의 철학을 내용으로 몸동작을 추출해냈지요. 하지만 춤 〈공자〉에서 음악은 자유롭게 갔습니다. 일무 음악을 비롯해 수제천 등 전통음악을 사용하면서 평소 여행하면서 수집해놓은 음악을 사용하기도 하고, 일부는 신혜영 춘천교대 교수가 작곡했습니다. 신 교수는 제가 30대 때부터 같이 작업을 해온 분입니다. 한국무용에는 한국음악을 써야 한다는 기존의 고정관념에서 벗어나 동작을 효과적으로 표현, 전달하기 위해서는 어떤 음악이라도 자유롭게 사용했습니다.

김승현 공자의 고향인 중국 산둥 취푸는 물론, 세계 문화의 중심 프랑스 파리에서도 공연했습니다. 창작 한국춤 가운데 가장 세계화된 작품 가운데 하나라고 생각합니다. 그 비결이 무엇입니까.

임학선 예, 2003년 취푸에서 열린 국제공자문화절에 소품으로 참가하면서 만들어진 것처럼 애초부터 국제무대를 겨냥했습니다. 2004년 예술의전당 오페라극장 초연 이후 2006년 프랑스 파리, 2009년 중국 베이징, 2010년 대만에서 공연하는 등 동서문화의 중심에서 관객들을 만났습니다. 2009년 베이징에서 공연했을 때는 중국의 무용 〈공자〉도 함께했는데 규모가 엄청났습니다. 베이징올림픽 공연을 총연출한 장지강이라는 안무가가 만든 작품인데 200여 명이 출연하는 등 제작비만 200억 원을 들인 대작이었습니다. 저희는 50여 명이 출연한 소규모이지만 분위기는 전혀 달랐습니다. 중국춤이 스토리 위주의 스펙터클에 집중했다면 저희는 다양한 에피소드를 깊이 있게 천착, 차별화를 통해 한국춤의 독창적인 아름다움을 중국 관객들에게 선사했다고 자부합니다.

김승현 한국, 중국, 대만에 모두 공자를 기리는 일무가 있지만 그 춤사위의 느낌이 다 다르지요.

임학선 그렇습니다. 전혀 다릅니다. 중국의 리듬은 한국의 리듬보다 빠르고 강합니다. 이에 따라 중국의 일무는 역동적이라면 우리의 일무는 정적이지요. 대만은 초등학교에서 과거 우리나라에서 국민체조 하듯 일무를 가르칩니다. 그런데 음악이 현대에 비해 느리다 보니 한 음 속에 두 번의 동작을 넣습니다. 그래서 굉장히 리드미컬하고 경쾌합니다. 서로 아주 다르게 발전했지요. 중요한 것은 남의 것을 흉내 내지 말고 우리 것의 장점을 더욱 강화하는 겁니다.

김승현 〈공자〉가 무대에 오른 지 8년입니다. 마스터피스가 완성된 것입니까. 아니면 지금도 조금씩 계속 변화하는 중입니까.

임학선 막을 내리고 나면 만족한 공연이 어디 있겠습니까. 뭔가 항상 부족함이 남죠. 그래서 무대에 올릴 때마다 조금씩 수정하고 있습니다. 스승의 이미지를 중심으로 해서 초연 작품을 올리고 조금씩 무보를 집어넣고 뺐습니다. 몇 년 전 논쟁 부문을 강화하면서 1차 마스터피스는 어느 정도 완성됐다고 봅니다. 조금 더 들어갈 수 있는 내용을 찾아내면서 두 번째, 세 번째 완성판이 나올 수 있을지도 모르겠습니다. 장기적으로 이제 동양사상에 대한 이해도 어느 정도 생겼으니 젊은 감각을 더해 영상 등과 함께하는 융복합공연으로 발전시킬 구상을 갖고 있습니다. 지금 제가 운영하는 두리춤터에서 실험 중인 융복합공연이 그 씨가 될 것입니다. 지금과 전혀 다른 이미지로 새롭게 탄생할지도 모르겠습니다.

김승현 선생님 작품에는 〈공자〉만 있지 않습니다. 〈공자〉와 비교해 다른 작품에 대해서도 설명해주십시오. 구체적으로 〈공자〉 이전의 작품과 이후의 작품을 비교해주시면 감사하겠습니다.

임학선 초기 대표작으로 1985년의 〈인다리〉가 있습니다. 제가 초기에 집중했던 한국 무속신앙에 관련된 작품입니다. 〈인다리〉는 신이 들려 무당이 될 수밖에 없는 사람이 이를 거절하면 주변의 사람들이 시름시름 앓다가 죽어가는 신벌을 말합니다. 영어로 '라이프 브리지(Life Bridge)'라고 번역했는데 '생명의 다리'라는 영어가 의미를 더 정확히 전달하는 것도 같습니다. 당시 무당춤이라고 하면 방울 들고 펄쩍펄쩍 뛰는 게 대부분인데 그런 형식을 탈피, 새롭게 리메이크해보자고 한 시도입니다.

이때는 철학이나 사상이 뭔지도 모르고 했는데, 공자의 연구를 통해 동양철학에 대해 어느 정도 구체적으로 알게 된 지금 저의 초기 시도의 방향이 그리 틀리지 않았다는 데 안도합니다. 공자님의 삶처럼 이상적으로 살 수는 없었지만 그 나이 때는 그 나이까지밖에 볼 수 없는 것들이 있습니다. 그때는 몰랐지만 저 역시 되돌아보면 서른에 제가 추는 춤의 목표를 세웠던 것 같습니다. 그렇지 않았더라면 40대의 여러 가지 유혹을 견뎌낼 수 없었을 겁니다. 저만의 춤을 굳건히 하면서 50대에 이르러 제가 어디로 가야 하는지 천명을 알 수 있었던 듯도 합니다. 이제는 60을 넘어서면서 급한 일이 없습니다. 제가 워낙 오래 준비하기도 하지만 더 여유 있게 목표를 향해 차근차근 나아갑니다. 두리춤터도 몇 년에 걸쳐 리모델링하며 이제 비로소 제대로 된 온전한 공간으로 관객들을 맞을 마지막 준비가 한창입니다. 봄이 되면 그 결실을 볼 수 있을 겁니다.

김승현 선생님의 첫 해외 진출 작품이 1990년 〈민들레 왕국〉이었죠. 이 작품도 선생님의 대표작 가운데 하나로 평가되는데요.

임학선 제 춤은 뿌리의식이 강합니다. 무속연구도 그런 일환이었습니다. 〈인다리〉 이후 우리 민족에 대한 이야기를 하고 싶었는데 그 상징으로 발견한 것이 '민들레'였습니다. 약한 듯하지만 강인한 생명력의 민들레를 우리 민족을 상징하는 왕국으로 표현하려 했습니다. 포클레인도 등장하는 등 다양한 현대의 상징들을 무대에 끌어들여 어떤 억압에도 굴하지 않고 세계로 뻗어가는 우리 민족의 의지를 시적으로 표현했다는 평가를 받았습니다.

김승현 '시적'이라니까 떠오르는 이 무대에서 표현한 「떡잎」이 명장면의 하나로 무용계에서 회자되고 있습니다.

임학선 이 작품을 구상할 당시 유안진 시인의 '떡잎'이라는 시를 읽었는데 감동이 컸습니다. 이 이미지를 무대화하고 싶었는데 이 작품에 녹여 넣었지요. 무대에서 조그만 떡잎이 커다랗게 확대되는 이미지를 실제로 구현해낼 때 객석에서 함성이 대단했습니다. 돌아가신 김영태 선생님이 "참 시적으로 나왔다"고 평가하기도 했습니다. 대미는 민들레가 다 밟히는데도 결코 죽지 않고 아지랑이처럼 피어오르는 장면으로 구성했는데 이 역시 시적이었다는 평가를 받았습니다.

김승현 또 걸프전을 소재로 환경의 위기를 그린 〈흰 새의 검은 노래〉에서 검은 원유가 범벅이 된 갈매기를 표현한 것도 시적인 표현으로 한국무용 창작의 표현기법을 확장했다는 평가를 받았습니다. 한국무용 창작의 한계가 다양한 춤사위의 부족으로 꼽히는데 선생님의 춤은 그렇지 않은 것 같습니다. 뭔가 계기가 있었을 듯도 싶습니다.

임학선 프랑스 마임이스트 마르셀 마르소의 공연을 봤습니다. 손가락 하나, 눈빛만으로도 감정을 그렇게 섬세하게 표현할 수가 없었습니다. 마임으로 저렇게 하는데 우리 무용이 그렇게 하지 못할 것도 없다고 생각했습니다. 신체 각 부위별로 표현기법을 계발하고 다소 평면적인 전통무용의 동작들을 무용수들이 서로 얽히고설키면서 입체감을 살리는 군무로 만들 수 있다고 생각했습니다.

김승현 그렇게 만들어진 것이 선생님의 '기본춤'입니까.

임학선 예 그렇습니다. 하지만 '공자'를 연구하기 이전에는 막연했습니다. 10여 년간의 연구를 통해 30, 40대의 노력이 결코 헛되지 않았다는 것을 확인했습니다. 역사, 뿌리의식의 연구를 계속해오면서 태극구조로 우리춤의 체계를 세울 수 있었습니다. 이를 구체적으로 설명드리면 '춤사위', '춤기법', '동작선', '호흡'이 네 가지의 상관관계를 풀어 논리체계를 세워 '기본춤'을 만들었습니다. 옛날의 춤이 주로 180도로 무대를 섰다면 저는 360도를 모두 사용하는 태극구조의 기본춤을 확립한 거지요. 이를 우리 두리춤터에서 임학선 댄스위의 단원들이 힘써 배우고 익혀 새롭게 만들어내고 있습니다.

김승현 현재 창작 한국춤의 위기라고 말해도 지나치지 않을 것 같습니다. 전통에 따르면 신파요, 조금만 새롭게 하면 현대무용과 차별이 안 됐다는 지적이 있으면서 설 자리를 잃고 있다는 느낌도 듭니다. 한국무용 창작에서 가장 중요한 것이 무엇인지 궁금합니다.

임학선 중요한 것은 이론과 철학입니다. 무용이 실기라고 해서 현장과 테크닉만 중시하는데 그게 다가 아닙니다. 연구 기능이 중요합니다. 물론 저도 그것을 몰랐지요. 70, 80년대의 구체성을 가지고 2000년을 정리하면서 깨달았습니다. 그래서 현장이 테크닉만을 연마하는 장이 돼서는 안 된다는 생각을 갖게 됐고 그것을 제자들에게 요구했습니다. 작품을 만들기 위해 먼저 자기가 표현해야 할 내용을 정리하고 마치 시나리오 쓰듯 안무구조와 전략을 구체적으로 만들 것을 주문했습니다. 그렇게 스스로 텍스트를 개발할 수 있는 이론과 철학을 갖춰야 비로소 서양 춤과 경쟁할 수 있다고 생각합니다. 이제는 남이 안 한 것을 하는 것이 아니라 전혀 새로운 것을 하지 않으면 안 되는 때이기 때문입니다.

김승현 이번 공연은 2004년 예술의전당 공연 이후 처음으로 학교 밖으로 나오는 공연입니다. 감회가 새롭지 않을 수 없을 것 같습니다.

임학선 예, 정말 오랜만에 밖으로 나왔습니다. 나이가 들면서 이제 다작보다는 생각을 더 많이 하게 됩니다. 10년 동안 나름대로 확인한 것이 있으니 젊은 친구들과 이야기할 것이 있을 것이라는 생각으로 용기를 냈습니다. 이번 공연이 우리 어린 친구들이 함께 발전하고 또 우리 무용계가 서로 쳐다보면서 용기를 북돋워주는 계기가 됐으면 좋겠습니다.

한·중 수교 20주년 기념 문화교류 공연 2012

임학선댄스위 〈위대한 스승 공자〉

김태원 / 『한팩 뷰』 2012. 3

임학선 안무의 〈위대한 스승(The Great Teacher) 공자〉는 이번 공연에서 초연 때와는 달리 주목할 만한 변화가 안무상, 연출상 및 몇 부문에 꾀해졌다. 공연은 전체적으로 요즈음의 극장춤에서 잘 볼 수 없는 암전(페이드아웃)의 기법을 자주 사용하는 가운데, 에피소드적 춤의 구조를 가지면서 여기에 임학선 춤 특유의 제의적 미학이 강하게 혼용되었다. 그러면서 초연 때 전면적으로 자주 등장했던 유교의식무인 '일무'의 보여짐이 축소되면서, 대신 공자 삶의 모습이 에피소드적 장면 속에서 더 불거져 보였다. 따라서 〈공자〉 공연을 '일무'의 스펙터클함의 전시를 위한 첫 단계의 이야기로 보는 관점은 줄어든 셈이다.

그런 한편 '일무'의 부분적이고 상징적인 삽입에 의해 공연은 훨씬 효과적인 장면 전환력과 안무의 절제성을 확보하고 있었다. 더불어 아르코예술극장의 집중된 분위기는 공자의 제자들이 그들의 춤의 전개과정에서 보여주는 죽간의 펼침과 내리치는 소리, 그리고 신혜영의 창작음악과 공연의 끝에 연주된 이상은의 〈공무도하가〉 노래, 달리 말해 음악이 갖는 청각적 효과를 예민하게 만들면서, 동시에 남성 군무진의 공간을 찌르고 휘젓고 수직으로 점프하는 날카로운 춤동작선과 불꽃 튀는 충돌을 만들며 춤의 극적 긴장감의 상승과 그 전개를 도왔다.

담백한 안무의 절제 속에 공자를 흠모하는 '남자 부인' 역 송영미의 춤은 신무용적 감상성과 미태美態를 보태며 색다른 공연의 호기심을 북돋웠고, 마음의 갈등 속에 평행으로 내달리며 회전하는 학습과 수신修身을 상징하는 거문고 줄 안에서의 공자 제자들의 춤은 강한 현대적 표현성을 띠며 이 공연의 컨템포러리성을 더해주었다. 그런 가운데 공연의 대미를 장식한 임학선댄스위 무용단과 성균관대 팔일무단이 합류한 풀 스케일의 '일무' 보여줌은 앞 오케스트라 박스의 공간까지 사용하면서 어느 때보다 정제되어 있고 당당해 보였다. 공연 속 김주빈의 공자 역은 무게 있고 진중했으며, 조인호와 남성 군무진의 춤은 날카로움과 동시에 견고한 앙상블을 확보하고 있었다. 더불어 정향숙, 유혜진, 정보경, 김미영, 김영은, 노한나 등이 리드한 여성 군무 또한 어느 때보다 춤 움직임에 있어서 유기적이고 능란했다.

이 공연은 공자라는 소재를 택했으되 우리 창작춤 특유의 시원성(특히 니구산에서 공자 탄생의 장면), 표현성(거문고 춤), 그리고 장면의 상징성(솟대를 이용한 공자 최후의 작별 장면) 등이 짙게 배어 있어 결코 역량 있는 중국 안무가라도 수월하게 안무할 수 있는 작품은 아니다. 그런 만큼 우리화된, 곧 한국창작춤화된 〈공자〉인 셈이다. 사실 그 같은 미학은 이미 1980년대 임학선의 안무작 〈인다리〉, 〈민들레 왕국〉 등에서 보여준 바 있다.

한·중 수교 20주년 기념 문화교류 공연 2012

한국창작춤 안무가의 글로벌한 도전 〈공자〉

김태원 / 『공연과 리뷰』 2012. 76호

2012년 한팩(HanPAC) 무용기획 '우수 레퍼토리 시리즈'로 아르코예술극장 대극장에 올려진 임학선댄스위 무용단의 〈위대한 스승(The Great Teacher) 공자〉(2월 4~5일)와 국수호 디딤무용단의 〈思悼 – 사도세자 이야기〉(2월 10~11일)는 이미 2004년과 2007년에 초연된 춤작품들이었음에도 불구하고 동절기 혹한 속에서도 무용 전문인들은 물론 일반 관객들의 지대한 관심을 이끌어내었다.

지난 1980년대부터 이른바 한국창작춤의 영역에서 꾸준히 안무 작업을 해온 두 중견 창작무용인들도 이번 공연에서 공통적인 예술적 노력을 기울였다. 하나는 한국적 혹은 동양적 문화의 맥락에서 춤의 소재 혹은 주제를 찾는 노력이고, 그 둘은 두 작품 모두 본격 극장춤으로서 각각 개성 있는 스타일을 갖춘 스펙터클함을 추구하였으며, 그 셋은 초연 이후 그간 국내는 물론 국외에서 거듭된 공연에 의해 어떤 국제적 감성을 획득한 점이다. 그 결과로 두 춤은 소박하게 2000년대에 만들어진 우수한 춤 레퍼토리라는 평가를 넘어, 우리 극장예술의 나아가야 할 의미 있는 방향을 제시해주고 있다 하겠다.

임학선 안무의 〈공자〉는 이번 공연에서 초연 때와 달리 주목할 만한 변화가 안무상·연출상 몇 부분에서 꾀해졌다. 공연은 전체적으로 요즈음의 극장춤에서 잘 볼 수 없는 암전(페이드아웃)의 기법을 자주 사용하는 가운데, 에피소드적 춤의 구조를 가지면서 여기에 임학선 춤 특유의 제의적 미학이 강하게 혼용되었다. 그러면서 초연 때 전면적으로 자주 등장했던 유교의식무인 '일무佾舞'의 보여짐이 축소되면서, 대신 공자 삶의 모습이 에피소드적 장면 속에서 더 불거졌다. 따라서 〈공자〉 공연을 '일무'의 스펙터클함의 전시를 위한 전 단계의 이야기로 보는 관점은 줄어든 셈이다.

그런 한편 '일무'의 부분적이고 상징적인 삽입에 의해 공연은 훨씬 효과적인 장면 전환력과 안무의 절제성을 확보했다. 더불어 아르코예술극장의 집중된 분위기는 공자의 제자들이 그들의 춤의 전개과정에서 보여주는 죽간의 펼침과 내리치는 소리, 그리고 신혜영의 창작음악과 함께 공연의 끝에 연주된 이상은의 〈공무도하가〉 노래, 달리 말해 음악(음향)이 갖는 청각적 효과를 예민하게 만들면서, 동시에 남성 군무진의 공간을 찌르고 휘젓고 수직으로 점프하는 날카로운 춤동작선과 불꽃 튀는 충돌을 만들며 춤의 극적 긴장감의 상승과 그 전개를 도왔다.

담백한 안무력의 절제 속에 공자를 흠모하는 '남자南子 부인' 역의 송영미의 춤은 붉은 의상 속에 감춘 몸과 표정으로 신무용적 감상성과 미태美態를 보태며 색다른 공연의 호기심을 북돋웠고, 마음의 갈등 속에 평행으로 내달리며 회전하는 학습과 수신修身을 상징하는 거문고 줄 안에서의 공자 제자들의 춤은 평행적 열무列舞로 반복적인 움직임의 패턴을 보여주며 강한 현대적 표현성을 가져, 이 공연에 컨템포러리성을 더해주었다. 그런 가운데 공연의 대미를 장식한, 임학선댄스위과 성균관대 팔일무단이 합류한 풀 스케일의 '일무' 보여줌은 앞 오케스트라 박스의 공간까지 사용하면서 어느 때보다 정제되어 있고 당당해 보였다. 공연 속 김주빈의 공자 역은 『논어論語』 속 잘 알려진 구절을 말하면서 다소 엄숙한 가운데 무게 있고 진중했으며, 그 제자들인 조인호와 남성 군무진의 춤은 날카로움과 동시에 견고한 앙상블을 확보하고 있었다. 더불어 정향숙·유혜진·정보경·김미영·김영은·노한나 등이 리드한 여성 군무 또한 어느 때보다 춤 움직임에 있어서 유기적이고 능란했다.

이 공연은 공자라는 소재를 택했으되 우리 창작춤 특유의 시원성(특히 니구산에서 공자가 탄생하는 장면), 표현성(거문고 줄 춤), 그리고 장면의 상징성(솟대를 이용한 공자 최후의 작별 장면) 등이 짙게 배어 있어 결코 역량 있는 중국 안무가라도 수월하게 안무할 수 있는 작품은 아니다. 그런 만큼 우리화된, 곧 한국창작춤화된 〈공자〉인 셈이다. 사실 그 같은 미학은 이미 80년대 임학선의 안무작 〈인다리〉, 〈민들레 왕국〉 등에서 보여준 바 있다.

한·중수교 20주년 기념 임학선댄스위 한팩 우수 레퍼토리 시리즈 / 아르코예술극장 대극장

한·중 수교 20주년 기념 문화교류 공연 2012

임학선 안무의 위대한 스승 〈공자〉 공연

장석용 / 여수인터넷뉴스 2012. 2. 14

공자의 인본주의 코드를 독해한 악가무

2012년 2월 4일 오후 8시, 5일 오후 4시, 8시 아르코예술극장 대극장에서 한국공연예술센터(HanPAC) 우수 레퍼토리 시리즈로 선정된 임학선(성균관대 무용학과 교수) 안무 임학선댄스위의 블록버스터 2012년 판 〈위대한 스승(The Great Teacher) 공자〉 공연이 있었다.

임학선댄스위 단원과 성균관대 팔일무단이 출연한 이 작품은 안무가의 집요한 호흡법과 진법에 따라 학문이 예술이 되고, 예가 음악이 되고, 음악이 춤이 되는 소통과 인간적 면모의 공자, 서정적 면모의 공자, 이지적 자태의 공자, 유혹의 대상이 되는 공자를 보여준다.

이 작품을 특징짓는 몇 가지 요소들을 살펴보면 유기적, 과학적 앙상블로 춤

조형을 이끌어내는 안무력, 체계적 구성, 매머드 출연이 만들어내는 비주얼, 화려한 복식과 액세서리, 구음, 노래, 전통악기 연주, 내레이션, 퓨전을 포함한 사운드의 다양한 변주 등이다.

문묘일무의 전통적 무기舞技가 살아 있는 독특하고 차별화된 춤 연기를 보여주는 무극舞劇 〈공자〉는 5막 11장으로 구성되어 있다. 완급을 조절하는 장면 분할과 호기심을 유발하는 장면 전개로 춤은 끝까지 긴장감을 견지하고 있다. 자연인 공자, 믿음으로 하나 되는 자유인 공자는 노자와 장자의 꿈과 맥을 같이하고 있다.

〈공자〉의 연대기적 구성은 1.탄생 1)니구산의 정기 2)위대한 탄생, 2.학문 1)학문 2)진리의 길, 3.고난 1)남자南子 부인의 유혹 2)수신(거문고의 춤) 3)학문의 논쟁, 4.임종 1)거룩한 최후 2)가시는 님, 보내는 마음, 5.부활 1)부활 2)환희로 의도적 복합구성을 차단한다.

아이콘으로 차용된 일무는 꿩깃, 꽃, 솟대, 피리 등으로 등장, 장면마다 제자와 스승 사이의 다양한 감정의 스펙트럼을 만들어낸다. 탄생에서 부활에 이르는 춤이 전개되면서 특장特裝되는 은유 코드는 연기, 소품, 사운드, 컬러 등으로 세분화되고 독무讀舞된다.

산과 물의 기운을 표현하는 브라운과 블루의 조화로운 군무, 탯줄을 상징하는 조명을 받은 붉은색 천, 죽간의 공명이 만들어내는 학문의 길, 공자의 30대의 입지立志, 40대의 불혹不惑, 50대의 지천명知天命, 60대의 이순耳順 등으로 연령 처신이 해설로 읽힌다.

예악일무禮樂佾舞는 하나이다. 춤은 일화를 단순화한 음악에 대한 터치, 내레이션은 간극마다 자리를 잡고 깨우침을 주고, 그 깨우침은 죽간의 터치로 나타난다. 공자는 선홍鮮紅의 유혹을 거문고 연주로 다스리고, 선율이 된 여인들은 기꺼이 '현의 노래'에 동참한다.

음계에 따른 춤은 은색 판타지를 만들어내고, 럭셔리하고 리드미컬한 춤은 예악 숭상이 정점에 있음을 알린다. 그만큼 춤은 클래식하고 품격이 있다. 공무도하의 애절함, 거룩한 최후(죽음)를 알리는 뜨거운 상징인 새, 새가 되어서라도 스승을 만나고픈 그리움을 상징하는 솟대, 그 처절한 슬픔은 솟대 춤의 휘어진 막대와 그 타음打音이 대변한다.

니구산의 정기가 다시 꿈틀대고, 공자는 꽃으로 피어난다. 조명은 하이키 조명으로 이 극적인 장면을 연출한다. 무대 위의 꽃, 부활의 꽃을 반기는 무리들, 회전무대 앞에서 등장하는 꽃을 든 무리들, 모두 공자의 부활을 축하하며 펼쳐지는 일무, 환희의 장엄무이다.

탄츠 포에지(Tanzpoesie)적 일면을 소지한 〈공자〉는 2004년 초연 이래 시대, 인물, 역사를 소재로 한 춤을 창작하는 이들에게 폭넓은 탐색의 시간을 갖게 해준 작품이다. 춤이 교양과 예절의 도구, 소통과 창작력의 보고가 될 수 있음을 입증하고 있다.

이 작품은 근접할 수 없는 자양분을 소지하고 있다. 장소의 제약으로 진법과 틀이 변형되기는 하였지만 해마다 질적으로 진화하는 이 작품이 국내외의 폭발적 반응으로 새 한류를 주도하는 무용예술품이 되었으면 한다.

한·중 수교 20주년 기념 문화교류 공연 2012

공연장 속에서만 찾을 수 있는 즐거움을 느낀다

김민경 / 『한팩 뷰』 2012. 9

머릿속에서 떠오른 생각을 어떠한 수단으로든 '표현'한다는 것은, 그것도 '완벽하게 표현 한다'는 것은 참으로 쉽지 않은 일이라기보다 '불가능'한 일일 것이다. 예를 들어 자신이 어느 전시관에서 보고 온 가장 인상 깊었던 그림을, 보지 못한 사람에게 완벽하게 그 그림을 눈앞에 가져다놓은 것처럼 설명할 수는 없는 것처럼 말이다. '공연'을 통해 어떠한 메시지를 많은 사람들에게 표현하고 전달하고자 하는 사람들에게도 '어떠한 환경에서든지 정확하게 자신의 생각을 전달하고자 하는 것'은 매우 큰 과제이자 그 불가능을 깨고자 하는 도전일 것이다.

여러 공연의 방식(무용, 독립영화, 인디음악)을 함께 도입한다는 것은 그만큼 다양한 방법으로 주제를 전달함으로써 다양한 시각으로 공연을 보는 사람들로 하여금 전달의 완벽성을 가져다줄 수 있는 가능성을 줄 수는 있지만, 자칫하다가는 하나의 전달 매체를 선택한 것보다 산만한 방식이 될 수 있어 전달 흐름에 오히려 독이 될 수도 있는 위험성을 가지고 있다. 〈드라이브 스루Drive–Thru〉에서는 진정한 '융복합공연'의 효율성, 그리고 가능성을 보여주었다. 무대에서 동시에 보이고 있던 무용, 영화, 독립영화, 인디음악 모두 주어진 공간 속에서 따로 움직이는 듯했지만, 공연이 종료될 시점에서는 모든 것이 하나의 주제를 노래하며 '모두 제각각이지만 그것은 너와 나 혹은 우리 모두의 삶에 엮여 있다는 작품의 내용 및 설명과 일치하게 흘러가고 있었다.

무엇보다 감탄스러웠던 점은 다양한 방식들이 한 소리를 내는 것, 그 이상을 넘어 여러 사람이 아닌, 한 사람이 되어 표현을 하고 있었다는 것이다. 안무를 하는 도중 흐르는 음악은 안무를 뒷받침해주는 효과음이 아닌, 안무가의 생각을 동시에 다른 시각으로 대변해주고 있는 듯했다. 공연이 끝난 후, 프로그램북 속에서 이에 관한 답을 들을 수 있었다.

공연을 보고 나서는 '탄성'보다는 '놀라움'을 느낄 수 있었다. 만족스러움을 느낀 공연을 보고 나왔을 때 다른 공연에서는 대단했다, 잘 표현했다, 재밌다! 이러한 느낌으로 내 자신에게 탄성을 자아내게 했다면, 〈드라이브 스루〉는 '공연장 속에서 이러한 모습을 보여줄 수 있구나. 이러한 즐거움을 줄 수 있구나'라는, 이전에는 얻을 수 없었던 '새로운 만족스러움'을 선사했다.

다양한 작업방식을 선택했지만 이렇게 다양한 작업방식 속에서도 구체적인 장르를 택한 점, 그리고 그 구체적인 장르가 음악과 영화 중에서도 대중성은 적지만 개성은 매우 강한 음악 중에서도 '인디음악', 영화 중에서도 '독립영화'를 선택함으로써 〈드라이브 스루〉에서 전하고자 하는 '표현'을 정확하게 전달하고, 다른 공연과의 차별화를 둘 수 있지 않았나 싶다.

12. 임학선댄스위
멕시코 '코리아 페스티벌' 2015

임학선댄스위 멕시코 '코리아 페스티벌' 2015

메트로폴리탄 씨어터, 3200명의 침묵과 환호

김기화 / 두리춤터 테마연구원 2015. 12

1. 초청

임학선댄스위는 2015년의 대미를 장식하는 공연을 멕시코에서 갖게 되었다. 재작년부터 분주히 준비해온 공연 〈영웅 이순신〉이 2015년 9월 성황리에 막을 내리고 이 작품을 국제무대로 진출시키라는 주위의 관심과 성원으로 멕시코 공연이 성사되었다. 세계적인 무장武將 이순신의 위상을 널리 알리고 한국창작춤의 예술적 역량을 세계무대에서 평가받기 위해 다가올 2016년의 공연을 기획하던 중 2015년 멕시코의 '코리아 페스티벌'에 초청되었다.

우리나라는 2012년부터 공공외교 중점대상지역을 선정해 한국을 소개하는 '코리아 페스티벌'을 개최하고 있었다. 2015년은 믹타 회원국 및 주변국을 페스티벌 지역으로 선정하고 8개 도시에서 전시·공연·학술행사 등을 진행해왔다. 믹타(MIKTA)는 한국의 주도로 2013년 9월 출범한 국가 협의체로서 참여국인 멕시코,

멕시코 코리아페스티벌 공연

인도네시아, 한국, 터키, 호주의 영문명 첫 글자를 따 만든 이름이다. 이들 국가들은 세계 순위 12~18위에 드는 나라들로, 선진국들로 구성된 G7이나 신흥경제국들로 구성된 브릭스(BRICS)와는 다른 중견국 협의체이다. 각 대륙을 대표하는 중견 국가들이 활발한 교류를 통해 국제사회에서 자국의 위상을 높이고 이익을 증대할 목적으로 설립하였다.

따라서 이번 공연은 중견국 협의체 믹타 회원국인 멕시코에 한국 문화를 알리는 공연으로, 국가 공공외교의 일환으로 이루어졌다. 공공외교 전문기관인 KF(Korea Foundation, 한국 국제교류재단)와 주멕시코 한국대사관은 이번 공연을 공동기획으로 추진하여 믹타 회원국 간 상호 이해의 폭을 넓히고 한국의 문화를 알리고자 하였다. 특히 2015년은 멕시코의 한인 이주 110주년을 기념하는 해로, 에네켄 사탕수수 농장의 노동자로 첫발을 내딛었던 한국인들의 뼈아픈 한인 이주 역사를 위로하고 비상하는 한류문화를 통해 국가 위상을 제고하는 의미 있는 공연이었다.

우리는 성공적으로 공연을 올려야 한다는 부담감을 갖고 멕시코 공연을 준비하였다. 공연 준비는 프로그램 선별에서부터 쉽지 않았다. 한국의 전통문화를 알리고 현대의 공연문화를 동시에 알려야 한다는 대명제와 함께, 주관객이 될 멕시코인들이 좋아하는 공연이 될 수 있도록 이들의 정서를 반영한다는 점을 고려하여 여러 차례 프로그램을 교체하였다. 멕시코는 마야 · 아스텍 · 톨텍 문명 등 아메리칸 인디오의 찬란한 토착 문명과 함께 스페인 식민통치를 통해 서구 문명이 유입되어 혼합 문명이 형성되어 있다. 이러한 동서양 문화를 동시에 갖고 있는 문화정체성을 반영하여 공연 프로그램을 신중하게 결정하였다. 때마침 11월 1일부터 3일까지 떠나간 사람의 영혼을 기리는 '망자의 날' 축제가 열린다는 것을 알고 이들의 죽음에 대한 특별한 관심을 프로그램에 적극 반영하였다.

멕시코인들의 ‘망자의 날’은 유네스코 인류무형문화유산에 등재된 멕시코 원주민 공동체의 풍속이다. 멕시코 현지에서 ‘엘 디아 데 로스 무에르토스(el Día de los Muertos)’라고 불리며, 죽은 친족과 사랑하는 사람들이 잠시나마 현생으로 돌아오는 것을 기리는 멕시코의 중요한 축일이다. 가족들은 묘지에서 집에 이르는 길에 꽃잎이나 촛불 등을 놓아 영혼들이 현생으로 돌아올 수 있도록 도와주고 망자가 좋아했던 음식을 진설한다. 공원이나 건물에는 다양한 차림의 해골 인간 조형물이 설치되며, 오가는 사람들은 해골 복장과 가면 등의 액세서리로 치장해 죽은 사람과 함께한다. 삶과 죽음의 만남 의식인 ‘망자의 날’은 사회 속에서 개인의 역할을 긍정하고 확인하는 행위이며, 멕시코 원주민 공동체의 정치적·사회적 지위를 강화하는 데 기여했다. 스페인이 멕시코 땅에 도착하기 이전 원주민 문명인 이 종교적인 의식은 가톨릭 축제인 ‘위령의 날’에 치른다. 이것은 이 축일이 16세기에 유럽에서 유입된 세계관과 토착민의 신앙 체계 사이에서 융합된 것으로서 고유한 문화적 특징을 잘 반영하고 있음을 보여주는 것이다[1].

우리는 시기적으로 이들의 죽음에 대한 철학이 우리의 무속과 유사한 것에 착안하여 〈천도天道〉를 비중 있는 공연 프로그램으로 선정하였다. 〈천도〉는 임학선 선생님이 서울예술단의 안무가로 재직할 때 작업한 작품으로 망자亡者를 천도하는 무속의식을 말한다. 서울굿과 경기굿, 그리고 전라도 씻김굿의 의례를 담아 예술적인 작품으로 창작한 것이다. 이 작품은 무당의 의례를 중심으로 망자가 천도되는 과

---

1. 네이버 지식백과 http://terms.naver.com/entry.nhn?docId=2082134&cid=60419&categoryId=50548 참조

정을 보여준다. 따라서 춤은 다분히 정적이기도 하고 클라이맥스에서는 무당의 엑스터시가 인상적인 작품이다. 안무자인 임학선 선생님의 무속연구가 농축된 작품으로 다양한 무속적 아이콘들이 등장한다. 춤은 무용수들의 몰입을 통한 응축된 정적 에너지와 역동적이면서도 강한 도약의 동적 에너지가 밀도 있게 연결되어 한국춤이 갖는 특징을 잘 살리고 있다. 〈천도〉 이외에 한국창작춤 〈공자〉(학문 부분), 〈품바〉 그리고 〈태평무〉와 〈설장구놀이〉를 준비하였다. 프로그램이 정해지자 임학선 선생님은 하루 6시간가량의 맹연습을 강행하였다. 또한 현지의 극장 사정에 맞는 공연 운영을 할 수 있도록 공연 스태프들에게 현지 상황 파악을 위한 현지 기획팀과의 연락을 주선하였다. 메일이 여러 차례 오고 갔으나 극장 상황을 파악하기가 쉽지 않았다. 한국과는 다른 극장 상황을 최대한 감지하여 무대의 크기로 연습실 공간에 테이핑하고 현장에서 벌어질 상황에 최대한 근접하게 연습을 진행하였다. 그리고 연습실에서 세 차례 드레스 리허설을 진행하며 모든 상황을 꼼꼼히 체크하였다.

2. 만 하루 만의 도착

12월의 바쁜 일정을 뒤로하고 2015년 12월 14일 오전 11시에 인천공항에서 멕시코 공연에 참가할 임학선댄스위의 단원들이 모였다. 단원들은 발 빠르게 대한항공 직원의 안내를 받으며 수화물을 구분하였다. 깨지는 악기와 공연 의상, 무대장치를 구분하여 수화물로 부치고, 사이즈가 큰 소품 등은 특별 수화물로 부쳤다. 임학선 선생님을 비롯한 국제교류재단의 직원 두 분을 포함한 25명의 한국 공연단은 3시가 되자 LA행 비행기에 탑승하였다. 11시간의 지루한 비행을 마치고 LA 공항에 도착하여 4시간을 체류하며 환승 절차를 밟았다. 그리고 다시 멕시코 항공사의 비행기에 탑승하여 5시간가량 비행한 뒤 만 하루 만의 힘든 이동을 끝내고 현지 날짜로 14일 저녁 멕시코시티 공항에 도착하였다.

우리는 버스를 타고 멕시코시티 중심부에 있는 숙소로 향했다. 숙소인 힐튼 호텔에 도착하자 한국 문화원의 직원 두 분이 우리 공연단 일행을 반겼다. 그리고 요즘 멕시코시티의 치안이 좋지 않으니 늦은 밤 외출을 삼가줄 것을 당부한 후 방 배정을 도와주고는 공연 준비를 위해 바쁘게 떠났다. 2인 1실로 방을 배정받았다. 호텔 방은 널찍하고 편안하여 깊은 숙면으로 멕시코에서의 첫날을 보냈다.

3. 점검

둘째 날인 15일(멕시코와 우리나라는 12시간의 시차가 적용됨)이 되자 임학선 선생님과 기획인 조성윤 씨 그리고 필자는 극장을 찾아 나섰다. 한국 문화원의 배려로 극장인 메트로폴리탄 씨어터는 호텔에서 5분도 채 되지 않는 곳에 위치하였다. 호텔 후문으로 나가 좌측으로 돌아 다시 우측으로 도는 모퉁이에 극장이 있었다. 조금은 낡아 보이는 건물에 코카콜라 간판만이 눈에 띄었다. 도대체 극장 입구를 찾을 수 없었다. 주변을 열심히 돌아봐도 굳게 닫힌 쪽문밖에 없었다. 마침 예사롭지 않은 젊은이들이 쪽문으로 들어가는 것이 확인되었다. 직감적으로 멕시코의 극장 스태프로 여겨졌다. 우리가 문을 두드리니 경찰관 정도로 보이는 정복 경호원이 무표정한 얼굴로 우리를 보더니 무전으로 상황을 알렸다. 삼엄하게 제지하던 경호원 사이로 한국인으로 보이는 젊은 남자가 우리를 맞이하였다. 통역을 맡은 사람이라고 소개하였다. 그의 안내로 좁은 비상구를 돌아가자 아수라장이 된 무대와 만났다. 무대는 널브러진 조명들로 산만하게 어질러져 있었다. 조명을 트러스에 달아 아날로

그로 운영하는 것이었다. 바닥은 검은 소재로 칠한 나무로 보였다. 한국에서부터 댄스플로어를 부탁한 터라 조명 작업 후 바닥 처리를 할 예정이라 하였다. 우리는 무대 뒤를 돌아 무용수들의 이동 경로를 꼼꼼하게 체크하였다. 그리고 분장실과 무대와의 이동 경로를 두고 효율성을 고민하였다. 정말 필요한 인원만이 이번 공연에 참가한 터라 최소한의 전환 시간만이 있었다. 따라서 분장실은 공연 준비 시에 활용하고 무대 옆의 공간을 확보하여 공연 시에 전환 장소로 활용할 것을 결정하였다. 2층에 위치한 분장실에서 간이계단을 내려오는 곳에 스몰 등을 달아달라고 무대감독에게 요청하였다. 단원들이 다칠 것을 예방하기 위해서였다. 무대 점검을 마치고 무대 옆문을 통해 객석으로 내려갔다. 객석은 오페라극장과 비슷하였다. 너무도 방대한 객석에 입이 벌어졌다. 3층까지 모두 3200석이었다. 객석에 비해 무대는 너무 작았다. 그리고 객석과 무대의 거리가 너무 멀어 대사가 없는 무용이 어떻게 설득력을 이끌어낼 것인지 고민되었다. 스태프들에게 작업을 빨리 서둘러서 블로킹 리허설 스케줄을 잡아줄 것을 부탁하였다. 당초 잡힌 저녁식사 초대도 취소하고 도시락을 준비해달라고 부탁하고는 스태프들의 작업에 방해되지 않도록 극장을 빠져나왔다.

호텔로 돌아오니 한국대사관 직원이 멕시코 전통식당으로 안내하였다. 미니버스 두 대에 나누어 타고 이동하였다. 너무도 협소한 차선을 달리게 되었다. 엄청나게 많은 차들이 무질서하게 경쟁하듯 달리고 있었다. 약 20분 후 멕시코시티의 청담동쯤 되는 공간에서 하차하여 식당으로 들어갔다. 식당은 이른 시간에 도착한 터라 한적하였다. 식당 내부는 독특한 디자인으로 멕시코의 전통을 현대화한 미술작품으로 장식되어 있었다. 무엇보다 인상적인 것은 '망자의 날'을 기리는 인간 해골 군상을 현대미술로 그린 작품이었다. 다시 한 번 멕시코에서 '망자의 날'이 얼마나 중요한 의미를 갖고 있는지 실감하였다. 정통 타코 요리로 점심식사를 한 후 임학선 선생님은 17일 열릴 한국 문화 포럼 장소인 워커힐호텔로 답사를 떠나셨다. 워커힐 호텔의 포럼 공간 상황과 공연 공간을 체크하기 위해서였다. 임학선 선생님의 꼼꼼한 체크는 극장 공간뿐만 아니라 학술 발표 공간까지 이어졌다. 매사를 성공적으로 이끌어가는 선생님만의 노하우가 바로 끊임없는 노력과 빈틈없는 준비에 있다는 것을 또다시 배우는 시간이었다.

오후 5시가 되자 무용수들은 개인 소품을 챙겨서 극장으로 향하였다. 극장은 조명 셋업을 가까스로 마친 상태였고 무대에는 댄스플로어로 보이는 검은 고무판이 깔려 있었다. 한국에서부터 주문하여 힘들게 구한 고무판은 댄스플로어가 아니었다. 조명의 반사광이 너무도 클 뿐 아니라 미끄러워 사용이 불가능하였다. 잠정적으로 댄스플로어 없이 공연을 진행하기로 결정하고 블로킹 리허설을 진행하였다. 무대 깊이가 없는 가로 무대를 객석의 시각선과 일치시키기 위한 연습이 계속되었다. 무용수들은 무대 바닥의 마찰이 크고 반동이 없어 애를 먹었다. 또한 고도가 높은 멕시코시티의 높은 기압으로 힘들어했다. 잠시의 휴식도 없이 리허설을 강행하여 거의 탈진 상태로 리허설을 마쳤다. 연습량이 커져도 다음 날 있을 공연에 대한 긴장감은 줄어들지 않았다. 스태프들의 공연 준비를 위해 오후 9시경 연습을 마치고 호텔로 들어가 멕시코에서의 둘째 날을 보냈다.

4. 공연

16일 아침 일찍 아침식사를 마치고 모든 출연자는 전날 밤에 다린 의상을 들고 극장으로 갔다. 혹시 생길 호흡 곤란을 방지하기 위해 무대 옆에 산소통을 준비해놓고 오전 드레스 리허설, 오후 테크니컬 리허설과 마지막 드레스 리허설을 통해 공연의 완성도를 높여갔다. 조명 하나, 무대 커튼 하나도 아날로그로 진행되는 60년 역사의 메트로폴리탄 씨어터에서 무대감독과 조명감독은 일사불란하게 움직여 장면과 장면의 간극을 줄이며 작품의 밀도를 높여갔다. 4명의 한국인 통역들도 스태프의 일원이 되어서 개별 공간에 배치되어 호흡을 맞추었다. 필자도 무대 밖의 조명 콘솔로 가서 혹시 놓치게 될 전환 사인을 위해 배치되었고, 공연 후반부 〈설장구놀이〉의 반주를 위해 암전을 틈타 무대로 들어가기로 약속되었다. 기획인 조성윤 씨도 음향 콘솔에 배치되어 리허설부터 공연에 이르기까지 음향을 맡았다. 공연단 모두가 1인 다역을 맡으며 긴장을 늦추지 않았다.

공연 1시간 전부터 객석에 관객이 들기 시작했다. 객석을 통해 로비로 나가니 굳게 닫힌 셔터가 열리고 넓은 계단을 꽉 채운 관객들이 극장에 들기 시작하였다. 필자의 눈에 진풍경이 펼쳐졌다. 공연장에서 팝콘과 음료를 팔고 있었다. 우리나라의 관극 상식으로는 이해될 수 없는 상황이었다. 일찍 들어온 관객들은 음식을 사 먹고 이야기를 나누며 즐거운 모습이었다. 이 모습에 공연자인 필자는 뒤통수를 맞은 기분이었다. 산만해질 관객의 반응을 예견하며 두려움과 걱정으로 공연시간을 맞이하였다. 오후 7시 30분이 되자 무대는 공연을 축하하는 세리머니로 시작되었다. 멕시코의 유명한 앵커의 진행으로 한국대사관의 전비호 대사님이 관객들에게 감사의 메시지를 전하고 믹타 참여국 대사님들이 차례로 무대 앞으로 나와 '코리아 페스티발'을 축하하는 메시지를 전하였다. 드디어 공연 시작을 알리는 앵커의 말을 신호로 공연은 시작되었다. 포이어의 예술감독 강낙현 씨가 제작한 임학선댄스위의 영상이 스크린에 투사되었다. 임학선댄스위의 역사와 작품 성향을 한눈에 이해할 수 있는 영상에 관객들은 호기심어린 침묵으로 집중을 시작하였다. 영상은 세리머니로 산만해진 관객들의 시선을 무대로 모아주었다.

첫 번째 작품 〈공자〉의 '학문'이 끝나자 관객들은 뜨거운 갈채를 보냈다. 뒤이어 임현선 선생님의 〈태평무〉가 이어지고 〈천도〉, 〈품바〉, 〈설장구놀이〉가 이어지는 동안 관객들은 침묵과 환호를 반복하며 열광하였다. 공연이 끝나자 3200명의 관객들은 일어나서 환호하였다. 그러나 앵콜을 예상하지 못했던 난감한 상황이 벌어졌다. 다행히도 공연의 앵커가 나서서 커튼콜로 전환해주어 위기를 모면하였다. 그때의 흥분된 감동은 어떠한 말로도 표현하기 어렵다. 관객들이 아쉬움에 극장을 쉽게 떠나지 않아 당초 진행하려던 축하 리셉션이 많이 늦어지게 되었다. 무용수들은 힘들게 관객들 사이를 지나 2층 로비로 올라갔다. 엄청나게 많은 외국인들이 박수로 환호하였다. 한국대사관의 전비호 대사님은 30여 개국의 대사님을 비롯한 대사관 및 문화원 관계자와 멕시코의 상원의원 및 장군 등을 소개하였다. 모든 분들은 함께 사진 찍기를 요청하였다. 그리고 성공적인 공연에 대한 깊은 인상을 이야기하며 한국춤의 아름다움에 대해 감탄하였다. 아마도 임학선 선생님은 그때의 감동과 기쁨을 잊으실 수 없을 것이다.

리셉션장에서 이번 공연의 중요한 역할을 맡아오신 한국 문화원 원장님을 만났다. 초면임에도 불구하고 그분의 용모는 너무도 인상적이었다. 밝은 양복에 삼태극의 넥타이와 손에 든 태극선太極扇, 그리고 밝은 웃음과 친절한 태도는 상대방에게 엔도르핀을 돌게 하였다. 멕시코 주재 한국 문화원은 한국에서 오는 문화예술인들이 멕시코로 갔을 때 그들의 일을 적극적으로 도와 성공적으로 일을 마칠 수 있도록 협력해주는 역할을 하고 있다. 이번 공연의 관객 관리도 한국 문화원에서 담당하였다. 작년까지 600~700석의 극장에서 이루어졌던 한국 공연단의 공연을 이번에 3200석의 극장으로 옮긴 분이 바로 원장님이었다. 멕시코에 불었던 한류 바람의 틈을 타서 무리수를 갖고 큰 극장으로 옮기셨다고 하였다. 당초 1층의 1800석만을 채우고자 기획했으나 티켓이 빨리 매진되자 욕심을 내어 2층과 3층을 추가 대관하였고, 결국 3200석을 모두 매진시켰다. 원장님은 멕시코에 분 한류의 힘이 대단한 것을 다시 한 번 감탄하시며 뿌듯해하셨다. 바로 얼마 전 믹타 회원국인 인도네시아의 페스티벌에서는 500석 극장에 200여 명의 관객만이 찼던 터라 극도로 긴장하셨다고 하였다. 그러다 공연이 침묵과 환호를 모두 이끌어내어 성공적으로 마치게 되니 기획자로서 기쁨을 감추지 못하셨다.

5. 발표

17일은 아침부터 분주했다. 우리는 모두 한국 문화 포럼이 열리는 워커힐호텔로 갔다. 이미 포럼장에는 발제자인 임학선 교수님이 모든 리허설을 마치고 한국문화원 관계자들과 담소를 나누고 계셨다. 한 분 두 분 들어오고 130여 테이블이 현지인들로 꽉 찼다. 모두 멕시코의 한국 문화 서포터즈들이었다. 남녀노소로 구성된 서포터즈는 평소 한국 문화에 관심이 많은 각계각층의 인사들이었다. 포럼은 한국문화원 원장님의 환영사로 개회되었다. 이 행사는 임학선 선생님 단독 포럼으로 진행되었다. 임학선 선생님은 준비해간 프레젠테이션 자료를 통해 한국무용의 예술사적 변화를 찬찬히 짚어가며 현대의 한국무용 문화에서 임학선댄스위의 예술 행로를 간결하게 소개하였다. 발표 뒤, 준비해간 영상자료를 통해 임학선댄스위의 다양한 작품을 집약하여 보여주었다. 마지막으로 한국창작춤 〈품바〉를 시연하고 발표를 마

멕시코 메트로 폴리탄 씨어터 3200석 공연장을 가득 메운 관객들

쳤다. 진지한 경청과 관람이 그동안의 긴장을 풀어주었다. 모든 걱정이 해소되는 찰나였다. 최소한 이번 멕시코행 공연과 포럼은 성공적이었다. 외국에 가면 모두 애국자라는 말을 실감할 수 있었다.

오후에는 대사관저에서 대표자 초청 만찬이 있었다. 임학선 선생님, 임현선 선생님, 조성윤 씨, 강낙현 감독, 유해진 씨, 정보경 씨, 그리고 필자가 대사님 부부와 한국 문화원장님, 한국대사관 무관 사모님, 서기관님과 함께하였다. 이번의 성공적인 공연을 치하하기 위해 대사님께서 준비한 자리였다. 대사님은 문화외교를 통한 한국에 대한 인지도는 한국의 경제와 군사 등 모든 부분에 걸쳐 그 파급이 대단함을 강조하셨다. 따라서 이번 공연도 믹타 참여국들의 멕시코에 대한 우호적인 마음을 공연을 통해 문화적으로 전달하려는 차원에서 준비하게 되었음을 설명해주셨다. 그리고 공연을 조목조목 짚어가며 예술적 특징에 찬사를 보내셨다. 동양화가인 대사 사모님도 이번 공연이 한국적 정서를 잘 반영하고 있으며 작품의 연결이 너무도 잘 이루어져서 눈을 뗄 수가 없었다고 하셨다. 외국 대사 부인들도 너무 감탄하였고 중국문화원의 원장님도 부러워하셨다는 후일담도 말씀해주셨다. 넓은 정원이 아름다운 대사관저를 뒤로하고 호텔로 돌아왔다.

18일 아침은 늦잠을 잤다. 숙면을 취하고 짐을 정리하였다. 호텔에서 체크아웃하고 버스에 짐을 실었다. 일행은 멕시코에서의 문화탐방으로 프리다 칼로와 디에고 리베라의 미술관으로 안내받았다. 이곳은 18세에 전신 장애를 갖게 된 프리다 칼로가 21세의 연상 디에고 리베라와 함께 머물던 저택을 미술관으로 개조하여 작품을 전시하고 있다. 세계적인 화가 프리다 칼로와 디에고 리베라 부부의 저택은 두 사람의 예술세계가 집약된 곳으로 다양한 작품을 만날 수 있어서 멕시코를 방문하는 많은 이들이 탐방하는 곳이다. 장애를 안고 살았던 프리다의 미술은 인간 내면의 생명에 대한 갈구가 절실한 작품으로 자신에 대해 끊임없이 번뇌했던 그녀 삶의 궤적이 여실히 보였다. 예술이란 자유를 꿈꾸는 작가의 끊임없는 자기와의 싸움으로 내면에 잠재한 순수한 생명력, 혹은 인간 본성에 다다르고 싶은 깊은 욕망일지도 모른다. 멀리 멕시코까지 제자들을 끌고 왔던 임학선 선생님의 마음을 알 것도 같다. 이제 곧 정년을 앞둔 교수로서의 인생은 일단락되지만 예술가로서의 인생은 끊임없는 질문을 던지며 작가의식을 갖고 열심히 외길 인생을 걸어가실 것이다. 한국으로 오는 비행기 내내 나의 스승이신 임학선 선생님의 길과, 또 앞으로 가야 하는 내 길을 생각하며 뭉클한 기분이 들었다. 그리고 이내 가슴속 깊은 곳에서 밀려오는 감정에 미소를 짓는다. 겸허한 마음으로 나의 스승님과 나의 춤인생에 감사함을 갖는다.

멕시코로부터 공연 성과가 메일로 날아왔다. 공연 후기는 아직도 많은 멕시코 및 재외 대사관 관계자들 사이에서 화제가 되고 있고 공연에 대한 보도가 멕시코 현지의 16개 언론 통신사에서 다루어졌다고 하였다.(El Sol de Mexico, La Jornada, Excelsior, Notimex, Once Noticias(Once TV), Primero Noticias(Televisa), Notimex TV, Codigo DF, Protocolo, Terra, 20 Minutos, Sound Line, El Democrata, La I, Todo Puebla). 그리고 4개의 한인 언론사에서 보도를 하여 이번 공연이 널리 알려졌다고 한다. 다시 그때의 감흥에 전율이 느껴진다. 〈영웅 이순신〉으로 다시 한번 멕시코에 한국의 문화적 역량을 보여주길 간절히 기원한다.

13. 기타 국제교류 공연 및 학술활동
1991~2005

한·중문화교류 베이징 민족문화궁 공연 1991

내몽고 호화호특 공연 및 학술세미나 1991

ҚАДР

Елена ГОРНАКОВА.

ОТ РЕДАКЦИИ: о ритуалах корейской чайной церемонии, выступлении женского ансамбля Дьюри Данс и закрытии ДНЕЙ ДИАЛОГА С ЮЖНОЙ КОРЕЕЙ читайте в следующих номерах.

На снимках Леонида АНДРИА

- *Выставка этого художника с*
  дни символической. Ко
  национальности,
  Александрович КИМ имее
  заслуженного художника
  народного художника Якутии.
- *В числе первых на между*
  Саха-Южнокорейском сим
  прозвучал доклад о трад
  корейских танцах. Его авто
  обаятельная кореяночка Ха
- *Директора института фольк*
  университете Куинг Хи, пр
  ассоциации центра ша
  профессора ТАЭ-ГОН
  приветствует Агафья Ер
  ЗАХАРОВА, научный с
  Якутского института языка, лит
  истории СО РАН.
- *Корейские музыканты сопр*
  экзотическими звуками и м
  показ шаманских ритуалов.

СОПРИКОСНУВШИСЬ С ТАИНСТВОМ

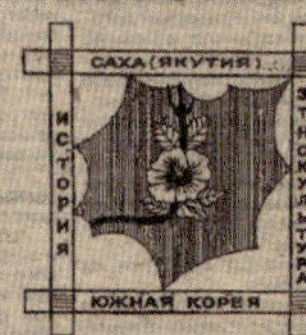

Несмотря на пик летних отпусков и полуденный зной в зрительном зале Центра культуры и искусства имени А.Кулаковского свободных мест в этот день почти не было. Здесь состоялось представление корейских, эвенкийских и якутских шаманских ритуалов. Открыли представление гости республики — корейские шаманы.

...В раннем детстве к нам приходили цветные сны. Невесть откуда являлся в ярких красках Восток. Вездесущие, мы "побывали" в Китае и Индии, Корее и Японии. Именно такое ощущение испытала автор этого репортажа, оказавшись по ту сторону рампы, наблюдая за происходящим на сцене.

Разноцветие красок шаманских костюмов с преобладанием цветов розы, желтого, красного и ослепительно белого. В углублении сцены стол, изобилующий фруктами и корейскими сладостями в вазах, уставленных в ряд. На полу сосуды и чаша в позолоте, по форме очень напоминающая якутский чорон.

Ничего общего с атрибутикой камлания и шаманской "экипировкой" юкагиров и якутов. Впрочем, не будем спешить, это только первые впечатления; все то, что лежит на поверхности. Тем более, что на сцене уже свершается таинство священнодейства.

В воображаемом храме немолодая шаманка. В одной руке она держит цветной веер, в другой колокольчики. Она призывает силы космоса. Витают духи. И, общаясь с ними, шаманка входит в транс. Своими гортанными выкриками она предсказывает будущее. А на периферии сцены, устроившись на низких скамейках сидят другие шаманы, ритмично ударяя в бубны.

В "храм" приглашаются зрители, шаманка совершает ритуал их благословения. Вскоре за шнурками ее широкополой шляпы с обеих сторон появляются наши "деревянные" и чужие зелененькие — пожертвования.

Женщина желает всем счастья, здоровья, уступая место на сцене другому шаману. Вот он уже энергично размахивает цветными флажками, знаменующими собой части света, берет в руки меч — символ власти. Он общается с духом короля... Перед публикой проходят новые представления ритуалов, сменяя друг друга, шаманы по очереди занимают место за бубнами. Так продолжается еще долго...

Президент Азиатского центра шаманизма, профессор Таэ Гон Ким настойчиво и любезно приглашает на сцену зрителей, чтобы не упустить редкой возможности пообщаться с шаманами. Самые "общительные" быстро поднимаются по ступенькам. В мгновенье ока пустеет зрительный зал, на сцене образуется широкий круг друзей. Корейцы угощают якутян фруктами, национальными сладостями. Подходит к финишу представление. Никакой официальщины, все идет нормально, естественным ходом, запросто, от всей души...

Наталия СТАРОДУБСКАЯ.

На снимках:

Президент Азиатского центра шаманизма, профессор Таэ Гон Ким и заведующая общим отделом мэрии Якутска В.Г.Шамаева

Идет представление шаманских ритуалов

Круг друзей

Фото Леонида АНДРИАНОВА.

МЕЖДУ ПРОШЛЫМ И БУДУЩИМ

26 июля в Центре культуры и искусства имени А.Кулаковского состоялось открытие саха-южнокорейского международного симпозиума по истории и этнографии.

С кратким вступительным словом выступил председатель оргкомитета Дней диалога с Южной Кореей, министр культуры республики А.С.Борисов. Он сердечно поблагодарил корейских гостей, участников форума и, в частности, отметил, что этот симпозиум стал свидетельством глубокой заинтересованности в перспективах научного и культурного сотрудничества обоих народов.

От лица якутских ученых гостей поприветствовал председатель Президиума Якутского научного центра СО РАН, доктор технических наук В.П.Ларионов. К участникам международного симпозиума обратился президент корейско-саха ассоциации по культурному сотрудничеству, директор Института фольклора при университете Куинг-Хи, профессор Таэ Гон Ким.

— Для нас большую радость представляет встреча с вами, дорогие якутяне, на земле Саха, — сказал Таэ Гон Ким. — Этот диалог — возможность взаимообмена информацией и идеями. Мне хочется выразить благодарность оргкомитету Дней диалога и особо министру культуры Республики Саха Андрею Саввичу Борисову за те усилия, за ту проделанную работу, благодаря которой стала возможной эта встреча. Сердечное спасибо!

Я глубоко убежден, что это лишь начало долгого сотрудничества наших стран в области истории и культуры, основанное на глубоком взаимопонимании. Уверен, что впереди еще будет много таких встреч на благо укрепления связей и развития нашей истории.

Господин Таэ Гон Ким познакомил участников симпозиума с представителями южнокорейской делегации: профессорами университетов Хан-Сун Им, Чун Сап Хванг, Кйу Чанг Лиг, лекторами университетов Йунг Конг Канг, Суу Янг Юн, Кйонг Хва Парк, Боу Я Кох, Кванг Йун Джо.

Корейские ученые выступили с содержательными докладами, среди которых, на наш взгляд, особый интерес читателям представит доклад лектора университета Данг Кук, Боу Я Кох о происхождении корейского народа.

— Наши предки — представители северных народов, — отметила Боу Я Кох. — Об этом свидетельствуют многолетние исследования, факты. В частности раскопки, проведенные в районе Байкала. Корейцы постепенно передвигались с севера на юг. Существует гипотеза, что оставшиеся на севере коряки, тунгусы, юкагиры — очень близкие родственные нам народы.

Язык корейцев — видоизмененный тунгусский язык, который вобрал в себя как северные, так и южные элементы. И хотя якутский принадлежит к тюркской, а корейский — к алтайской группе языков, нет сомнения, что якуты и корейцы тоже находятся в близком родстве и их корни восходят к одной ветви.

В настоящее время мы много работаем над вопросами происхождения корейцев и ведущее место среди них, конечно же, имеет шаманизм. Шаманизм, возникший в глубокой древности в Сибири — это еще один убедительный факт, свидетельствующий в пользу северного происхождения корейского народа. Это не вызывает сомнения...

Наталия Стародубская.

На снимке: На выставке народного художника Республики Саха Л.А.Кима и народной мастерицы А.П.Скрябиной.

Фото Леонида АНДРИАНОВА.

ОБЫЧАИ НЕ ТЕРПЯТ СУЕТЫ

Корейцы верны вековым традициям своего народа. Одной из них является чайная церемония, которая берет начало с седой древности. Ее ритуал передавался из поколения в поколение и имеет глубокий философский смысл. Обычно в нем участвует не более пяти человек. Это обряд, целая наука. Сегодня в Южной Корее искусству чаепития обучается молодежь, студенты корейских университетов, в которые очень и очень трудно поступить... Обо всем этом нам рассказала профессор И Хе Чанг во время представления чайной церемонии в Центре культуры и искусства имени А.Кулаковского. Представление началось с благодарности его участников пришедшим гостям, зрителям. Две очаровательные девушки-студентки, одна в нежно-розовом, другая в желтом платьях, поклонившись залу, мелкими шажками обошли вокруг очень низкого стола. Эта часть церемонии называется "Обычная жизнь Южной Кореи".

— Приготовление чая сопряжено со сложными хлопотами и не терпит суеты, — говорит И Хе Чанг. — Каждый жест, каждое слово здесь священны. Во время чайной церемонии душа человека сливается с природой, с небом. Вода же — символ всего, без нее человеку не выжить. А напиток этот невозможно приготовить без воды. Существует несколько способов приготовления чая. Причем, для каждого сорта предназначена особая посуда, даже цвет...

Мы наблюдаем, как девушка в желтом плавными движениями приподнимает бронзовый чайник, придерживая его второй рукой. Затем также медленно разливает священный напиток в изящные фарфоровые чашки. А та, что в розовом, грациозно преподносит его гостям, сидящим немного поодаль от стола. Другие участники церемонии угощают чаем зрителей.

— Чайная церемония обычно сопровождается исполнением старинной южнокорейской мелодии (как сейчас), — продолжает И Хе Чанг. — Мужчины, облаченные в старинную одежду, играют на деревянных музыкальных инструментах. Обычно это барабан и свирель...

Совмещая приятное с полезным, мы узнали много интересного, казалось бы, о такой простой, обыденной вещи, как восточный пришелец чай.

Наталия СТАРОДУБСКАЯ.

Истинное удовольствие получили жители и гости столицы на концерте артистов корейского театра танца "Дьюри Данс". Тот факт, что зрительный зал центра культуры и искусства имени А.Кулаковского был полным — еще одно подтверждение большого интереса якутян к культуре Южной Кореи.

На снимке: на концерте "Дьюри Данс".

Фото Леонида АНДРИАНОВА.

여름무용계

우리춤 해외공연 활기

일방적 초청위주서 「알리기」 나서

여름 휴가철을 맞아 무용인들의 해외공연이 러시를 이루고 있다.

불볕더위를 피해 국내무대가 한가해지는 계절을 이용해 해외에서 우리춤을 알리는 작업이 활발해지고 있는 것.

문화예술계의 해외교류가 활발해지면서 과거 해외 유명예술인의 일방적인 초청공연이 주류를 이루던 것과 달리 최근엔 우리춤의 해외공연이 빈번해지고 있다.

올해 해외공연이 예정돼 있거나 이미 다녀온 무용단은 崔淸子및마루무용단 趙承美발레단 중앙디딤무용단(대표 [illegible]) 서울현대무용단(대표 朴明淑) 白[illegible]무용단 한울무용단(대표 金淑子) 두리춤터(대표 林學璇) 등 10여개단체. 이들 무용단 외에도 李丁姬 [illegible] 제임스全 박해준 김전미 등 많은 무용인이 해외 춤행사에 참가하고 있다.

趙承美발레단은 지난달 13~25일 마카오에서 18개국의 25개단체가 참가한 제4회 국제청소년무용페스티벌에 참가해 4편의 발레작품을 선보였다. 또 중앙디딤무용단과 한울무용단은 프랑스·피레네 세계춤제전에 각각 참가해 좋은 반응을 얻었다. 중앙디딤무용단은 지난달 9~21일 파리, 23~29일 스페인에서 「화관무」와 「부채춤」 「무당춤」등 우리전통무용과 「땅의 혼」 「북소리」 등 창작무용을 공연해 갈채를 받았으며, 한울무용단은 이달 30일까지 한달동안 전통춤인 「화관무」「부채춤」으로 피레네 세계춤제전에 참가한다.

崔淸子및마루무용단은 7월과 8월 두차례에 걸쳐 일본 고베와 도야마에서 열리는 93 국제춤페스티벌에 초청됐으며, 서울현대무용단도 [illegible]日청소년무용제(3일 동경), 93일본아시아무용제(5일 동경)에 이어 도야마예술제(26~27일)에서 각각 현대무용을 선보일 예정이다.

지난달 일본 고베 문화홀 공연에 이어 26~28일 도야마 교육문화회관에서 개최되는 93 국제춤페스티벌은 우리나라에서 최청자및마루무용단과 서울현대무용단을 비롯해 영국 미국 등 6개국의 대표적인 무용단이 참가한다. 이 페스티벌에서 최청자및마루무용단은 「겨울탱고」와 「시머니춤」 2편을, 서울현대무용단은 「혼자일때…」로 한국현대무용을 선보인다.

또 [illegible]무용단은 14~24일 영국 빌링햄에서 개최되는 제29회 국제민속제에 참가, 농악 무당춤 봉산탈춤 등 한국 민속무용을 소개한다.

한편 대구지방무용단체인 白[illegible]무용단은 오스트리아의 잘츠부르크 린츠 빈에서, 두리춤터는 야쿠츠공화국에서 林學璇안무의 「인플레왕국」「인다리」등 한국창작무용과 전통춤을 무대에 올리기도 했다.

이밖에도 현대무용가 李丁姬씨는 동경과 아키다에서 열리는 「JADE 93」행사에 초청돼 11일까지 열흘동안 「검은 영혼의 노래」「마사키 절벽」 2편을 선보이며 유니버설발레단의 남성무용수 제임스全은 지난달 이탈리아에서, 곽규동은 런던에서 키로프발레단과 공연을 가졌다.

또 현대무용가 [illegible] 김전미 金[illegible](숭의여전교수) 박해준 등은 미국 노스캐롤라이나 더함에서 열리는 ADF에 참가해 우리춤을 선보이고 돌아왔다.

<金[illegible]기자>

러시아 야쿠티아공화국 문화의 날 공연 및 학술세미나 1993

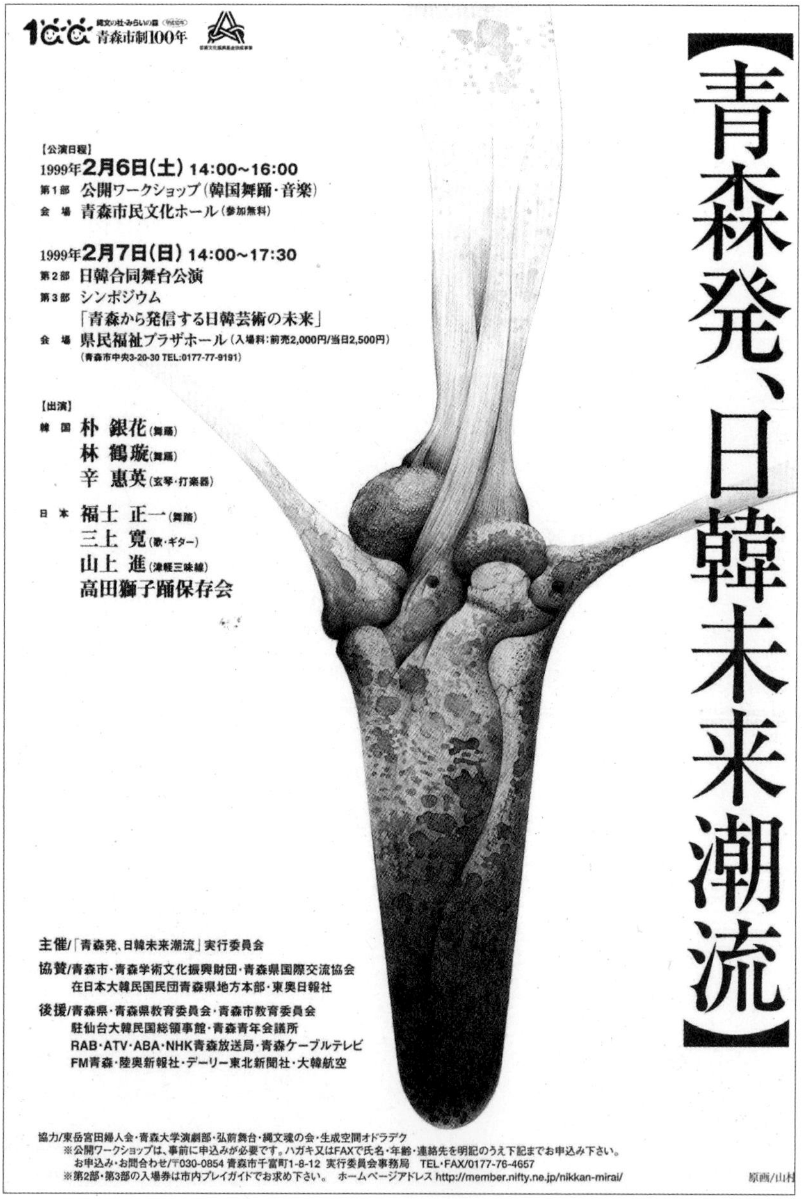
青森市制100年
【青森発、日韓未来潮流】
【公演日程】
1999年2月6日(土) 14:00~16:00
第1部 公開ワークショップ(韓国舞踊·音楽)
会 場 青森市民文化ホール(参加無料)
1999年2月7日(日) 14:00~17:30
第2部 日韓合同舞台公演
第3部 シンポジウム
「青森から発信する日韓芸術の未来」
会 場 県民福祉プラザホール(入場料:前売2,000円/当日2,500円)
(青森市中央3-20-30 TEL:0177-77-9191)
【出演】
韓 国 朴 銀花(舞踊)
林 鶴璇(舞踊)
辛 惠英(玄琴·打楽器)
日 本 福士 正一(舞踏)
三上 寛(歌·ギター)
山上 進(津軽三味線)
高田獅子踊保存会
主催/「青森発、日韓未来潮流」実行委員会
協賛/青森市·青森学術文化振興財団·青森県国際交流協会
在日本大韓民国民団青森県地方本部·東奥日報社
後援/青森県·青森県教育委員会·青森市教育委員会
駐仙台大韓民国総領事館·青森青年会議所
RAB·ATV·ABA·NHK青森放送局·青森ケーブルテレビ
FM青森·陸奥新報社·デーリー東北新聞社·大韓航空
協力/東岳宮田婦人会·青森大学演劇部·弘前舞台·縄文魂の会·生成空間オドラデク
※公開ワークショップは、事前に申込みが必要です。ハガキ又はFAXで氏名·年齢·連絡先を明記のうえ下記までお申込み下さい。
お申込み·お問合わせ/〒030-0854 青森市千富町1-8-12 実行委員会事務局 TEL·FAX/0177-76-4657
※第2部·第3部の入場券は市内プレイガイドでお求め下さい。 ホームページアドレス http://member.nifty.ne.jp/nikkan-mirai/

ごあいさつ

青森—ソウル定期便開設以来、青森と韓国はお互いにますます身近な国となっています。この度私たちが企画した「青森発、日韓未来潮流」は、日韓の文化交流を一層深めようというイベントです。ただ、これまでの催し物のように、単なる芸能紹介に終わるのではない、草の根レベルの交流を目指しているのが大きなねらいです。

第1部では、韓国の音楽家と舞踊家による公開ワークショップを設けています。参加される皆様が韓国の音楽や舞踊に直接触れることで、韓国の文化に親しむ場を作ろうというものです。

第2部では、日韓両国の音楽家や舞踊家が一つになって演じる合同舞台公演を行います。日本と韓国における「伝統と現代」が融合して、新しい表現が生まれる可能性を探るきっかけにしたいと思っています。

第3部では、両国の出演者をパネリストに招き、「青森から発信する日韓芸術の未来」をテーマにシンポジウムを行います。ここでは、日韓相互の芸術文化に対する理解を深めると同時に、私たちが異文化と出会うことで、青森を再認識し、世界に向けて青森から独自の表現を発信する契機にできればと思っています。

青森に強い思いを寄せる日韓の多くの方々の応援で、"日韓の未来"は21世紀に向かって大きな潮流となっていきます。

手作りでこの交流イベントを準備してきた私たちは、心から皆様のご来場をお待ちしております。

「青森発、日韓未来潮流」実行委員会
委員長　丁 圏 鎭

出演者プロフィール

朴 銀花
(パク・ウンファ)

舞踊家。韓国釜山在住。
中央大学校芸術大学舞踊学科大学院で現代舞踊を専攻。現在は釜山大学校芸術大学舞踊学科副教授や財団法人「韓国未来舞踊協会」理事、現代舞踊団「自由」芸術監督などを務める。
大学在学中に舞踊韓国社主催新人コンクール('81年)、東亜日報社主催舞踊コンクール('82年)で銀賞を受賞し早くから注目を集める。自然の中にある様々なエネルギーを感じとり、そのインスピレーションを身体の動きによって表現することをテーマに、常に新しい舞踊の在り方を模索している。また、環境問題や社会問題など身近な生活をテーマにした舞踊の公演も積極的に行い、韓国現代舞踊の中心的存在として活躍している。
主な公演　「日韓ダンスフェスティバル('93年)」、「埼玉国際創作コンクール('93年)」特別賞、「第17回ソウル国際舞踊祭('95年)」演技賞、「第3回舞踊芸術社振付賞('95年)」、「釜山国際海浜舞踊祭('97年)」芸術総監督、など。

林 鶴璇
(イム・ハクソン)

舞踊家。韓国ソウル在住。
梨花女子大学校大学院舞踊学科卒。現在は成均館大学校舞踊学科教授、韓国舞踊研究会理事長、「Duri Dance Theator」芸術総監督などを務める。
'73年、国立国楽院新人舞踊発表会でデビュー。しかし、伝授中心の当時の韓国舞踊の教育に反発し、'76年には舞踊集団「創舞会」を作り創作活動を行う。
韓国の伝統舞踊を土台にしつつも、モチーフを伝統から現代までの広い分野に求め、実験的な舞踊の創作を試みる。「神憑りになった巫女」といったイメージを舞踊として表現する新しい舞踊技法を創り出すなど、韓国舞踊界に与えた衝撃は大きい。最近は、韓国伝統舞踊を新しく体系化する作業などに取り組んでいる。
主な公演　「ソウルオリンピック閉会式('88年)」振付、「世界舞踊連盟大会('92年〜'94年)」韓国代表、「光復50周年記念公演『非武装地帯に立って』('95年)」振付、舞踊部門最優秀芸術人賞受賞、など。

辛 惠英
(シン・ヘヨン)

音楽家、作曲家。韓国ソウル在住。
ソウル大学校音楽大学国楽科卒。釜山市立国楽管弦楽団の主席団員などを経て、現在は釜山大学校芸術大学外来教授、同行芸術劇場芸術総監督や韓国音楽発展研究院総務などを務める。
大学では玄琴を専攻し、その他カヤグム、ヘグムなどの伝統楽器やケンガリ、チャンゴといった打楽器も演奏する。
'81年以降は、演奏活動以外に舞踊音楽の作曲にも力を入れ、現在まで40曲余りの作品がある。また、その演奏、作曲の活動は韓国伝統音楽だけに止まらず、現代音楽や外国のアーティストとの共演も試みている。最近では三味線や尺八といった日本の楽器奏者ともセッションしている。'98年には三上寛との共同作品「風魂」がCDに収録されている。
主な公演　「ソウルオリンピック慶祝国際舞踊祭('89年)」、「全国舞踊祭・大田EXPO記念('93年)」優秀賞受賞、「白州フェスティバル('95年〜'97年)」、「オドラデク道路劇場[青森県内]('96年〜)」など。

福士 正一

1953年生まれ、青森市在住。舞踏家。
山形大学在学中に舞踏家森繁哉に出会い舞踏を始める。現在は「生成空間オドラデク」を主宰し、青森市役所に勤務する「公務する舞踏家」として知られる。
小集落をまわって舞踏公演を行う「オドラデク道路劇場」はこれまで250回以上を数える。生活にゆるやかに乱入することを目指し、分野の違うアーティストとともに様々な場所でコラボレーションを行っている。
主な公演　「バヌアツ共和国独立10周年記念公演('90年)」「日韓ダンスフェスティバル('93年)」、「釜山国際海浜舞踊祭('97年)」「縄文・雪幻想[三内丸山ほか]('98年)」　'97年青森県芸術文化奨励賞受賞。

三上 寛

1950年生まれ、青森県北津軽郡小泊村出身。ミュージシャン、詩人。
五所川原高校在学中より詩人泉谷明に師事し現代詩を書く。警察学校を3ヶ月で中退し、18歳で上京。様々な職業を転々としながら作詞作曲を始める。
'70年デビュー。翌年、第3回中津川フォークジャンボリーで、最もラジカルなフォークシンガーとして脚光を浴びる。以後、多くのレコード、ステージで、その強烈な個性を開花させ、フォークというジャンルを越えたアーティストとして評価を受ける。現在は、歌手はもとより、詩人、エッセイスト、俳優(映画「戦場のメリークリスマス」など)、レポーター(NHK「人間マップ」など)として活躍している。これまで28枚のアルバム、詩集2冊、エッセイ6冊を出している。

山上 進

1957年生まれ、青森市在住。津軽三味線奏者。
10代の頃から津軽三味線奏者として才覚を現し、19歳の時に「第7回ヤマハ世界歌謡祭」に参加し注目を集める。以後、横笛、尺八と芸域を広げ多方面において活躍中。
近年は古典楽器やシンセサイザー等と共演したり、ジャンルの違うアーティストとのセッションを試みるなど、津軽三味線の伝統を守りつつ、新しい分野を見いだす活動もしている。
主な公演　長部日出雄第1回監督作品「夢の祭り('89年)」で津軽三味線指導。「ヘルシンキ日本文化祭」青森県代表。NHK「日本の夜 三内丸山('96年)」

高田獅子踊保存会

「獅子踊り」は津軽地方の代表的な民俗芸能。3頭の獅子を各1人が舞い、それにオガシコと呼ばれる道化役がついて行われる。現在は盆、正月、神社の祭礼など様々な機会に演じられる。津軽地方の獅子踊りは、獅子頭の形から熊獅子と鹿獅子とに分けられる。青森市高田の獅子踊りは鹿獅子系統で、跳躍の動作が多いのが特徴。
青森県の無形民俗文化財に11組の獅子踊保存会が指定されているが、青森市高田獅子踊保存会もその一つである。
昭和36年青森県無形民俗文化財指定。昭和45年青森県代表として「日本万国博」出場。昭和60年青森県代表で科学万博「日本のまつり」に出場。

■県民福祉プラザ案内図

バスのご案内
国道経由「市役所前」「NTT前」下車徒歩10分

八甲田大橋経由「働く女性の家前」下車徒歩1分

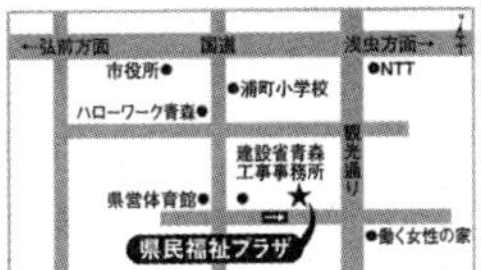

※第2部の開場は13時30分からです。
※会場の駐車台数が限られていますので、できるだけバス等をご利用ください。
※実行委員会では、ボランティアスタッフを募集しています。くわしくは事務局 0177-76-4657 (TEL・FAX) まで。

일본 아오모리시 100주년기념 한·일 미래조류 공연 및 워크숍 1999

1999年(平成11年) 2月5日 金曜日 40561号 (日刊)

韓国の舞踏家と一緒に輪になって踊る県立盲学校の児童・生徒たち＝青森市矢田前の県立盲学校で

日、韓国の音楽家辛惠英（シン・ヘヨン）さんらを招いてミニ公演があった。小学部から高等部までの生徒、約三十人がカネや小太鼓に合わせて手拍子を打ったり、辛さんが歌う韓国民謡「アリラン」のリズムに合わせて、輪になって踊ったりして楽しんだ。

高等部二年の片石朱音さん（一七）は「最初は拍子を取るのが難しかったけど、とても楽しかった。韓国の伝統音楽は力強い」と満面に笑みを浮かべた。中等部二年の木村友紀さん（一三）も「大太鼓の音がビンビン響いた。体が自然に動き出すかんじだった」という。

辛さんら一行は約一週間、県内に滞在する。青森市内で公演会を開くほか、県内各地の保育園や小学校などでミニ公演を開く予定。

讀賣新聞 THE YOMIURI SHIMBUN 第44112号 (日刊) ©読売新聞社1999年 2月8日 月曜日 1999年(平成11年) 発行所 読売新聞社 東京都千代田区大手町1-7-1 郵便番号100-8055 電話(03)3242-1111

華麗に踊るイム・ハクソンさん

音楽、舞踊で交流を

日韓合同舞台公演

「日韓合同舞台公演」が七日、青森市中央の県民福祉プラザで開かれ、両国の音楽や現代舞踊などが披露された。

文化交流の一環で、韓国から舞踊家のパク・ウンファさん、イム・ハクソンさんら三人、日本からは舞踏家の福士正一さん、津軽三味線演奏家の山上進さんらが出演。約三百人の来場者は熱心に見入っていた。

韓国舞踊では、チマチョゴリなどの韓国の伝統的な衣装をまとった出演者が、激しい動きと静かな動きを約十五分にわたり交互に繰り返し、会場から大きな拍手が贈られた。

主催者の一人の小笠原ひできさんは、「これをきっかけに、個人レベルの交流も発展させたい」と話していた。

東奥日報 1999年(平成11年) 2月8日 月曜日

日韓芸術 力強く融合

舞踏・歌・演奏で交流 青森

神秘と幻想 会場包む

草の根の日韓交流イベント「青森発、文化未来潮流」（実行委員長・丁園鎬青森公立大助教授）の公演とシンポジウムが七日、青森市の県民福祉プラザホールで行われた。出演者は青森と韓国、現代と伝統を違和感なく融合させてダイナミックな空間を創造。三百二十人の観客は質の高い共演に大きな拍手を送った。

青森と韓国の伝統芸能、現代のダンス、音楽が融合した舞台

このイベントは互いの文化紹介に終わらず、市民との交流を図り、一方で芸術的な新しい表現を探る試みとして東奥日報社などが協賛、青森市制百周年記念事業として行われた。

現代舞踊家・朴銀花さんの「生命の再生」をテーマにした幻想的なダンスで幕を開け、林鶴旋さんが韓国の重要無形文化財「太平」を気品漂う振りで舞った。青森側の高田獅子踊保存会、三上寛さんの歌、山上進さんの津軽三味線、福士正一さんの舞踏が徐々に加わり、韓国の音楽家・辛恵英さんの神秘的な声と演奏とが重なり合って、一時間半のステージは緊迫感にあふれ、観客は即興の妙を堪能した。

シンポジウムは「青森から発信する日韓芸術の未来」と題して、出演者が公演を振り返る形で行われた。

朴さんは舞台美術を評価し「舞台ができていくプロ

일본 아오모리시 100주년 기념 한·일미래조류 공연 및 워크숍 1999

THE ORACLE

UNIVERSITY OF SOUTH FLORIDA • VOLUME 37 • NO. 113 • SINCE 1966

Oracle/SAM TAYLOR

Hak Sun Lim, left, instructs Michelle Campbell and other dance majors in Traditional Korean Dance in the Dance Centre.

미국 사우스 프로리다대학
〈태극구조기본춤〉 워크숍 2000

사우스 프로리다대학 무용학과 워렌 교수와 함께
"태극구조기본춤" 워크숍 후(성균관대학교 무용실) 1999

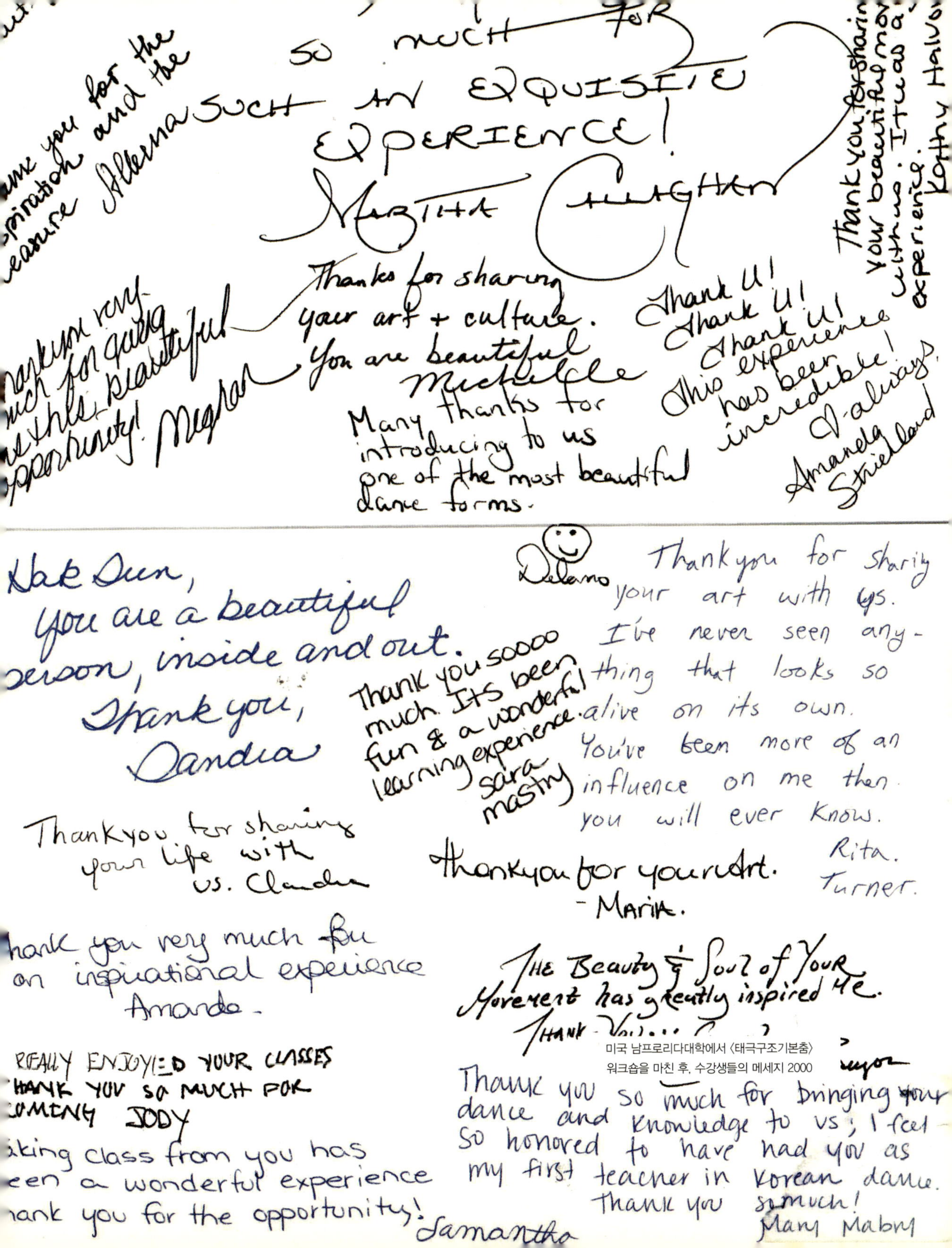

미국 남프로리다대학에서 〈태극구조기본춤〉 워크숍을 마친 후, 수강생들의 메세지 2000

日韓比較文化交流記念
第6回
星の郷大神楽
おおかぐら
とき 平成13年9月8日(土)
午後5時30分～12時
ところ 美星町 中世夢が原
(雨天の場合、美星小学校体育館)
入場料 500円
(当日のみ・入場制限なし)
※野外のため、上着・敷物をご準備ください
主催 中世夢が原管理協会
星の郷大神楽実行委員会
協賛 備中神楽五十鈴会
備中神楽伝承研究会
協力 美星備中神楽振興会
無形文化財備中神楽保存振興会
後援 NHK岡山放送局
山陽放送
山陽新聞社
毎日新聞岡山支局
朝日新聞岡山支局
読売新聞大阪本社
中国新聞社

韓比較文化交流事業
の共演と解説
1年9月8日(土)
時15分～4時30分
会 場:美星町民会館
入場料:無料(要予約)

みがよくわかりました。環境型社会にむけ、もっと勉強しなくてはいけませんね」と感心していた。

優美な巫女舞 観客400人魅了

美星で韓国の舞踊団

日本と韓国の文化交流を記念する「星の郷大神楽」と「神懸かりの共演と解説」（朝日新聞岡山支局など後援）が8日、美星町町民会館であり、韓国のリム・ハクスン舞踊団（7人）が伝統芸能ムーダンの神秘的で優美な巫女舞を披露＝写真＝、約400人の観客を魅了した。

備中神楽の伝承に力を入れる美星町が、韓国の沃浪文化財団（キム・オクラン理事長）を通じて招いた。呪文と太鼓による神懸かり、神米による占いに日韓の共通点があるとして備中の「託宣神楽」も上演され、祭儀と芸能の比較解説があっ

한·일 비교문화교류사업 2001, 일본 비추가구라 전승연구회 초청공연

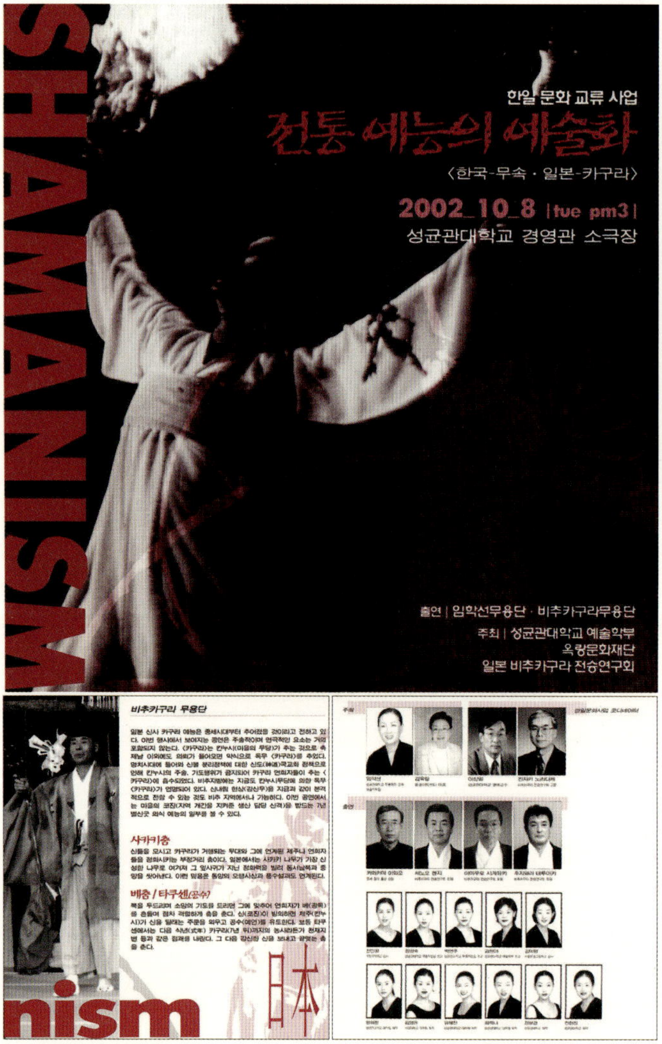

한·일 비교문화교류사업 2002 한국무속·일본가구라 공연 (성균관대경영관 소극장)

일본 간자끼 교수, 성균관대 이상일 교수와 함께

林鶴璇さんが「太平舞」を舞う。「ウリチュム(韓国舞踊)の本質と精神を知らなければ、現代化はできない」と言う＝韓国・仁川市

者の街。その一角に東崇アートセンターがある。

九九年と翌二〇〇〇年の秋、センターの屋外特設ステージに、美星町の備中神楽チームが立った。客席にはおしゃれな若者たちも姿を見せ、黄色い歓声が飛んだ。

主催は同センターを運営する沃浪文化財団。伝統文化を現代芸術として再生させる試みに取り組む理事長の金玉浪さん(五五)は、九九年に美星町を訪れ、初めて備中神楽を見た。

「『クッ』(巫俗儀礼)と同じ形式だと思った。クッを公演芸術にしていく可能性を感じました」と振り返る。

財団の顧問で民俗学者、演劇評論家の李相日さん(六九)＝成均館大名誉教授＝は、芸能の起源を巫俗に求めて韓国各地を訪ね歩いた。「それが、日本の備中神楽にあったのです」と言う。

「日本の芸能の多くは長い伝承を経て洗練され、総合芸術になった。備中神楽の場合、十八世紀にドラマタイズ(劇化)され、芸能性の高いものになった。一方…」と李さんは続ける。「例えばムーダンは原初的な宗教儀礼の状態を脱していない。だから

神を迎え、神を慰め、占い、神を送る。「ムーダンの舞」と神楽は同じ構造を持つ＝昨年9月、美星町

ソウルから南約百二十
年前に断絶した祭りを復
「鶏龍山山神祭」が四月下
会場には林さん、李さんの
星町から祭りに参加した備
の伝統祭典の中で見るため

伝統文化とは何か。伝統
でどう生かすべきなのか。
意味を、現代人は見失いつ
楽の故郷・岡山でも、ティ
戯)を残す韓国・蝟島(
住民から同じような声を聞
存しなければいけないのか

李さんはこう考える。「
観が多様化し、分裂して破
しかし、人々はそんなカオ
に長くは生きられない。
は伝統とかヒューマニズム
だろう。それが人類の未来
頼です」

だから、と李さんは言う
根を持つ日本と韓国が、お
かし、それぞれが新しい文
ていくかを考えるために、
くてはならないのです」

(われら

わ
ア

한·일 비교문화교류사업 2002, 일본 비추가구라 전승연구회 초청 공연

第8回
星の郷大神楽（おおかぐら）
美星町小さな世界都市創造事業
「お田植神楽」の再編初公演
と
韓国芸能「端午グッ」の比較公演
とき 平成15年9月6日(土) 午後5時～12時
ところ 岡山県美星町 中世夢が原 (雨天の場合、美星小学校体育館)
入場料 500円 (当日のみ・入場制限なし)
※野外のため、上着・敷物をご準備ください。
主催 中世夢が原管理協会 星の郷大神楽実行委員会
協賛 備中神楽五十鈴会 備中神楽伝承研究会 韓国 沃浪文化財団
協力 美星備中神楽振興会 無形文化財備中神楽保存振興会
後援 NHK岡山放送局 山陽放送 山陽新聞社 毎日新聞岡山支局 朝日新聞岡山支局 読売新聞岡山支局 中国新聞社

星の郷大神楽に韓国舞踊団参加

岡山・美星町

「稲作」テーマに備中神楽と共演

日韓交流の歩み 芸能面でも着実に

日韓共催サッカーW杯からはや一年余り。ひところの熱波は過ぎ去ったように見えるけれど、日韓交流の歩みは吉備高原の一角で、確実にしっかりと刻まれていた。

六日夜、岡山県美星町で行われた「星の郷大神楽」。備中神楽の祭典に、来演したのは韓国の舞踊団。あでやかな舞の共演に、約二千五百人の観客がわいた。

美星町と韓

ト。相互訪問を重ねるうちに見えてきたのは、「稲作」で共通する文化の根っこ。この夜、県内の神楽太夫でつくる備中神楽伝承研究会（妹尾賢治会長）は、明治期に創作されたものの原型が失われていた「お田植え神楽」を再編して初演。韓国側も田植えにまつわる儀礼を基に、この日のために新たに現代舞踊として創作した「端午グッ」を披露した。

稲作の北限近くに位置する日本と韓国。「ともに先祖たちは苦労して、南から伝わった稲

事業のアドバイザーを務める民俗学者神崎宣武さん＝美星町出身＝は話す。「そんな根っこの部分を語り合うことから始め、同じところ、違うところを認め合いたい」

韓国側の舞踊を創作した林鶴璇さん（成均館大学教授）は「近くて遠いと言われてきた韓国と日本が芸能を通じて一つの気持ちになれる。そんな希望を持っています」とほほ笑んだ。

（文・影山美幸、写真・長瀬正已）

▲韓国の舞踊団が披露した稲作にまつわる芸能「端午グッ」。精霊が稲籾を生み、稲を育てるイメージが美しい舞踊で表現された

▲「この太鼓の音とともに交流事業が大きく発展するように」と韓国・ソウル市の沃沇文化財団から美星町に贈られた太鼓が

▲お田植え神楽に早乙女役で出演した美星町の女性たちと記念撮影する韓国の舞踊団のメンバー

▲性たち。神楽太夫のコミカルな動きに笑顔がこぼれる

約100年ぶりに再編され、初演されたお田植え神楽＝6日夜、岡山県美星町

한·일 비교문화교류사업 2003, 임학선댄스위 오카야마 비세이쵸 공연

제9회 한 · 일 문화 비교 교류 프로젝트
신화적 제의의 예능과 재현
데몬스트레이션 · 세미나

신화적 제의의 예능과 재현

〈한·일 문화 비교 교류 프로젝트〉라는 이름으로 한국과 일본의 근원적, 원초적 제의와 예능과 예술의 여러 문제를 다루어 나온 동숭아트센터 옥랑문화재단과 일본 비세이초 비추카구라 전승회는 성균관 대학 예술학부 무용학과와 임학선 댄스 위의 참가로 한·일 문화 비교 연구의 폭을 더욱 넓혀가고 있습니다.
한국 샤머니즘과 일본 카구라의 신내림 예능과 예술화에 대한 한·일 문화 비교 교류전에 이어 금년은 풍요제의 신화를 재현하는 작업을 통해 한·일 문화를 비교해 보고 그 예능과 예술의 위상을 짚어 봅니다.
〈제의적 신화의 재현〉에 대한 간략한 세미나를 통해 논의의 근거를 더듬어 보며, 이를 무대예술로 재현하는 프레젠테이션을 함께 즐기시길 바랍니다.

PROGRAM

15:00 개 회
15:10~15:50 데몬스트레이션
한국 – 단오굿 제의적 예능
일본 – 일본 풍작 예능
15:50~16:00 휴 식
16:00~16:30 세미나
신화연구 지원의 한계
– 김옥랑(단국대 교수)
일본 풍작 예능의 재현
– 칸자키 노리다케(비추카구라 전승연구회 고문)
단오굿 제의와 그 무대화
– 임학선(성균관대 교수)
16:30~17:00 종합토론
17:00 폐 회

발제자

임학선
성균관대학교 무용학과 교수
임학선 댄스 위 예술감독

김옥랑
단국대학교 교수
동숭아트센타 대표

칸자키 노리다케
비추카구라 전승연구회 고문

한·일 비교문화교류사업 2004, 한국 〈임학선의 단오굿〉·일본 〈풍작예능〉 공연 (성균관대경영관 원형극장)

한·독 문화교류 사업 2002, 독일 피나 바우쉬 성균관대학교 방문 간담회 후 총장실에서

피나 바우쉬 일행 성균관 답사

피나 바우쉬와 함께 한 성균관대 임학선 공연 (성균관대학교 600주년기념관 새천년홀 2002)

한·독 문화교류 사업 2003, 피나 바우쉬 초청 독일 부퍼탈 아다극장 공연

Tanz aus Korea. In der Reihe „Tanz und Musik aus Asien" präsentiert das Café Ada, Wiesenstraße 6, in Elberfeld, heute, 27. August, 20.30 Uhr, traditionelle Musik und Tanz aus Korea. Zur Musik von Hye Young Shine tanzen Hak Sun Lim und Hyun Sun Lim. Musiker und Tänzerinnen unterrichten heute an der staatlichen Universität und geben ihr Können an ihre Schüler weiter. Auf dem Programm steht einerseits eine Bühnenversion des „Salp uri" - ein Ritual zur Vertreibung böser Geister und ein tänzerisches Gebet für Frieden und Wohlstand in der heutigen Gesellschaft. Beide Choreographien, die sowohl traditionelle wie auch moderne Elemente des Tanzes und des Tanztheaters beinhalten, erfordern von den Tänzern enormes Können. Mit diesem Abend führt das Café Ada den erfolgreichen Versuch fort, jungen, in Wuppertal bisher unbekannten Choreographen eine Auftrittsmöglichkeit zu verschaffen. Unterstützung erhielten die Organisatoren in diesem Fall von der Wuppertaler Tanztheaterchefin Pina Bausch.

05----06
IKONOCLASTE
Eine Tanzreihe in Wuppertal
Künstlerische Leitung--Jean-Laurent Sasportes
www.ikonoclaste-tanz.de
24-Okt-05----19h
Auftaktveranstaltung mit Tanzstücken von
Lim Hak Sun Dance We--Korea

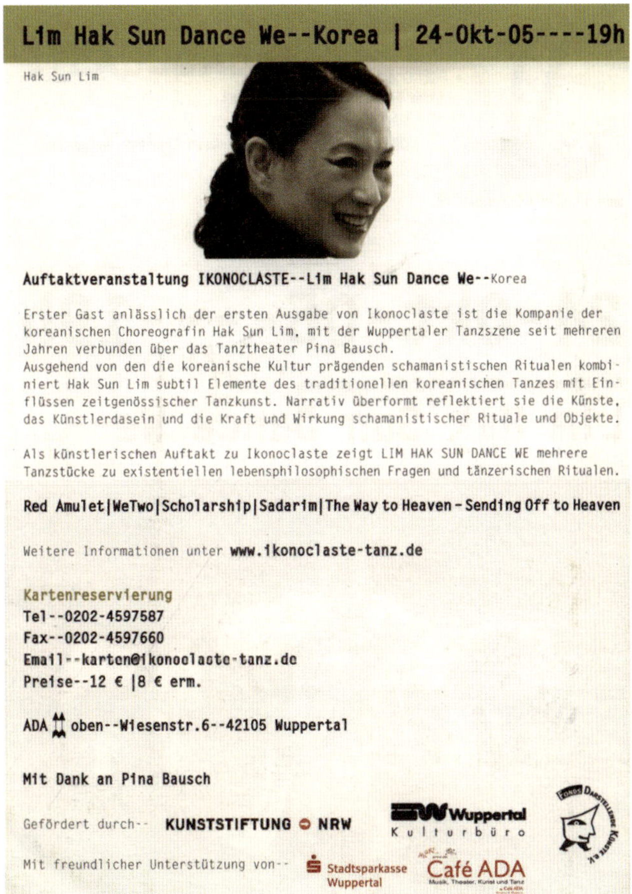

한·독 문화교류 사업 2005, 임학선댄스위 독일 부퍼탈 아다극장 초청공연

임학선댄스위 독일 피나 바우쉬 무용단 연습실 리허설 참관 후 (피나 바우쉬 무용단 연습실에서 2005)

피나 바우쉬 극장 리허설 참관 (독일 부퍼탈 극장 2005)

임학선 춤평론

초판 1쇄 인쇄 2017년 11월 24일
초판 1쇄 발행 2017년 11월 30일

엮은이 임학선
펴낸이 정규상
펴낸곳 성균관대학교 출판부
책임편집 신철호
편　집 현상철·구남희
외주디자인 주홍디자인
마케팅 박정수·김지현

등록 1975년 5월 21일 제1975-9호
주소 03063 서울특별시 종로구 성균관로 25-2
대표전화 02)760-1252~4
팩스밀리 02)762-7452
홈페이지 press.skku.edu

ISBN 979-11-5550-261-7 93680
ISBN 979-11-5550-257-0(세트)